A HISTÓRIA DA FILOSOFIA

A HISTÓRIA DA FILOSOFIA

James Garvey e Jeremy Stangroom

SUMÁRIO

Introdução 8

1
O INÍCIO DA FILOSOFIA

O Milagre Grego 22

Os Primeiros Filósofos 40

O Amor ao Saber 62

Propósito 80

2
GREGOS E ROMANOS

Cínicos, Estoicos e Céticos 100

Atomistas e Epicuristas 118

3
RELIGIÃO

Fé e Razão 138

Os Escolásticos 158

4
CONHECIMENTO

Renascença e
Iluminismo 178

Razão 196

Experiência 212

5
QUESTÕES MODERNAS

Política 234

Idealismo 254

Certo e Errado 272

6
INTERESSES ATUAIS

Niilismo e
Existencialismo 294

Filosofia do Continente
Europeu 312

Análise 332

Mente e Matéria 348

Pós-escrito:
o Futuro 368

*Leituras
Complementares* 376

Índice 378

Sem filosofia os pensamentos são vagos e indistintos: sua tarefa é esclarecê-los e dar-lhes limites nítidos.

Ludwig Wittgenstein

INTRODUÇÃO

> Não há nada tão absurdo, mas algum filósofo disse isso.
>
> Cicero

A filosofia não pode ser definida. Algumas histórias tentam juntar em uma única sequência de eventos toda a intricada questão. Outros livros organizam-se tematicamente. Isso é metafísica. Isso é ética. Isso é o que sabemos sobre a natureza do conhecimento. Outros livros avançam com dificuldade por grandes questões. O que existe? O que podemos saber? Como devemos viver? O que tudo isso significa?

Alguns desses livros são excelentes, mas todos são tentativas de civilizar algo desordenado, algo que sobretudo desconfia da autoridade, que na verdade é apenas humano, algo confuso que se move em muitas direções diferentes ao mesmo tempo. Talvez o melhor modo de passar perto de uma impressão desse tipo de coisa é fazer o que as pessoas sempre fizeram quando têm de transmitir muitas informações complicadas: contar uma história. As histórias nunca são a última palavra sobre o assunto, não pretendem dizer toda a verdade, mas quase sempre há verdade nelas, verdade que não seria vista apenas alinhando todos os fatos. A humanidade não tem um histórico de fazer conferências em torno de uma fogueira, e há uma boa razão para isso.

Para compreender a história da filosofia precisamos de pelo menos um pouco de desenvolvimento do personagem, desvios da trama, um assassinato, filósofos fugindo para viver, outros morrendo na obscuridade, grandes projetos fadados a fracassar, triunfos improváveis, descobertas acidentais, desastrosos casos de amor, gênios, idiotas, monges, vagabundos e um ou dois alemães dementes. Mas o mais importante é o nosso foco: as coisas que os filósofos dizem e as razões que dão para o que acham que é verdade. Você vai ouvir um pouco sobre vidas e acontecimentos, mas o que agrega a história são as ideias.

O resultado é um tumulto de filosofia, porque é isso que a coisa é, em si. Nosso sumário salta por toda ela. Alguns capítulos se concentram em gigantes como Platão e Aristóteles, outros tratam de movimentos e escolas, e o resto examina conceitos, temas, métodos, frases, acontecimentos, problemas, etc. Grande parte é histórica, mas abandonamos a esperança da perfeitamente integrada. Impusemos uma estrutura narrativa, tentamos fazer ligações onde isso podia ajudar, não incluímos muita coisa que não se encaixava com o resto, mas sobretudo deixamos a filosofia caminhar independente e tentamos acompanhá-la.

Aqui você vai descobrir que a filosofia não é realmente um lento criar e destruir, um avanço calmo, firme, da escuridão para a luz da razão. Algo assim acontece aqui e ali, sobretudo no início, mas cada geração luta para encontrar seu próprio caminho. Apreendemos algo durante algum tempo e depois o perdemos. Às vezes nos perturbamos e passamos séculos em becos sem saída. Alguns problemas são simplesmente esquecidos, mas muitos já estão conosco há centenas, milhares de anos. Subimos para sair da obscuridade e voltamos a cair nela, talvez num tipo novo e mais complexo de obscuridade. Mas continuamos subindo. A filosofia existe para algo. A história não é fácil, a trama não é direta, mas que boa história segue em linha reta?

Para se guiar nela será bom saber algo sobre o assunto e os métodos da filosofia. Mas lembre-se: a filosofia é grande demais para ser captada por um resumo como este. Mas é uma boa ideia começar pondo na mesa alguns termos e conceitos centrais. Depois disso daremos uma olhada nos capítulos deste livro e então você poderá ir em frente.

Objetos, conhecimento, valores e lógica

A filosofia se divide em vários campos. Há uma pequena discordância sobre o que se considera uma subdivisão principal, mas para os nossos fins não importa como as coisas são divididas. É seguro dizer, de qualquer modo, que o assunto se encaixa em três ou quatro categorias principais: metafísica, epistemologia, teoria do valor e talvez lógica.

Antes de focalizarmos melhor isso, a primeira coisa a notar quanto ao assunto da filosofia, é o seu caráter abstrato. Isso não significa dizer que ela é totalmente divorciada da vida cotidiana. Na verdade, as questões filosóficas ocultam-se a um ou dois níveis de abstração das questões comuns, concretas, da vida cotidiana. Pode-se facilmente tropeçar nelas. "Qual é o seu tipo preferido de música?" Gosto de jazz.

ANTERIOR Caos (A criação), de Ivan Konstantinovich Aivazovsky (1841). As histórias mais antigas sobre a criação nos contam algo sobre as origens da filosofia, mas a compreensão do assunto implica não somente conhecer a sua história.

"Por que você gosta de jazz?" É lindo. "O que você entende por 'lindo'?" A terceira pergunta é diferente das outras e se encaixa na parte da filosofia chamada estética.

Há um tranco, uma mudança de marcha das questões cotidianas para as abstrações da filosofia, e isso porque as questões filosóficas não são buscadas pelas mesmas razões que as comuns, práticas. A filosofia, diz-se frequentemente, nasce da curiosidade, do simples desejo de entender algo, e não da necessidade de garantir o conhecimento como um meio para outro fim. Alguém pode estudar genética esperando produzir melhores colheitas de trigo. Grande parte das pessoas lê filosofia porque não pode evitar isso – elas fazem filosofia pela filosofia, não como um esforço para extrair algo dela.

Admitindo-se que os interesses da filosofia são abstratos, quais são as suas subdivisões? Já mencionamos a estética, que examina a beleza, o valor da arte, a justificativa dos julgamentos estéticos, etc. A estética, em si, é uma parte da teoria do valor. Embora uma pintura possa ser boa, há outros sentidos de bom, e o big brother da estética é a teoria moral ou ética, que se preocupa com questões sobre como se deve viver. A ética se desdobra em normativa e metaética. A ética normativa é uma tentativa de encontrar um procedimento de decisão, um algoritmo moral, normas ou princípios que podem nos ajudar a tomar decisões em casos específicos e chegar a julgamentos morais racionais. A metaética trata dos pressupostos que estão por trás das nossas preocupações éticas. A moralidade é relativa? Existem fatos morais? O que significam de fato palavras como "justiça" e "coragem"? A teoria do valor é uma das principais subdivisões da filosofia, a que fica mais próxima da vida prática.

> Perguntar-se é o tato do filósofo, e a filosofia começa com perguntar-se.
>
> Platão

Outra é a metafísica, o estudo do que existe, no sentido mais amplo. Algumas questões comuns nessa região lhe darão uma percepção disso. O que é uma substância? Para uma substância, o que significa "sofrer mudança"? Como muitas coisas podem compartilhar uma única propriedade, como ser azul? O que é uma causa? Um efeito? Uma pessoa? O que é espaço? O que é tempo? Deus existe? O que é uma mente? Um corpo? O mundo existe independentemente da mente? O mundo é um tanto ilusório, como nos parece, e existe uma realidade mais profunda oculta atrás da informação limitada que temos a partir dos sentidos? A metafísica séria é uma coisa difícil, e encontraremos neste livro nosso caminho em alguns desses emaranhados.

Outra subdivisão, chamada epistemologia, diz respeito à natureza do conhecimento. De novo, algumas questões o ajudarão a apreendê-la. Que condições precisam ser colocadas antes de podermos dizer que sabemos algo? A razão pode descobrir verdades independentemente da experiência? Algumas ideias são inatas? Que papel os sentidos desempenham nos nossos esforços para conhecer? Podemos de fato, com segurança e irrevogavelmente, justificar nossas crenças além de qualquer dúvida, e se assim for, como? Há boas razões para permanecermos céticos? Quais são os limites dos nossos esforços para conhecer? As verdades reveladas da religião têm um status especial? Existem princípios que governam o fluxo de ideias do mesmo modo que há leis de movimento? Essas e outras questões epistemológicas irão nos ocupar quase desde o início.

A teoria do valor, a metafísica e a epistemologia são provavelmente as três partes principais da investigação filosófica, mas não a esgotam. A filosofia borbulha dentro de qualquer recipiente em que se tente colocá-la. Há quem insista em que a lógica deve ter a sua própria categoria junto da grande árvore. Os filósofos quase sempre se preocuparam com as regras da inferência certa, e talvez devamos dizer que a lógica forma a sua própria subdivisão principal, mas abordaremos isso na próxima seção.

> A filosofia é uma atividade que usa o raciocínio e o argumento rigoroso para fomentar o florescimento humano.
>
> Epicuro

Há quem argumente que a teoria política deve ser agregada à teoria do valor, mas muitos outros dirão que a filosofia política deve ser independente. Questões de obrigação política e organização política são temas antigos que também receberão atenção neste livro. Outros insistem em que a filosofia da linguagem deve ter pelo menos uma menção honrosa, assim como a filosofia da ciência, a filosofia da mente, a filosofia da religião, a filosofia da matemática, a filosofia da ciência social, a filosofia da psicologia, a filosofia da física, a filosofia da educação — e nesse ponto você provavelmente começará a desconfiar que se pode filosofar sobre tudo. Você tem razão, e esse é o principal problema da tentativa de pensar em filosofia estreitamente como o estudo da metafísica, do valor e do conhecimento. Parte do problema é que os métodos da filosofia a definem tão bem, ou tão mal, quanto o seu assunto. Quando se trata de metodologia filosófica há bastante coerência, mas historicamente a coisa está mais para um zoológico. Mas a maioria dos filósofos dá atenção ao método, e não fará mal dizer algo sobre argumentos logo no início.

AO LADO Aristóteles, retratado (1531) por Girolamo Mocetto. Os filósofos fizeram perguntas sobre quase tudo, mas desde Aristóteles preocuparam-se também explicitamente com o modo como essas perguntas foram respondidas.

Ferramentas do ofício

Provavelmente o que separa os primeiros filósofos das pessoas que os antecederam é um cuidado em dar razões convincentes para as suas conclusões. Esse cuidado se fixou. As opiniões não são apenas apresentadas; são defendidas com argumentação.

Um argumento comum pode não ser nada mais que duas pessoas afirmando coisas diferentes: asserções lançadas de um lado e asserções opostas do outro. Num argumento filosófico, por outro lado, as pessoas fazem alegações diferentes e as fundamentam com razões de apoio. As razões só podem basear uma conclusão se o próprio argumento como um todo – premissas e conclusão – é logicamente coerente. Se tudo se organiza perfeitamente, se as premissas são verdadeiras e a forma do argumento é válida, então a conclusão necessariamente se segue.

Mas esses tipos de argumentos irresistíveis são raros na filosofia. Frequentemente a verdade das premissas está em questão, e assim é preciso transformar premissas em miniconclusões e encontrar um novo conjunto de premissas para apoiá-las. Às vezes não se pode realmente ver a pertinência da conclusão, sendo preciso, para defini-la bem, perambular pelas outras coisas que o filósofo diz. Ler filosofia é sobretudo tentar entender argumentos, e a maior parte desse trabalho acontece não na página, mas na mente do leitor. Um bom método empírico é que se um argumento parece obviamente errado, se uma conclusão parece inacreditável, algo provavelmente lhe escapou em algum lugar. Quase todos os filósofos de que falaremos neste livro resistiram à prova do tempo por centenas de anos provavelmente por terem visto coisas ocultas. Se você não percebe imediatamente o argumento deles, continue procurando.

> Dado que a filosofia surge do pasmo, o filósofo é fadado em seu caminho a ser amante de mitos e fábulas poéticas. Os poetas e os filósofos se parecem por serem ambos perplexos.
>
> Tomás de Aquino

Os filósofos não só usam argumentos; eles tentaram encontrar meios de formalizá-los, de estudar inferências em detalhe e ver o que funciona e o que não funciona. Esse estudo, com todos os seus fragmentos simbólicos, é lógica filosófica. Ele é buscado formalmente por direito próprio, mas os filósofos quase sempre se empenharam em construir argumentos que obedecem às regras do raciocínio correto.

Em geral, os filósofos também querem se expressar com clareza. Assim, embora caiba a você muito trabalho interpretativo, você verá que alguns filósofos definem seus principais termos, alguns incluem suas proposições e muitos destrincham axiomas, estabelecem distinções e em geral esclarecem o que querem ou não dizer.

Mas há muita variação. Para apresentar suas conclusões, Platão expõe um argumento sério ou então uma metáfora ou um mito. Os filósofos escolásticos mergulham, e você também, em uma distinção sutil após outra. Bento de Espinosa sai de premissas como os passos de uma demonstração de geometria. René Descartes não está acima de um ou dois inusitados expedientes de literatura para persuadi-lo veladamente da verdade de suas conclusões. Friedrich Nietzsche põe suas alegações na boca de um louco. Parmênides canta sobre a deusa Noite e através dela transmite em versos revelações metafísicas. Às vezes os filósofos argumentam, às vezes rezam. A reflexão sobre métodos, como acontece com o assunto, só pode nos dar uma apreensão parcial da história da filosofia.

> Em grande parte a história da filosofia é a história de um embate de temperamentos humanos.
>
> William James

Este livro

Agora que você tem uma impressão sobre o assunto e os métodos da filosofia, um breve panorama deste livro pode ajudá-lo a encontrar seu caminho nele.

A tradição filosófica considerada neste livro é chamada "ocidental", para distingui-la das filosofias orientais da Ásia e do Extremo Oriente, assim como de muitas outras perspectivas originadas nas culturas de outros povos. A filosofia ocidental começou numa cidade grega há cerca de 1.500 anos. Os limites da sua influência oscilam para a frente e para trás ao nos deslocarmos no tempo, abrangendo a Europa e às vezes partes do Oriente Médio e da África setentrional, e por fim incluindo os Estados Unidos, a Austrália e outros postos avançados atuais.

Quase todos os capítulos são independentes, e assim você pode saltar por eles, se quiser. Se achar Sócrates aborrecido, algo está errado com você, mas sinta-se à vontade para pular para Aristóteles e ver se ele o interessa. Você terá uma impressão do fluxo da filosofia se começar do começo e perseverar por todo o caminho, mas não há nada de errado em se deslocar como lhe aprouver.

A primeira metade do livro está organizada com um critério sobretudo histórico. Começamos com a pré-história da filosofia – a Odisseia, a Ilíada e os mitos gregos antigos dos primórdios da cultura ocidental. O capítulo seguinte, sobre os primeiros filósofos, trata das suas especulações metafísicas, e tentamos dar sentido ao que parecem ser proposições muito estranhas. Depois dedicamos dois capítulos aos primeiros grandes sucessos da filosofia: Sócrates, Platão e Aristóteles. Esperamos transmitir uma impressão das raízes mais profundas da filosofia e uma percepção de que, de certa forma, três pessoas estabeleceram o programa da filosofia. Os dois capítulos seguintes cobrem as muitas escolas de filosofia que surgiram no início do Império Romano. Cínicos, estoicos, céticos e epicuristas buscaram o saber numa época em que a filosofia era sobretudo um caminho para a paz de espírito, e suas opiniões ressoam hoje. Você vai encontrar aqui algumas das personalidades mais memoráveis da filosofia.

Corajosamente, dedicamos dois capítulos à filosofia do mundo medieval, seguindo interesses filosóficos que se deslocam junto com a ascensão do cristianismo no Ocidente. Aproveitamos a oportunidade para tratar também dos filósofos islâmicos, assim como dos escolásticos da Idade Média. Essa é uma parte negligenciada da filosofia, mas hoje o interesse por ela cresce. E além disso a filosofia moderna é em parte uma reação à filosofia medieval, e sem uma ideia do que os medievais propõem é difícil avaliar os feitos dos modernos.

Um capítulo sobre a Renascença e o Iluminismo segue as mudanças profundas do nosso pensamento sobre a humanidade, a ciência e a política características da ascensão da filosofia moderna. Você lerá muito sobre humanismo, relanceará os infames conselhos de Maquiavel aos governantes e terá uma impressão sobre as bases filosóficas da ciência moderna. É então que as coisas ficam confusas.

Alguns dos capítulos seguintes tratam de movimentos e abordagens específicos da filosofia, enquanto outros se concentram nos pensamentos de muitos filósofos que, vindos de diferentes direções, chegam a um único problema filosófico. É parcialmente cronológico, mas os temas determinam

> Não sendo a filosofia nada mais que o estudo do Saber e da Verdade, pode-se razoavelmente esperar que quem despendeu com ela muito tempo e esforço tenha mais calma e serenidade mental, mais clareza e base de conhecimento, e seja menos perturbado que os outros pelas dúvidas e dificuldades.
>
> George Berkeley

como os pensamentos são agrupados. Fortalecido por uma boa observação da história da filosofia, você estará pronto para examinar os problemas da filosofia moderna, chegando a algumas das perguntas que os filósofos estão tentando responder agora.

Vamos abordar duas visões do conhecimento que dominam o período moderno – racionalismo e empirismo. Você verá como cada um delas, inspirada pelos avanços nas ciências florescentes, tenta entrar em acordo com a natureza do conhecimento humano. É uma época de grande ambição filosófica, com pensadores como René Descartes, Bento de Espinosa, Gottfried Leibniz, John Locke, George Berkeley e David Hume apresentando argumentos que ainda são absorventes. Um pouco depois abordamos o idealismo, particularmente a profunda reflexão de Kant sobre os problemas da metafísica e a sua alternativa ao racionalismo e ao empirismo. Sua recalibração da filosofia deu o

ACIMA *Os cinco sentidos,* pintura a guache sobre marfim datada do século XIX. Os filósofos se indagam se percebemos o mundo somente através dos sentidos ou se a razão fornece um acesso especial à verdade.

> Ensinar como viver sem certeza e sem se paralisar pela hesitação talvez seja a principal coisa que a filosofia, na nossa época, pode fazer para os que a estudam.
>
> Bertrand Russell

tom em muitos lugares até o século passado. A seguir o foco vai para a política e a tentativa de basear a obrigação política na razão, e não em Deus ou na tradição, e compreendê-la com esse enfoque. Discutiremos as ideias de Thomas Hobbes, John Locke e Jean-Jacques Rousseau, falando sempre de Karl Marx e das bases filosóficas da revolução comunista. Todas as suas ideias estabeleceram uma base na Europa, mas tiveram efeitos em todo o mundo, e não é exagero dizer que elas continuam moldando o panorama político. Vamos também discutir a filosofia moral e abrir caminho pelo pensamento de Kant e dos consequencialistas, voltando novamente para as ideias dos gregos sobre virtude.

Finalmente, refletiremos sobre os principais movimentos filosóficos do século passado ou próximo a ele: existencialismo e niilismo, e filosofia europeia e analítica. Faremos uma pausa para abordar também a filosofia da mente e a possibilidade de não termos absolutamente certeza de como a consciência poderia existir no mundo físico. Vamos nos ocupar de o cavaleiro da fé de Søren Kierkegaard, da ideia de existência autêntica, de Jean-Paul Sartre e dos pensamentos obscuros de Nietzsche sobre a crise do valor. Mapearemos a ascensão da filosofia da linguagem e nos atracaremos com o método de análise lógica de Russell e também com a solução de Wittgenstein para os problemas da filosofia. Concluímos com um olhar imprudente para o futuro da filosofia. No final você estará bem atualizado, com uma percepção da história da filosofia até alguns dos problemas da filosofia contemporânea e até mesmo uma conjetura apreciável sobre para onde ela ruma.

Deixamos algo de fora? Sim, claro, mas conseguimos incluir muito. Assim, leia a história da filosofia. Quando terminar, poderá se alegrar, como nós, por não haver final feliz. Na verdade não há nenhum final. Às vezes pode parecer que a filosofia, o que quer que seja isso, está apenas começando.

AO LADO *Olho*, pintado (por volta de 1880) pelo simbolista francês Odilon Redon. O ponto de vista filosófico é apenas mais uma perspectiva ou pode oferecer uma verdadeira compreensão do mundo e do nosso lugar nele?

1 | O INÍCIO DA FILOSOFIA

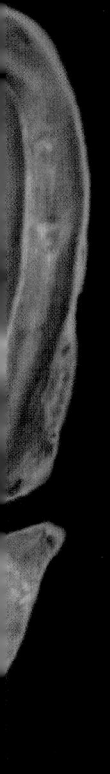

O MILAGRE GREGO

Se você quer garantir uma viagem segura no seu carro, teste os freios, verifique o cinto de segurança e talvez dê umas batidas nos pneus para ver se estão bastante cheios. Provavelmente você não colocará fogo num touro negro para aplacar os deuses. Isso o distingue dos gregos da Idade do Bronze, os homens e mulheres que cerca de três mil anos atrás começaram a pensar sobre o mundo de um jeito novo. Eles achavam que queimar touros para obter o que se queria era um modo sensato de agir. Pense nisso:

> Aqui na praia as pessoas estão sacrificando touros negros para o Sacudidor da Terra, Poseidon dos cachos negros. Nove companhias de quinhentos homens reúnem-se lá, cada uma com nove touros preparados para o sacrifício. Estão saboreando as vísceras e queimando os pernis para o deus [...].

Isso é da *Odisseia*, um poema épico sobre as aventuras do herói Odisseu ao voltar para casa depois da Guerra de Troia. O poema sempre foi atribuído a Homero, e seguiremos essa tradição, mas não é certo que ele tenha um único autor. As histórias provavelmente passaram oralmente de geração para geração, contadas muitas vezes, aperfeiçoadas por vários artistas. Acredita-se que alguém, talvez Homero, tenha dado um tom moral às histórias antigas que herdou, introduzido nelas um tipo de ordem, acrescentado alguns adornos poéticos, e finalmente sua versão tornou-se a versão-padrão. O poema tal como o conhecemos é historicamente a segunda peça de literatura do mundo ocidental. É a sequência da primeira, a *Ilíada*, de Homero, sobre o cerco a Troia e os deuses e seres

humanos altercando no centro dele. De certo modo esses são os nossos primeiros documentos efetivos, o início escrito de toda a cultura ocidental. E neles se encontram também as raízes da filosofia ocidental.

A obra de Homero contém muitos vislumbres da mente grega, mas esse trecho sobre o sacrifício de animais é particularmente revelador. Tenham ou não os touros encontrado um fim enfarruscado numa praia do Mediterrâneo, não importa. O que é estranho é que quem cantou os poemas e se prendeu a cada palavra pensou que queimar alguns touros para Poseidon era uma boa ideia. Mas não é algo que hoje alguém consideraria seriamente. Por que não? Que mudança houve no milênio que nos separa de Homero?

O interessante do ponto de vista filosófico é a mudança nas nossas expectativas racionais. Não há necessidade de restringir demais o foco no início, mas é claro que, comparando com os antigos, olhamos para coisas diferentes quando queremos nos ocupar da questão de viver ou entender o que está acontecendo à nossa volta. O caso é colocado das seguintes maneiras: temos uma abordagem científica das coisas, procuramos explicações causais em vez de sobrenaturais, as forças presentes nas nossas previsões e explicações

ANTERIOR Uma Quimera que expele fogo é morta pelo herói homérico Belerofonte montado no Pégaso, seu corcel alado, nesse esboço a óleo (1635) de Rubens.
ACIMA Relevo em calcário do século I d.C. O deus Mitra mata um touro sagrado. Num mundo governado por deuses caprichosos, os sacrifícios para aplacá-los pareciam uma providência sensata.

A Odisseia

A *Odisseia* de Homero narra as aventuras de Odisseu em sua viagem de volta depois da Guerra de Troia. Ele ficou longe lutando durante dez anos e foi capturado e aprisionado durante outros sete anos pela ninfa Calipso, que se apaixonou por ele. Enquanto isso, mais de cem "pretendentes" de sua mulher, Penélope, passaram todo o tempo sujando sua casa, comendo sua comida e tentando conquistar Penélope, que, inabalável, permaneceu fiel. Contudo, Odisseu tem a seu lado a deusa Atena, e ela o liberta e o leva de volta para o mar, a caminho de casa, mas Poseidon afunda seu barco – Poseidon era aliado de Troia na guerra e agora parece estar com raiva de Odisseu. Este não granjeia a sua estima por cegar posteriormente seu filho, o ciclope Polifemo. Odisseu segue em frente e alguns dos seus homens conseguem driblar canibais, mas uma feiticeira os transforma em porcos. Os outros evitam a canção das Sereias tampando os ouvidos com cera e a custo escapam de um monstro marinho e de um remoinho.

Finalmente Odisseu chega disfarçado em casa para observar anonimamente o que aconteceu ali. Os pretendentes não lhe agradam. Atena convence Penélope a usar uma prova: quem é capaz de curvar o arco do marido e disparar uma flecha até além de doze cabeças de machado alinhadas? Somente Odisseu pode fazer isso, claro, e ele comemora o fato: mata todos os pretendentes, enforca as empregadas que estavam do lado deles e arranca nariz, orelhas, mãos e pés – e pior ainda – de um pastor que lhes fornecia cabras.

ABAIXO Odisseu (ou Ulisses, em latim) confronta as Sereias na pintura desse vaso (c.330 a.C.). Ele tapou com cera os ouvidos da tripulação e se amarrou ao mastro do barco para ouvir em segurança o canto das Sereias.

DIREITA *A apoteose de Homero* (1827), pintado por Ingres. Homero já foi retratado como divino, o deus dos poetas no céu. Aqui ele é coroado imortal, cercado e reverenciado pelos artistas que o seguiram.

de fenômenos naturais não têm personalidade, pedimos uma certa espécie de lógica nos nossos argumentos, insistimos em um tipo específico de base, etc.

Pensamos do jeito que pensamos graças a uma mudança intelectual monumental ocorrida logo depois que o poema de Homero tomou forma. Algumas pessoas que faziam parte de uma comunidade agrícola e comercial muito tranquila começaram a fazer perguntas jamais feitas antes. Essas pessoas foram os primeiros filósofos, os milesianos, cujo nome vem da sua cidade, Mileto, numa região então chamada Jônia, mas que hoje integra a Turquia. No próximo capítulo você saberá tudo sobre eles. O que eles e uns poucos outros fizeram se chamou "o milagre grego", acontecido somente ali e que mudou o curso da história humana. É por causa dele que nós não queimamos touros. Dentro de uma geração, umas poucas pessoas em algumas povoações gregas não se satisfizeram mais com a conversa de mitos e deuses. De repente, quase inexplicavelmente, eles inventaram a racionalidade.

Vale a pena imaginar o mundo como ele era antes de o terem mudado, e ao fazermos isso apreenderemos o caldo primordial da filosofia – a atitude mental que a possibilitou. Começaremos com a visão de mundo que em parte Homero e outro poeta, Hesíodo, criaram; depois tentaremos preparar o campo para os primeiros filósofos. Talvez você chegue à conclusão de que o que aconteceu em Mileto foi maravilhoso mas não inteiramente milagroso. O mundo que os primeiros filósofos herdaram estava de certo modo preparado para a reflexão racional, como veremos.

TÓPICOS PRINCIPAIS

- O mundo de Homero
- A Guerra de Troia
- Hesíodo
- Hades
- Okianos
- Caos
- Gaia
- Geometria egípcia
- Matemática babilônia
- Invenção da racionalidade

O mundo de Homero

É difícil saber o que os gregos podem ter pensado sobre o mundo quando os poemas de Homero se amalgamavam. Lendo nas suas entrelinhas, os especialistas tentaram juntar as partes do que Homero toma como pressuposto, e há pelo menos algum acordo quanto ao que se encontra ali.

Parece que os antigos pensavam que o mundo era mais ou menos como aparenta ser. O céu é como parece, um hemisfério sólido que envolve uma Terra redonda e chata. Mais perto do solo há uma espécie de névoa, cheia de nuvens e vapores móveis, chamada éter. Mais acima, perto do Sol, o céu se torna ígneo e quente, e talvez além desse ponto, nos céus estrelados, estejam os tronos dos deuses. Há aqui um tipo de simetria com o que os gregos achavam que se encontrava nos níveis abaixo da Terra. Primeiro o espaço subterrâneo obscuro, cavernoso, chamado Tártaro. Abaixo dele fica o reino de Hades, um tipo de escuro inferno dos mortos.

Envolvendo toda a Terra fica Okianos, rio que é a fonte de toda a água vista nos regatos, lagos e mares. Especula-se quanto à origem dessa ideia de que tudo depende ou surge da água, e alguns dizem que ela vem das civilizações antigas que se desenvolveram em torno de rios e tiveram inundações regulares, com a Terra "surgindo" das águas todo ano. Não implica um grande salto pensar que o mundo inteiro pode, do mesmo modo, ter surgido da água.

Vale a pena observar que até nessa visão da Terra apresentada na amostra mais antiga que temos do pensamento grego sobre como é o mundo encontramos seres humanos contando histórias que são, de certo modo, explicativas, com um tipo de lógica que corresponde às aparências cotidianas. Outras cosmologias não se ligam necessariamente desse modo à experiência dos sentidos. Em algumas culturas, por exemplo, ouve-se falar nos "pais da terra" juntando-se para criar o mundo. Algumas histórias antigas afirmam que a Terra é uma parte decepada de um deus. Outras dizem que tudo saiu de um ovo cósmico. Os gregos nunca perderam tempo com esse tipo de coisa. Talvez estejamos indo longe demais, mas está aqui o começo de algo como o empirismo, a visão de que o conhecimento se liga à experiência sensorial. Até na visão dos gregos mais antigos, extraída do primeiro texto grego de que dispomos, há o início de um envolvimento com a ideia de que nossos pensamentos sobre como é o mundo e de onde ele vem devem se ajustar de certo modo ao que os nossos sentidos nos dizem. Essa concepção grega antiga da estrutura básica do mundo pode ser ingênua, mas não é absurda.

> **A GUERRA DE TROIA**
> **O lado grego**
>
> **Aquiles**, herói e chefe dos mirmidões
> **Agamenon**, rei de Micenas
> **Ajax**, rei de Salamina
> **Diomedes**, rei de Argos
> **Menelau**, rei de Esparta
> **Nestor**, rei de Pilos
> **Odisseu**, rei de Ítaca
>
> **O lado troiano**
>
> **Eneias**, chefe dos dardanianos
> **Briseida**, prêmio de Aquiles
> **Cassandra**, filha de Príamo
> **Criseida**, filha de Crises, prêmio de Agamenon
> **Chryses**, sacerdote
> **Hector**, warrior
> **Helena**, mulher de Menelau
> **Páris**, raptor de Helena
> **Príamo**, rei de Troia

O mundo de Homero é povoado de seres humanos, claro – os troianos, os aquianos, que sitiam Troia, os vários povos que Odisseu encontra na viagem de volta – mas também está cheio de todos os tipos de personalidades não humanas. Há deuses, titãs, ninfas e heróis poderosos com sangue divino nas veias. Há também criaturas míticas bizarras, como a Quimera, uma combinação de cobra, cabra e leão que respira fogo, e Cila, o monstro marinho de seis cabeças. Muito disso é apenas boa ficção, mas os deuses são mais complicados e interessantes do que pode parecer inicialmente. E mais importante: são culpados de uma conduta extremamente amedrontadora. Ninguém gostaria de tê-los por perto.

A verdadeira Guerra de Troia

O poema de Homero, a *Ilíada*, narra a história do cerco dos gregos à cidade de Troia. O título vem do nome latino de Troia, Ílio. A causa da guerra, e pelo menos algumas complicações surgidas durante ela, liga-se a vários raptos de mulheres por homens. Páris, filho de Príamo, rei de Troia, rouba Helena, mulher de Menelau, rei de Esparta. É a Helena de Troia de que você já ouviu falar, e no Doutor Fausto, de Marlowe, é o rosto dela que lança mil navios. Os mil navios em questão foram na verdade lançados pelos aliados de Menelau, os aquianos, nome que Homero dá aos guerreiros de vários reinos gregos.

A *Ilíada* segue as várias disputas entre reis e heróis, que frequentemente lutam do mesmo lado, assim como intervenções da parte dos deuses. Os exércitos se encontram no campo de batalha, escolhem-se campeões para lutar de cada lado, tréguas são pedidas e desrespeitadas, e lutas ferozes empurram os gregos de volta para seus navios, depois os troianos são levados a recuar às muralhas da sua cidade. Finalmente o melhor lutador troiano, Heitor, enfrenta o melhor lutador grego, Aquiles, e com uma ajudazinha de Atena, Aquiles o mata. Tripudiando espetacularmente, ele promove uma festa comemorativa e arrasta o corpo de Heitor atrás da sua carruagem durante muitos dias, até o pai do morto comprar de volta o corpo e enterrá-lo adequadamente.

Tudo muito emocionante, claro, mas o mais interessante é que pode de fato ter havido uma batalha de Troia, e muita coisa – fora obviamente os monstros marinhos e deuses – pode ter uma base factual. Os estudiosos que analisam a linguagem do poema encontraram indícios de sua origem na tradição oral. Encontraram-se no poema alguns tipos de erros característicos, trocas que acontecem quando uma história é repetida incontáveis vezes. Há também nos versos de Homero exemplos de jeitos de falar que são recursos naturais para guardar na memória. Isso poderia indicar que as pessoas vinham transmitindo as histórias muito tempo antes de a versão de Homero tomar forma. Talvez as pessoas que presenciaram a batalha sejam os autores originais do poema.

Se para você isso é forçado, muitos arqueólogos sustentam que um local que se ajusta à narrativa da batalha de Troia foi encontrado na atual Turquia. O trabalho está em andamento e o debate continua, mas o lugar corresponde à época certa, à região certa, possivelmente tem o tamanho certo e há até mesmo indícios de grande devastação mais ou menos na época da queda de Troia. Uma "camada de destruição" foi escavada, com sinais de queimada, muralhas rompidas, corpos humanos traumatizados, pontas de flechas e, talvez, estocagem de projéteis para fundas – coisas que ficam em torno quando se está cercado.

ACIMA A chamada "Máscara de Agamenon", descoberta em Micenas em 1876 por Heinrich Schliemann, cuja beleza desmente a hipótese de que ela represente o chefe dos gregos.
AO LADO *Rapto de Helena* (século XVIII). Giambattista Piazzetta retrata o sequestro da lendária beldade cujo rosto lançou mil navios.

Esperamos que o divino seja justo, honrado e bom, talvez vestido com roupa branca bem limpa no dia do julgamento, mas os deuses de Homero se prestam a todos os tipos de coisas terríveis. Zangam-se quando desrespeitados e infligem punições rancorosas, infantis e às vezes pavorosas. Intrometem-se nas questões de todo mundo. Alguns passam tempo demais perseguindo jovens mulheres ou homens —por exemplo: o pai dos deuses, Zeus, a fim de levar para a cama uma mulher que resiste a ele, usa seus poderes divinos e se disfarça como o amante dela. Os deuses fazem alianças, têm brigas familiares, depois mudam de ideia e trocam de lado. Intervêm a favor dos mortais que protegem — às vezes com mentiras, deselegante manipulação de sonhos ou talvez fazendo uma defesa especial ou concedendo favores em troca de um serviço. Quem os desagrada está condenado. Eles arruínam a vida e os planos dessa pessoa, às vezes de forma oculta, mas também em pessoa, direta, meticulosa e terrivelmente. Encolhendo-se no meio disso, desviando-se de raios e esperando que os touros queimados cumpram seu papel, estão os homens. Como diz Shakespeare pela boca de Gloucester em Rei Lear: "Quais moscas para meninos travessos somos nós para os deuses; eles nos matam por esporte."

> **DEUSES GREGOS**
>
> **Afrodite**, deusa do amor
> **Apolo**, deus da luz
> **Ares**, deus da guerra
> **Artemis**, deusa da caça
> **Atena**, deusa da guerra
> **Hades**, deus do mundo subterrâneo
> **Hera**, deusa do casamento
> **Hermes**, mensageiro dos deuses
> **Poseidon**, deus do mar
> **Zeus**, pai dos deuses

Especula-se muito sobre o significado dos deuses para os gregos. O que podemos dizer com alguma certeza é que embora possa parecer ingênuo pensar nos acontecimentos como intervenções divinas, há nisso algo quase lógico. Quando Homero nos diz o que os deuses estão fazendo e por que o estão fazendo, ele está de certo modo dando sentido ao caos dos acontecimentos em torno dele, oferecendo um tipo de explicação para tudo, de naufrágios ao sucesso e fracasso de exércitos. Ele propõe uma ordem subjacente às inundações, guerras e pragas, assim como a boa sorte que pode ajudar um herói a fugir da prisão. Há uma explicação para o modo como são as coisas – o mundo não é apenas inexplicável e aleatório –, e se o seu lado, em situação de inferioridade, vence a luta, talvez seja porque Ares gosta do seu estilo e quis recompensar a sua coragem.

Sem dar importância exagerada à coisa, assim como a visão grega da abóbada celeste e do rio que circunda a Terra se alinha com a impressão que temos a olho nu, há um sentido em que o mundo pode parecer governado também pelo impulso emocional. Afinal de contas, as ações humanas, o tipo de eventos com que estamos mais familiarizados, são mais bem explicadas tendo em vista a emoção, o impulso, o desejo, etc. Fazemos o que fazemos por causa do ciúme, do amor ou do ódio. Talvez a Terra trema porque Poseidon não gostou de algo que você fez. De novo, isso não dista muito da racionalidade.

A ordem de Hesíodo

Assim como acontece com Homero, não sabemos se Hesíodo foi uma pessoa ou um nome rotulado sobre a obra de vários poetas. Não sabemos com certeza se ele existiu antes ou depois de Homero, mas junto com este ele contribuiu para o que se tornou a visão de mundo grega. Ficou famoso por dois poemas: *Os trabalhos e os dias*, compêndio de conselhos para um trabalho honesto; e *Teogonia*, que explica as origens dos deuses e como eles adquiriram suas várias esferas de influência. Ao contrário dos que viviam em estados vizinhos governados por poderosas classes sacerdotais, Hesíodo e Homero, como o resto dos gregos, eram livres para dizer o que queriam sobre os deuses e para acrescentar à mistura seus próprios dons poéticos e inclinações intelectuais.
O resultado é notável.

Pense nestas linhas da *Teogonia*:

> O que existiu primeiro foi o Caos, e depois Gaia (Terra) dos grandes seios, para sempre uma sede firme de todas as coisas, e o nebuloso Tártaro num recesso da terra de largos caminhos, e Eros, o mais belo dos deuses imortais, dilacerador de membros, faz com que a mente e o conselho ponderado de todos os deuses e homens se sujeitem ao peito. Do Caos nasceram Erebo e a negra Noite; e da Noite, de novo, Éter e Dia, que ela concebeu e pariu depois de se fundir amorosamente com Erebo. E a Terra antes de mais nada fez surgir o Céu, igual a ela, que a cobriu totalmente em toda a sua volta, para ser uma eterna sede firme para os deuses abençoados. Então ela deu origem às altas Montanhas, encantadores refúgios das divinas Ninfas, que vivem ali nas florestas. Ela também gerou o mar, que nunca é ceifado e se agita com sua onda, Pontos, sem o amor delicioso; e depois, tendo se deitado com Uranos (Céu), gerou Okianos (Oceano), de profundos remoinhos [...].

É fascinante notar que até essa história mitológica traz embutidas o que parecem ser as raízes da explicação racional, ou em todo caso um tipo de ordem. Primeiro há Caos, depois aparece Terra ou Gaia, e o tipo de coisas que se pode esperar surgirem da Terra, como as montanhas e o mar, são de fato "produzidas" por ela. O Dia se segue à Noite ou surge dela, e isso tem um pouco mais de sentido que o contrário. A aurora efetivamente se ergue da escuridão, não é? Por toda parte há uma lógica precisa para o que vem do quê — o Dia vir das montanhas jamais pareceria certo. As ligações entre diversas forças e a personalidade dos deuses também têm uma certa lógica.

Vale a pena refletirmos mais sobre a ideia de que o Caos aparece primeiro. Há um debate sobre como interpretar o que aqui é traduzido como Caos, e alguns desconfiam que a palavra grega original é mais próxima do significado da palavra "vácuo". Dizer que

o Caos existe primeiro pode ser entendido como propor um vazio ou nada no início de tudo. Mas muitos veem o Caos não como um mero vazio, e sim como uma separação, uma divisão, um espaço entre o terreno e o celeste.

A ideia de que o mundo se formou depois de algum tipo de separação inicial aparece num número muito grande de histórias da criação – maori, babilônia e egípcia, entre outras. Também é encontrada no Gênese, em conhecidas passagens sobre noite e dia, céu e água:

> E Deus disse: "Faça-se a luz", e a luz se fez. Deus viu que a luz era boa e separou a luz das trevas. Deus chamou a luz "dia" e a escuridão ele chamou "noite". E houve a tarde e a manhã – o primeiro dia. E Deus disse: "Faça-se uma abóbada entre as águas para separar água de água." Então Deus fez a abóbada que separou a água sob a abóbada da água acima da abóbada. E assim foi. Deus chamou a abóbada "céu". E houve tarde e houve manhã – o segundo dia.

Compare isso com a história grega. Ter Deus fazendo tudo é explicativo de certo modo, mas é um meio menos complicado, menos interessante, talvez menos informativo de explicar as origens do mundo. Não há no Gênese nada da lógica de isso seguindo-se a aquilo, e como poderia haver? Com Deus ocupando todo o espaço isso é impossível.

No entanto há um pequeno espaço para especulação quanto a por que a separação acontece tão frequentemente nas histórias da criação de povos tão distantes. Talvez tudo isso reflita algo próximo das próprias origens da cultura humana como tal – algo compartilhado pelos autores de muitas histórias da criação, não só do Gênese. Essa história da separação inicial é recorrente, mas é difícil dizer algo razoável que possa explicar sua disseminação.

O que podemos dizer é que Hesíodo introduziu um rigor novo, uma nova ordem na visão de mundo sistematizada que encontramos em Homero. O interessante é o fato da própria ordem. O mundo para Hesíodo é um lugar interligado que podemos entender. No seu poema há muita criação, e no fim se tem um tipo de árvore genealógica de todos os titãs e deuses e também uma história de como os deuses subiram ao poder e que tipo de poder eles têm. Sua genealogia nos permite saber quais deuses e quais esferas dominam quaisquer outras. Ela pode nos fornecer um modo de pensar sobre o mundo, assim como ideias sobre como tentar obter o que queremos enquanto avançamos por ele. A história da criação de Hesíodo e a árvore genealógica mitológica nela contida não

AO LADO A estela em madeira do século X ou IX a.C. apresenta o criador egípcio Aton sendo adorado. O sobrenatural estava entranhado nas ideias antigas sobre o começo do mundo.

pretendem legitimar um estado ou um rei, como acontece com tantos mitos antigos. Ele sistematiza, explica, ordena, e o resultado está no caminho de uma impressão racional sobre o modo como as coisas são.

Além das praticabilidades

Assim, a visão de mundo herdada dos primeiros filósofos não era exatamente irracional. A estrutura do mundo – a abóbada celeste, o mundo subterrâneo, a Terra plana e o oceano circundante – ligava-se ao que eles viam com seus olhos. Mas os gregos antigos não estavam interessados apenas nas aparências; o que diziam sobre a interferência divina indica a sua desconfiança de que além da aparência também havia algo em ação. Encontramos no pensamento grego uma tentativa de racionalizar o caos dos acontecimentos cotidianos procurando nas ações dos deuses uma ordem explicativa fundamental. E mais: graças a Hesíodo, o mundo humano e os deuses que nele se intrometem fazem parte de um quadro estruturado e ordenado da realidade, um lugar pronto para ser entendido.

O mundo em que os milesianos se encontravam estava perto da racionalidade, mas era quase racional também em outro sentido – havia nele uma espécie de protociência. Mas o que os gregos fizeram quando a encontraram foi extraordinário, e é a parte essencial do Milagre Grego.

Na época em que os primeiros filósofos começaram suas reflexões, os gregos já haviam aprendido muito com seus vizinhos diligentes. Alguns filósofos e historiadores que vieram depois de Platão admitiram que os gregos aprenderam geometria com os egípcios. Além disso tomaram emprestada dos babilônios a matemática básica, seguindo-os na divisão do dia em um número igual de horas e usando a matemática para basear a mudança das estações. Os babilônios também ensinaram aos gregos algo sobre previsão de movimentos de corpos pesados, mas novamente isso tinha mais a ver com aritmética do que com observação.

Os egípcios e os babilônios tinham, por razões decididamente práticas, um certo domínio dessas ciências. Há alguns meios diferentes de olhar para os feitos de ambas as culturas naquela época, mas pense só um pouco nessas colocações, ambas feitas por mais de um estudioso. Os egípcios eram muito bons em geometria em grande parte porque tinham de ser, se quisessem ganhar dinheiro. Seu sistema de impostos se baseava na área de terra utilizável, e podemos alegar uma redução de impostos baseada na área de superfície que ficava submersa na inundação do Nilo. Assim, mesmo quem quisesse apenas cultivar a terra precisava conhecer um pouco de geometria. Uma boa parcela da vida babilônia era governada por considerações religiosas, e a religião da época tinha relação com os deuses dos céus. Com isso, saber o que os planetas e as estrelas podiam tramar e quando eles tramariam revelou-se algo importante na vida cotidiana. A aplicação prática da geometria e da matemática foi o grande talento dos egípcios e dos babilônios.

Os primeiros filósofos provavelmente tinham muito interesse nas aplicações práticas da geometria e da matemática, mas enquanto isso satisfazia aos egípcios e babilônios, para os gregos não era suficiente. Eles se afastaram do aspecto prático e passaram para respostas sistemáticas e ordenadas a perguntas de grande generalidade – para a filosofia, por outras palavras.

Afirma-se que o primeiro filósofo, Tales de Mileto, sabia muita matemática – na verdade não temos toda a certeza do que Tales sabia. Mas diz a lenda que ele usava a geometria para calcular o peso das pirâmides e a distância dos navios em relação à praia. Embora outros tenham parado nesse ponto, ele prosseguiu e se perguntou o que as pirâmides, os navios e tudo mais têm em comum que os torna coisas. Ele não se satisfez com a percepção de que os ímãs movem determinados pedaços de metal. Perguntou por que os ímãs são o tipo de coisa capaz de mover um metal. De resto, imaginou ele, por que algumas coisas se mexem; o que distingue as coisas animadas das inanimadas? Platão e Aristóteles concordam quanto ao seguinte: a filosofia começa com o perguntar-se, ao contrário de tentar resolver problemas práticos. Não é suficiente para os filósofos entender como funcionam as coisas. Eles precisam saber por que as coisas são como são. Isso vale para Tales e para todos os outros filósofos de que falaremos neste livro.

Se o perguntar-se desse modo sobre o porquê era algo que estava além dos egípcios e dos babilônios – e de outros povos –, qual foi o grau de afastamento das coisas comuns implicado nas respostas dadas pelos filósofos gregos às suas novas perguntas? As suas respostas eram racionais. Os gregos, de certo modo, inventaram a racionalidade porque as respostas que deram às suas perguntas eram um tipo novo de coisa no mundo: conclusões raciocinadas. Vamos focalizar isso um pouco mais no próximo capítulo, mas do ponto em que estamos agora parece que algumas pessoas numa cidade grega tiveram a ideia de dar boas razões para sustentar aquilo em que acreditavam.

> Os gregos, de certo modo, inventaram a racionalidade porque as respostas que deram às suas perguntas eram um tipo novo de coisa no mundo: conclusões raciocinadas

> O inexplicável fulcro do Milagre Grego é realmente o misterioso brilho de gênio de uns poucos pensadores.

Não é totalmente certo dizer que os gregos partiram da religião ou da mitologia. Os conceitos religiosos estavam no seu pensamento e é possível ser filósofo e se preocupar com essas coisas. O que eles fizeram foi rejeitar a mera asserção. Já não era suficiente recitar alguns versos de Homero ou dizer que algo simplesmente era assim. Tales e os outros insistiram no uso de razões para apoiar o que diziam ser verdade. Isso era algo novo no mundo.

Há todos os tipos de explicações para a suposta "descoberta da razão" pelos gregos. Já demos uma olhada em alguns deles. Como vimos, o pensamento grego sobre como o mundo é e como ele funciona já é um caminho para a racionalidade. A história da criação que encontramos no pensamento de Homero já tem uma certa lógica, e aliado à árvore familiar dos deuses feita por Hesíodo temos um mundo sistemático, ordenado, maduro para a especulação filosófica. É também verdade que em Mileto não havia nada parecido com a classe sacerdotal egípcia ou babilônia para impedir a elaboração de questões filosóficas e a rejeição de respostas dogmáticas. E os primeiros filósofos se viram num porto comercial efervescente, com muitas contribuições científicas estimulantes vindas de fora, a oportunidade de viajar, assim como tempo ocioso para a reflexão abstrata.

Isso tudo explica o Milagre Grego? Provavelmente não. Com todas essas coisas parece mais ou menos possível que os primeiros filósofos tenham feito o que fizeram. Mas o mundo poderia ter prosseguido para sempre sem que ninguém insistisse em conclusões raciocinadas, sem que ninguém imaginasse como se imaginou. Poderíamos ainda estar queimando touros, mas não fazemos isso. O inexplicável fulcro do Milagre Grego é realmente o misterioso brilho de gênio de uns poucos pensadores. Eles fizeram as primeiras perguntas da filosofia, e embora suas respostas possam parecer vacilantes, suas perguntas ainda estão conosco.

AO LADO A famosa e monumental escultura do sacerdote troiano Laocoonte e seus filhos (século I d.C.). Diz a história que Laocoonte, tentando expor a realidade do Cavalo de Troia, foi estrangulado por cobras mandadas pelos deuses que apoiavam os gregos. A mitologia grega não tardou a ceder à razão, enquanto a filosofia se consolidava.

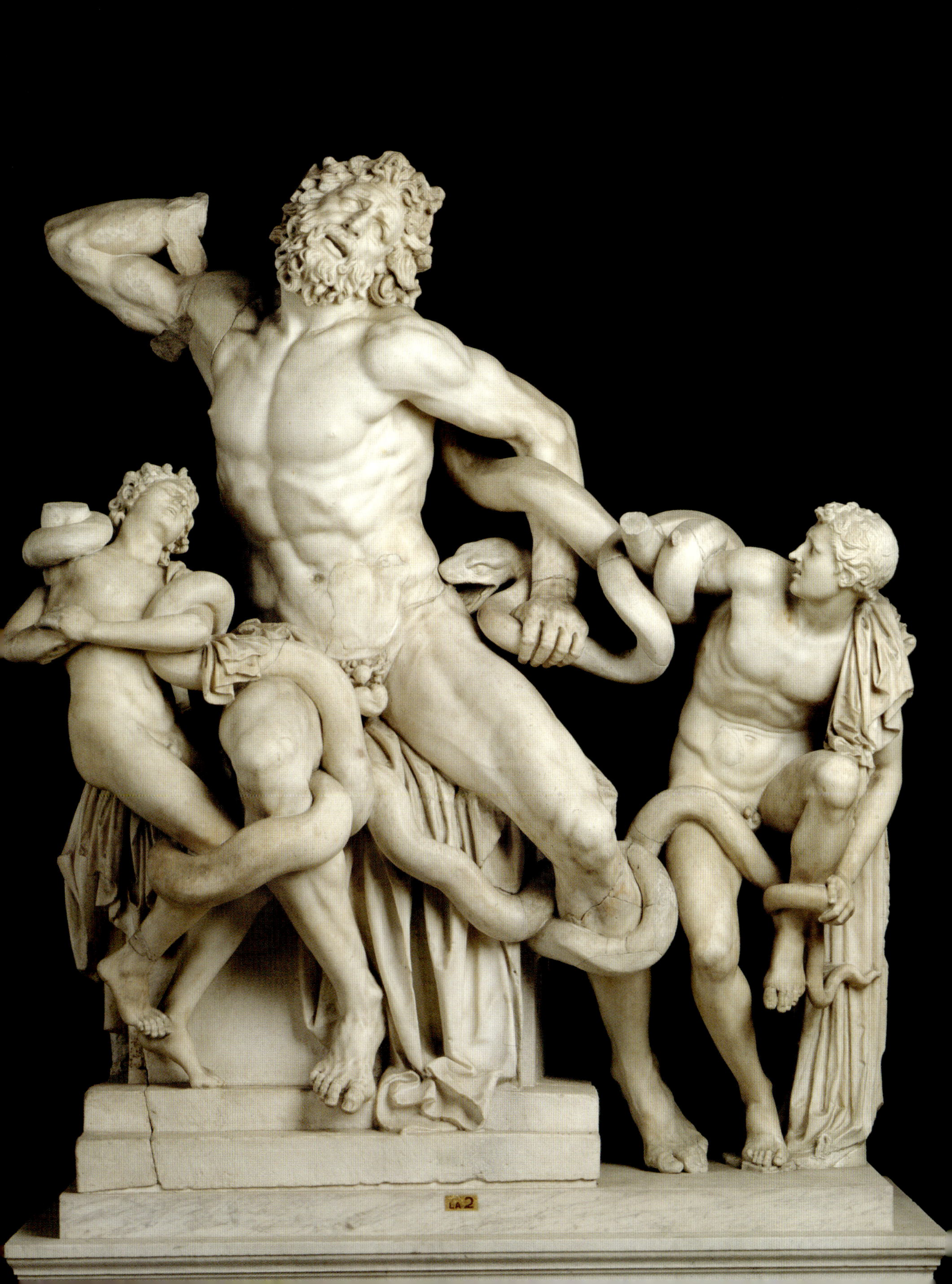
LA 2

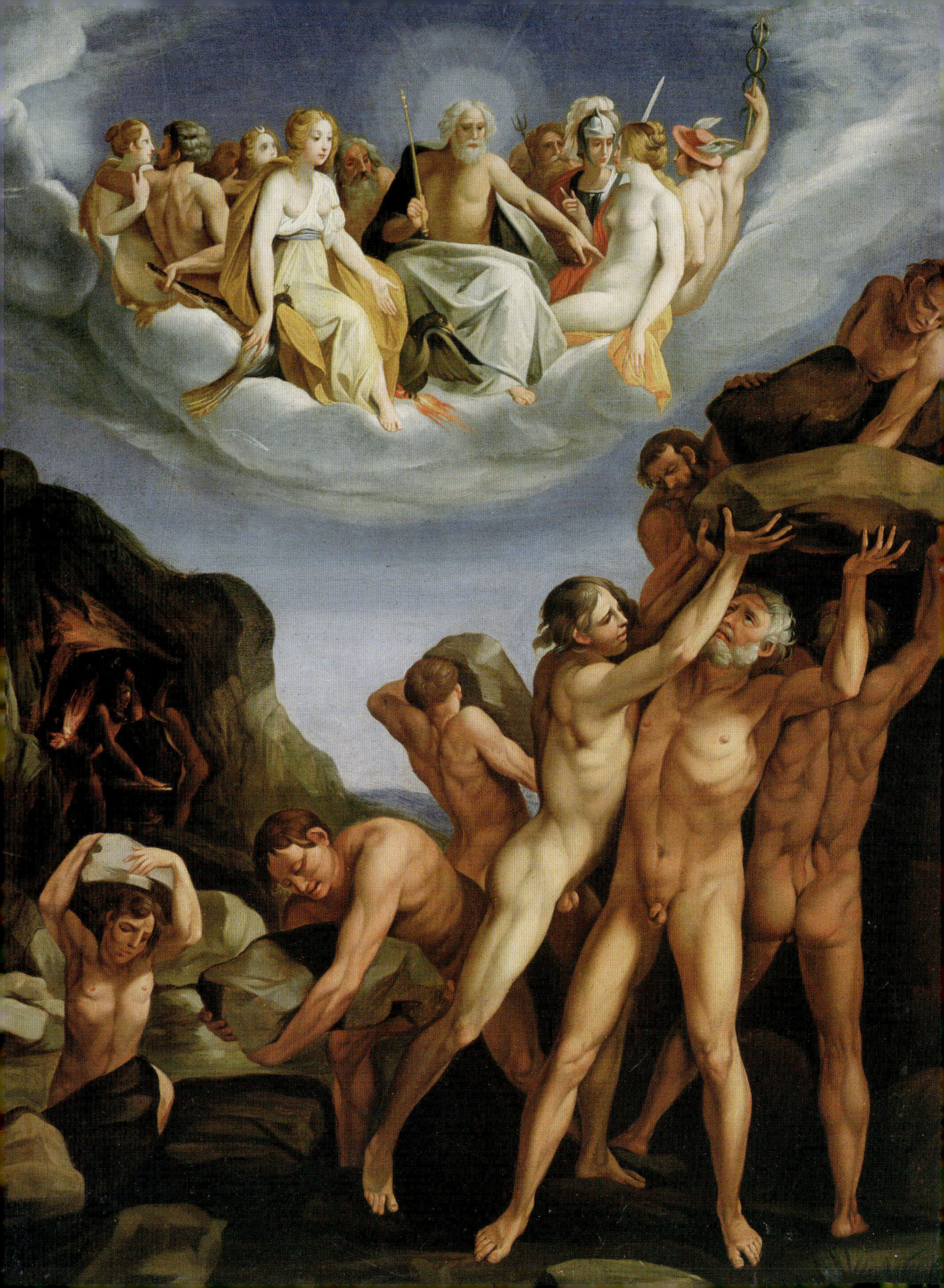

OS PRIMEIROS FILÓSOFOS

Manhã do dia 28 de maio de 585 a.C. Tales, cidadão proeminente de Mileto, vive seu triunfo. Acabou de testemunhar um eclipse solar total cuja ocorrência ele havia previsto alguns anos antes. Ele tem consciência do significado do seu feito. Agora não há mais necessidade de invocar os deuses para explicar o funcionamento do mundo. Está claro que tudo é regido por leis regulares e previsíveis, e não por capricho sobrenatural. O que Tales ainda não sabe é que sua façanha o fará famoso por todo o mundo grego; e mais importante: ela marca o nascimento da filosofia natural e da longa jornada da humanidade para sair da obscuridade e entrar na luz da razão.

Essa é uma agradável história sobre as origens da investigação racional, mas infelizmente talvez seja quase totalmente falsa. É verdade que houve um eclipse nessa data, um acontecimento significativo na vida dos jônios. O antigo historiador Heródoto nos diz que ocorreu durante a batalha de Hális, entre os lídios e os medos, vizinhos dos milesianos, e que, tomando-o como um mau presságio, os soldados de ambos os lados depuseram as armas. Contudo, é improvável que Tales soubesse que o eclipse ia acontecer ou conhecesse os mais rudimentares aspectos do fenômeno. Desconhecer não é o mesmo que não prever, claro, por isso é possível que ele tenha imaginado e a sorte estivesse a seu favor. Mas não temos boas razões para supor isso. Existem referências textuais à sua clara presciência, mas se são exatas ou apenas reflexo da tendência a atribuir feitos magníficos a figuras celebradas, não sabemos.

Essa história ilustra a dificuldade de dizer qualquer coisa definitiva sobre a vida dos primeiros filósofos gregos – chamados "pré-socráticos" porque viveram antes da grande figura de Sócrates, que conheceremos no próximo capítulo. Os indícios que temos de sua vida vêm de relatos de segunda mão, escritos muito depois de sua morte e carregados dos preconceitos e das fraquezas dos autores. O que é lamentável, pois significa que temos de descartar, simplesmente pelo seu valor como diversão, muitas histórias que devem ser verdadeiras. Seria maravilhoso acreditar no antigo repórter

ANTERIOR *A batalha dos deuses contra os gigantes*, atribuída a Cesare Rosetti (século XVII). Depois de derrotar os titãs, os deuses do Olimpo tiveram de enfrentar os gigantes, prole de Gaia.
ACIMA *Heráclito e Demócrito*, pintado por Jan van Bijlert (c.1640). Heráclito (à esquerda) era conhecido como o "filósofo choroso" e Demócrito como o "filósofo risonho". É duvidoso que eles jamais tenham se encontrado: Heráclito deve ter morrido antes de Demócrito nascer.

Diógenes Laércio quando ele nos conta no seu *Vidas e doutrinas dos filósofos ilustres* que Heráclito morreu porque se cobriu de esterco de vaca e foi devorado por um grupo de cães, mas provavelmente isso não aconteceu. Do mesmo modo, a ideia de que Empédocles almoçou demais e depois se lançou nas chamas do monte Etna é poética, mas muito provavelmente inverídica.

Mas não devemos desanimar muito, porque as coisas ficam um pouco melhores quando se trata das ideias dos primeiros filósofos gregos. A maioria dos pré-socráticos teve juízo suficiente para escrever. Alguns deles, Demócrito especialmente, escreveram demais. É uma pena, e é também surpreendente, que nenhuma das suas obras tenha sobrevivido intacta, mas chegou até nós o que os estudiosos chamam de "fragmentos": palavras, frases e de vez em quando parágrafos inteiros produzidos pelos próprios pré-socráticos. Discussões das ideias pré-socráticas aparecem em obras posteriores, como as de Platão, Aristóteles, Plutarco, Clemente, Diógenes Laércio e Simplício. Juntando tudo ficamos no caminho de apreender as questões de que trataram os primeiros filósofos.

Já que estamos contando a história da filosofia, seria bom se houvesse uma estrutura narrativa clara orientando o desdobramento do pensamento pré-socrático. É tentador supor que os filósofos pré-socráticos estavam falando e respondendo uns aos outros, que suas ideias estavam sendo testadas no tribunal da razão e que havia progresso no sentido de que as ideias anteriores, mais fracas, foram substituídas por outras, posteriores e mais sólidas. Contudo, a realidade é provavelmente mais fortuita que isso. Nem de longe sabemos com certeza o quanto as principais figuras – Tales, Empédocles, Anaxágoras e Demócrito – conheciam da obra umas das outras. Além disso, não temos muita certeza nem mesmo de quando eles trabalharam, seja relacionando-se uns com os outros ou isoladamente.

Mas seria errado pensar que não há fios comuns correndo pelo pensamento pré-socrático. O primeiro já encontramos: os filósofos mais antigos foram pioneiros em um modo novo e diferente de olhar para o mundo. Eles o viam ordenado, receptivo à razão e sujeito à sua própria lógica interna, e não caótico e arbitrário. Se Tales tivesse sido atingido por um raio quando, deixando a ágora local, ia para casa, então (imagina-se) teríamos interpretado o fato como um evento natural e não como um sinal de que ele havia desgostado os deuses ao prever o eclipse.

FILÓSOFOS PRÉ-SOCRÁTICOS

Tales *c.*624–546 a.C.
Anaximandro *c.*610–546 a.C.
Anaxímenes *c.*585–528 a.C.
Pitágoras *c.*570–495 a.C.
Xenófanes *c.*570–475 a.C.
Heráclito *c.*536–475 a.C.
Parmênides *c.*515–440 a.C.
Anaxágoras *c.*500–428 a.C.
Empédocles *c.*490–430 a.C.
Zenão *c.*490–430? a.C.
Leucipo sem registro
Demócrito *c.*460–370 a.C.

TÓPICOS PRINCIPAIS

- O fundamental é a água (Tales)
- O Apeiron (Anaximandro)
- O fundamental é o ar (Anaxímenes)
- O fundamental é o fogo (Heráclito)
- Tudo é fluxo (Heráclito)
- O Uno (Parmênides)
- Não posso falar do que não é (Parmênides)
- O mundo é ordenado, lógico e receptivo à razão (pré-socráticos)
- Preocupação com a natureza fundamental das coisas (pré-socráticos)
- Asserções devem se basear em argumentos (pré-socráticos)

Hoje essa mudança de perspectiva pode não parecer grande coisa, mas na verdade ela foi enormemente importante. Abriu espaço para o surgimento não só da filosofia como também da ciência. Se o mundo é regido por regras e não arbitrário, então ele é potencialmente inteligível, o que significa que há uma razão para investigar sua natureza e procurar explicações para os seus diversos aspectos. Essa é talvez a segunda marca definidora da filosofia pré-socrática: ela se interessava pelo que são as coisas em um sentido profundo – com a compreensão da natureza fundamental das coisas.

Aqui precisamos ter um pouco de cuidado. A ideia de que algo tem uma "natureza fundamental" parece ser de muito fácil compreensão, mas na verdade ela contém camadas de complexidade. Assim, por exemplo, é possível que o que é de fato importante quanto a uma coisa seja como ela passou a existir, ou seus elementos constituintes, ou seu propósito, ou uma combinação de tudo isso. O ponto importante é que nem todos concordarão quanto ao que é mais importante, e sobretudo o que se considera importante varia com o tempo. Assim, embora seja verdade que os pré-socráticos eram unidos no desejo de conhecer a natureza fundamental das coisas, disso não se segue que eles concordassem quanto ao que é importante até mesmo como uma resposta adequada a essa questão. Assim, por exemplo, alguns estudiosos indicaram que os primeiros pré-socráticos não tinham de fato um conceito de "matéria". A questão do que compõe as coisas não lhes tinha ocorrido. Eles estavam mais interessados nas origens e na força motriz.

Como vimos no último capítulo, no entanto, há mais uma coisa sobre a qual todos eles tinham concordado: as asserções sobre a natureza do mundo devem se basear em argumentos. Isso foi novamente uma ruptura notável com o passado. As coisas já não seriam explicadas por pronunciamentos sobre a vontade dos deuses; o que contava era o que podia ser racionalmente afirmado. De acordo com o filósofo e historiador Jonathan Barnes, essa ênfase na racionalidade e no argumento é o feito mais admirável e louvável dos pré-socráticos. É até hoje uma das características definidoras da filosofia.

Tudo isso parece muito animador. Os filósofos pré-socráticos reconheceram o mundo como regido por regras e inteligível; estavam interessados em revelar o que são as coisas num sentido profundo; e estavam envolvidos com o raciocínio e o argumento como princípios fundamentais da investigação. Isso é inegavelmente um bom ponto de partida. Então o que eles propuseram?

Tales: uma ideia aguada

Comecemos do começo, com Tales, o primeiro filósofo. Até onde podemos chegar, ele acreditava que a água é a origem de tudo, que a Terra repousa numa cama dessa matéria e que "todas as coisas estão cheias de deuses". Ele também achava que os ímãs têm alma. Com o grande desenvolvimento atual, essas ideias podem parecer um pouco decepcionantes. Na verdade, se Tales, como se alardeia, era o "homem mais sábio da Grécia", ficamos imaginando o que os outros diriam. Assim também se explica, talvez, a história de Diógenes Laércio, de que Tales uma vez foi levado por uma velha a sair de casa para contemplar as estrelas e logo caiu em um fosso. Ela se perguntou, audivelmente, como pode alguém que não vê o que está sob seus pés supor que conhece os céus.

Mas não devemos nos sentir demasiado superiores aos esforços inexperientes dos primeiros filósofos. É extremamente difícil imaginarmo-nos ignorando o que sempre já sabemos – para tomar emprestada a terminologia da teoria linguística. Somos produto do mundo moderno, com tudo o que isso implica. Você que lê este livro provavelmente vive numa sociedade que tem os métodos e descobertas das ciências naturais como parte dos pressupostos do seu conhecimento. Para nós é quase impossível pensar em nós mesmos fora dessa situação e com a cabeça de alguém que talvez pela primeira vez na história olha para o mundo com algo que se aproxima de um espírito científico, e que não pode recorrer a nenhum conhecimento ou experiência anteriores – seus ou de outros.

Se tentamos dar esse salto imaginativo, as especulações de Tales de repente parecem menos absurdas. Pense na ideia de que a água é a origem de tudo. Ela não é tão estranha quando lembramos que a vida depende da água e que Tales viveu no Mediterrâneo, onde isso teria sido um fato óbvio da vida cotidiana. Aristóteles afirma que Tales chegou a essa ideia da água "ao ver que o nutriente de todas as coisas é úmido". Mas talvez não tenha sido só isso. Talvez lhe tenha chamado a atenção o fato de que a água é capaz de mudar de forma, passando a gelo no tempo frio e evaporando quando esquenta. Ou então ele se impressionou com o modo como o Sol parece retirar energia do mar. No final, isso não é verdadeiramente importante. O importante é que ele teve alguma razão para pensar que a água é a origem de todas as coisas. Não era simplesmente um salto de fé arbitrário.

ACIMA *A musa Urânia e Tales,* óleo de Canova (1757-1822). Tales ficou famoso por prever a ocorrência de um eclipse; Urânia era a musa da astronomia.

A ideia aguada de Tales também tem o mérito da economia explicativa. Seu desejo de reduzir a complexidade do mundo observável a um único princípio unificador era bom. É uma ideia comum até hoje que a força e a elegância de uma teoria estejam na sua capacidade de explicar muitas coisas tendo em vista muito poucas coisas. Esse impulso de simplificar foi característico da filosofia pré-socrática como um todo e marcou outro afastamento do passado. Mas a parcimônia na explicação não significa estar certo, e claro que Tales não estava certo. Ele estava totalmente errado.

Há aqui um alerta geral de que toda essa conversa sobre Tales e o que ele pode ter pensado é altamente especulativa. A verdade é que nós não sabemos o que ele pensava. Em algumas ocasiões, Aristóteles, baseado na tradição oral, discute breve e hesitantemente as suas ideias, mas isso é pouco. O Tales que encontramos discutido nos textos filosóficos modernos é em grande parte um construto imaginativo. Ele não chega a aparecer do nada, mas está perto disso. Provavelmente é mais bem compreendido como a personificação da origem da filosofia do que como uma figura histórica plenamente formada. Qualquer declaração de que é possível descobrir o verdadeiro Tales nas páginas de textos antigos deve ser tratada com a devida suspeita.

Anaximandro: coisa que não é coisa

Felizmente Anaximandro, contemporâneo de Tales, e também milesiano, não é tão insubstancial. É verdade que não sabemos muito sobre ele, mas pelo menos ele conseguiu pôr a pena no papiro: escreveu um livro inteiro, chamado *Da natureza*, e também criou um mapa das estrelas e um mapa do mundo. Infelizmente, fora uma única frase do seu livro, nada sobreviveu, mas não se pode ter tudo.

Anaximandro, ao contrário de Tales, não via a água como a coisa fundamental do Universo. Sua grande ideia é no geral mais esotérica. Ele achava que a coisa básica é ilimitada, indeterminada, eterna e invisível. Ele a chamava de Apeiron ou indefinido, que não é exatamente um elemento, certamente não no sentido tradicional, mas sim outra coisa não especificada da qual se originam todas as outras coisas, que depois de destruídas retornam a ela. Assim, por que acreditar nessa coisa misteriosa e não em algo mais tangível? Não temos certeza, mas um estudioso sugere que é porque Anaximandro havia observado os quatro elementos tradicionais – terra, ar, fogo e água – se transformarem uns nos outros e então resolveu não tornar nenhum deles a coisa fundamental, propondo outra coisa.

Por estranho que pareça, aí está o germe do que se tornará uma ideia cada vez mais importante nessa questão: a de que há uma diferença entre aparência e realidade. O mundo observável – ou o kosmos, termo mais conhecido de Anaximandro – é mutável e finito. Mas a realidade que o sustenta, o Apeiron, da qual o kosmos é criado e que fornece seu sustento e força motriz, não tem limite, é eterna e talvez até divina. O kosmos não é uma ilusão para Anaximandro do mesmo modo que parece ter sido para Parmênides, como veremos, e no entanto ele entendeu a realidade do kosmos como subordinada à realidade mais fundamental do Apeiron.

> O *kosmos* não é uma ilusão para Anaximandro do mesmo modo que parece ter sido para Parmênides.

Isso nos leva a imaginar como exatamente esses dois domínios interagem entre si. Infelizmente é então que as coisas ficam complicadas e muito vagas. Parece que Anaximandro sustentava que o *kosmos* é formado por um conjunto de forças opostas, os opostos, que estão em relação de perpétuo conflito umas com as outras. Esse é o tema do único fragmento sobrevivente da sua obra: "[Os opostos] pagam multa e indenização uns para os outros pela sua injustiça de acordo com a avaliação do Tempo."

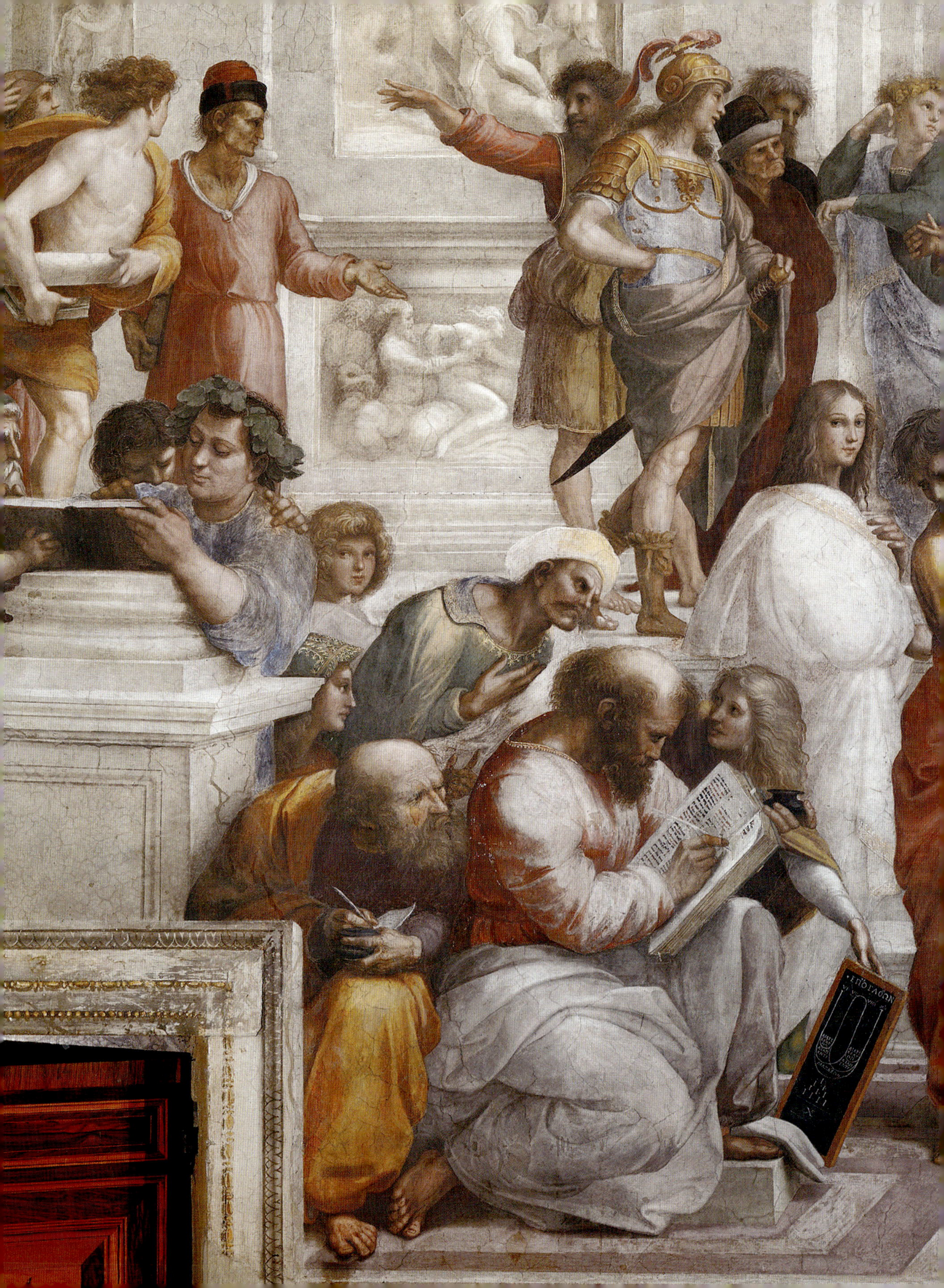

ESQUERDA Nesse detalhe de *A escola de Atenas* (veja também páginas 84-5), de Rafael, o homem com aspecto deprimido que está na frente à direita é provavelmente Heráclito, e sua figura pode ter sido inspirada em Michelangelo. Embora se suponha que o afresco seja um Quem é Quem dos filósofos antigos, os especialistas e críticos discordam quanto às identificações. O detalhe inclui certamente Pitágoras e talvez Anaximandro e Parmênides.

Não está claro o que exatamente – ou mesmo inexatamente – significa isso. Talvez o que ele queira dizer é que forças como quente, frio, molhado e seco estão em constante luta pela supremacia, sendo que nenhuma força é capaz de ter uma vitória decisiva. Assim, por exemplo, pode-se imaginar o sol do deserto secando um oásis apenas para que este se reabasteça durante uma monção, ou a água apagando um incêndio apenas para que ele recomece mais tarde. Nesse sentido, a "injustiça" que ocorre é a invasão de um oposto no terreno de outro, e a "multa" é o reajuste, e mais, que ocorre na direção oposta.

Isso deixa a curiosa afirmação de Anaximandro de que esse processo ocorre "de acordo com a avaliação do Tempo". Alguns especialistas explicam isso invocando o Apeiron como uma espécie de árbitro cósmico. A ideia é que o conflito entre opostos é regido e regulado externamente pelo Apeiron, cujo sinônimo é "Tempo". Assim, por exemplo, pode-se pensar na progressão ordenada de dias e noites ou talvez na sucessão das estações. Mas tudo isso é altamente especulativo, e embora se ajuste à ideia de que o Apeiron é o princípio regente do *kosmos*, não podemos ter certeza de que era isso que Anaximandro tinha em mente.

Além do mais, isso deixa intocada a questão de como os opostos, e na verdade os elementos mais tradicionais do cosmo, para começar, surgiram do Apeiron. Aqui as coisas são ainda mais vagas. Anaximandro aponta na direção de uma "separação" impelida por forças quentes e frias. Fala-se em "rodopios", um vórtice, névoa e até mesmo casca de árvore, mas nada disso tem muito sentido. Eis um filósofo posterior, Teofrasto, aluno de Aristóteles, fazendo o possível para apreender a explicação:

> Ele diz que na geração deste mundo algo gerador de calor e frio se separou do eterno, e dele uma bola de chama cresceu em torno do ar em redor da Terra, como a casca numa árvore. Quando a bola explodiu e foi fechada em vários círculos, surgiram o Sol, a Lua e as estrelas.

Provavelmente quanto menos se falar nisso, melhor. Se há algum interesse filosófico na questão, é que as especulações de Anaximandro são coerentes com a ideia de que o cosmo tem sua própria lógica de desenvolvimento e não passou a existir por um ato divino. Essa ideia é comum a todos os filósofos milesianos, mas tem sua expressão mais madura na obra de Anaxímenes, aluno de Anaximandro e terceiro e último dos grandes filósofos de Mileto.

Anaxímenes: o ar está em toda parte

Anaxímenes não se dispunha aos voos metafísicos de fantasia a que seu professor era afeito. Ele evitava falar em indeterminado e Apeiron, preferindo algo bem mais prosaico: ele pensava que o ar explicava tudo. A Terra e todos os corpos celestes ficam onde estão por serem sustentados pelo ar. As criaturas vivas estão vivas porque foram animadas pelo ar. E a matéria fundamental da realidade – seu *arché* – é o ar. Isso parece uma repetição de Tales, com o ar substituindo a água, mas na verdade o que há de novo na explicação de Anaxímenes é suficiente para torná-la interessante. Sobretudo por ele ter tentado explicar como uma única substância pode ser responsável por toda a variabilidade encontrada no *kosmos*.

Sua ideia é que o ar se transforma em outros elementos por um processo de condensação e rarefação. Hipólito, um teólogo do século III d.C. que nos dá a explicação mais completa das opiniões de Anaxímenes, explica assim a questão:

> Ao ser condensado e rarefeito, o ar parece diferente: quando é difundido numa condição mais rarefeita ele se torna fogo; vento é ar moderadamente condensado; a nuvem é produzida a partir do ar por compressão; quando mais condensado ainda, é água; e depois, terra; e quando é tão denso quanto possível é pedra.

Tendo em vista esse esquema, então, o fogo é a forma mais difusa, rarefeita, de ar; em seguida vem o ar normal; depois o vento, ar normal condensado; e depois nuvens, água, terra e pedras, cada uma delas mais densa que as outras. Esse processo de condensação e rarefação é impelido pelo movimento contínuo do ar, que, de acordo com Anaxímenes, é um pré-requisito para qualquer tipo de mudança. Ele também diz que o quente e o frio têm um papel nisso, com o quente ligando-se à difusão e o frio com a contração.

Como descrição da realidade, as especulações de Anaxímenes são tão inviáveis quanto as anteriores – o ar é base da realidade tanto quanto a água ou o apeiron. Mas novamente há nelas um interesse filosófico que vai além da questão da verdade de qualquer alegação substantiva. Particularmente, ao contrário dos casos de Tales e Anaximandro, podemos ter muita certeza de que Anaxímenes acreditava não somente que tudo no mundo observável se originou da sua matéria básica, mas também que tudo é feito dela. Além disso, ele ofereceu uma explicação bastante naturalista de como a variabilidade

> O movimento contínuo do ar, de acordo com Anaxímenes, é um pré-requisito para qualquer tipo de mudança.

DIREITA Tales afirmou que a água era a origem de tudo, uma visão que alguns estudiosos posteriores afirmaram ser um reflexo da importância da água na vida dos milesianos. Mas a água também forneceu a Heráclito seu famoso epigrama: "Ninguém se banha duas vezes no mesmo rio." Esses banhistas, tema de *Raio de sol*, de Jacob Isaackszoon van Ruisdael, foram pintados na década de 1660.

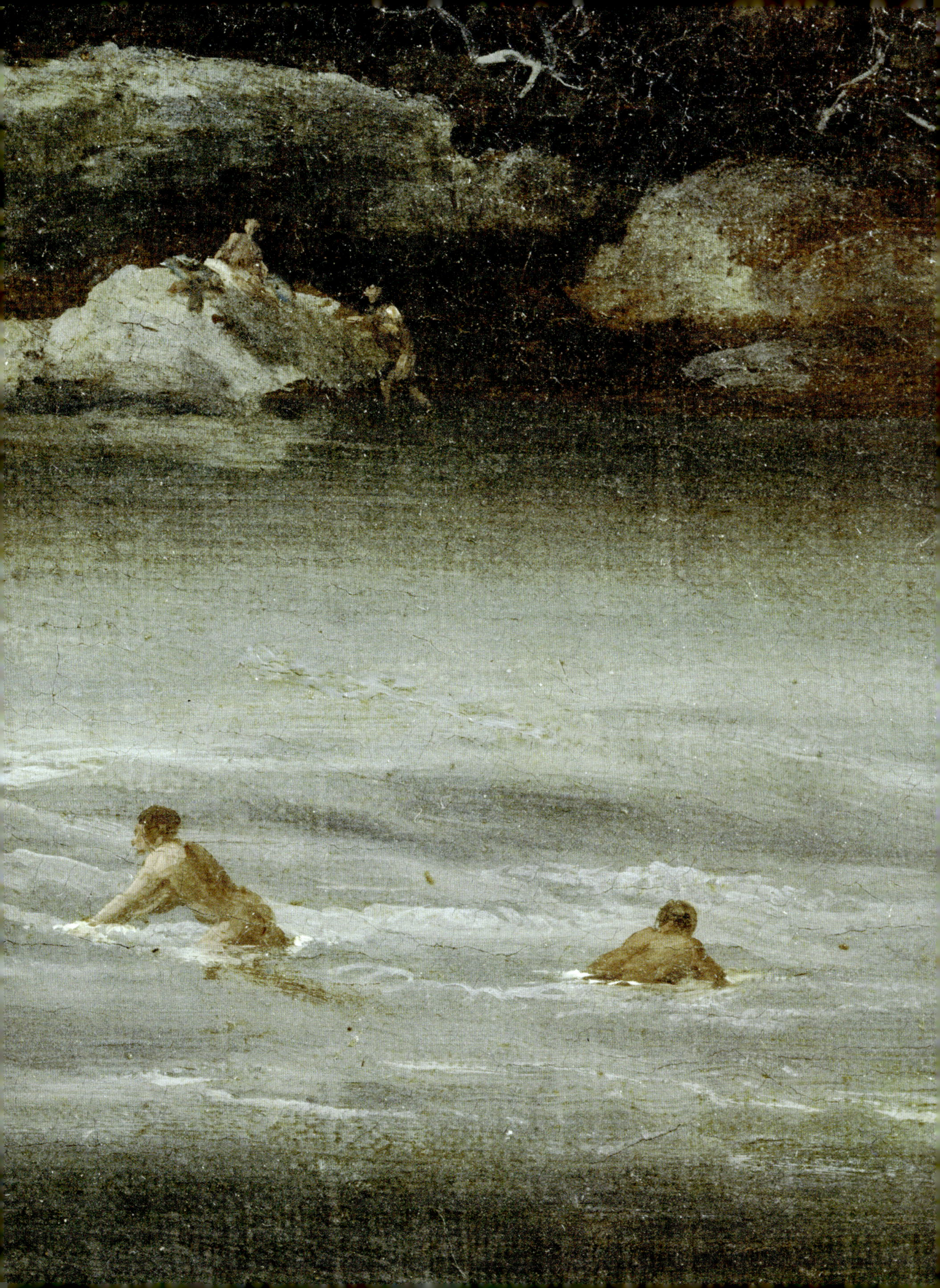

e a complexidade do mundo observável surgem da uniformidade de uma única substância. Nesses sentidos, ele é uma figura decididamente mais moderna que quaisquer dos seus predecessores milesianos.

Anaxímenes, 25 anos mais jovem que Anaximandro, provavelmente produziu em meados do século VI a.C., período que marcou o início do final da Jônia como eminente centro de força econômica e excelência cultural. Os persas, sob Ciro, o Grande, conquistaram a região em 546 a.C., e embora Mileto tenha conseguido inicialmente resistir, a cidade acabou sendo capturada e escravizada pelos persas em 494 a.C. A Jônia logo perdeu seu lugar perto do centro do mundo grego, mas há ainda um filósofo notável desse período: Heráclito de Éfeso.

Heráclito: fluxo e caos

Heráclito talvez seja o filósofo pré-socrático mais divergente. Não pela sua produção filosófica, frustrantemente confusa, mas pela sua natureza grosseira. Na Antiguidade ele era considerado "presunçoso e arrogante", mas na verdade isso é um eufemismo. Ele é o rottweiler mal-humorado da filosofia antiga. Sobre Homero e Arquíloco, o poeta guerreiro, ele disse que ambos deviam ser surrados com bastão. Pitágoras foi tratado com menos crueldade: ele o dispensou como "o príncipe das mentiras". E quanto aos seus compatriotas, os efésios, achava que seria bom eles se matarem.

> **PRÉ-SOCRÁTICOS**
>
> **Tales:** água
> **Anaximandro:** o Apeiron (matéria indefinida não especificada)
> **Anaxímenes:** ar
> **Heráclito:** fogo
> **Parmênides:** o Uno
> **Zenão:** o Uno
> **Empédocles:** terra, ar, fogo, água
> **Anaxágoras:** elementos infinitamente divisíveis, intricadamente combinados
> **Leucipo e Demócrito:** átomos indivisíveis e o vazio

Parece que a causa de todo esse barulho foi a incapacidade das pessoas de ver o mundo como Heráclito o via. Assim, por exemplo, ele se queixou de que "os homens em geral *não* têm pensamentos que correspondam ao que encontram, não sabem o que lhes ensinaram, mas imaginam que sabem". Ele disse que as pessoas tendiam a passar a vida sonambulando: "Outros homens não têm ideia do que fazem quando acordados, nem do que esquecem quando adormecidos."

Mas nesse ponto há uma ironia, porque não está bem claro como o próprio Heráclito via o mundo. Mesmo na Antiguidade, ele era considerado notoriamente obscuro. Diógenes Laércio diz que quando perguntaram a Sócrates o que achava dos escritos de Heráclito, ele respondeu: "O que eu entendi é bom; assim, acho que o que não entendi também é;

só que o livro exige um mergulhador délio para chegar ao seu fundo." Sócrates talvez estivesse sendo demasiado otimista, pois para um mergulhador délio também seria difícil. Mas o esforço tem seu mérito, assim vejamos se podemos dar sentido às reflexões de Heráclito.

Talvez o melhor ponto para basear o estudo seja seu famoso epigrama, um dos seus mais de cem fragmentos que sobreviveram, segundo o qual "Ninguém se banha duas vezes no mesmo rio." Isso é típico do estilo de Heráclito – breve, enigmático (ou aborrecido, conforme a perspectiva) e sujeito a múltiplas interpretações. Em certo sentido é óbvio o que ele está apreendendo. Um rio corre continuamente, o que significa que cada vez que a pessoa põe nele o pé, ela será cercada por águas diferentes, o que torna diferente o rio. A questão, no entanto, é como interpretar essa afirmação: o que Heráclito pretende que se extraia disso?

É nesse ponto que as coisas se complicam. Uma leitura indica que Heráclito achava que os rios se caracterizam somente pelo fluxo e não têm nenhum tipo de identidade sólida; e por extensão, supondo que o rio é uma metáfora de toda a realidade, que o fluxo é constitutivo do mundo como um todo. Nada é permanente. Parece ter sido assim que muitos filósofos e estudiosos da Antiguidade interpretaram a frase. Platão, por exemplo, atribuiu a ele a crença de que "todas as coisas fluem e nada fica parado". Aristóteles nos diz que:

> [...] na verdade alguns [leia-se: Heráclito] sustentam a ideia de que não só algumas coisas, mas todas as coisas estão sempre em movimento no mundo, embora não possamos apreender esse fato pela percepção sensorial.

Seria bom se pudéssemos deixar isso nesse ponto e passar para outros gregos menos gnômicos, mas infelizmente ainda há o que dizer. De importância especial é o fato de outros fragmentos indicarem que a conclusão de Heráclito não era tão radical. Pense, por exemplo, no fragmento 49: "Entramos e não entramos no mesmo rio; somos e não somos."

Fica-se tentado a supor que com isso Heráclito apenas está afirmando uma contradição: ao mesmo tempo nós entramos e não entramos no mesmo rio. Contudo, uma leitura mais tolerante percebe a sua luta com o problema da identidade através da mudança. Especificamente, nesse caso, ele está tentando revelar se algo ainda pode ser a mesma coisa embora seus elementos constitutivos tenham mudado totalmente. Em caso afirmativo, há lógica na afirmação de que ao mesmo tempo nós entramos e não entramos no mesmo rio. Um rio pode estar mudando continuamente quanto à sua composição, mas permanecer o mesmo rio.

Aquiles e a tartaruga

Aquiles e a tartaruga é um dos paradoxos clássicos de movimento de Zenão de Eleia, e parece mostrar que o espaço (e/ou tempo) é infinitamente divisível, assim o movimento não é absolutamente possível. Construído em defesa da ideia de Parmênides de que tudo é Uno, ele tem a seguinte forma:

Imagine que Aquiles vai correr com uma tartaruga e dá a esta uma vantagem de saída. Embora Aquiles seja bem mais rápido que a tartaruga, é possível que ele nunca consiga alcançar sua adversária. Isso porque sempre que ele chega a um ponto em que a tartaruga estava, ela já avançou, mesmo que só um pouquinho.

A tartaruga sai na frente na corrida. Muito rapidamente, Aquiles chega ao ponto em que ela começou a correr, mas ela já avançou. Aquiles então chega à posição em que a tartaruga havia chegado quando ele chegou à posição original de largada da adversária, mas de novo a ameaça do réptil avançou um pouco mais. E a corrida continua desse modo, com Aquiles chegando sempre mais perto da tartaruga, mas sem jamais alcançá-la.

Outra versão desse paradoxo surge se consideramos o que é preciso para atravessar uma sala. Para fazer isso precisamos vencer metade da distância antes de completarmos a jornada. Mas não podemos cobrir metade da distância até cobrirmos metade da metade da distância, e não podemos cobrir metade da metade da distância antes de cobrirmos metade dessa distância, e assim por diante, ad infinitum. Assim, parece que nunca começaremos.

Sabemos que as pessoas atravessam salas e que Aquiles teria alcançado a tartaruga numa corrida, o que significa que algo está errado no argumento de Zenão. Mas não está claro exatamente o quê. A abordagem mais popular é talvez argumentar que o paradoxo se desfaz pelo fato de que a matemática mostra que uma série infinita (½ + ¼ + ⅛ + $1/16$ ...) tem uma soma finita, ou seja, existe alguma quantidade de tempo finita implicada na travessia da série.

Mas esse tipo de resposta parece quase não entender os paradoxos de Zenão. Já sabemos que estes não selecionam uma característica do mundo real. É interessante saber onde exatamente o raciocínio de Zenão falha.

ACIMA Zenão e seus colegas filósofos eleáticos Parmênides e Melisso argumentavam que o movimento era impossível; se for verdade, isso torna ainda mais impressionante a façanha dos atletas gregos. Esse corredor adorna um copo (século V a.C.).

A ideia de que uma aparente contradição pode expressar a unidade subjacente é característica da obra de Heráclito. Pense nesses epigramas:

> O caminho para subir e o caminho para descer são o mesmo.
> O mar é a água mais pura e mais impura. Os peixes podem bebê-la e ela é boa para eles; para os homens é intragável e nociva.
> Hesíodo é professor da maioria dos homens. Os homens acham que ele sabia muitas coisas, um homem que não distinguia o dia da noite! Os dois são um.

Tudo isso envolve contradições que se desfazem quando examinadas. Algo vai para cima ou para baixo dependendo da nossa perspectiva. No alto de um monte todos os caminhos descem; embaixo o caminho é para cima. Assim também a água salgada é pura ou impura dependendo de se um organismo está preparado para tolerá-la; os peixes estão, os seres humanos não. E o dia e a noite fazem parte do mesmo ciclo de 24 horas.

Esses tipos de pensamentos levaram muitos estudiosos a dizer que Heráclito estava propondo o que se chama "identidade de opostos": fenômenos como dia e noite, acima e abaixo, podem parecer contraditórios, mas na verdade são idênticos. Se assim for, então pelo menos nos termos de Heráclito a existência do fluxo e do conflito é compatível com a proposição de que o mundo manifesta uma harmonia fundamental, que todas as coisas são "o mesmo".

Mas na verdade não podemos dar muita atenção a isso. Para começar, Heráclito não fez nada para demonstrar a "identidade dos opostos". De acordo com algumas leituras, seus esforços são uma lição de confusão e supergeneralização. Não devemos julgá-lo com demasiado rigor, claro, pois ele viveu muito antes que se tivesse tratado das diversas nuances de significado ligadas a ideias como "identidade" e "diferença"; mas as suas ideias sobre essas questões não resistem ao exame. Assim, por exemplo, embora entendamos o que ele está querendo dizer quando afirma que noite e dia são a mesma coisa, também sabemos que duas coisas diferentes não se tornam uma coisa só porque têm algo em comum.

A outra razão para cautela é a do padrão quando se trata dos filósofos pré-socráticos: simplesmente não temos certeza sobre o seu significado pretendido. Os problemas comuns se combinam no caso de Heráclito pelo seu estilo oracular, que se reflete em traduções muito diferentes dos seus fragmentos e em opiniões divergentes entre os estudiosos sobre como eles devem ser interpretados. Jonathan Barnes, comentando esse aspecto de oposição dos estudos sobre Heráclito, observa que:

> Quando [...] Hegel chegou a Heráclito, ele se empolgou: "Aqui vemos terra! Não há proposição de Heráclito que eu não tenha adotado na minha lógica." Um destacado opositor do hegelianismo não é menos efusivo: os fragmentos de Heráclito, longe de esboçar a dialética teutônica, revelam "um pensador de insuperáveis força e originalidade", um Wittgenstein grego. A verdade é que Heráclito atrai exegetas como um pote de geleia atrai formigas; e cada nova formiga distingue pistas do seu sabor preferido.

Há uma tentação, talvez justificada, de ser muito cético sobre esse tipo de coisa. Evidentemente há perigos nas declarações radicais sobre os méritos de um filósofo levado a sério por muita gente que sabe demais sobre o campo. Todavia, ao vermos o modo como a obra de Heráclito costuma ser tratada, ficamos impressionados com a impressão de que é um exercício de futilidade tentar determinar exatamente o que ele pretendia. Talvez a moral da história seja que se quisermos que a posteridade nos entenda, provavelmente é melhor evitar paradoxos aforísticos e trocadilhos como maneira de agir.

Parmênides: tudo é Uno

Talvez seja um alívio saber que Parmênides, o maior filósofo de Eleia, cidade do sul da Itália, não adotou o aforismo ou o pronunciamento oracular. Pelo contrário, ele é notável por ser o primeiro filósofo pré-socrático a empregar um estilo argumentativo sistemático onde parece que sua intenção era levar o leitor inexoravelmente das premissas para uma conclusão. Assim, é um tanto irônico que ele tenha escolhido trabalhar com hexâmetros. E mais irônico ainda que ele não era muito bom nisso.

Não sabemos grande coisa sobre a vida de Parmênides, mas parece que ele nasceu numa proeminente família jônica por volta de 515 a.C. e passou a maior parte da vida em Eleia, ao sul de Nápoles. Fala-se que ele foi discípulo do poeta Xenófanes e conheceu Sócrates, mas é provável que nada disso seja verdade. Contudo, sabemos muito sobre o que ele ensinou, já que por cortesia do estudioso neoplatônico Simplício temos cerca de 120 versos contínuos que ele escreveu. Estes nos mostram que Parmênides aprendeu tudo o que sabia sobre filosofia não com Xenófanes nem com qualquer outro mortal, mas com uma deusa:

> A deusa me recebeu graciosamente e tomou na sua a minha mão direita; e me disse: "Jovem, companheiro dos cocheiros imortais, que vem à minha casa com as éguas que o carregam, bem-vindo [...]. Você precisa aprender todas as coisas, o coração firme da verdade persuasiva e as opiniões dos mortais em que não há fundamento verdadeiro".

Os versos que sobreviveram fazem parte do seu poema épico *Sobre a natureza*, dividido em três seções: um prólogo, que trata do seu encontro com a deusa; o "Caminho da Verdade", em que a deusa expõe uma teoria do ser totalmente nova; e o "Caminho da Opinião", em que, por razões bem conhecidas apenas por ela, esboça uma explicação bastante naturalista do mundo – cuja falsidade ela prontamente reconhece.

A ideia de Parmênides, explicada em "Caminho da Verdade", é que só é possível pensar ou dizer qualquer coisa sobre o ser ou o que é. Quando se admite essa premissa – e devia ser dito desde o início que não há boas razões para fazê-lo –, seguem-se todos os tipos de consequências radicais. Para começar, ela afasta a ideia de que as coisas podem passar a existir a partir do nada, uma ideia que Parmênides diz ser ininteligível: "Que tenha vindo do que não é eu não devo permitir que você diga ou pense – pois não é passível de dizer ou pensar que não é."

Ela também rege a possibilidade de mudança, pois se algo mudou, isso implica que não é agora o que era antes, o que novamente é rejeitado pela alegação de que é necessário abandonar tudo o que não é. E pela mesma razão não podemos pensar ou falar de nada que deixe de existir, pois isso implica a negação do ser, com a consequência de que o que existe precisa ser eterno.

Não é irracional nessa altura pensar que talvez a deusa de Parmênides tenha bebido demais antes de se esforçar para esclarecê-lo, já que certamente parece que as coisas são perfeitamente capazes de passar a existir, mudar e deixar de existir. Parmênides, claro, teria aceitado que é assim que as coisas parecem, mas teria negado que o modo como as coisas parecem seja o modo como as coisas são. Pode parecer que a criação, a mudança e a extinção são possíveis, mas isso é uma ilusão, uma consequência da precariedade da experiência dos sentidos, que pertence ao reino da opinião ou aparência.

Parmênides não para na afirmação de que toda mudança é regida. Ele leva adiante sua ideia de que só é possível pensar no que é até isso trazer à tona outras conclusões radicais. O movimento, a mudança e a diversidade são impossíveis. O que existe é uniforme, indivisível, perfeito, divino, perpétuo, completo e... redondo. Tudo isso significa uma explicação da realidade em total desacordo com a fornecida por Heráclito. Onde este vê turbulência e fluxo, Parmênides vê uniformidade, estabilidade e permanência. O universo de Parmênides é uma unidade singular, imutável, indivisa.

> Tudo isso significa uma explicação da realidade em total desacordo com a fornecida por Heráclito.

Assim, o que faremos com tudo isso? Talvez a primeira coisa a dizer seja que não há dúvida de que as ideias de Parmênides eram originais e sugestivas. De acordo com muitos estudiosos, ele é a principal figura da filosofia pré-socrática. Certamente é verdade que suas especulações metafísicas sobre a natureza do ser, ou o que é, eram um tipo diferente de coisa com relação a tudo o que havia antes. Também é verdade que suas ideias tiveram um grande efeito no pensamento de Platão, e desse modo no curso da filosofia ocidental como um todo.

Além disso, há muito que admirar nos aspectos pioneiros da sua obra filosófica. Como já mencionamos, ele foi o primeiro filósofo pré-socrático a usar o argumento sistemático para demonstrar que conclusões específicas tinham de ser verdadeiras, dada a verdade de determinadas premissas. Talvez também não seja descabido ver Parmênides como o primeiro expoente da abordagem filosófica conhecida como "racionalismo", que diz ser possível derivar da reflexão puramente intelectual verdades sobre o mundo. Ele pode ter sido também o primeiro idealista.

Mas tudo isso vem com uma grande advertência: é claro que os argumentos específicos propostos por Parmênides são errôneos, pois as conclusões deles extraídas são obviamente absurdas. Na verdade é muito fácil identificar onde ele errou: logo no início, quando afirmou não ser possível pensar ou dizer algo sobre *o que não é*.

Isso certamente parece possível. Há lógica, por exemplo, em dizer que os unicórnios não existem ou que Sherlock Holmes é apenas ficcional, ou que a redação deste livro ainda não foi completa. Mas estamos nos referindo a alguma coisa quando falamos em Sherlock Holmes? Se não, como nossas palavras podem significar algo?

É fácil entrar numa enroscada filosófica quando falamos de coisas que não existem. Como veremos num capítulo sobre análise lógica, foram precisos dois mil anos e alguns progressos na lógica para destrinchar os emaranhados metafísicos encontrados por Parmênides. Mesmo assim, ainda não temos certeza da razão pela qual ele achava que não podemos legitimamente falar do que não existe. Sua obscuridade quanto a isso é frustrante, o que significa que só podemos indicar com um gesto uma explicação. A essência da coisa parece ser que ele conceitualizava o pensamento e o ser como sendo os lados opostos da mesma moeda, supondo assim que o pensamento implicava o ser. De certo modo, esse impulso é compreensível – não é uma ideia particularmente controversa pensar que o pensamento deve ser de alguma coisa. Mas o erro vem de pensar que essa coisa deve necessariamente existir (e portanto que não é possível pensar no que não é). Se você está em dúvida se isso é um erro, pense, por exemplo, que se fosse verdade seria possível confirmar a existência de qualquer entidade hipotética apenas pensando nela. E também – pelo menos se pode argumentar – que qualquer coisa que poderia existir deve existir.

Não é de admirar que as ideias de Parmênides não tiveram aceitação generalizada fora do círculo imediato dos seus colegas filósofos de Eleia, que incluía Melisso e Zenão, ambos bem conhecidos por mérito próprio. Na verdade, em um dos seus diálogos, Platão sugeriu que Parmênides se tornou motivo de riso pelas ideias que esposou. Mas também é verdade que os filósofos vindos depois dele estavam respondendo de vários modos aos desafios propostos pela sua filosofia. Isso vale sobretudo para Platão, cuja teoria das formas pode ser vista como uma tentativa de agarrar-se à ideia parmenidiana de que o que em última análise é real é imutável e eterno, sem que seja necessário jogar fora toda a esfera da experiência dos sentidos. Mas, como veremos, Platão também viu algo em Heráclito.

DIREITA Busto do século V a.C., da cidade de Eleia, no sul da Itália, retratando Parmênides.

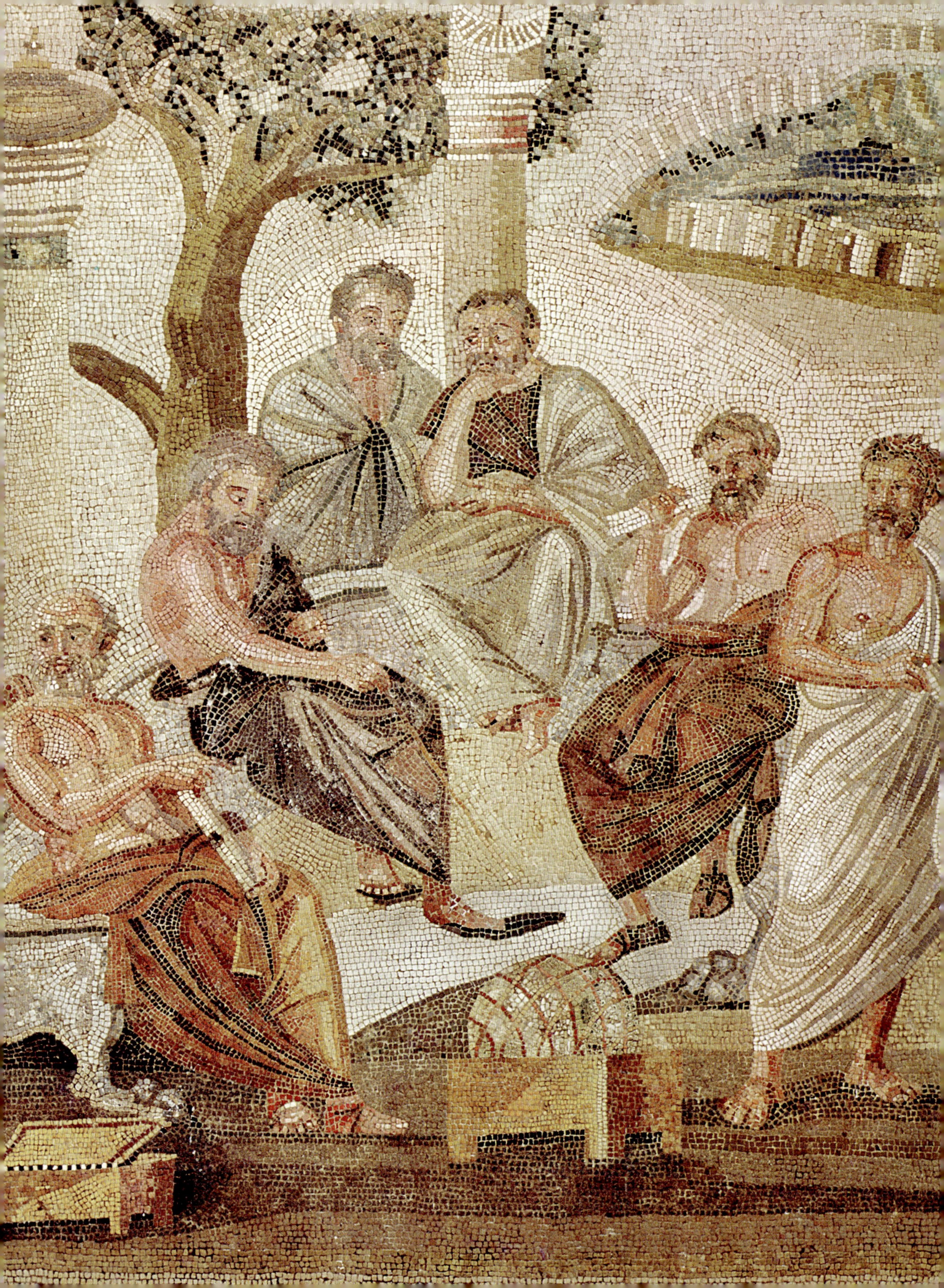

O AMOR AO SABER

Os pré-socráticos são assim chamados por uma razão muito válida. O surgimento de Sócrates no cenário filosófico marca realmente a clara transição de um conjunto de interesses para outro. Como afirma o filósofo e estadista romano Cícero, "Sócrates fez a filosofia descer do céu". Mesmo valorizando os pré-socráticos por darem os primeiros passos para a racionalidade, nunca sabemos de fato o que pensar quando eles nos dizem que tudo é água ou que tudo é de fato Uno. Mas podemos ter uma conversa com Sócrates. Ele não gostava de especulação obscura sobre a natureza fundamental da realidade. Não disse nada inquietante sobre ímãs. O que importa a ele são questões bem mais humanas. O que significa ser justo? O que é coragem? Como devemos viver? Pelo menos achamos que era isso que o preocupava.

Segundo a maioria dos relatos, a preocupação de Sócrates com as questões morais aborrecia quase todo mundo em Atenas. Ele se dizia um tavão ou uma mutuca, zumbindo por aí, picando sempre, tirando as pessoas da complacência e levando-as a pensar com mais cuidado. Se você estivesse ao alcance do fogo das suas constantes questões e dos seus intermináveis argumentos, talvez se irritasse bastante. E ele continua nos incomodando, mais de dois mil anos depois, porque, apesar de ser muito provavelmente o filósofo mais influente da história ocidental, quase nada sabemos sobre no que ele realmente acreditava. Em grande parte o culpado disso é ele próprio, com sua alegação de que na verdade não sabia grande coisa sobre nada.

Segundo ele, sua sabedoria estava no fato de ele saber que nada sabia, enquanto todos persistiam na crença equivocada de que sabiam muito. Talvez o que mais incomoda seja o fato de ele nunca ter escrito uma única frase sobre filosofia. Não há obra socrática. Nada temos sobre ele.

OS DIÁLOGOS DE PLATÃO

Não há consenso quanto à cronologia dos diálogos, mas apenas uma boa suposição.

Primeiros diálogos: *Cármides, Críton, Eutidemo, Górgias, Hípias Maior, Hípias Menor, Íon, Laques, Lísis, Meno e Protágoras.*
Intermediários: *Fédon, Simpósio, República e Fedro.*
Últimos: *Parmênides, Teeteto, Sofista, Estadista, Timeu, Crítias, Filebo e Leis.*

Mas por um feliz acidente da história, bem ao lado de Sócrates, enquanto ele perturbava seus colegas atenienses, estava Platão, seu aluno e, felizmente, um gênio filosófico mas também literário. Platão escreveu diálogos, um tipo de transcritos filosóficos, com Sócrates normalmente perguntando, sendo respondido, rasgando as respostas e pedindo respostas melhores. Os diálogos contêm bons argumentos filosóficos – razões propostas para fundamentar conclusões –, mas mesmo sem estes nós os leríamos pela sua beleza, encanto e estilo. São obras de arte. Platão pinta retratos, fixa cenas, faz brincadeiras e parece dominar uma enorme série de recursos literários. O resultado são personalidades inteiramente tridimensionais argumentando sobre coisas que acabam por nos interessar. E agora a melhor notícia: parece que todos os diálogos de Platão sobreviveram.

Baseados neles e num pequeno número de outras fontes, podemos reconstituir algo de Sócrates. Fisicamente ele não era grande coisa: baixo e gordo, calvo e de nariz arrebitado, e além disso sua higiene pessoal deixava a desejar. Mas tinha uma mulher jovem, Xantipa, e gostava de rapazes bonitos. Às vezes soava na sua cabeça uma voz e ele entrava num tipo de estupor ou "acesso de abstração" que o deixava por muitas horas contemplando o espaço, talvez decifrando algo. O que não lhe faltava era habilidade para o debate. De acordo com um seu contemporâneo, Xenofonte, ele "podia fazer o que quisesse com qualquer debatedor", e ele fazia, em geral reduzindo algum arrivista ateniense às suas devidas proporções diante de uma audiência de jovens que o seguiam por toda parte e bebiam suas palavras. Na juventude ele esteve na guerra e lutou heroicamente. Talvez tenha trabalhado quebrando pedras, mas na época da maioria dos seus diálogos ele estava perto dos setenta anos, sem meios visíveis de sustento e com uma obsessão pela virtude.

ANTERIOR Platão conversa com seus alunos nesse mosaico da casa de T. Siminius (século I a.C.) em Pompeia. Ao escrever suas opiniões na forma de diálogo, Platão desenvolveu a ideia da filosofia como uma conversa ou debate.
AO LADO Sócrates, descrito num afresco romano (c.60-80 d.C.). Mesmo sendo pouco sedutor, seus pensamentos e preocupações inspiraram Platão, que pôs a filosofia no rumo seguido até hoje.

ΣΩΚΡΑΤΗΣ

O que ele realmente pensava? Embora talvez tenhamos todos os seus diálogos, não é tão simples quanto ler Platão, como se ele fosse um relator do tribunal. Com o tempo, quando começou a entender a perspectiva filosófica de Platão, parece que o Sócrates dos diálogos se torna cada vez mais um porta-voz da impressão de Platão sobre as coisas. Assim, com graus diversos de certeza, os diálogos se agrupam em obras antigas, intermediárias e tardias, com as antigas nos dando provavelmente as melhores dicas sobre as ideias do Sócrates histórico e as últimas expressando as notáveis opiniões de Platão. Assim, começaremos com o Sócrates dos primeiros diálogos, passaremos para a filosofia de Platão e finalmente diremos algo sobre a enorme influência que Sócrates e Platão tiveram na filosofia.

Saber o que é bom para você

Sócrates é o herói de quase todos os diálogos de Platão, e nos primeiros surge um padrão regular. Sócrates encontra alguém que acredita conhecer algum aspecto da moralidade, por exemplo, coragem. Às vezes seu interlocutor é um amigo ou alguém que apenas quer se juntar a Sócrates na busca da sabedoria, mas muitas vezes é um ateniense pomposo que erroneamente se julga conhecedor da matéria. Sócrates pede uma definição de um termo geral. O que é coragem? Obtida a resposta, ele faz outras perguntas, gerando inquietação. Talvez descubra algum tipo de contradição. Talvez o que é dito acabe mostrando que a definição original era estreita demais ou demasiado ampla — algum ato que deveria ser considerado corajoso é descartado ou algo que não é corajoso é incluído. Durante uma reflexão mais profunda, a pessoa talvez descubra que o que foi dito no início leva a algo que simplesmente não está certo. Então eles recomeçam, fazem uma nova tentativa de definição que, esperam eles, seja mais ponderada, e Sócrates prossegue com mais perguntas.

O procedimento de Sócrates de parecer provocar o conhecimento fazendo perguntas é a inspiração para o que se chama adequadamente "método socrático" de investigação e aprendizado. Nos primeiros diálogos, pelo menos, ele nunca apresenta realmente a sua própria visão positiva, nunca fixa uma definição de nada. Em vez disso, guia os interlocutores para percepções mais profundas por meio de interrogação meticulosa. Ajuda os outros a ganhar autoconhecimento, capacitando-os a apreender quem eles realmente são e em que de fato acreditam. A injunção "conhece-te a ti mesmo" aparece várias vezes nos diálogos de Platão. Em um trecho, Sócrates diz a Fedro que não tem tempo para pensar em mitologia porque ainda não se conhece, e se não conseguiu nem isso não vai perder tempo investigando outra coisa.

Sócrates diz em várias passagens que o que mais importa é a alma, o eu interior, e que chegar a se conhecer e a viver de acordo com isso é provavelmente fundamental para a missão socrática. Ele acha que sua ocupação se parece com a da parteira: trazer o conhecimento que já está dentro de nós, bastando-nos passar o tempo tratando de filosofia e refletindo sobre as coisas. Uma vez de posse desse conhecimento, devemos ser leais a ele, o que significa ter de viver de acordo com ele. Isso provavelmente é parte da razão pela qual, apesar de nunca fixar de fato uma definição ao final dos seus primeiros diálogos, Sócrates acha que passou bem o seu tempo. Mesmo se ele e seus colegas não descobriram a natureza da coragem, eles sabem melhor o que pensam e quem são.

Dadas as intermináveis perguntas, é difícil encontrar uma doutrina positiva, mas é claro para Sócrates que há uma conexão entre ter virtude e ser capaz de dar uma definição de virtude. Parece que ele acha que quem não pode dizer o que é coragem não sabe do que está falando quando fala em coragem. Por isso não pode ser verdadeiramente corajoso. Talvez isso seja forte demais, e seria mais cauteloso colocar assim a questão: a menos que você possa dizer exatamente o que é virtude, sua chance de realmente atingi-la é pequena, porque você não sabe o que está visando. Como quer que desembrulhemos essa visão, é muito claro que Sócrates propõe a existência de uma forte relação entre virtude e conhecimento. Mas o seu real entendimento dessa relação é uma questão a ser estudada.

> Para Sócrates, talvez, todo malfeito é uma expressão de ignorância, uma falta de conhecimento do bem.

O que podemos dizer com confiança é que muitas fontes antigas atribuem ao Sócrates histórico os "paradoxos socráticos". Afirma-se que ele pensava que virtude é conhecimento, que fraqueza da vontade é impossível, que ninguém faz o mal propositadamente, que toda má ação se deve à ignorância. Essas ideias são paradoxais porque não é difícil encontrar muitos exemplos de pessoas que fazem o mal tendo pleno conhecimento do que fazem. A fraqueza da vontade está por toda parte. Então em que ele estava pensando?

Há controvérsias, mas talvez ele acreditasse que se uma pessoa tiver de fato uma ampla compreensão da virtude, ela nunca optará por corromper-se. Se soubéssemos o que estávamos fazendo, o que queríamos quando optamos pelo mal – se pudéssemos ver o dano causado não só aos outros mas à nossa vida íntima –, nunca faríamos isso. Assim, só resolvemos fazer algo moralmente errado porque não sabemos plenamente o que é a virtude. Para Sócrates, talvez, todo malfeito é uma expressão de ignorância, uma falta de conhecimento do bem.

Além desse quadro nublado, é difícil fixar as ideias filosóficas de Sócrates. Com Platão, no entanto, a história é diferente. Ele tinha muita coisa a dizer.

Os mundos de Platão

Enquanto as preocupações de Sócrates foram talvez quase exclusivamente éticas, Platão foi mais amplo. Seus diálogos dizem muita coisa sobre metafísica, epistemologia, política, filosofia da mente, religião, linguagem estética e, claro, ética. Do ponto em que estamos no tempo, parece que Platão levantou a maioria das principais questões do programa filosófico do Ocidente. Fora um hiato na Idade Média, nossas preocupações têm sido em grande parte as mesmas dele. E as respostas que ele deu ainda nos ocupam. É difícil imaginar o que faria Platão sair de moda.

Mas devemos ter cuidado quando queremos saber no que o próprio Platão acredita. Os diálogos apresentam diferentes afirmações filosóficas segundo o ponto de vista de diferentes pessoas. As posições mudam, talvez indicando que com o passar do tempo Platão mudou seu pensamento. Muito frequentemente os diálogos levantam questões nunca resolvidas. É tentador pensar que Platão expressa totalmente através de Sócrates as suas opiniões, mas mesmo Sócrates fica às vezes perdido ou absolutamente inerme – um jovem Sócrates tem sua perspectiva filosófica acionada por um Parmênides mais velho e mais sábio num diálogo com o mesmo nome. Platão deixa abertas algumas questões.

Mas há uma tentação real de pensar que Platão está levando adiante as pegadas do seu mentor. Na época em que escreve seus diálogos intermediários, particularmente *A república*, tem-se a impressão de que ele está tentando preencher as lacunas deixadas por Sócrates. Não podemos fazer mais que dar uma olhada numa parte dela, mas de acordo com essa linha de pensamento, o principal problema que Platão ataca é o dos universais. Sua teoria das formas é proposta para resolvê-lo.

Ao pedir definições de coragem, compaixão, justiça, etc., Sócrates quase sempre rejeita as respostas que são apenas exemplos. Ele sabe que há pessoas justas, decisões justas e sociedades justas, mas diz que não está procurando exemplos de justiça. Ele quer saber o que todas as coisas justas têm em comum que as torna justas.

Os filósofos veem nesse ponto uma distinção entre particulares e universais. O mundo está cheio de objetos particulares. Nesta sala há uma pilha de livros velhos, e muitos deles são encadernações da mesma série, uniformemente retangulares, com capas coloridas no mesmo tom de marrom. Esses livros têm pelo menos duas propriedades ou atributos em comum: são todos marrons e todos retangulares. No jargão filosófico, os livros são particulares – ocupantes sem igual do espaço-tempo, que podem sofrer mudança com o tempo, com propriedades como ser marrons e retangulares. Mas o que é, em si, o marrom?
O que é retangularidade?

O dilema do Eutifro

Eutifro está a caminho do tribunal, onde pretende processar seu próprio pai por deixar um escravo morrer no abandono. Numa bela demonstração de sua ironia, Sócrates diz que Eutifro deve ser um especialista em religião e moralidade, e se tem confiança suficiente para levar o pai ao tribunal, deve ter "dado grandes passos no saber". "Raro amigo", exclama Sócrates, "acho que não posso fazer coisa melhor que ser seu discípulo!" Será que Eutifro disporia de um momento para esclarecer Sócrates quanto à verdadeira natureza da compaixão? Eutifro morde a isca e rapidamente Sócrates se afasta com ele.

Eutifro diz que compaixão é exatamente o que ele está demonstrando ao processar seu pai, mas Sócrates objeta que ele está apenas dando um exemplo de compaixão, não uma definição. Ele tenta de novo: compaixão é o que agrada aos deuses. Sócrates mostra que a diferentes deuses agradam coisas diferentes – alguns gostam de ações que desagradam a outros. Devemos então dizer que algumas coisas são ao mesmo tempo piedosas e impiedosas? Eutifro tenta pela última vez: "O que todos os deuses amam é santo, e o oposto, que todos eles detestam, é impiedoso." Sócrates lhe apresenta este dilema: o que é piedoso ou santo é amado pelos deuses por ser santo ou é santo por ser amado pelos deuses?

Sócrates usa essas alternativas para mostrar que Eutifro deu apenas um atributo da compaixão (é amada pelos deuses), e não uma definição adequada. Esse é um exemplo engenhoso de raciocínio, mas talvez mais interessante seja o fato de que o dilema é a inspiração para o que ainda se considera uma séria objeção à moralidade religiosa. A chamada teoria do comando divino afirma que a moralidade se baseia totalmente nas ordens de Deus. Mas Deus ordena o que é bom pela bondade do ato em si ou o ato é bom por ser comandado por Deus?

Se Deus ordena o que é bom porque é bom, então Ele está seguindo um padrão de bondade que não é Ele – assim, a teoria do comando divino é falsa se diz que a moralidade é determinada só por Deus. Se o que é bom é bom porque foi ordenado por Deus, então a moralidade parece arbitrária e muito menos significativa que o imaginado pela maioria de nós. A moralidade não é nem um pouco mais profunda que o capricho do Deus. Ações terríveis poderiam ter sido moralmente aceitáveis se Deus as tivesse ordenado. Como se pode imaginar, o debate é acalorado.

ACIMA Busto de mármore retratando Sócrates, datado do século III a.C.

TÓPICOS PRINCIPAIS

- Conheça-te a si mesmo
- Virtude é conhecimento
- Ninguém faz o mal voluntariamente
- O problema dos universais
- Teoria das formas
- Mundo dos sentidos
- Mundo das ideias
- Alegoria da caverna
- Educação como recordação
- A vida irrefletida não vale a pena ser vivida
- O amor ao saber

As propriedades das coisas são uma espécie de universal. A propriedade marrom aparece muito nesta sala – quatro vezes nos livros e também em três cadeiras e um cachecol. De certo modo, marrom não é absolutamente como os muitos objetos da sala. Para começar, marrom não é sem igual do modo como um livro é. Na verdade, é a repetibilidade dos universais – nesse caso a capacidade do marrom de estar em mais de um livro ao mesmo tempo – que em primeiro lugar os torna "universais". Ela também os torna muito estranhos. Como podem objetos diferentes compartilhar a mesma propriedade? Como podem as propriedades estar em mais de um lugar ao mesmo tempo? Como devemos entender a relação entre universais e particulares?

Como vimos no último capítulo, Heráclito e Parmênides, cada um a seu modo, parecem dominados pela ideia da mudança. Os pronunciamentos mais gnômicos de Heráclito – "entramos e não entramos no mesmo rio; estamos e não estamos" – parecem mostrá-lo lutando com a ideia de que algo pode de algum modo continuar sendo a mesma coisa apesar de suas partes terem mudado. Parmênides faz afirmações até mais radicais. Para ele a ideia de mudança é incoerente, e assim ele nega a sua realidade. Como pode algo "não ser agora o que já foi"? Isso simplesmente não tem sentido.

A mudança é metafisicamente desconcertante, mas para Platão ela assume também uma dimensão epistemológica. Tudo em torno de nós muda – as páginas dos livros antigos já foram mais firmes e brancas, e agora estão quebradiças, empoeiradas e amarelecidas. Assim, como podemos realmente dizer que sabemos algo sobre elas? Podemos dizer que sabemos que o livro que seguramos é retangular, mas e se o deixamos cair, o curvamos ou nos frustramos e colocamos fogo nele? Como podemos saber qualquer coisa sobre esse livro quando tudo sobre ele é passível de mudança?

O conhecimento é imutável – essa parece ter sido a ideia de Platão. Sua inspiração pode ter sido a matemática. Se duas linhas coplanares são perpendiculares à mesma linha, então elas são paralelas entre si. Essa proposição é conhecida – de qualquer forma é conhecida quando observamos isso – e continuará sendo passível de conhecimento independentemente do que vá cair, ser curvado ou pegar fogo. Se realmente sabemos algo, nosso conhecimento nunca se tornará errado. Mas o que pode garantir o conhecimento permanente num mundo de coisas em perpétua mudança?

A solução um tanto alarmante de Platão para esse emaranhado de problemas é dizer que os universais realmente existem em outro mundo, imutável. Ele os chama de "formas", e se há um livro marrom e uma cadeira marrom, há também Marrom ou a forma de Marrom, o que é, em si, perfeitamente marrom. Um livro marrom, como diz Platão, copia imperfeitamente o próprio Marrom: "participa do" ou "tem uma parcela do" universal, a forma Marrom. Você logo verá que se há um mundo de formas imutável, há uma solução para a questão do que torna também possível a permanência do conhecimento. Quando sei algo, meu conhecimento realmente é imutável, porque os verdadeiros objetos do conhecimento são formas imutáveis.

ABAIXO A ligação de Sócrates com rapazes de Atenas lhe trouxe problemas, sobretudo sua relação com o vira-casaca Alcibíades, retratado aqui (por Henryk Siemiradzki, 1875) entre cortesãs locais.

Assim, Platão supõe dois mundos: o dos sentidos e o das ideias. O mundo em que estamos é um reino de objetos, o mundo dos sentidos. Aqui muitas coisas temporárias têm um conjunto de propriedades em perpétua mudança – elas se tornam o que são, mudam e talvez deixem de ser. As mudanças das suas propriedades dependem de algo que continua tranquilizadoramente o mesmo, as formas.

As formas existem num perfeito e imutável mundo das ideias e subscrevem as propriedades que vemos apenas refletidas nos livros marrons do nosso mundo mutável. A teoria platônica das formas sintetiza efetivamente as percepções de Heráclito e Parmênides. Na época, ela deve ter parecido um modo formidável de lidar com duas visões de mundo filosóficas concorrentes. Heráclito está certo, e tudo o que vemos à nossa volta, inclusive os rios, está sempre mudando. Parmênides também está certo, porque todas as coisas em mudança que vemos são de certo modo ilusórias, menos que reais, apenas cópias imperfeitas do que realmente existe, que é imutável e perfeito. Platão tem o melhor dos dois mundos.

Homens da caverna

Você deve achar isso levemente interessante e inteligente, mas meio louco. Por que alguém acreditaria num reino de formas imutável que ninguém vê? O que é real é o mundo à nossa volta. Platão antecipou a resposta a isso e tem para você um tipo de resposta na famosa alegoria da caverna, que Sócrates expõe em *A república*.

Sócrates pede a Glauco para imaginar um grupo de pessoas que passaram a vida amarradas à parede de uma caverna escura. Atrás delas há uma fogueira, e entre o fogo e as costas delas outras pessoas carregam entalhes de pedra e madeira representando animais e pessoas. Elas lançam sombras sobre a cabeça dos prisioneiros e na parede diante deles. Tendo estado imobilizados durante toda a vida e não sabendo de nada, eles acham que as sombras são objetos reais e os ecos dos que estão atrás deles são sons das sombras. Dão prêmios uns aos outros para quem reconhece melhor as sombras.

Mas suponha, diz Sócrates, que um deles seja libertado. Se olhasse em volta, o fogo o cegaria, as formas o confundiriam e talvez ele quisesse muito voltar às suas sombras. Suponha ainda que nós o arrastássemos, sem dúvida sob protesto, para fora da caverna e para a luz. Ele ficaria ainda mais confuso, perdido e desesperado para voltar à caverna, mas talvez seus olhos acabariam começando a se ajustar. Ele vê não sombras ou fantoches, mas objetos reais pela primeira vez. Olha finalmente para o Sol e percebe como ele ilumina os objetos reais do mundo. Então não vai mais querer voltar à caverna, mas imagine que o faça, talvez para libertar os amigos.

Ele fica perdido quando volta ao escuro – incapaz de se guiar pelo caminho, incapaz de entender o que para ele são sombras escuras na parede. Os prisioneiros zombam dele, acham que ele está maluco, e ele acha difícil esclarecer as coisas. Já não é capaz de reconhecer as sombras e parece meio idiota do ponto de vista deles – não ganha prêmios. Sócrates pergunta a Glauco: "Não se poderia dizer que ele subiu e voltou com os olhos estragados e que nem vale mais a pena tentar subir? E se pudessem matar o homem que tenta libertá-los e levá-los para cima, eles não fariam isso?"

Somos os homens presos na caverna, claro, e o mundo que vemos é o mundo dos sentidos, nada além de escuridão e ilusão, cheio de meras sombras, cópias imperfeitas de formas perfeitas no mundo das ideias. Lá fora, sob o Sol, fica um mundo de objetos reais, que espera nossa descoberta pela investigação filosófica. Pode ter razão quem diz que não podemos ver as formas mas podemos apreendê-las intelectualmente. O Sol, pensam muitos, representa a forma do Bom, que pode ser um tipo de superforma ou realidade suprema. Se pudéssemos conhecer o Bom, ele lançaria luz sobre todas as outras formas.

ABAIXO Fragmento de *A república* de Platão, um dos muitos papiros desenterrados das antigas pilhas de escombros descobertos em Oxirincus, no Egito.

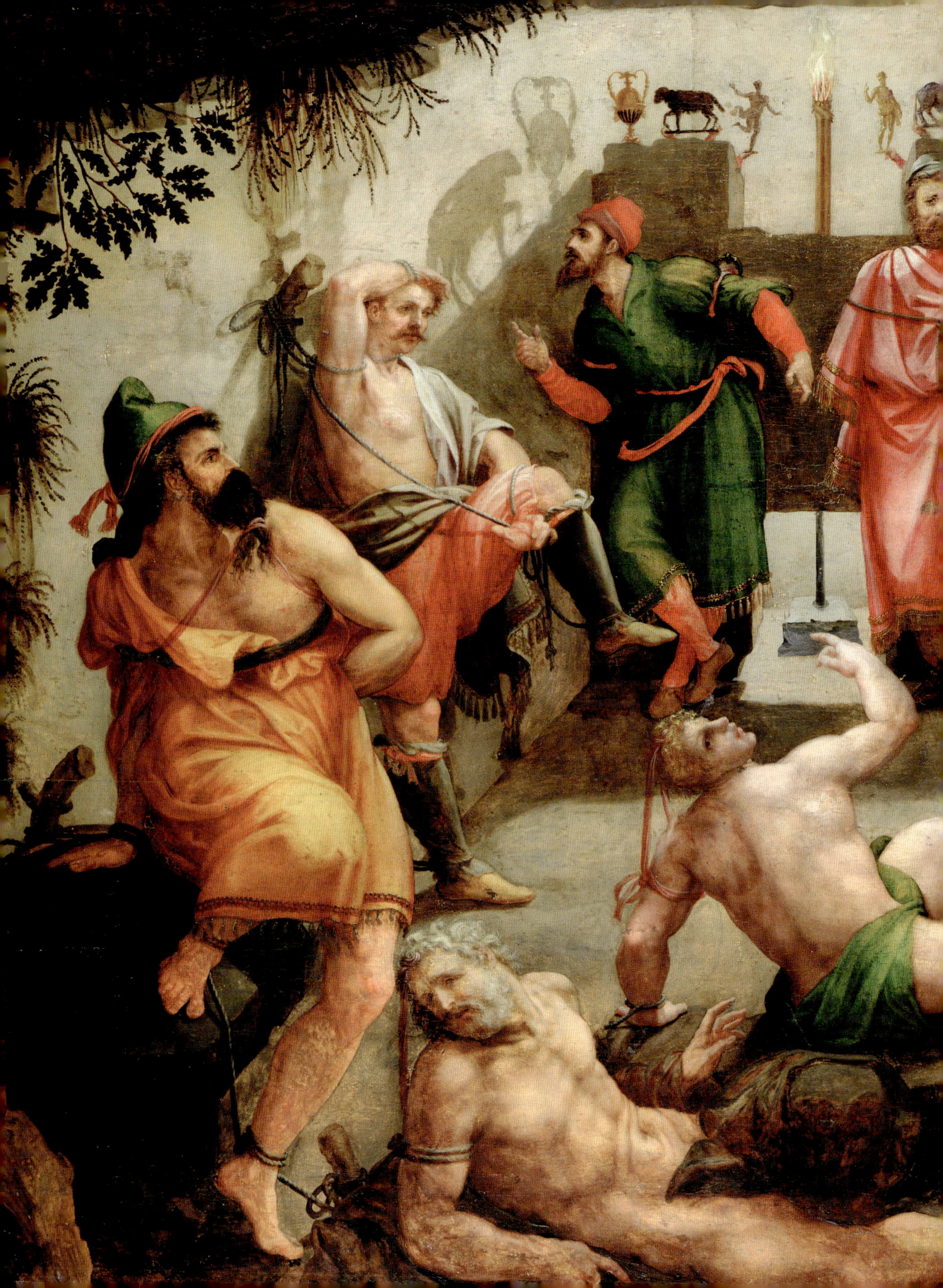

ESQUERDA A caverna de Platão imaginada no século XVI por um artista flamengo. Os prisioneiros, amarrados às paredes, só veem sombras e ouvem apenas ecos. Na escuridão, tomam essas imagens e sons por coisas reais.

O terceiro homem

Talvez a objeção mais letal à teoria platônica das formas seja a que ele próprio constrói em Parmênides, um diálogo em que um jovem Sócrates encontra o velho filósofo *Parmênides* e seu aluno Zenão. A objeção é agora chamada "o argumento do terceiro homem", provavelmente devido à versão dela criada por Aristóteles.

Platão afirma que sempre que há uma propriedade comum a muitas coisas, há uma forma para essa propriedade. Imagine que dois grãos de arroz são brancos. Então, de acordo com a teoria das formas, há uma forma Branca e o arroz "participa" do Branco. Mas Platão também diz que a forma do Branco é ela própria branca – na verdade ela é absolutamente branca. Então temos três coisas com uma propriedade em comum, e assim vamos precisar de outra forma – que chamaremos de Branco 2 – em virtude da qual todas as três coisas compartilham uma propriedade. Do mesmo modo, Platão é um homem, assim deve haver uma forma Homem, de que Platão, como todos os outros homens, participa. A forma Homem é em si um homem – o homem mais absolutamente viril –, assim, parece que precisamos de um terceiro homem para explicar o que é comum a Platão e à forma Homem. Pode-se perceber onde chegaremos. A teoria platônica das formas leva a um regresso e, de acordo com a maioria dos estudiosos, o regresso é infinito e penoso.

Por que Platão apresenta isso? Ele mudou de ideia quanto à teoria das formas? A teoria aparece novamente em Timeu, e se essa obra é posterior a Parmênides, como se acredita, isso indica que Platão não acreditava que a objeção era decisiva. Depois, novamente, em As leis, considerada a sua última obra, ela não merece nenhuma menção.

ACIMA *Três homens nus*, de Baccio Bandinelli (século XVI). Na teoria platônica das formas, não precisamos de um terceiro homem para explicar o que Platão e a forma Homem têm comum?

Até por essa explicação da caverna, fica claro que a concepção de Platão sobre educação – arrastar alguém que esperneia e grita na escuridão – amedronta um pouco. Sua representação do filósofo como cego, ridicularizado, esperando ajudar mas não levando os outros a ver a luz, também pode ser um pouco impressionante, sobretudo se pensamos em como Sócrates acabou.

A teoria das formas, concordemos ou não com ela, é uma solução engenhosa, ousada, para o problema dos universais. Além disso torna possível o conhecimento, até para aqueles de nós que estamos presos neste mundo mutável dos sentidos. Ela dá sentido à busca de Sócrates para definições, porque lá fora há realmente formas de Justiça, Coragem e Compaixão para conhecermos. Ela também sustenta o significado do constante questionamento de Sócrates e dá uma base sólida para o próprio método socrático. Platão afirma que antes de nascermos, nossa alma visita o mundo das ideias e contempla as formas. A verdade está dentro de nós, bastando-nos tentar esforçadamente refletir sobre as coisas e lembrar. Sócrates tinha razão em fazer suas perguntas. É o melhor modo de ajudar os outros a lembrar o que eles já sabem.

A morte de Sócrates

Pelo menos três atenienses, provavelmente representando muitos outros, levaram Sócrates às autoridades acusando-o de impiedade e corrupção da juventude. Acredita-se que a questão da "corrupção da juventude" tenha relação com os seus muitos adeptos, que sem dúvida seguiam seu exemplo e interrogavam (e com isso aborreciam) outros cidadãos. Talvez a acusação tenha sido política e alguém temesse de fato que as opiniões eventualmente antidemocráticas de Sócrates contagiassem os jovens atenienses. A acusação de impiedade – diziam que ele não acreditava nos deuses da cidade e apresentou novas divindades – pode ter tido como base as vozes que ele ouvia na sua mente, o seu "espírito pessoal". Alguns acham que Sócrates criticava a opinião tradicional de que os deuses se preocupam com a vida dos seres humanos. Outros se perguntavam se pelo menos algumas das linhas de questionamento que escreveu poderiam ter sido interpretadas como um namoro com o ateísmo.

GRÉCIA CLÁSSICA

469 a.C. Nasce Sócrates
428 a.C. Nasce Platão
404–402 a.C. Domínio dos Trinta Tiranos
399 a.C. Sócrates é executado
384 a.C. Nasce Aristóteles
347 a.C. Morre Platão

Há também muita especulação sobre o que realmente havia por trás das acusações. Alguns dizem que ele tinha uma ligação com os Trinta Tiranos – títeres do velho inimigo de Atenas, os espartanos –, que pouco tempo antes haviam subjugado por um breve período os atenienses. Ele estava frequentemente na companhia de aristocratas, que tinham pouco tempo para o poder popular. Quando os sentimentos democráticos ficaram em alta, certamente não o olharam com simpatia. Ele era amigo, talvez amante, de Alcibíades, que atraiu o ódio dos atenienses ao se passar para o lado espartano. Talvez ninguém mais quisesse saber de perguntas. Talvez ele finalmente tenha humilhado a pessoa errada ou feito muitos inimigos influentes.

Se não sabemos exatamente o que aconteceu, temos a palavra de Platão para o que poderia realmente ter acontecido. As acusações são lidas e Sócrates responde. Sua defesa, claro, é brilhante. A certa altura ele interroga minuciosamente um acusador, fazendo surgir uma contradição na afirmação de que ele não acredita nos deuses mas acredita num espírito — mas como isso seria possível se os espíritos são filhos dos deuses? Ele é declarado culpado numa votação secreta e dão-lhe a chance de propor sua punição. Ele sugere uma multa irrisória e quarto e comida pagos pelo Estado para o resto da sua vida, como recompensa pelos seus esforços para fomentar a virtude dos cidadãos atenienses. Seus quinhentos juízes não acham graça e votam pela proposta da acusação: envenenamento por cicuta.

Sócrates teve a chance de escapar, mas não fez isso. Se tivesse manifestado um mínimo de remorso evitaria a pena de morte. Se tivesse prometido parar de filosofar poderia continuar vivendo. Alguns dizem que ele já havia se cansado de viver, outros que ele se convenceu de que no além teria a chance de continuar suas investigações com os mortos honrados. A lenda que se fixou é a de que ele achava que "a vida irrefletida não vale a pena ser vivida". Ele tomou o veneno, caminhou até suas pernas ficarem dormentes, deitou e morreu na companhia daqueles com quem conversava sobre filosofia. Foi o primeiro verdadeiro filósofo no sentido original dessa palavra, o primeiro "amante do saber". Se não podia filosofar — se não podia buscar o saber que ele amava —, melhor morrer.

> A caracterização geral mais segura da tradição filosófica europeia é que ela se compõe de uma série de notas de rodapé remetendo a Platão.

A lenda de Sócrates se desdobrou a partir da sua célula ateniense. Várias escolas de pensamento gregas e romanas inspiraram-se em diferentes aspectos da lenda socrática — como veremos, os estoicos, os céticos e os cínicos foram os primeiros e mais influentes. Sócrates foi certamente a maior influência sobre Platão. Juntos, eles moldaram as ideias de Aristóteles, aluno de Platão. É difícil pensar num filósofo posterior a eles que não tenha sofrido a influência de Platão, Aristóteles ou ambos. Como disse o filósofo Alfred North Whitehead, "a caracterização geral mais segura da tradição filosófica europeia é que ela se compõe de uma série de notas de rodapé remetendo a Platão". Isso quase não é exagero. As origens da maior parte das discussões ou posições filosóficas sérias podem ser remontadas às perguntas feitas por Sócrates nos diálogos de Platão.

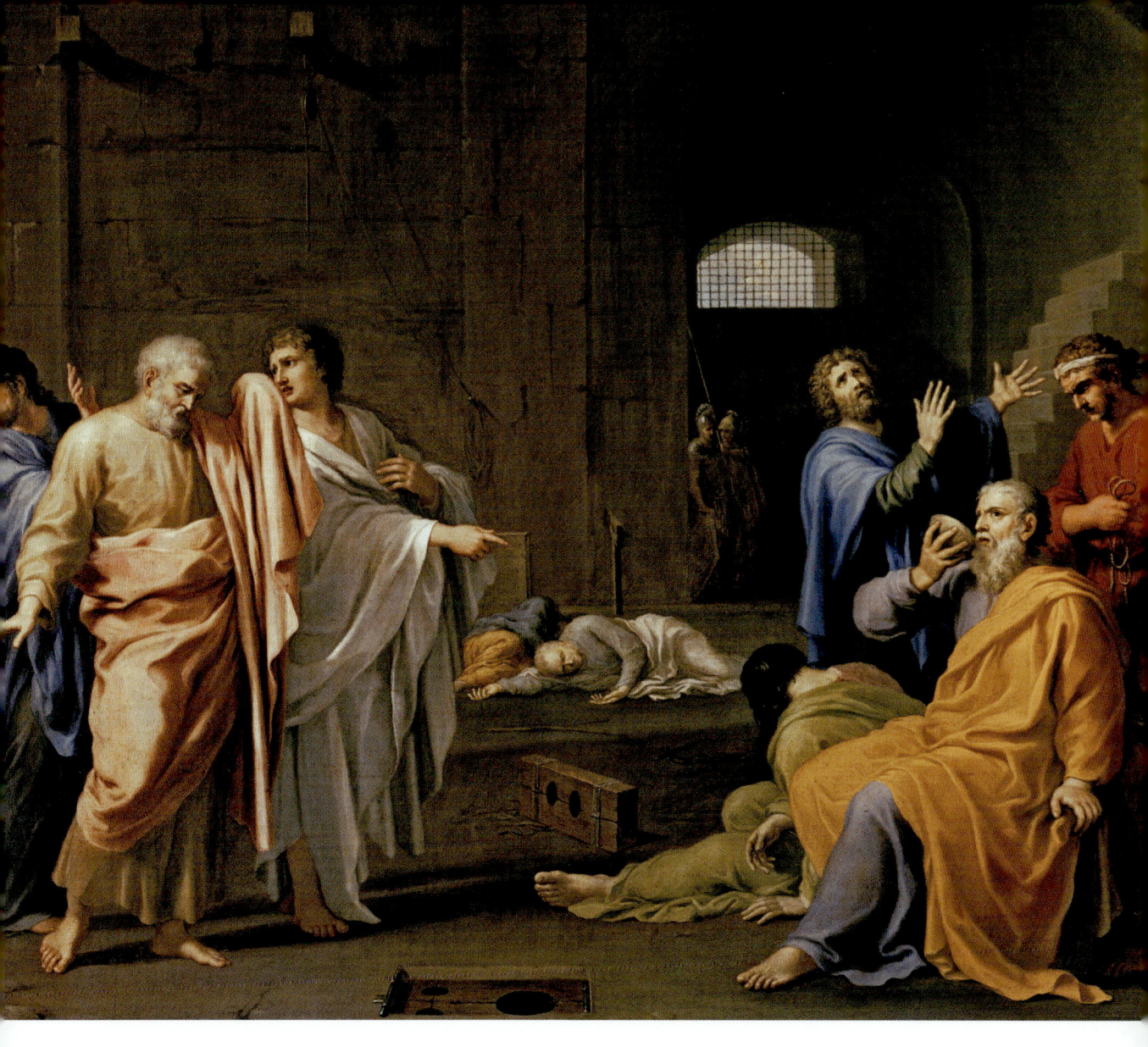

ACIMA *Morte de Sócrates* (1650), pintado por Charles Alphonse du Fresnoy. Observadores choram enquanto Sócrates acolhe a morte.

Se Platão nos fornece o assunto da filosofia, Sócrates é o exemplo do seu estilo e prática. Até hoje fazemos filosofia quase somente como ele fazia, pelo dá e toma, fazendo perguntas e dando respostas – em seminários acadêmicos, conferências, aulas, exames orais, cafés e blogues. O segredo de todo estudante de filosofia é esperar imitar Sócrates pelo menos um pouco: a tenacidade e integridade, seguindo todos os argumentos onde quer que eles levem, prosseguindo não importa o que e sendo capaz de reduzir alguém a uma ruína falante com umas poucas perguntas incisivas. Mais de dois milênios depois, Sócrates ainda corrompe a juventude. Há algo muito gratificante nisso.

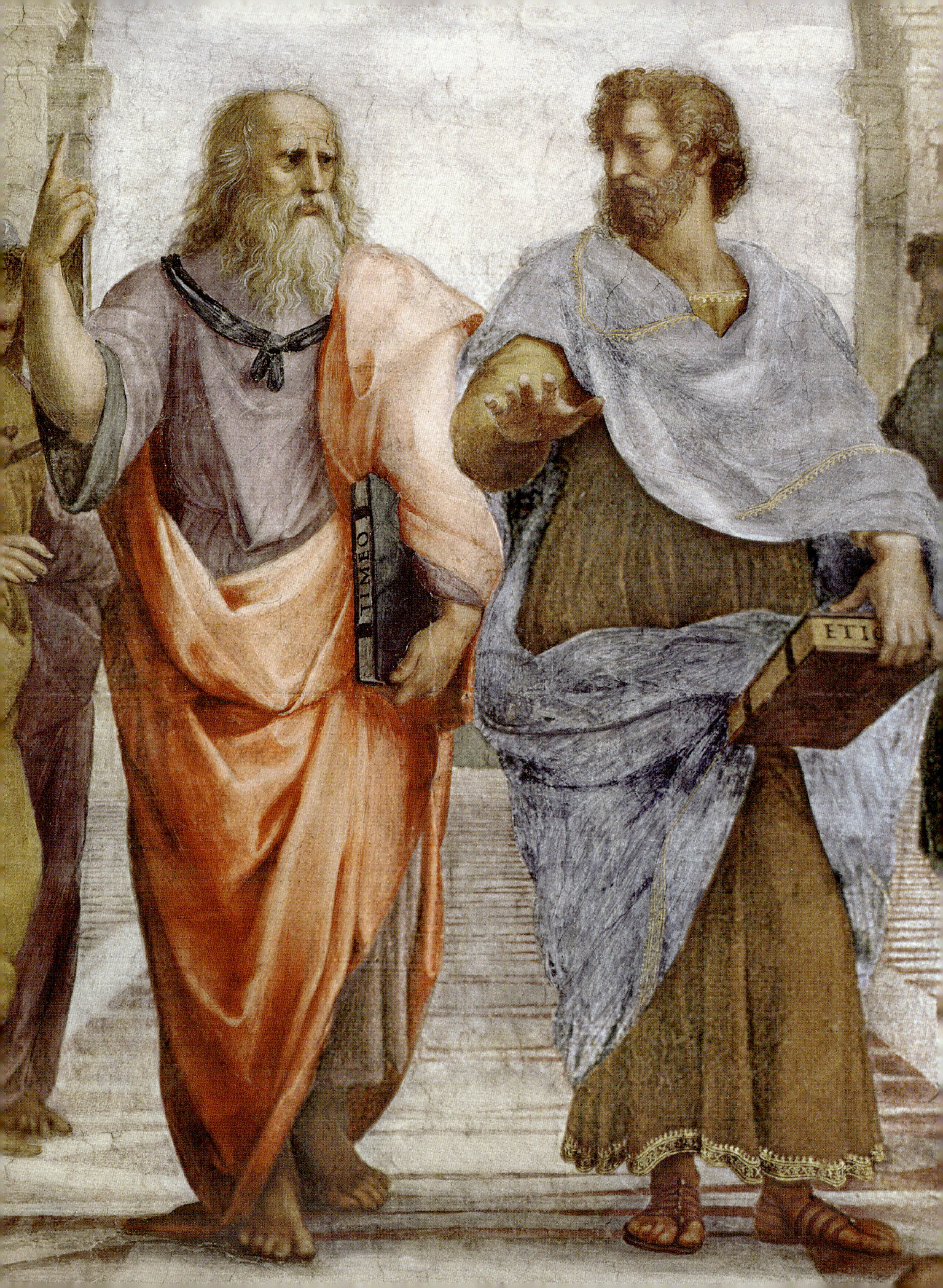
TIMEO
ETIC

PROPÓSITO

Em 1511, Rafael deu os últimos retoques a uma obra-prima de uma parede do Vaticano. Sua pintura *A escola de Atenas* representa no grande estilo da alta Renascença uns vinte filósofos, artistas, políticos, matemáticos e outros luminares gregos antigos. Algumas figuras estão em profunda contemplação, outras discursam para pequenos grupos de atentos acólitos, umas poucas olham por sobre o ombro de algum grande pensador que impetuosamente escreve palavras sábias numa tabuinha. Mas o olhar logo é atraído para dois altivos personagens no centro da cena. Um venerável Platão – calvo, de barba grisalha e roupas harmoniosas – caminha virilmente ao lado de um jovem e belo Aristóteles, cujos cabelo e barba curta castanhos fazem lembrar um rude lenhador. Mas o mais impressionante é como Rafael apresenta a mão direita de ambos.

Platão aponta para o céu um dedo gracioso, longe deste ilusório mundo de sombra e na direção de um reino ideal de formas perfeitas. Mas Aristóteles estende a mão firme e espalmada para indicar onde nossa atenção deve estar, na confusa diversidade deste mundo, onde as respostas às nossas perguntas só podem ser encontradas se damos cuidadosa atenção às coisas comuns à nossa volta. Aristóteles era realmente a figura um tanto arrojada da pintura de Rafael? Nosso melhor indício vem mais uma vez dos relatos sempre desconcertantes de Diógenes Laércio.

"Ele tinha uma fala ciciante... Suas pernas eram muito finas, dizem, e os olhos miúdos; mas se vestia com espalhafato e se penteava cuidadosamente." Talvez fosse só uma fase.

Sabemos que Aristóteles nasceu em 384 a.C. em Estagira, cidade costeira da atual península grega de Chalcidice. Seu pai era médico e amigo do rei Amintas da Macedônia, e a mãe era de uma família rica de Chalcis. Ambos já haviam morrido quando Aristóteles estava com dez anos – não se sabe como ou por quê, mas não há nada suspeito no caso –, e ele foi adotado por Proxenus, médico da corte do rei Amintas. É quase certo que Aristóteles cresceu em meio a grande riqueza, poder e privilégio.

Quando estava com dezoito anos, ele chegou ao centro do mundo intelectual: a escola de Platão em Atenas, a Academia, onde ele ficou durante vinte anos, na companhia de outros filósofos ambiciosos também atraídos por Platão. Quando este morreu, por volta de 347 a.C., seu sobrinho herdou a Academia e Aristóteles deixou Atenas. Passou algum tempo viajando, demorando-se na Ásia Menor e na ilha de Lesbos para estudar a vida marinha. Logo depois voltou para a sua Estagira nativa. Felipe, o novo rei da Macedônia, convocou-o para a corte como tutor do seu filho. Como Alexandre Magno, o filho de Felipe acabou derrotando os persas e comandando um vasto império que abrangia a Grécia e o que atualmente é a Turquia, a Síria, o Egito e, para o leste, Iraque, Irã, Paquistão e Índia.

Os historiadores foram atraídos para essa conjunção histórica: um filósofo com uma mente tão poderosa quanto a de Aristóteles influenciando alguém com tanta importância histórica quanto Alexandre Magno, numa idade impressionável. O que Aristóteles lhe ensinou? A concepção de Platão de um filósofo-rei deve ter sido bem conhecida de Aristóteles. Como Platão diz em *A república*: "Até os filósofos serem reis ou os reis e princesas deste mundo terem o espírito e o poder da filosofia, e a grandeza e sabedoria política se reunirem em uma pessoa, e essas naturezas de homem do povo que buscam uma coisa com a exclusão da outra serem forçadas a ficar afastadas, as cidades nunca terão um descanso dos seus males." Aristóteles tentou transformar o jovem herdeiro em

PLATÃO E ARISTÓTELES EM RESUMO

388 a.C. Platão funda a Academia
384 a.C. Nasce Aristóteles
367 a.C. Aristóteles chega à Academia
347 a.C. Morre Platão
343/2 a.C. Aristóteles se torna tutor de Alexandre
338 a.C. Felipe II derrota os gregos
335 a.C. Aristóteles cria o Liceu
323 a.C. Morre Alexandre
323 a.C. Aristóteles foge para Chalcis
322 a.C. Morre Aristóteles

ANTERIOR Platão (apontando) e Aristóteles são o centro de *A escola de Atenas*, de Rafael (veja páginas 84-5).
AO LADO Um Aristóteles barbudo diante de seu aluno Alexandre, em *Animais e seus usos*, de Ibn Bakhtishu.
PRÓXIMA Platão, Aristóteles e (supõe-se) o elenco dos filósofos gregos povoam *A escola de Atenas* (1510-11), o magistral afresco de Rafael da Stanza della segnatura, no Vaticano.

دسقطا

إلي تصير اليهام المطاعم والمشارب
النادرة وغيره على طبائع مختلفة

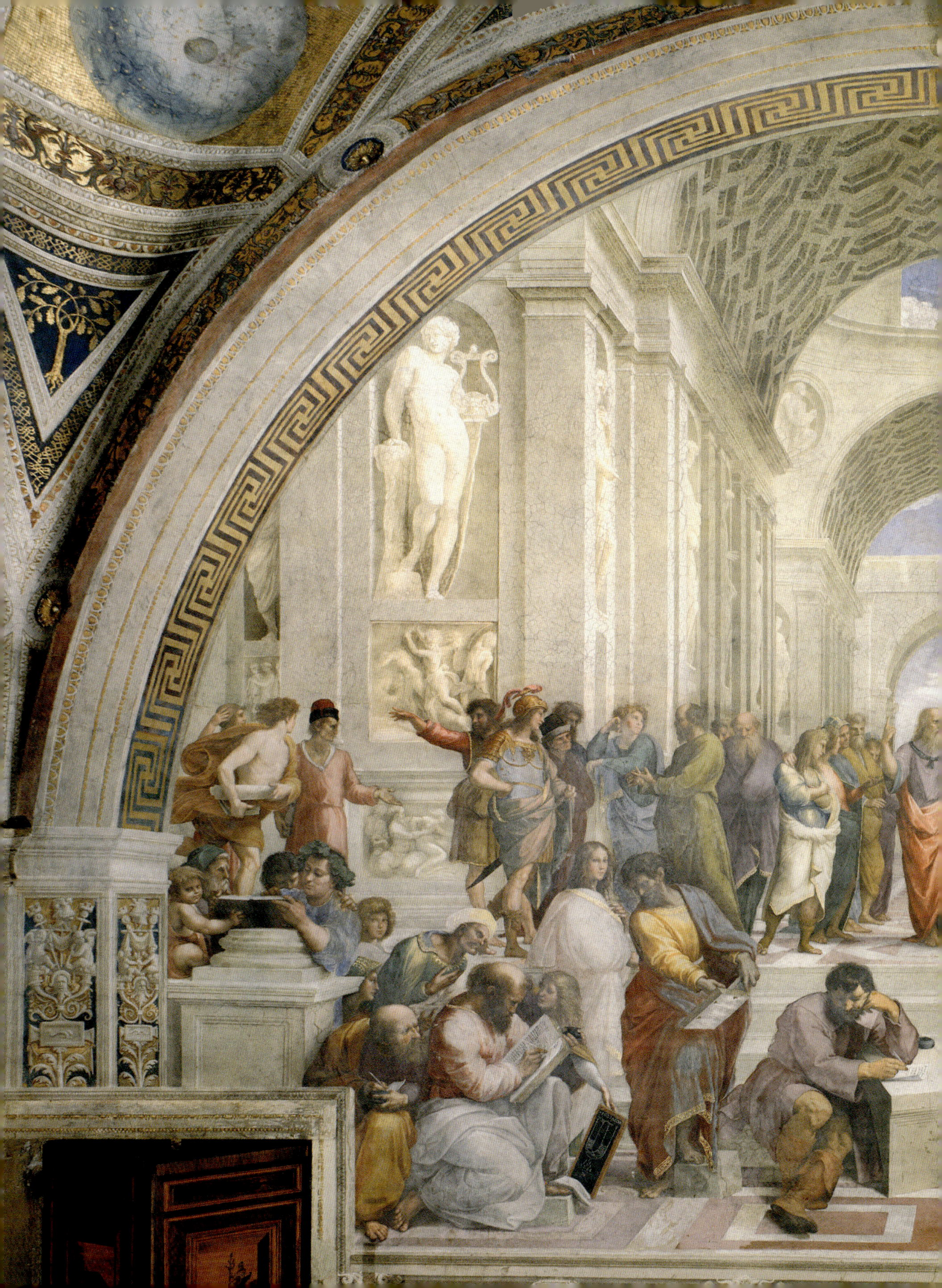

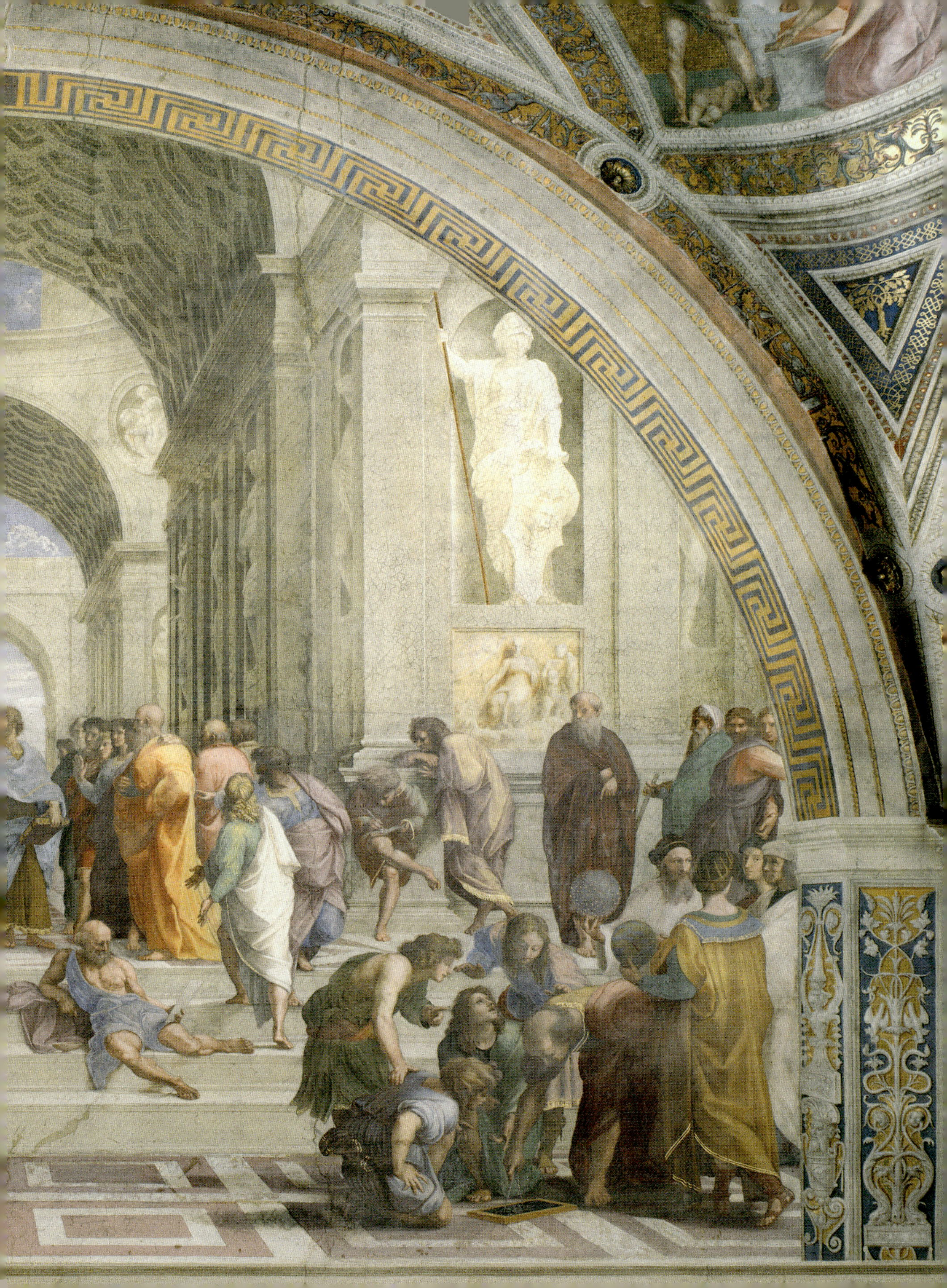

rei-filósofo? Na verdade, nós não temos ideia do que ele pode ter tentado transmitir a Alexandre, e não sabemos se alguma das cidades que ele governou ficou melhor por isso.

Tampouco sabemos exatamente o que aconteceu no final da vida de Aristóteles. Quando Alexandre Magno morreu, o governo ateniense pró-Macedônia caiu, e dadas as suas ligações com a corte, Aristóteles pode ter corrido perigo. Os atenienses, extremamente coerentes, o acusaram de impiedade. Segundo a lenda, ele não os deixaria "pecar duas vezes contra a filosofia" e fugiu. Morreu um ano depois, provavelmente de um mal antigo no estômago.

Lendas à parte, sabemos que Aristóteles teve durante toda a vida os meios para estudar o que quer que lhe interessasse, e muita coisa lhe interessava. O âmbito da sua obra é impressionante. Quando jovem, na Academia ele dominou a forma diálogo e, de acordo com Cícero, "se a prosa de Platão era prata, a de Aristóteles era um rio de ouro". Quando finalmente fundou sua própria escola em Atenas, o Liceu, ele produziu ainda mais. Diógenes Laércio atribuiu a ele um enorme número de livros, "um total de 445.270 linhas". De acordo com um estudioso, isso equivale a seis mil páginas atuais.

> **TÓPICOS PRINCIPAIS**
> - "Todos os homens têm, por natureza, desejo de conhecer"
> - As quatro causas
> - Matéria e forma
> - Mudança
> - Atualidade e potencialidade
> - A alma como forma ou padrão
> - Caráter virtuoso
> - Excelência racional
> - O número de ouro
> - Lógica

Entre outras coisas, ele escreveu sobre ética, lógica, política, metafísica, física, matemática, poesia, estética, mente e teologia, e compôs vários tratados sobre as obras dos filósofos anteriores a ele (alguns mereceram vários volumes). Dado o enorme impacto que sua obra teve em todos os ramos da filosofia, é espantoso pensar que a maioria da sua vasta produção não tem nenhuma relação com o que classificaríamos de investigação filosófica. Grande parte versa sobre biologia. Ele tinha uma magnífica força descritiva e escreveu livros de observação detalhada e classificação cuidadosa. Como disse Darwin, "Lineu e Cuvier são os meus deuses, embora em aspectos muito diferentes, mas eles foram meros alunos, comparados com o velho Aristóteles".

Aristóteles dá grandes passos numa enormidade de disciplinas acadêmicas diferentes, mas ainda mais notável foi ele ter criado muitas dessas disciplinas durante sua vida. E fez algo ainda mais fundamental: ao longo dos seus escritos, ele normalmente explica o que os outros disseram sobre um determinado tema, identifica os pressupostos e objetivos distintos daquele domínio, formula o que nele é importante como evidência, define seus termos pertinentes e continua resolvendo seus problemas. Não está claro se alguém antes de Aristóteles pensou em analisar assim áreas de investigação e dizer o que é específico de cada uma. Assim, ele não só contribuiu para um enorme número de disciplinas, como parece ter inventado a própria ideia de disciplina.

O que nos chegou, contudo, não é um rio de ouro. Temos menos de um terço da sua enorme produção, e a obra eloquente não sobreviveu. Estudiosos antigos distinguem entre seus escritos populares peças de estilo admirável que ele escreveu para consumo do público, e seus textos esotéricos, notas técnicas para uso na escola por ele mesmo e outros filósofos. O que temos é apenas uma parte dos seus escritos esotéricos, quase certamente rascunhos diversos que um editor reuniu posteriormente. O corpus

ABAIXO Iluminura manuscrita dos corpos celestes mostrando a Terra no centro, dos *Comentários sobre a física de Aristóteles e sobre a alma*, de Gil de Roma (c.1240-1314).

Os escritos de Aristóteles

Que temas interessavam a Aristóteles? Diógenes Laércio nos diz que na Antiguidade se conhecia um enorme número de livros de Aristóteles. Uma lista dos temas de alguns dos livros mencionados por Diógenes dá uma ideia da amplitude dos seus interesses: justiça, poetas, o erótico, riquezas, a alma, prece, nobreza de nascimento, prazer, colonos, soberania, educação, o Bem, diálogos de Platão, economia, amizade, sofrimento, sofisma, espécies e gênero, propriedade, virtude, "um livro sobre coisas de que se fala de vários modos", raiva, ética, dezessete livros sobre "divisões e coisas divisíveis", movimento, quatro livros sobre "proposições controversas", silogismos, método, treze livros sobre definições, paixões, matemática, o voluntário, honra, ações justas, artes, retórica, poesia, estilo, conselhos, natureza, muitos livros sobre as doutrinas de um grande número de filósofos e escolas filosóficas, nove livros sobre animais, oito sobre anatomia, questões anatômicas, animais complexos, animais mitológicos, impotência, plantas, fisiognomonia, medicina, unidades, sinais de tempestade, astronomia, ótica, movimento, música, memória, a obra de Homero, os primeiros elementos, mecânica, pedras, quatorze livros de "coisas explicadas de acordo com seu gênero", direitos, vencedores de jogos olímpicos e outros, tragédias, peças, leis, interpretação, exames de várias constituições, provérbios, livros sobre diversas espécies de organização política, coleções de cartas e vários livros de poemas.

A maioria se perdeu, e ninguém tem total certeza de como sobreviveram os livros que chegaram até nós. Diz-se que os escritos de Aristóteles foram herdados por seu sucessor no Liceu, Teofrasto. A influência de Aristóteles desaparece por algum tempo depois de sua morte, e alguns explicam isso afirmando que sua obra simplesmente sumiu. Dizem que, quando da morte de Teofrasto, a obra passou para um sobrinho, que não sabia o que fazer com ela e assim a escondeu numa caverna, onde ela permaneceu intocada por duzentos anos. As obras foram supostamente redescobertas e passaram para Andrônico, que era então o décimo primeiro diretor da escola de Aristóteles, por volta de 60 a.C. Afirma-se que ele a reuniu e pela primeira vez tornou-a disponível numa coleção. Essa última parte da história, menos a caverna, pode ser verdade. Muitos estudiosos acham que o corpus aristotélico como o temos – sua divisão em vários livros, sua ordem – deve-se aos esforços de Andrônico. O que lemos hoje ainda é essencialmente a sua edição da obra de Aristóteles.

ESQUERDA Aristóteles trabalhando, numa gravura do século XVII. Sua produção foi prodigiosa, e ele criou disciplinas completas.
AO LADO Um ator ergue sua máscara, pintura de um vaso do século IV a.C. As teorias aristotélicas sobre o drama são estudadas até hoje.

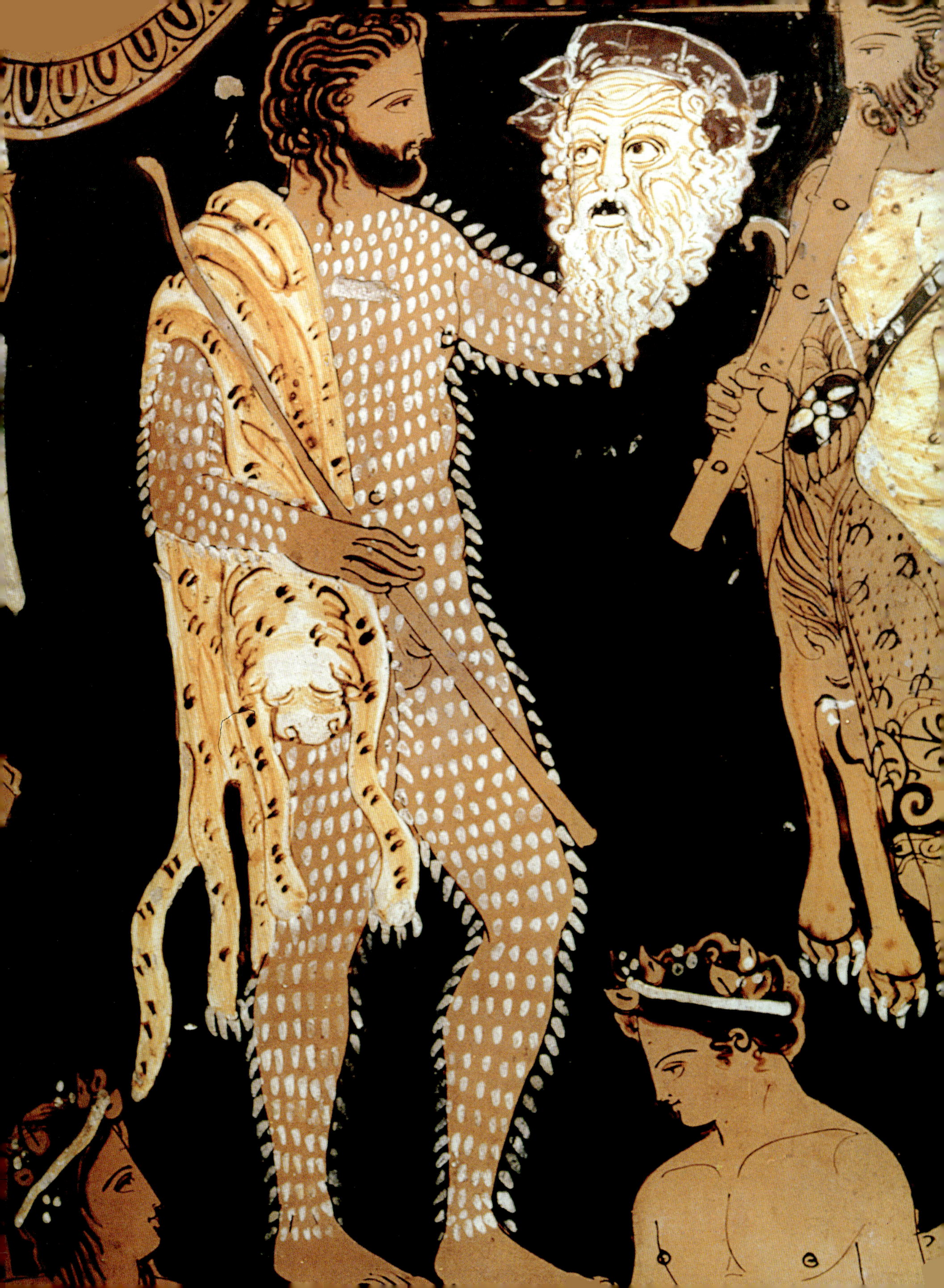

sobrevivente se compõe sobretudo de obras técnicas em andamento. Parte delas é retocada, mas a maioria parece anotações, resumos, definições, listas de problemas dos conferencistas atuais, além de rascunhos revistos nem sempre coerentes. Ler Aristóteles pode ser muito trabalhoso – não se tem a prosa cintilante de Platão. Mas o tom do seu texto é bem mais íntimo. Às vezes achamos que tivemos um relance honesto do seu espantoso intelecto, sem os adornos digressivos dos recursos literários.

O que conseguiremos aqui será menos que um relance, mas vamos começar com o seu entendimento de explicação, passar para suas explicações de matéria, forma e causa, e concluir tocando de leve no seu entendimento da boa vida.

As quatro causas

Consta que a palavra "metafísica", com que os filósofos designam o estudo abstrato do ser, surgiu de uma decisão editorial e de um título que por acaso pegou. O livro em que Aristóteles trata das questões metafísicas vem depois do seu livro sobre coisas naturais, *ta phusika*, ou "física". *"Meta"* é a palavra latina para "depois", assim, "metafísica" significava inicialmente apenas "o livro que vem depois do livro das coisas naturais". De qualquer forma, a *Metafísica* de Aristóteles é leitura árdua. Avicena – talvez a mente mais magnífica da Idade de Ouro islâmica – disse que a leu quarenta vezes e ainda não a entendia.

O texto começa bem simples, com a famosa frase: "Todos os homens têm, por natureza, desejo de conhecer". A espécie suprema de conhecimento, diz Aristóteles, é o saber, uma compreensão do "porquê das coisas". Ele desmembra esse tipo de conhecimento em "quatro causas" ou quatro tipos de explicação, quatro respostas fundamentais que se podem dar a perguntas feitas sobre uma coisa. As quatro causas são a material, a formal, a eficiente e a final. Esses não são termos aristotélicos, mas são úteis para manter as coisas em ordem.

A causa material é "aquela da qual" uma coisa passa a ser. O bronze é a causa material de uma estátua de bronze, porque a estátua vem de um bloco de bronze. Se perguntarmos o que é a estátua, poderemos nos contentar em aprender do que ela é feita, ou seja, bronze. A causa material preocupava os pré-socráticos, muitos dos quais focalizavam a identificação da matéria fundamental que compõe tudo. Mas para Aristóteles a identificação da causa material de uma coisa permite apenas um conhecimento parcial dela. Há na estátua mais que apenas bronze.

AS QUATRO CAUSAS

A causa material é a matéria que compõe alguma coisa.

A causa formal é a forma de uma coisa.

A causa eficiente cria uma coisa.

A causa final é o propósito dessa coisa.

A segunda causa, a formal, é consideravelmente mais complicada que apenas dizer de que material uma coisa é feita. Aristóteles a chama de "a forma ou padrão" de uma coisa, o que sugere que a forma da estátua é a sua causa formal. Mas ele também diz que a causa formal é "a definição da essência" de uma coisa, o que faz parecer que há mais coisas envolvidas. Ele explica isso com o seguinte exemplo, incrivelmente inútil: "a razão 2:1 e o número em geral são causas da oitava." O que significa isso?

"Forma" aqui se refere não somente à forma e ao padrão, mas também a *como a matéria se dispõe*. Isso sugere um princípio por trás da organização. Para Aristóteles, às vezes uma coisa é disposta de um modo e não de outro por causa do que ela é. Aqui há uma conexão, por outras palavras, entre qual é a forma da coisa e a definição ou essência dessa coisa – ela tem essa forma por causa do que ela é. Você pode perguntar: "Por que essa coisa é uma mesa?", e eu posso responder: "É uma mesa porque tem um tampo plano apoiado por quatro pernas. É assim que ela foi construída, é por isso que as partes foram dispostas assim, porque uma mesa é esse tipo de coisa." Respostas assim especificam a forma da mesa, mas também dizem algo sobre a "definição da sua essência". Se você se lembra que uma oitava é um acorde musical composto de duas notas em que uma é duas vezes mais aguda que a outra, a "forma ou padrão" de uma oitava é a razão 2:1. Uma oitava é o que é por causa do princípio organizacional que está por trás da disposição dessas notas.

> A espécie suprema de conhecimento, diz Aristóteles, é o saber, uma compreensão do porquê das coisas!

A terceira causa, a causa eficiente, é "aquela na qual a mudança ou o repouso da mudança começa". A palavra "eficiente" vem do latim "facere", que significa fazer, e a causa eficiente é o que cria, faz ou origina algo. Aristóteles nos diz que um conselheiro é a causa eficiente de uma ação finalmente empreendida, o pai é a causa eficiente de um filho, e em geral quem faz é a causa eficiente da coisa feita. Por que essa estátua está aqui? O escultor, sua causa eficiente, a criou.

E agora a última causa que Aristóteles identifica, que é das quatro a mais intrigante, influente e infame: a causa final, "o fim, isto é, aquilo para o que uma coisa é". Aristóteles acha que tudo na natureza tem um *telos*, um propósito, um alvo ou direção – revelar os propósitos que estão por trás e por dentro de absolutamente tudo é fundamental para o modo como ele interpreta e compreende o mundo. Ele nos dá o exemplo da saúde como a causa final, o fim, objetivo ou propósito de uma caminhada revigorante. A ideia é que algo é o que é em parte por causa do seu propósito, por causa do objetivo visado.

Os dois primeiros tipos de causa têm relação com a matéria e a forma, duas ideias fundamentais para a metafísica de Aristóteles. Vale a pena considerá-las com um pouco mais de detalhe. Isso nos ajudará quando chegarmos à sua concepção de felicidade humana e também nos dará um sabor das suas soluções para alguns dos problemas que confundiram seus antecessores.

Matéria, forma e mudança

Para Aristóteles, todos os objetos à nossa volta são combinações de matéria e forma, e essa concepção de objetos o faz contornar as dificuldades que embaraçaram Heráclito e Parmênides e levaram Platão a postular a teoria das formas. Platão não encontrou um modo de pensar na mudança que possibilitasse o conhecimento deste mundo mutável. Ele também teve problemas com os universais e a ideia de que coisas diferentes poderiam de algum modo compartilhar a mesma propriedade — muitos livros sendo da mesma cor marrom, por exemplo. Como vimos no último capítulo, ele postulou o mundo do ser e o encheu de formas imutáveis que poderiam servir como objeto de conhecimento. As coisas do nosso mundo que compartilham uma propriedade — você se lembrará disso como sendo de Platão — participam da mesma forma.

Para Aristóteles, contudo, as formas não estão fora em outro reino do ser — para ele a forma na verdade só pode existir com a matéria compondo-a. (Ele sugere que forma sem matéria é Deus; fora isso, forma é matéria.) A forma da mesa está bem ali, na estrutura da mesa que vemos com os olhos. É essa insistência na importância da realidade em torno de nós que Rafael capta na sua pintura, e ela está por trás de quase todos os aspectos da filosofia de Aristóteles.

Aristóteles formula muitas objeções à ideia de Platão sobre formas — inclusive o argumento do terceiro homem —, mas o que parece incomodá-lo de fato é que as formas de Platão não são explicativas. Não ajudam absolutamente na tentativa de compreender os universais, a mudança, a permanência, o conhecimento ou quaisquer dos emaranhados filosóficos que interessaram aos filósofos quase desde o início. Dizer que todas as mesas são mesas porque elas "participam da forma Mesa" não nos ajuda a entender nada, porque a relação da participação em si é obscura. E como, exatamente, o pensamento de que a forma da Mesa é permanente nos ajuda a entender a mudança ou resolver o que acontece quando uma mesa se despedaça ou é montada?

Pôr formas no mundo, em primeiro lugar, responde à pergunta de Platão sobre a possibilidade do conhecimento. Como podemos ter conhecimento de mesas neste mundo em constante mudança? Aristóteles já nos disse: examine um grande número de mesas e descubra as quatro causas. A contemplação sozinha não vai resolver o problema. É preciso arregaçar as mangas, pôr de lado as coisas e observar.

Se você pensar nos objetos como combinações de matéria e forma, está também no caminho de pensar na mudança sem precisar do mundo extra do ser de Platão. Quando um objeto passa por uma mudança, às vezes o que está mudando é a sua forma. Se ergo uma parede de tijolos, estes são a matéria, e a forma da parede é sua forma. A matéria persiste durante a mudança.

Há um sentido em que as coisas mudam não por se despedaçar, mas por se tornarem outra coisa. Para entender isso Aristóteles se apoia numa distinção entre realidade e potencialidade, que complementa a sua distinção entre matéria e forma. O potencial para ser uma parede está na matéria — os tijolos — e não na forma. Eu não poderia ter

ABAIXO Ânfora panatenaica (336 a.C.) retratando uma luta corporal. O preparo intelectual e físico fazia parte da educação grega. Aristóteles levava a sério o esporte e escreveu sobre os vencedores de Olimpíadas.

O plano para a racionalidade

Como disse o filósofo empirista John Locke, "Deus não foi muito generoso com os homens, fazendo-os apenas criaturas bípedes e deixando para Aristóteles torná-los racionais". Locke quase não vai longe demais. Aristóteles inventou a lógica, ou pelo menos o estudo filosófico da lógica. Desde então a argumentação cuidadosa tem sido o foco da filosofia, e tem sido feita quase totalmente nos termos de Aristóteles.

A lógica de Aristóteles depende da noção de silogismo ou dedução. Segundo ele, o silogismo é "um discurso em que, tendo algumas coisas sido supostas, algo diferente desses pressupostos resulta necessariamente do fato de eles serem assim". As "coisas supostas" são as premissas de um argumento. A conclusão é a proposição diferente que "resulta necessariamente". As premissas são construídas com sujeitos e predicados – essa coisa (sujeito) tem essa propriedade (predicado), e assim por diante. As premissas podem afirmar ou negar que o sujeito tem um predicado. Quando tudo se alinha e a conclusão se segue, tem-se o silogismo.

Talvez o exemplo mais famoso de um argumento deixe tudo isso mais claro:
 Sócrates é um homem.
 Todos os homens são mortais.
  Portanto Sócrates é mortal.

A expressão "Sócrates é um homem" é uma premissa que afirma sobre o sujeito Sócrates que ele tem o predicado ou propriedade de ser homem. A expressão "todos os homens são mortais" afirma sobre o termo geral "homem" que todas as coisas assim têm o predicado de ser mortais. A conclusão se segue necessariamente, ou seja, se as premissas são verdadeiras, a conclusão também tem de ser verdade. Elas são, e a conclusão é: portanto Sócrates é mortal.

Aristóteles chama de "perfeito" um silogismo como esse, porque não há necessidade de acrescentar outras premissas para fazer a conclusão se seguir. Para ter uma ideia das formas básicas de silogismo identificadas por Aristóteles, pense nesses silogismos perfeitos:

Todos os As são B. Todos os Bs são C. Todos os As são C.
Todos os As são B. Nenhum B é C. Nenhum A é C.
Alguns As são B. Todos os Bs são C. Alguns As são C.
Alguns As são B. Nenhum B é C. Nem todos os As são C.

Ao tornar explícitas as relações formais de termos num argumento, Aristóteles apresentou um sistema lógico de extraordinária força. Além disso, formou a base da sua concepção de investigação científica. Para Aristóteles, uma "demonstração" é um silogismo explanatório. Um argumento que mostra por que a conclusão é verdade. Essa ideia de demonstração e sua concomitante análise de inferência lógica dominaram as explicações filosóficas da lógica até a obra de Gottlob Frege, há pouco mais de cem anos. Muitos, inclusive Kant, achavam que não havia mais nada a dizer. Aristóteles tinha dito tudo.

É a ideia aristotélica de demonstração que em grande parte também torna a investigação científica o que ela é. Os cientistas estudam o mundo do modo como o fazem, buscam explicações de uma dada espécie, em grande parte por causa da sua explicação do que significa demonstrar uma verdade. Por talvez dois mil anos Aristóteles dotou a humanidade do seu plano para a racionalidade não só na filosofia, mas também na ciência.

ESQUERDA A atividade do pensamento humano numa das suas expressões mais antigas: uma escultura neolítica do sexto milênio a.C. Mas Aristóteles foi o primeiro a sistematizar a lógica.

construído uma parede de massa, mas os tijolos têm o potencial certo para se tornarem uma parede. A realidade da parede, no entanto, depende da forma a ser realizada, não da matéria. Em pelo menos um sentido de potencialidade, no uso aristotélico do termo, uma coisa com potencial tem a capacidade ou aptidão de estar em outro estado, mais completo. A ideia de que a parede é "mais completa" é interessante. As potencialidades são expressões de "naturezas" — as coisas são o que são não somente por causa daquilo que são, para Aristóteles, mas também por causa do que quase insistem em se tornar.

Ele nos diz que a potencialidade é indefinível, mas tenta explicá-la com esses exemplos: "Alguém que anda está para alguém que dorme assim como alguém que vê está para uma pessoa dotada de visão mas com os olhos fechados; assim como o que foi formado de alguma matéria está para a matéria da qual foi formado." Uma pessoa adormecida tem o potencial para andar. Uma pessoa com os olhos fechados tem o potencial para ver. E uma matéria tem o potencial para tomar a forma de algo como uma parede. O potencial é um tipo de realidade em repouso, que surge quando acordamos, abrimos os olhos ou construímos uma parede.

Note, em tudo isso, que não só os tijolos e outros artefatos humanos têm seu potencial explicado em detalhes. Aristóteles acha que os objetos naturais também têm propósitos. As coisas têm naturezas que visam um objetivo. Está na natureza das pedras buscar seu lugar natural no chão (por isso caem quando as soltamos). Está na natureza de uma bolota se tornar um carvalho. Para Aristóteles, o propósito está em todo lugar. Uma vez que ele vê os seres humanos junto das outras coisas vivas no mundo natural, não surpreende que ele entenda a boa vida para os seres humanos igualmente em termos de propósito. Sua explicação da moralidade é notável e convincente — ainda faz parte do modo como os filósofos pensam sobre virtude moral e felicidade humana. E, como tudo mais no pensamento de Aristóteles, ela surge com propósito.

Viver bem e ser bom

Temos espaço apenas para um voo pelo entendimento aristotélico de moralidade e viver bem, mas mesmo com uma breve consideração da sua obra percebemos como ela é rica. Aristóteles começa sua explicação da ética dizendo: "Considera-se que toda arte e toda investigação, e do mesmo modo toda ação e busca, visam um bem. Daí que Bem tem sido definido corretamente como 'aquilo que é visado por todas as coisas'." Se não quisermos andar em círculos é preciso haver um bem dominante, supremamente valioso, e Aristóteles afirma que para nós o bem supremo é a felicidade. Ela é desejada em si mesma, não como meio para outro bem maior. Mas o que é a felicidade? A resposta de Aristóteles depende de dois conceitos difíceis: a virtude e a alma. As duas se ligam ao propósito.

Ele afirma que um artífice é bom se faz bem o que é próprio do seu trabalho. Na terminologia de Aristóteles, isso é uma questão de Areté, que pode ser traduzido como "virtude" ou "excelência". Ser um escultor excelente é exercer as virtudes próprias de um escultor – precisão, sensibilidade para forma e equilíbrio, etc. Ou para usar a terminologia que já discutimos, um escultor bom ou excelente realiza plenamente seu potencial de escultor. Exemplos disso são muitos: um cavalo bom galopa bem, uma faca boa corta bem; resumindo: qualquer coisa boa ou excelente faz bem o que é próprio dessa coisa.

Por que não pensar que há nos seres humanos algo característico também nesse sentido? Viver bem uma vida humana consistiria portanto em fazer bem o que é caracteristicamente humano. Assim, o que é característico do ser humano?

A resposta de Aristóteles depende de uma concepção da alma ligeiramente traiçoeira. Uma coisa é clara: ele não está falando de nada religioso. Para ele, alma é um princípio ativo característico das coisas vivas. Está ligada à sua compreensão de forma, e pode-se pensar nela de formas diferentes, interligadas. Talvez uma dessas formulações ajude: alma é o modo como uma estrutura viva está organizada, é a forma da matéria viva, a realidade da matéria viva, ou o "aquilo em virtude do que" uma coisa viva é a coisa que ela é.

O que precisa ser lembrado é principalmente que todas as coisas vivas têm uma alma no sentido aristotélico, porque todas são organizadas de modo a estarem vivas. Quando a organização pertinente se vai, quando a forma se perde, a coisa viva morre. As plantas têm uma alma vegetativa e crescem e se reproduzem tal como o fazem. Os animais têm isso mais uma alma locomotiva que os capacita a se mover, assim como uma alma sensível que os capacita a perceber o mundo. Os seres humanos também têm isso, assim como uma alma racional. O que é característico quanto a nós é nossa capacidade de pensar como nós pensamos.

Assim, Aristóteles argumenta que "o bem para o homem é uma atividade da alma de acordo com a virtude". A felicidade, o bem supremo, consiste em fazer bem o que é caracteristicamente humano. O que é caracteristicamente humano é entendido em termos da parte racional da alma humana. Assim, para sermos felizes precisamos exercer a excelência racional – precisamos ser tão bons pensadores quanto formos capazes.

A partir daqui, Aristóteles pode ir para duas direções, porque para ele há dois tipos de atividade racional. A razão pode guiar as ações da pessoa ou pode-se usar a razão para refletir, para se ocupar com a contemplação racional. É a primeira dessas espécies de excelência racional que recebe mais atenção, porque Aristóteles a desembrulha, parcialmente, em termos da famosa doutrina do número de ouro.

Ele afirma que a ação virtuosa, fazer o que é moralmente certo, é o meio entre dois extremos. Os defeitos do excesso e da deficiência residem dos dois lados do caminho do meio, que é em si o curso de ação certo. Assim, por exemplo, a pessoa pode ser adequadamente corajosa e evitar os dois extremos, da covardia, de um lado, e da ousadia imprudente, do outro. É fácil interpretar mal Aristóteles nesse ponto. Ele não está defendendo a moderação absoluta em todas as coisas, porque ele diz que o meio é diferente para pessoas diferentes em diferentes contextos. Às vezes a quantidade certa de vinho consumido é suficiente para nos embebedar.

A conduta moralmente certa, para Aristóteles, é uma expressão de um caráter virtuoso, e fazer o certo depende do contexto em que se está. Ser virtuoso é uma questão de fazer o certo na hora certa, com os sentimentos certos, do modo certo e pela razão certa. Não há conjunto de regras morais a seguir. Neste mundo confuso, a ação moralmente certa muda com o contexto, depende de todos os tipos de fatores, assim não se pode dizer o que é certo sem saber os fatos do caso. Mesmo nessa explicação de moralidade, Aristóteles adota a diversidade no mundo que Platão rejeita. O resultado é uma profunda concepção de certo e errado, mesmo se, como alguns se preocupam, não há nela muita recomendação prática.

As ideias de Aristóteles sobre propósito se fixaram na mente de quase todos os que vieram depois dele. Suas opiniões moldaram não só a filosofia, mas o que acabaram sendo as nossas tentativas científicas de entender o próprio mundo natural. Foi preciso um gênio como Newton para nos libertar do pensamento de Aristóteles de que os objctos se movem em direção ao seu lugar natural. Foi preciso uma mente como a de Darwin para pensar em nós sem a ideia de que os animais e suas partes cumprem propósitos interiores. Durante centenas de anos, por toda a Idade Média, Aristóteles era conhecido como "O Filósofo". Simplesmente não havia ninguém tão importante.

DIREITA Xilogravura de 1516 (colorida depois) mostra um Aristóteles idealizado. Sua filosofia natural teve um enorme impacto sobre o pensamento medieval e renascentista.

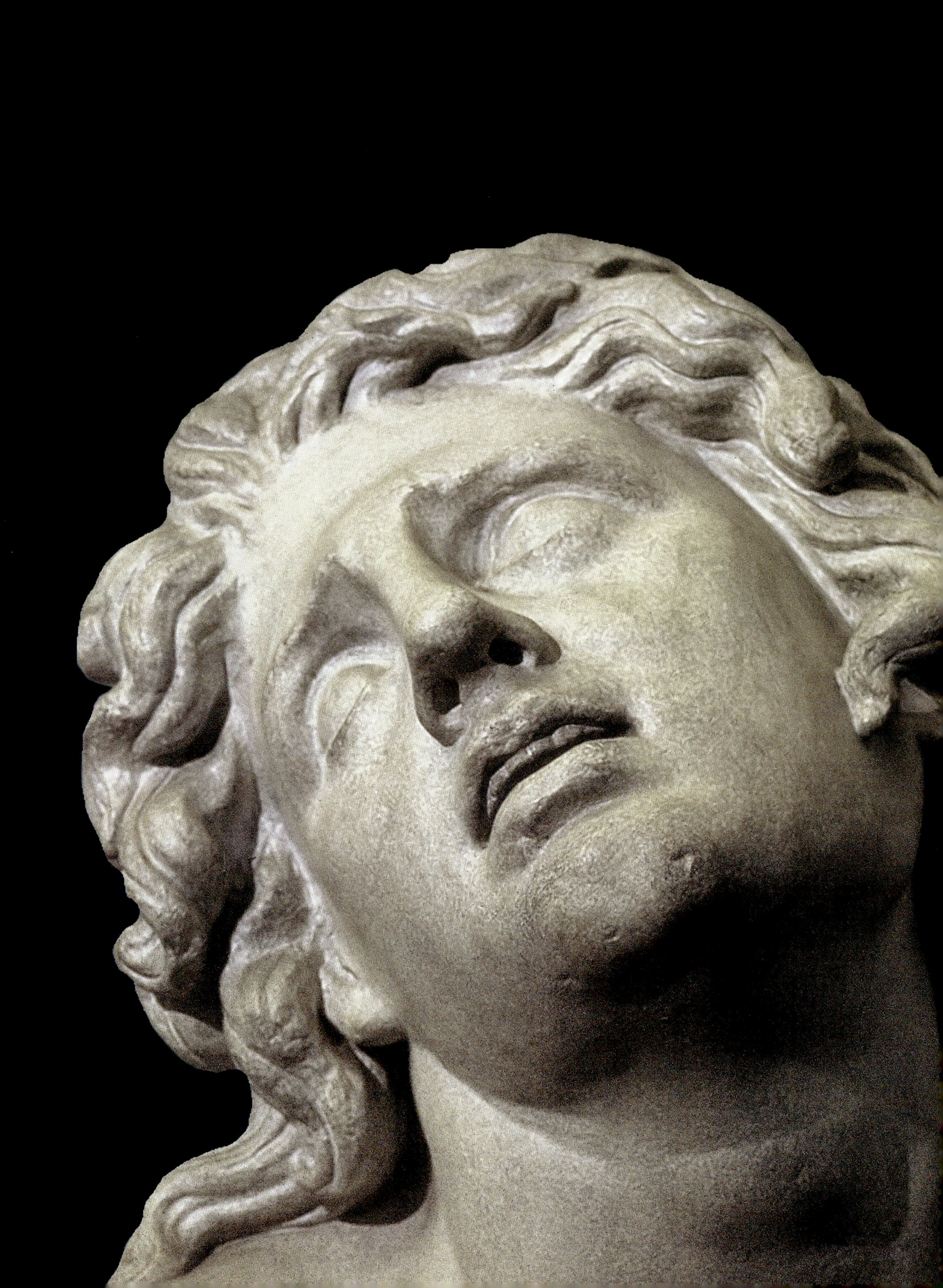

2 | GREGOS E ROMANOS

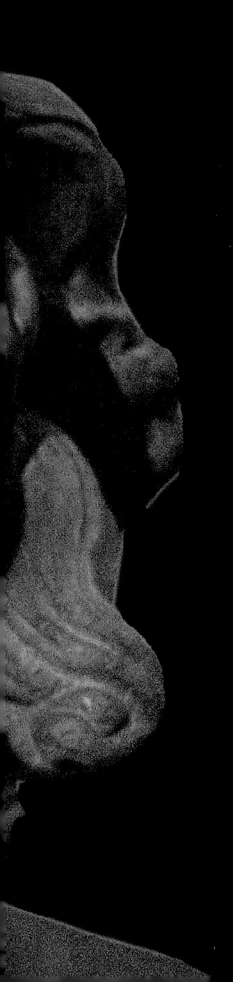

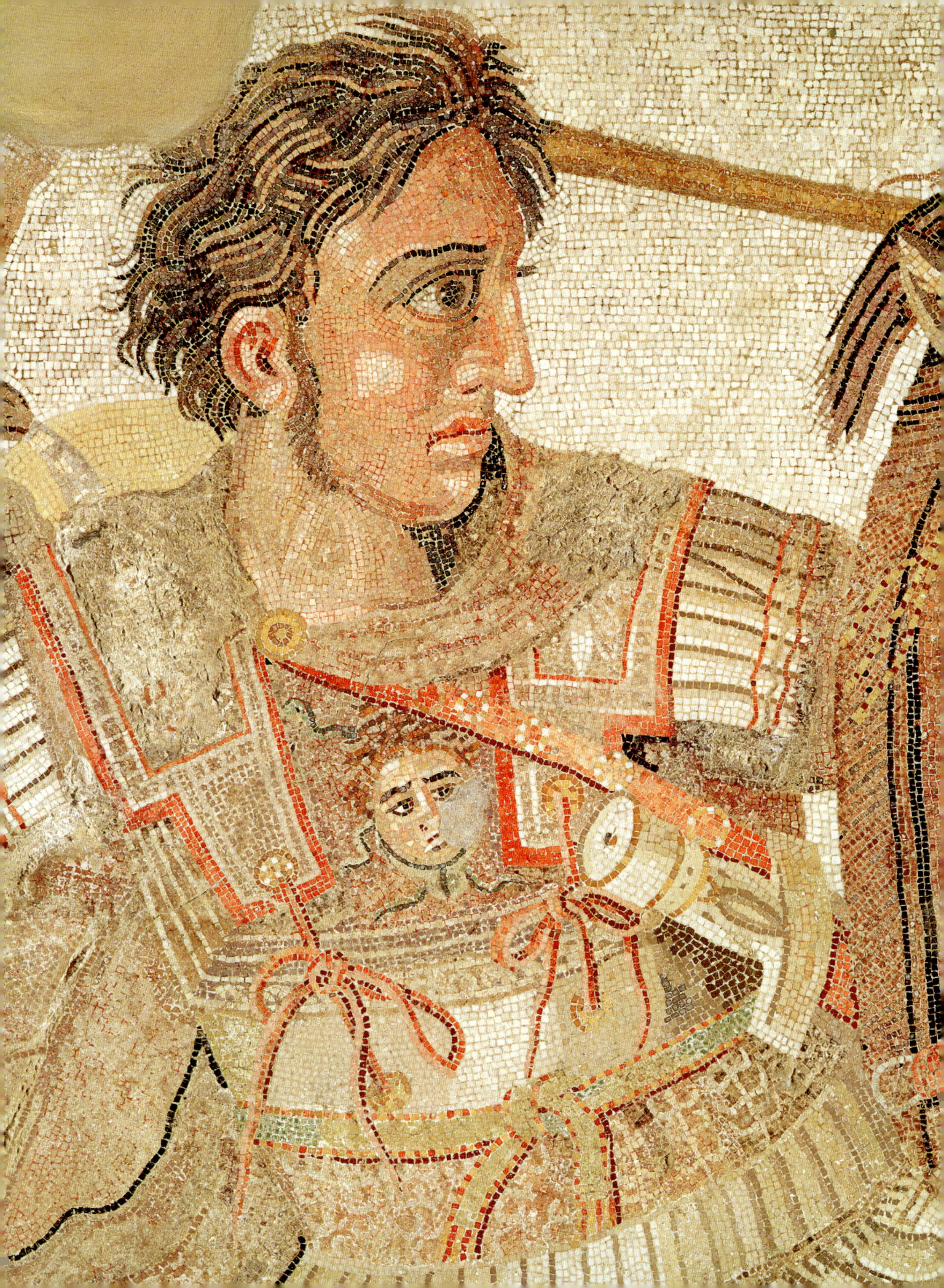

CÍNICOS, ESTOICOS E CÉTICOS

Examinando a época, pode parecer que uns poucos pré-socráticos, Sócrates, Platão e Aristóteles foram os únicos filósofos sérios da Grécia antiga. Mas isso é apenas uma singularidade da nossa perspectiva temporal distante, uma trapaça da luz histórica.

Os que hoje são amaldiçoados com o epíteto de "socráticos menores" provavelmente foram bem mais que o sugerido por esse nome. Uns poucos podem ter conhecido bem Sócrates e devem ter se entristecido com a sua morte. Talvez realmente se sentissem inferiores a ele em certo sentido, levando adiante a missão do grande homem, mas outros partiram para direções intelectuais diferentes, desenvolvendo insights próprios. A maioria deles era muito conhecida na época, e durante gerações sua obra foi cuidadosamente estudada. Quase não nos lembramos do seu nome, e na maioria dos casos sobrevivem apenas fragmentos e sussurros, mas eles atraíram alunos, abriram escolas, escreveram centenas de livros e prosseguiram na sua busca do saber tal como a entendiam.

Tudo poderia ter continuado assim por algum tempo, mas uma coisa notável aconteceu no mundo ocidental e na filosofia depois da morte de Alexandre Magno, em 323 a.C. Enquanto seu vasto império desmoronava em facções violentas que competiam por terras e riqueza, novos centros de comércio e estudo surgiram na África, Ásia Menor e Oriente Médio.

Roma, antes uma cidade independente do tamanho de Atenas, se apossou de territórios até que, do ponto de vista dos seus cidadãos, o mundo inteiro era o Império Romano. Embora fossem claramente competentes em questões militares, administração e ocupação, comparados com os gregos, os romanos eram os filhos enlameados de incultos agricultores. Quando prosperaram e aspiraram a uma sofisticação maior, eles se voltaram para a cultura grega.

Os romanos marcharam pela Europa, África do Norte e Oriente Médio, incrustando postos avançados do pensamento grego em terras exóticas. Surgiram novas perspectivas filosóficas, sem dúvida devido em parte à nova mistura de ideias revolvidas pelo tempo. As superstições orientais cederam à lógica grega. Abriram-se linhas de pensamento totalmente novas.

As ideias filosóficas surgidas em Atenas e adjacências foram, num período de cem anos, debatidas e discutidas por todo o mundo romano. Mendigos que viviam nas ruas da cidade, e até ex-escravos, encontravam consolo nas concepções gregas de destino e virtude. Os imperadores e senadores romanos adotaram a filosofia grega. As ideias gregas estavam na cabeça do povo em todos os níveis da sociedade romana. E, claro, os romanos ofereceram suas próprias ideias e programas. O resultado não foi inteiramente grego ou romano, mas uma nova mescla de ideias.

Desde a morte de Alexandre até o início do Império Romano e a batalha de Áccio, em 31 a.C., a filosofia helenística fica em primeiro plano. Essas marcas de tempo são apenas convenções – uma espécie de filosofia não acabou e outra começou numa bela tarde –, e alguns filósofos de que trataremos neste capítulo não estão nesse período. Mas a filosofia dessa época realmente se afasta do que havia antes. O temor e a incerteza que resultaram da ruína do mundo de Alexandre e o turbilhão que acompanhou a consolidação do poder de Roma tem tudo a ver com isso. O mundo não era mais uma tela de fundo para a reflexão sobre universais, particulares e a boa vida. Como diz Bertrand Russell em *História do pensamento ocidental*, "Aristóteles é o último filósofo grego que encara animadamente o mundo; depois dele, todos, de alguma forma, têm uma filosofia de recolhimento". Se a filosofia nasceu da curiosidade e do perguntar-se, ela começou seus anos de formação como um meio de fugir da incerteza e da má sorte. Tornou-se um caminho para a paz de espírito num mundo turbulento.

ANTERIOR Detalhe do "Mosaico de Alexandre", da Casa del Fauno, em Pompeia. A filosofia grega acompanhou Alexandre Magno na expansão do seu domínio.
ACIMA *Antônio e Cleópatra na Batalha de Áccio*, pintura de Johann Georg Platzer (1704-61). A derrota dos amantes levou ao início da história da Roma imperial.
PRÓXIMA De Antal Strohmayer, *O jardim do filósofo* (1834) oferece uma reflexão idealizada sobre as escolas de Atenas e depois de Roma.

No início os tempos mudaram muito rapidamente. Como A. A. Long e D. N. Sedley escreveram no seu estudo sobre os primeiros dias da filosofia helenística, "se Aristóteles tivesse podido voltar a Atenas em 272 a.C., no quinquagésimo aniversário da sua morte, ele dificilmente a reconheceria como o meio intelectual em que ensinara e pesquisara durante a maior parte da sua vida".

A Academia fundada por Platão e o Liceu de Aristóteles ainda existiam, claro, mas transformados. A Academia era dirigida por Arcesilau, que nela introduziu a chamada "Idade Média", desviando-se do intelectualismo de Platão para adotar uma espécie de ceticismo ultrassocrático. Cícero nos diz que Arcesilau declarava "nada saber, nem mesmo sua própria ignorância". Strato de Lampsaco, um tanto insípido, foi o líder do Liceu nessa época, tendo presidido seu lento declínio substituindo a investigação filosófica pelo estudo do mundo natural. Durante algum tempo a filosofia de Aristóteles ficou na total obscuridade. Ninguém sabe por quê.

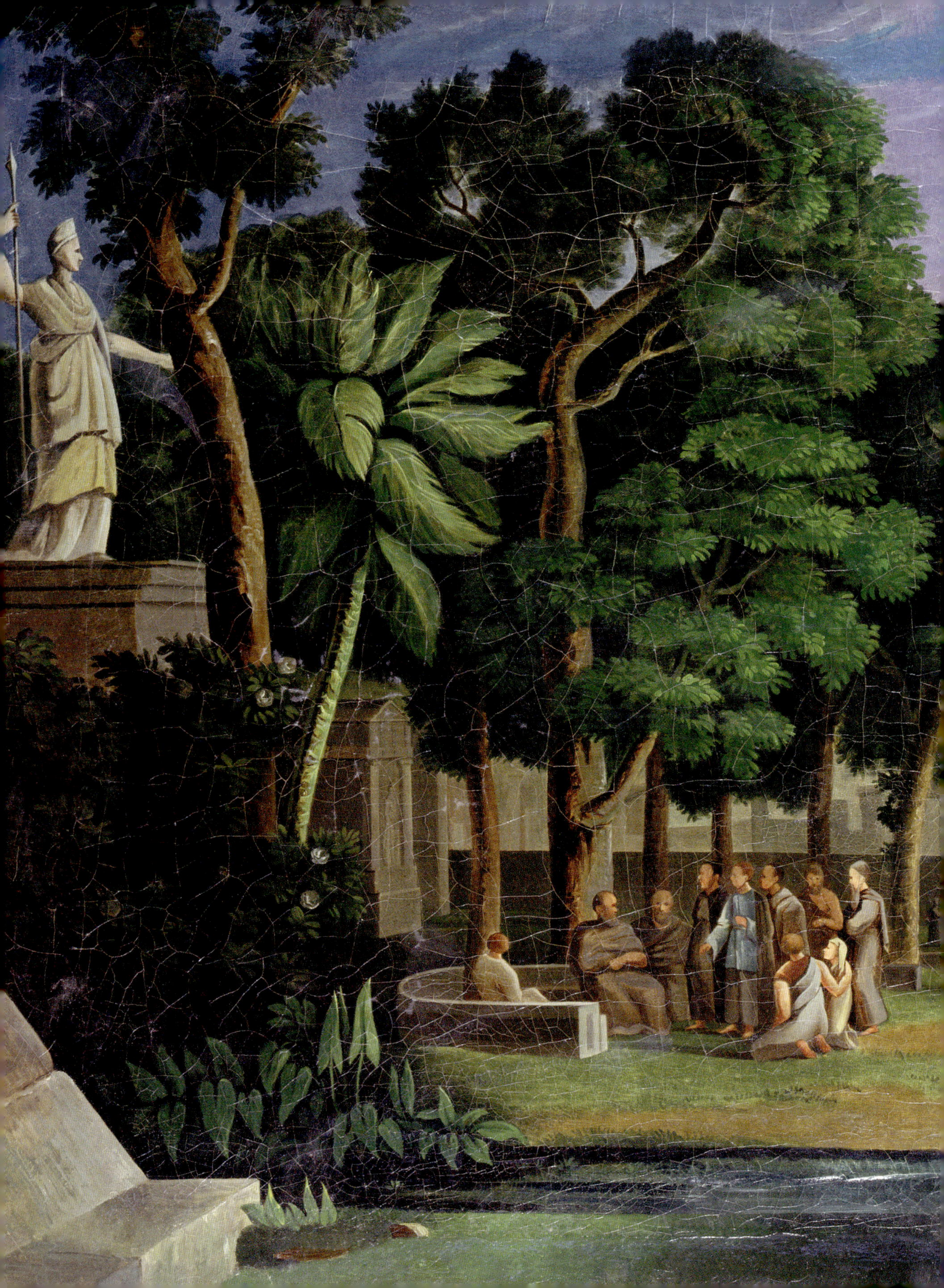

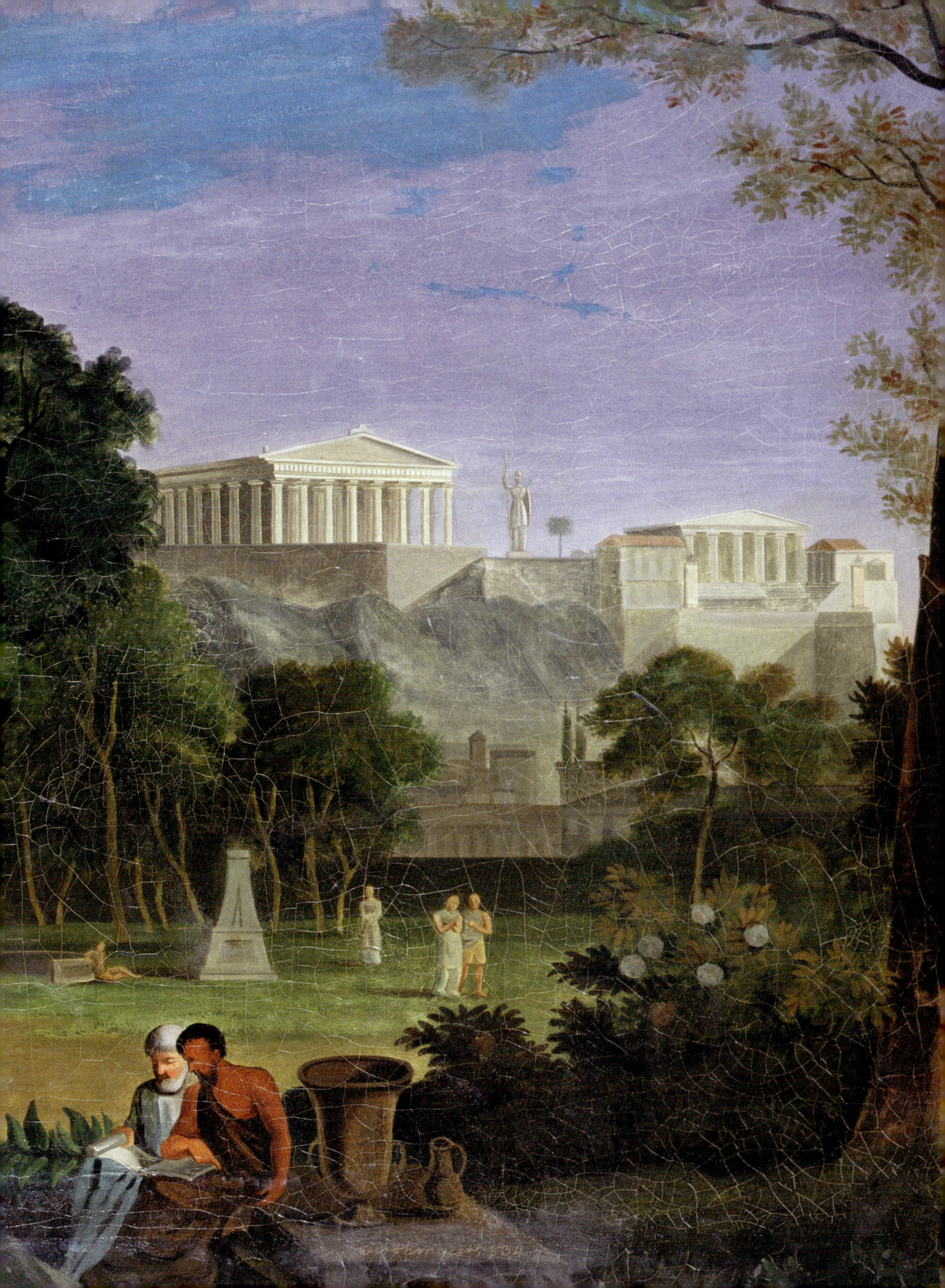

O que é notável é não apenas que essas duas escolas famosas mudaram tanto em tão pouco tempo, mas que os filósofos mais conhecidos de Atenas nem mesmo estavam nelas. Os descendentes filosóficos de Platão e Aristóteles tinham sido postos de lado. Atenas estava dominada por pensadores totalmente novos.

Do que eles estavam falando e quem eram eles? A filosofia helenística é dominada pelos estoicos e pelos epicuristas. Trataremos no próximo capítulo dos epicuristas e de sua principal influência, os atomistas, mas agora examinaremos os estoicos. Para compreendê-los teremos de considerar duas outras escolas de filosofia. O mais indicado é começar por Diógenes, o Cínico. Se você é bem-educado e se ofende facilmente, agora é melhor desviar o olhar.

Os cães filósofos

Cronistas antigos nos transmitiram muitas histórias sobre Diógenes de Sinope. Provavelmente era difícil esquecê-lo. Sabemos que ele escreveu livros, mas apenas os casos sobreviveram. De certo modo é adequado termos histórias e não seus escritos. Sua vida deve ter sido uma expressão melhor que sua filosofia.

> **TÓPICOS PRINCIPAIS: OS CÍNICOS**
> - Rejeitar a convenção social
> - Viver de acordo com a natureza
> - Conflagração cósmica
> - Predeterminação
> - Viver em harmonia
> - Indiferentes preferíveis
> - A suspensão do julgamento
> - O conhecimento não é possível
> - Contra a justificação
> - Os Dez Modos

Não temos certeza, mas parece que Diógenes tinha um pendor para trocadilhos e parecia disposto a entrar em disputas verbais e vencê-las. Rejeitava todos os aspectos da tradição, os ditames da cultura e as regras da vida civilizada como entraves artificiais que só dificultam a liberdade e a felicidade genuína. A virtude, para ele, será encontrada na vida de acordo com os dons naturais da pessoa, e não na busca da felicidade com dinheiro, fama, acúmulo de objetos ou conformidade com os ditames da sociedade.

Diógenes rejeitava em bloco as convenções sociais. Mendigava comida ou a coletava no mercado, dormia num barril velho de vinho e como roupa usava pouco mais que uma tira de algodão. Lidava com as "exigências corporais" como e quando tinha necessidade, e fala-se que urinava publicamente (de vez em quando nas pessoas que não apreendiam com clareza suficiente as implicações das suas ideias), defecava num teatro, defendia o amor livre, comia o que e onde quisesse (inclusive um pé de boi cru, que talvez tenha matado) e masturbava-se aberta e desavergonhadamente.

Ele gritava com as pessoas na rua, divertindo-se com sua conformidade pequena, e elas gritavam de volta, chamando-o de cão por viver como vivia. "Cínico" vem da palavra grega *"kynikos"*, que significa "canino". A palavra retém algo do seu significado antigo – ver o pior das pessoas, focalizando sobretudo suas ligações egoístas. Diógenes, o Cão, como era chamado, foi o exemplo do sábio cínico. Era infeliz e pobre pelos padrões da sociedade, mas feliz, livre e rico em virtude na sua própria visão.

Como era de esperar, ele não se dava muito bem com Platão, que o teria chamado de "Sócrates enlouquecido". Há nisso algo de verdade. Se não era um tavão, Diógenes certamente perseguia seus concidadãos à moda socrática, tudo em nome da virtude. Fez esporte do que considerou vaidade deles e ridículo apego às coisas que na verdade não importam, e há ecos da ironia socrática no seu rosnado. Além disso, ele compartilhava com Sócrates o desdém pelo dinheiro e posição social, e a insistência na simplicidade, em ser verdadeiro com seus princípios e no autodomínio. Mas até Sócrates dormia numa cama.

Afirma-se que Platão deu um banquete para alguns amigos que o visitavam, e Diógenes, que entrara de penetra na festa, bateu o pé nos finos tapetes e os sujou. "Assim eu piso no orgulho vazio do Platão", foi como ele mostrou que a felicidade não pode estar em tentar acentuar com ornamentos a posição social. Afirma-se que ele atirou longe um copo – uma das poucas coisas que tinha – depois de ver um garoto beber com as mãos em concha. "Aquele menino me superou em simplicidade", disse ele. Jogou fora também sua colher, depois de ver outro garoto usar uma casca de pão para levar lentilhas à boca.

O incidente do tapete pode ter estado na cabeça de Platão em outra história, contada por Diógenes Laércio. Parece que Diógenes, o Cão, entrou de penetra numa conferência de Platão:

> Quando Platão estava discursando sobre suas "ideias" e usando os substantivos "mesidade" e "copidade"; "Eu, ó Platão!", interrompeu Diógenes, "vejo uma mesa e um copo, mas não vejo mesidade nem copidade". Platão respondeu: "Naturalmente, pois você tem olhos e com eles vê uma mesa e um copo; mas não tem intelecto, com o qual se vê a mesidade e a copidade".

DIREITA A primorosa agonia de Alexandre, captada em mármore (século II a.C.). No turbilhão do desmoronamento do império de Alexandre, a filosofia se tornou um caminho para a paz de espírito.

blement. Et pour ce dit seneque en son liu-
re de pourueance que grant richesse est moult
perilleuse. Car homme est en grant peine
qui riens ne scet ny ne puet riens endurer
Et de telle condicion sont souuent les riches
lesquelx veulent auoir en tous cas leur
plaisir. Comment lestat de pouurete
doit estre a chacun aggreable. iie chap.

Dyogenes. Chrates.

Além disso, ele discordava da insistência de Platão nas definições, objetando sobretudo com o que ele provavelmente considerava a definição rasa de homem como um "bípede sem plumas". O homem não era nada mais que isso? Diógenes logrou seu intento aparecendo com uma galinha depenada e dizendo: "Este é o homem de Platão." Não sabemos qual foi a resposta de Platão, mas é fácil imaginá-lo estapeando-se na testa.

Alguns cínicos notáveis vieram depois de Diógenes, inclusive um casal, o corcunda Crates de Tebas e Hipárquia de Maroneia. Crates, afirma-se, distribuiu sua fortuna para seguir Diógenes e viveu em igualdade de condições com Hipárquia, que se dizia a primeira filósofa. Crates começou uma tradição de literatura cínica — deixou uma obra com títulos inspirados, como *Mochila* e *Elogio à Lentilha* — em grande parte paródias que visavam derrubar opiniões recebidas. Mas os cínicos ficavam quietos e pareciam ter desaparecido por completo na sombra dos estoicos e dos epicuristas até o século I, quando reapareceram, imagine, como críticos políticos devastadores. Eles e outras escolas filosóficas eram considerados tão ameaçadores que os filósofos foram expulsos da cidade de Roma mais de uma vez. Embora muitos cínicos fizessem sermões sobre a vida simples e distribuíssem panfletos execrando as convenções, o cínico paradigmático não tinha nada a ver com a política ou com a instrução filosófica organizada. Grupos de cínicos mendigos ou de sábios solitários falando sobre virtude para uma multidão eram muito comuns em algumas partes de Roma.

> Grupos de cínicos mendigos falando para uma multidão sobre virtude eram comuns em algumas partes de Roma.

Antes de se calarem, contudo, os cínicos deram uma última contribuição para a filosofia. Afirma-se que Zenão de Cítio viajou em 313 a.C. para Atenas, onde, inspirado pela lenda de Sócrates, resolveu dedicar a vida à filosofia. Andou indagando, em busca do sábio da época, sobre a pessoa mais parecida com Sócrates, e lhe indicaram o cínico Crates de Tebas, que por acaso passava por lá. Zenão tornou-se seu discípulo. Ele também estudou por algum tempo na Academia de Platão, mas foi o seu contato com o cinismo que o afetou mais profundamente. Ele acabou por reunir discípulos em torno de si para ensinarem em um lugar muito conhecido junto à ágora, um espaço coberto decorado com murais, semiaberto e com uma fileira de colunas. Chamava-se A Varanda Pintada, em grego *stoa poikile*. Ele e seus seguidores, que ficavam nessa varanda, transformaram a loucura socrática de Diógenes, o Cão, numa visão de mundo que equivalia a calma, imperturbabilidade e firme indiferença. Foi o início do estoicismo, provavelmente uma das escolas de filosofia mais dominantes e vigorosas durante os quinhentos anos seguintes.

AO LADO Diógenes e Crates de Tebas, do *Livro da boa moral*, de Jacques le Grant (1360-1415).

Jesus, o cínico

Muitos já argumentaram que as semelhanças entre os ensinamentos de Jesus e a filosofia dos cínicos são tantas que não se pode pensar em mera coincidência. Jesus foi influenciado por um cínico? Os cínicos estavam em atividade naquela época e talvez naquele lugar. Ele terá sido, perguntam-se alguns historiadores, uma típica figura cínica da época?

Jesus pode perfeitamente ter entrado em contato com os cínicos. Em Gadara, a apenas trinta quilômetros de Nazaré, um dia de caminhada do mar da Galileia, viviam muitos cínicos famosos, inclusive o autor satírico Menipo. Há até mesmo alguns indícios bíblicos tentadores de que Jesus poderia ter encontrado um cínico. Foi na "terra dos gadarenos" que ele encontrou um maluco vestido com trapos que vivia entre os túmulos, possuído pelo demônio Legião. É claro que Diógenes, o Cão, também era chamado de maluco. Esse episódio poderia indicar um encontro entre Jesus e um cínico?

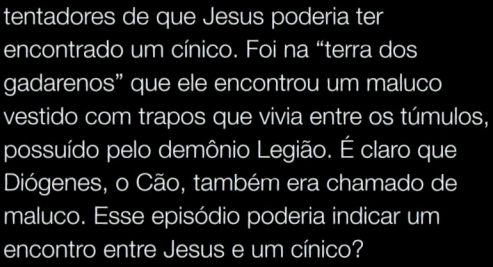

Algumas expressões e ensinamentos de Jesus são até mais sugestivos. "Abençoados os pobres, pois deles é o Reino de Deus" e exortações semelhantes estão em sintonia com o ensinamento cínico. Pense nesta famosa passagem do Evangelho segundo São Mateus:

> E eis que chegou até ele um homem dizendo: "Mestre, que boa ação devo praticar para ter vida eterna?" E ele lhe respondeu: "Por que você me pergunta o que é bom? Existe um que é bom. Para ter vida eterna observe os mandamentos." Ele disse para Jesus: "Quais?" E Jesus respondeu: "Não matarás, não cometerás adultério, não roubarás, não dirás falso testemunho, honrarás teu pai e tua mãe, e amarás o teu próximo como a ti mesmo." O jovem disse a ele: "Tudo isso eu tenho observado; o que ainda falta?" Jesus lhe disse: "Se queres ser perfeito, vai, vende o que tens e dá aos pobres, e terás tesouro no céu; e venha, siga-me." Quando o jovem ouviu isso ele se foi tristonho; porque tinha muitas posses.

Ao ler essas linhas é extremamente difícil não pensar em Crates de Tebas desfazendo-se da sua fortuna para poder seguir Diógenes.

ACIMA O sacrifício supremo da *Crucifixão*, pintado por El Greco (1541-1614). As semelhanças entre os ensinamentos de Cristo e as doutrinas cínicas são coincidência?

A indiferença dos estoicos

A obra dos primeiros estoicos não sobreviveu, mas três nomes se ligam ao início do estoicismo. Zenão, o fundador, dividia o currículo estoico no estudo da lógica, da física e da ética. Seu sucessor, Cleanto, era um ex-lutador empobrecido que não podia comprar papel e escrevia os ditos de Zenão em conchas de ostras e ossos de boi. Há quem o considere um tanto idiota.

Mas Crísipo, sucessor de Cleanto, tinha os bens necessários e, junto com Zenão, parece ter sido o cérebro por trás da ascensão do estoicismo. Era um mestre da argumentação e escreveu centenas de livros, inclusive análises da inferência lógica altamente técnicas. Tinha também uma opinião sobre si mesmo irritantemente elevada, assim como um talento para a vulgaridade – Diógenes Laércio nos conta que uma das suas histórias tinha seiscentas linhas "que ninguém pode repetir sem sujar a boca". Mas segundo a maioria dos relatos, ele foi útil no desenvolvimento do estoicismo. Conforme um poema antigo:

> Pois se Crísipo não tivesse vivido e pensado,
> A escola estoica certamente não teria sido nada.

FASES DO ESTOICISMO

Estoicismo antigo (300-129 a.C.)
Zenão de Cítio, Cleanto, Crísipo
Estoicismo médio (129-50 a.C.)
Panaécio, Possidônio
Estoicismo romano (30-180 d.C.)
Sêneca, Epícteto, Marco Aurélio

Ele era incrivelmente maldoso com seu mestre Cleanto, tendo dito a certa altura que com ele só precisava aprender o dogma da escola, pois as provas ficariam por sua própria conta. É provável que Crísipo tenha refinado a organização de Zenão, convertendo-a no que quase certamente foi a primeira escola de filosofia genuinamente sistemática. Os estoicos afirmavam que seu sistema filosófico era como um pomar – a lógica era o muro protetor em torno dele, a física era o solo e as árvores e a ética eram os frutos.

A lógica, para os estoicos, abrangia não só as regras que regem as inferências certas, mas também o que hoje chamamos epistemologia ou teoria do conhecimento, assim como a filosofia da linguagem. Eles fundaram suas ideias numa espécie de "apreensão das impressões da mente", uma iniciativa que convidou ao ataque dos céticos. Os pensadores posteriores consideraram a lógica estoica como concorrente da obra de Aristóteles. Grande parte dela foi estimulada pelas críticas dos céticos – daí a ideia de que a lógica é como uma parede protetora.

Os físicos estoicos acham que o mundo é em certo sentido uma criatura vivente, racional e divina. Num cumprimento a Heráclito, afirmavam que o mundo começou numa grande conflagração cósmica e a ela deve voltar num incessante ciclo repetitivo de começos e finais ígneos. Ao longo de cada fase idêntica todos os acontecimentos são predeterminados, regidos pelo destino e inteiramente para o bem. O próprio mundo é composto por corpos materiais permeados por uma racionalidade divina que sustenta e direciona todas as mudanças de acordo com um plano benevolente.

Mas foi a concepção estoica de conduta ética a principal responsável pela disseminação e influência do movimento. Se a lógica estoica estava além das pessoas, ainda assim era possível apreender a sua perspectiva ética, e muitos fizeram isso. A ética estoica foi um afastamento das reflexões obscuras dos pré-socráticos e da complexidade da Academia e do Liceu. Pela primeira vez os filósofos apresentaram uma estrutura filosófica que falava diretamente às pessoas comuns. Seguindo os passos de Diógenes, o Cínico, e Sócrates, os estoicos afirmam que o que mais importa é a virtude, que consiste inteiramente em viver conforme o todo do Universo ordenado por Deus. Mas como alguém pode fazer outra coisa, como alguém poderia não viver de acordo com a natureza se tudo é predestinado e regido pelo destino?

O plano divino se realizará de qualquer forma e nada se pode fazer quanto a isso, fora reagir do modo certo aos acontecimentos, ou seja, harmoniosamente, virtuosamente, em sintonia com o fluxo das coisas. Uma imagem estoica que explica isso é a de um cão amarrado a uma carroça. Quando esta anda, o cão pode tranquilamente caminhar ao lado dela ou ser arrastado, latindo e ofegante. De qualquer modo ele segue a carroça. O mesmo se dá com a vida humana. Podemos ser arrastados esperneando, gritando e protestando ou — e pode-se ver nisso o DNA de Diógenes — podemos reconhecer o que realmente importa e viver de acordo com a natureza.

ESQUERDA Estátua equestre de Marco Aurélio no Museu Capitolini, em Roma. Até os imperadores romanos foram influenciados pela filosofia estoica.

Mas graças à ideia estoica de "indiferentes preferíveis" não precisamos buscar a virtude com Diógenes no fundo de um barril. Escrevendo no século XV o cronista Joannes Stobaeus relata:

> Zenão diz que [...] dessas coisas que existem, algumas são boas, algumas ruins, algumas indiferentes. As boas são [...] sabedoria, moderação, justiça, coragem e tudo o que é virtude [...]. As ruins são [...] loucura, intemperança, injustiça, covardia e tudo o que é defeito [...]. As indiferentes são [...] vida e morte, reputação e má reputação, prazer e esforço, riqueza e pobreza, saúde e doença e outras desse tipo.

Nessa espécie de afirmação estoica há duas ideias em operação. A primeira é que os bens convencionais — saúde, riqueza, posição social, fama e as outras coisas amplas que a maioria das pessoas busca — poderiam, dependendo das circunstâncias, ser em detrimento ou em benefício da pessoa. Se herdamos muito dinheiro e depois o desperdiçamos numa explosão breve e memorável de decadência degenerada, o dinheiro na verdade não nos fez nenhum bem. Pode até ter piorado as coisas. Falando estritamente, o dinheiro e o resto não são verdadeiramente bons em si. Apenas a virtude é boa independentemente de tudo.

Segundo, a aquisição de bens convencionais "não depende de nós". Como diz o estoico Epícteto, "o que depende de nós é a opinião, o impulso, o desejo, a aversão [...]. Independe de nós o corpo, o direito de propriedade, a reputação, o cargo". Acabar ou não acabar saudável, rico e famoso depende da nossa sorte. Não podemos fazer nada quanto a isso, e de qualquer forma, dado que o plano divino é bom, é melhor para todos. Assim, os estoicos classificam essas coisas como "indiferentes". Não ganhamos nada nos preocupando com elas, e assim é irracional fazê-lo. Um estoico pode, contudo, considerar preferíveis os bens convencionais — eles são, na terminologia estoica, "indiferentes preferíveis" —, mas "não depende de nós" se ou quando os adquirimos. Saúde, reputação, e até mesmo viver e morrer são portanto questões de indiferença. Talvez acabar numa boa casa seja preferível a dormir num barril, mas o estoico é indiferente em ambas as situações.

O que importa, contudo, é a virtude, e esta depende totalmente de nós, porque está em nós — é a nossa atitude para

---

DITOS DOS ESTOICOS ROMANOS

"Você nunca será pobre se moldar sua vida de acordo com a natureza; se de acordo com a opinião das pessoas, nunca será rico."
Sêneca

"Se você é atormentado por qualquer coisa externa, não é isso que o perturba, mas o seu próprio julgamento sobre isso. E você é capaz de eliminar esse julgamento agora."
Marco Aurélio

"A liberdade não é alcançada por um desfrute pleno do que se deseja, mas pelo controle do desejo."
Epícteto

com o mundo à nossa volta. Há uma linha reta entre esse pensamento passando pelos cínicos e de volta à ideia socrática de que virtude é conhecimento, e o que mais importa é o nosso eu interior, nossa alma. Nas mãos dos estoicos, essas ideias se tornaram algo mais que doutrina filosófica: o estoicismo era um meio de encontrar a paz num mundo difícil, em grande parte controlando nossos impulsos. Como o imperador estoico Marco Aurélio afirma nas suas *Meditações*: "Um pepino está amargo. Jogue-o fora. Há sarças na rua. Evite-as. Isso é suficiente. Não acrescente 'e por que essas coisas foram feitas?'."

Mas tudo isso não deve sugerir que a filosofia dessa época se caracteriza totalmente pela reflexão pomposa dos imperturbáveis estoicos, com o eventual uivo de um cínico perturbando a sua serenidade. Outras escolas de pensamento se acotovelavam ao seu lado. Grande parte da filosofia helenística pode ser entendida como um prolongado desacordo entre estoicos e epicuristas de um lado e céticos do outro. Em debate estava a própria possibilidade de assegurar o conhecimento.

A suspensão do julgamento

> **OS CÉTICOS**
>
> **Pirro** 365/60-275/70 a.C.
> **Timão** 325/20–235/30 a.C.
> **Arcesilau** 316/5–241/0 a.C.
> **Carnéades** 214–129/8 a.C.
> **Enesidemo** século I d.C.
> **Agripa** séculos I e II d.C.
> **Sexto Empírico** 160-210 d.C.

Dependendo de como as contamos, duas ou três escolas de ceticismo surgiram na Grécia e em Roma. A mais antiga começa com Pirro, que viveu por volta de 300 a.C., a segunda com Arcesilau e os céticos da Academia de Platão, e finalmente um ceticismo estimulado por Pirro – que por sua vez é devedor de Enesidemo, no século I a.C. – e levado adiante por Sexto Empírico no século II.

Afirma-se que Pirro viajou com o exército de Alexandre para a Índia, onde curiosamente encontrou inspiração entre "sábios nus". O que quer que tenha descoberto nas suas viagens, ele então suspendeu o julgamento em todas as questões – sem afirmar nem negar qualquer proposição nem manter qualquer opinião –, e assim encontrou uma espécie de paz. Diz-se que seus amigos estavam constantemente puxando-o para não ser atropelado, desviando-o de penhascos e outros perigos, quando ele vagava insensível e despreocupado com tudo. De acordo com Diógenes Laércio, "ele limpava toda a mobília da casa sem manifestar aborrecimento. E diz-se que sua indiferença era tal que ele lavava um porco".

Pirro não escreveu nenhum livro de filosofia, e é difícil decifrar os relatos de segunda ou terceira mão sobre aquilo em que ele realmente acreditava. Seu aluno Timão diz que ele refletia sobre três questões. Primeiro, como são as coisas por natureza? Sua resposta em três partes admite várias traduções, mas alguns acham que segundo ele as coisas são indiferentes, instáveis e indeterminadas. Qual deve ser a nossa disposição em relação às coisas? Não devemos ter nenhuma opinião sobre elas. Qual é o resultado dessa atitude? Pirro nos diz que nossa recompensa é nos livrarmos da ansiedade.

Os céticos acadêmicos não escreveram muito, preferindo o fluxo da argumentação verbal. Inspirados pelo interminável escrutínio e indagação de Sócrates, e também pelo uso da forma diálogo de Platão, produziram argumentos a favor e contra qualquer proposição. A razão, acreditava-se, nos leva para qualquer lado com argumentos igualmente convincentes, assim não podemos declarar que sabemos algo.

A habilidade dos acadêmicos estava em satisfatória evidência em 155 a.C., quando emissários filosóficos da Academia, do Liceu e da escola estoica foram mandados a Roma. O representante da Academia, Carnéades, falou arrebatada e convincentemente a favor da justiça, para a edificação dos jovens presentes. No dia seguinte ele fez outra palestra igualmente persuasiva contra a justiça, derrubando tudo o que havia dito antes. Seus anfitriões romanos, temendo pela virtude do público, expulsaram-no da cidade.

ACIMA Pirro supostamente acompanhou Alexandre ao norte da Índia, onde os macedônios tiveram uma dura vitória sobre o enorme exército do rei Poro (326/327 a.C.), retratada aqui por Watteau.

A impossibilidade de justificativa

Um argumento cético atribuído a Agripa, filósofo atuante pelos fins do século I, visa mostrar que o conhecimento é impossível, porque nenhuma afirmação de conhecimento pode jamais ser justificada. Em outras palavras, a justificativa real inexiste. O argumento, às vezes chamado trilema de Agripa, é o seguinte:

Suponha que você afirme conhecer uma proposição (p). Podem lhe perguntar se você conhece p ou se só está dizendo isso. Se você afirma que sabe, é justo lhe perguntarem como você sabe, insistindo sobre as suas razões para achar que é verdade, seus indícios para p, por outras palavras. Suponha então que você dê razões (r). Quaisquer que sejam as suas razões, podem lhe perguntar novamente se você conhece r ou se está fazendo suposições. Você precisa afirmar conhecer r se r conta como justificativa para p. De acordo com Agripa, agora você tem apenas três opções, e nenhuma delas é justificativa. Você pode continuar dando razões indefinidamente (r1, r2, r3...) e nunca chegar a uma justificação. Você pode fazer uma suposição dogmática (r que se dane!), e apenas afirmar sem justificativa aquilo em que acredita. Ou pode repetir algo que você já disse (p, r1, r2, r3, r1, ôps!) e raciocinar em círculo, mas o raciocínio circular não é justificativa.

Agripa afirma que nada disso é uma justificativa para p e, portanto, toda crença é suposição, não conhecimento.

Alguns filósofos tergiversam com essa organização e afirmam que o ônus da prova não está sempre com a pessoa que afirma conhecer. Outros sustentam que há mais tipos de justificativas não mencionados por Agripa. Alguns tentam se esquivar ao jogar com as regras de Agripa, tentando encontrar um modo de dizer que uma das suas alternativas realmente conta como dar uma justificativa. O que há de errado em dar um estoque ilimitado de razões? O que há de errado com uma suposição de base? O que há de errado com a circularidade se ela não é imperfeita? Não é difícil pensar nas respostas de Agripa. O difícil é pensar na possibilidade de que não sabemos exatamente do que estamos falando quando conversamos sobre conhecimento. Agripa, quase por acidente, parece indicar essa possibilidade.

ACIMA Relevo (século II d.C.) de um filósofo ocupado com uma reflexão, de um teatro romano, perto de Trípoli, Líbia.

Os céticos da Academia ficavam muito aflitos com as asserções dos seus adversários, estoicos e epicuristas. Os primeiros, particularmente, argumentavam a favor das suas conclusões com base em fundamentos originados em alguns tipos de percepções sensoriais supostamente inequívocas. Os céticos dispuseram o que consideravam argumentos igualmente convincentes contra a possibilidade de quaisquer dessas justificativas. A escola decaiu, durante algum tempo, a ponto de se preocupar com pouco mais que formular contra-argumentos e objeções a afirmações positivas de outros.

Isso era demais para Enesidemo, que deixou a Academia e voltou ao que considerava os ensinamentos mais profundos de Pirro, começando assim a terceira onda do ceticismo. Enesidemo formulou os Dez Modos, formas de argumento que colocam a razão e os relatos dos sentidos em tipos diferentes de conflito. A esperança era que esses modos pudessem visar qualquer asserção dogmática. A exposição de um deles dá ideia do resto:

> O terceiro modo é aquele que tem por objeto a diferença dos órgãos do sentido. Assim, uma maçã se apresenta para a visão como amarela, para o paladar como doce, para o olfato como fragrante; e a mesma forma é vista em aspectos muito diferentes, de acordo com as diferenças dos espelhos. Segue-se, assim, que o que se vê tem tanta probabilidade de ser a realidade quanto outra coisa.

Esse argumento visa derrubar qualquer alegação de conhecimento sobre as propriedades de um objeto baseado na informação dos sentidos. Como podemos saber o que uma maçã é realmente, quando nossos sentidos registram coisas tão diferentes comparadas entre si? Qualquer que seja a realidade, a probabilidade de que ela seja o que nossos sentidos nos dizem é exatamente a mesma de que seja outra coisa.

> A filosofia, para Epicuro e seus seguidores, ameniza a dor da morte. Até permite nos esquivarmos da ira dos deuses.

Enesidemo fez o ceticismo voltar às suas raízes. A fuga de Pirro à ansiedade na suspensão do julgamento era agora a questão suprema da argumentação filosófica. Desse modo, o ceticismo pirroniano está muito mais em harmonia com o espírito da época helenística que o ceticismo dos acadêmicos, mais em sintonia com os objetivos dos cínicos e dos estoicos. Sobre essa nota harmônica, voltamo-nos para os epicuristas, a outra grande escola dessa época, que pensavam de modo totalmente diferente no seu caminho para a tranquilidade. A filosofia, para Epicuro e seus seguidores, ameniza a dor

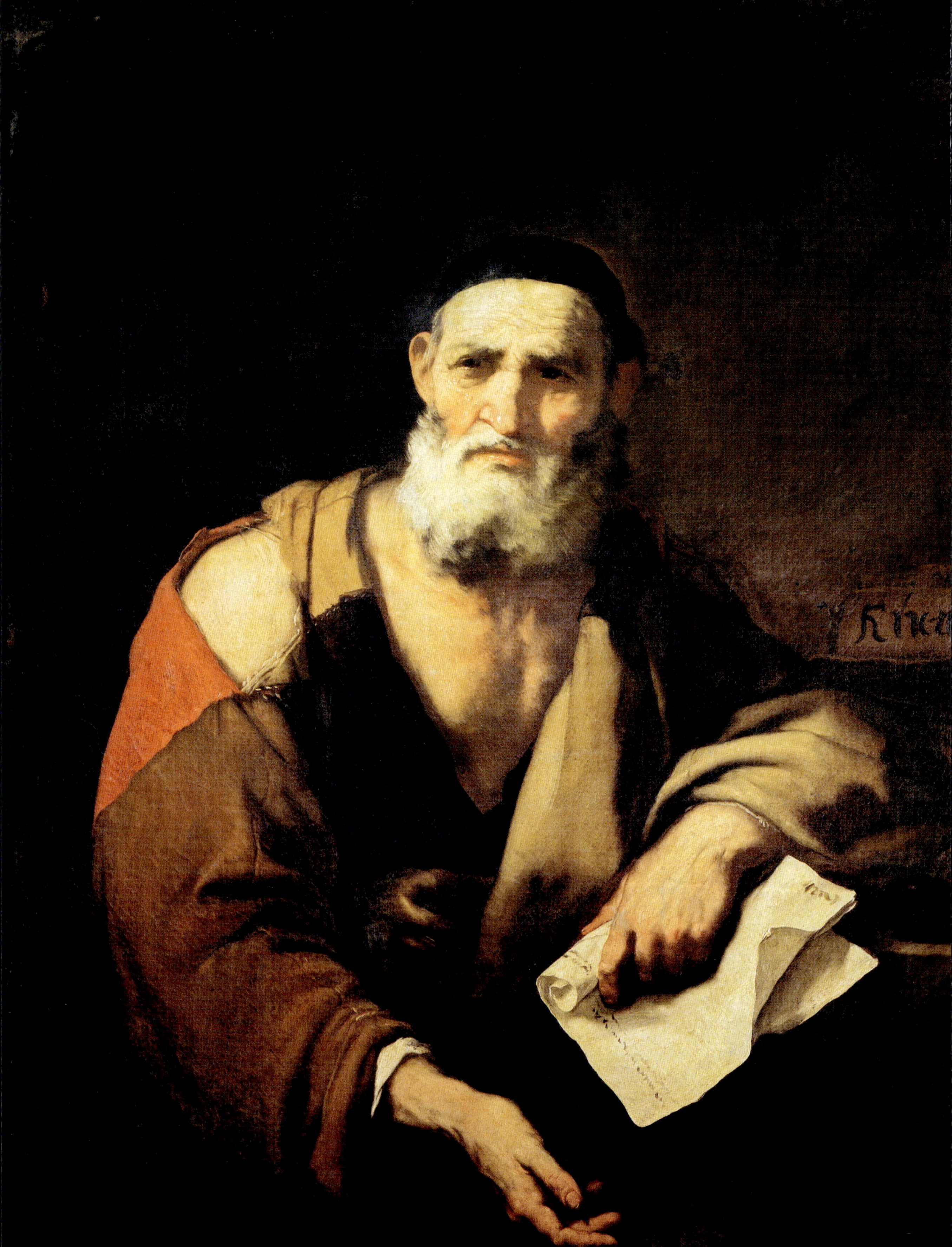

ATOMISTAS E EPICURISTAS

A inevitabilidade da morte lança uma longa sombra sobre a nossa vida. O antropólogo cultural Ernest Becker, em seu livro *A negação da morte*, afirma que o temor à morte nos assombra mais que qualquer outra coisa: "É a mola mestra de toda atividade humana; esta visa em grande parte evitar a fatalidade da morte, superá-la negando de algum modo de que é ela o destino final do homem."

O exemplo de Sócrates, que de bom grado e calmamente foi ao encontro da morte, talvez pareça quase além da compreensão. Por outro lado, a história abaixo, publicada em 1958 no *British Medical Journal*, é bem mais conhecida: "Puseram na ambulância a velha senhora e, rapidamente, ela foi levada a um famoso hospital-escola. Quando chegou na ala dos acidentados deixou de respirar. Mas o jovem e eficiente médico não desanimou. Mobilizou todos os recursos de ressuscitação disponíveis no hospital e por mais dezoito horas o coração da paciente foi mantido batendo. Felizmente essa determinada batalha foi em vão. Quando perguntaram depois por que tinha feito aquilo, o médico deu uma resposta muito significativa [...]. Ele tinha um único dever, apenas um: fazer tudo o que lhe fosse possível para afastar a morte."

A ideia de que a morte é algo a ser afastado a qualquer custo não é própria da era moderna. Na verdade, temos razão em pensar que, no que diz respeito aos gregos antigos, a serenidade de Sócrates em face da morte foi uma exceção, e não a regra. Christine Sourvinou-Inwood, estudiosa da Grécia antiga, por exemplo, afirma que no mundo grego as atitudes em relação à morte passaram por uma grande mudança por volta de 700 d.C., e depois disso a morte se tornou algo a ser temido, quase como atualmente.

Certamente o medo da morte foi considerado um importante impedimento para a felicidade humana por Epicuro, fundador do epicurismo, que, junto com o estoicismo, é a segunda grande escola de filosofia helenística.

Epicuro

Epicuro nasceu em Samos, colônia ateniense – e coincidentemente cidade natal de Pitágoras – em 341 d.C. Os detalhes dos seus anos formativos são vagos, mas Sexto Empírico diz que ele foi atraído para a filosofia no começo da adolescência, quando os professores não lhe deram respostas satisfatórias às suas perguntas sobre a cosmogonia de Hesíodo. Deve ter estudado com os filósofos Pânfilo e Nausífanes. Maldosamente, chamou Nausífanes de "o Molusco", mas parece que quem o introduziu nas ideias atomísticas de Demócrito foi o Molusco. Essas ideias formaram o alicerce da sua visão de mundo filosófica.

EPICURO EM RESUMO

c.341 a.C. Nasce (em Samos ou Ática)
c.311 a.C. Estuda em Mitilene
c.309 a.C. Fundou escola em Lampsaco
c.307 a.C. Mudança para Atenas
c.306 a.C. Fundou escola em Atenas ("o Jardim")
c.270 a.C. Morte

Epicuro era um filósofo aplicado; seus interesses eram sobretudo práticos. Particularmente, ele queria mostrar como a reflexão racional pode ajudar a dispersar os temores e superstições que solapam a felicidade das pessoas. Nesse sentido, o epicurismo pode ser visto como parte da reação helenística geral contra a grande teorização de Platão e Aristóteles. Foi em certo sentido uma volta ao estilo filosófico de Sócrates, que, como vimos, também se preocupava com o modo como devemos viver. Mas nas mãos de Epicuro isso tomou um aspecto muito mais pessoal, uma vez que para ele o principal objetivo da filosofia era levar as pessoas a um estado de *ataraxia*, ou tranquilidade.

No último capítulo vimos algo semelhante nos cínicos, estoicos e céticos, mas à primeira vista esse ainda parece ser um modo estranho de pensar no propósito da filosofia. Talvez porque hoje vemos a filosofia como uma disciplina que visa revelar a verdade sobre as coisas. Por que pensar que isso vai levar à paz mental? Qualquer pessoa que tenha lutado com a lógica formal ou assistido a uma conferência sobre a *Fenomenologia* de Hegel provavelmente ficará cética quanto às propriedades de indução de tranquilidade da filosofia. Mas a visão antiga da filosofia como um caminho para a paz na vida não é tão estranha quanto pode parecer inicialmente.

ANTERIOR Demócrito, fundador (com Leucipo) do atomismo, retratado por Luca Giordano (1632-1705).
AO LADO *A morte de Adonis*, pintada (c.1614) por Rubens. O temor moderno à morte é observado no mundo grego desde cerca de 700 a.C.

A questão de como vemos nossa própria mortalidade é instrutiva a esse respeito. Epicuro não aceitava que o medo da morte fosse parte inevitável da condição humana. Ele o via como originado no pensamento incorreto, como uma espécie de engano cognitivo. Se ele estava certo, então a filosofia encerra a promessa de um tipo de salvação: mostra às pessoas onde elas estão erradas quando temem sua própria morte, e há uma chance de que deixem de fazê-lo, ou pelo menos que se sintam melhor quanto a isso.

Para esse fim, Epicuro emprega dois argumentos com que esperava mostrar a irracionalidade do medo da morte. O primeiro é conhecido como o argumento do "não sujeito a dano". Ele afirma que:

> A morte [...] não é nada para nós, já que quando somos, a morte virá, e quando a morte chega, não somos. Assim, ela não é nada para os vivos nem para os mortos, pois para o vivo não é e o morto não existe mais.

O argumento aqui é simples: não podemos experimentar a condição de estarmos mortos, assim não precisamos temê-la. A morte não pode ser ruim para nós, já que estando mortos não haverá "nós" para quem ela poderia ser ruim. A não existência é totalmente não problemática, pois não é algo que aconteça com alguém.

O segundo argumento é conhecido como o argumento da "simetria" e resume-se na vigorosa rejeição de Mark Twain aos terrores da não existência: "Não temo a morte. Já estive morto por bilhões e bilhões de anos antes de nascer e não sofri a menor inconveniência com isso." Por outras palavras, estar morto é o mesmo que não ter nascido, e já que todos nós já estivemos não nascidos sem que isso acarretasse algum problema, não há nada a temer na ideia de que voltaremos ao que efetivamente é o mesmo estado.

Nenhum desses argumentos é decisivo. Particularmente, há um debate complicado a se realizar aqui sobre se é racional temermos a perda do que valorizamos na vida, inclusive o próprio fato de viver, se sabemos que não teremos consciência da perda dessas coisas. Contudo, há também um problema mais simples no argumento de Epicuro: que elementos tem ele para afirmar que não experimentaremos a condição de estarmos mortos? Afinal de contas, muita gente acha que sobrevivemos à nossa morte física.

> **TEXTOS EPICURISTAS**
>
> **Epicuro**
> Carta a Meneceu
> Carta a Heródoto
> Principais doutrinas
> Ditos do Vaticano
> Carta a Pítocles
> Testamento
>
> **Lucrécio**
> A natureza das coisas
>
> **Lactâncio**
> Sobre a ira dos deuses
> (para uma exposição do enigma do problema do mal proposto por Epicuro)

Talvez a primeira coisa a dizer quanto a isso é que entre os gregos antigos não havia uma ideia consensual sobre o que acontece depois da morte. Provavelmente a crença mais comum era a que encontramos na *Odisseia* de Homero. Ele apresenta as almas dos mortos como vivendo semividas sombrias no Hades (o mundo subterrâneo), sem memória e psicologicamente desligadas da sua existência anterior. Essa ideia de que a consciência sobrevive à morte apenas num sentido muito fraco é o que mais se aproxima de uma ideia helênica oficialmente sancionada da vida após a morte.

Mas outras ideias flutuam por aí. Platão provavelmente acreditava que a alma é imortal. Em *Fédon* ele põe Sócrates argumentando enfaticamente a favor da proposição de que a alma não morre com a morte corporal. Além disso, ele indica em alguns diálogos uma crença na doutrina da metempsicose — a concepção de que na morte, ou depois de um intervalo adequado, a alma passa para outro corpo. Ele liga isso à sua concepção de que todo aprendizado é na verdade uma recordação:

> A alma, então, como ser imortal, e tendo nascido novamente muitas vezes, e tendo visto todas as coisas que existem neste mundo ou no mundo abaixo, tem conhecimento de todas elas; e não é de espantar que ela deva ser capaz de convocar a lembrança do que já soube sobre virtude e sobre tudo [...] pois toda investigação e todo aprendizado não passam de recordação.

Ao contrário desse esoterismo, a ideia epicurista do que acontece depois da morte é muito mais realista. Epicuro achava que a alma é feita de átomos minúsculos e que quando o corpo morre ela se dispersa num vazio gigantesco para não ser mais vista. Ele não extrai do nada essa concepção, e sim a desenvolve a partir das ideias dos dois grandes filósofos atomistas, Leucipo e Demócrito.

Os atomistas

Os atomistas foram notáveis entre seus contemporâneos pelo singular feito de basicamente endireitar as coisas. Sem dúvida isso foi mais uma questão de sorte que de julgamento, e nos detalhes sua apreensão das coisas foi muito errada, mas suas ideias antecipam de modo impressionante a ciência moderna.

Não sabemos quase nada sobre Leucipo de Mileto, exceto que ele talvez fosse admirador de Zenão, que Demócrito foi seu aluno e que ele viveu no século V a.C. Mas é também possível que ele simplesmente não tenha existido. Parece, por exemplo, que Epicuro pensava assim, e a questão foi debatida entre os estudiosos do século XIX. Apesar do possível revés da sua não existência, a maioria dos comentaristas afirma que Leucipo foi um dos originadores das ideias que compõem o alicerce da teoria atomista. Aristóteles, por exemplo, diz que Leucipo e Demócrito *juntos* são a fonte da ideia de que as únicas coisas existentes são átomos e o vazio.

Felizmente sabemos um pouco mais sobre Demócrito. Ele nasceu em Abdera, na costa da Trácia, por volta de 460 a.C. Diógenes Laércio nos diz que ele viajou muito, visitando o Egito e a Pérsia, e possivelmente a Índia e a Etiópia. Não sabemos ao certo que impressão ele teve dessas viagens. Afirma-se que ele disse preferir descobrir uma única lei causal a ser coroado rei da Pérsia. No intervalo das viagens, ele conseguiu escrever oitenta obras sobre muitos tópicos: ética, música, matemática e cosmologia. Nenhum desses textos sobreviveu intacto, mas restou uma grande coleção de fragmentos, e com estes é possível reconstituir os detalhes da sua filosofia.

A alegação fundamental de Demócrito é que o universo é povoado por dois tipos de coisas: os átomos e o vazio. Os átomos são infinitos em número, indivisíveis, sólidos e variam em forma e tamanho, sendo alguns escalenos, outros recurvados, outros côncavos e outros convexos. Estão constantemente em movimento dentro do vazio também infinito. Os objetos do mundo cotidiano passam a existir em decorrência das colisões que inevitavelmente ocorrem:

[...] ultrapassando uns aos outros eles colidem, e alguns são afastados aos solavancos para qualquer direção, ao passo que outros, entrelaçando-se de acordo com a congruência das suas formas, tamanho, posições e arranjos, ficam juntos e assim produzem o surgimento de corpos compostos.

Essa ideia de que os múltiplos objetos do mundo cotidiano são compostos de agregados de átomos diversos permitiu aos atomistas conciliar com os dados da percepção sensorial os argumentos dos eleáticos (Parmênides, Melisso e Zenão) contra a mudança e a pluralidade. A matéria básica da realidade é imutável e eterna, mas se combina para formar os objetos da nossa experiência. Nada *fundamentalmente* novo é criado como resultado das colisões e combinações entre átomos, mas isso é compatível com a *aparência* de mudança e multiplicidade.

A semelhança entre esse modo de ver e a ideia científica moderna de que o átomo é o componente básico da matéria é óbvia. Mas seria errado considerar isso um indício de que os atomistas estavam envolvidos em algo aparentado com a ciência. Na verdade, seus esforços foram um exemplo de metafísica especulativa tanto quanto foram os dos eleáticos. Ou, dito de outra forma, como Parmênides, eles estavam envolvidos na atividade de deduzir verdades sobre o mundo empírico raciocinando a partir de princípios básicos. Assim, por exemplo, Demócrito argumentou que os sabores doce e amargo surgem por causa das diferentes formas dos átomos: o amargo é causado pelos átomos angulosos e recortados, e o doce se origina por átomos redondos, regulares. Esse argumento tem sentido em termos dos princípios do atomismo, mas claramente não tem garantia empírica.

Mas há dois sentidos em que a teoria atomista tem uma genuína afinidade com a ciência moderna. Primeiro, ela está empenhada num consumado materialismo — até o pensamento deve ser explicado em termos das ações dos átomos. E segundo, ela se baseia numa estrutura explanatória inteiramente mecanicista. Os atomistas eram

TÓPICOS PRINCIPAIS

- A filosofia deve fomentar a tranquilidade (Epicuro)
- Medo da morte (Epicuro)
- Argumento do "não sujeito a dano" (Epicuro)
- Argumento da simetria (Epicuro)
- A alma é material (Epicuro)
- Existem apenas os átomos e o vazio (Leucipo e Demócrito)
- Os átomos são infinitos, indivisíveis, sólidos e em movimento (Demócrito)
- Os objetos são compostos de agregados de átomos (Demócrito)
- Estrutura explanatória mecanicista (atomismo)
- Deuses compostos de átomos (Epicuro)
- Prazer como o bem supremo (Epicuro)
- Equilíbrio psicológico e corporal é o que mais garante o prazer (Epicuro)

AO LADO De acordo com os atomistas, os objetos materiais compreendem agregados diversos de átomos, opinião que tem paralelos com pinturas *pontilhistas* como essa: *Modelo de perfil*, de Georges Seurat (1886).

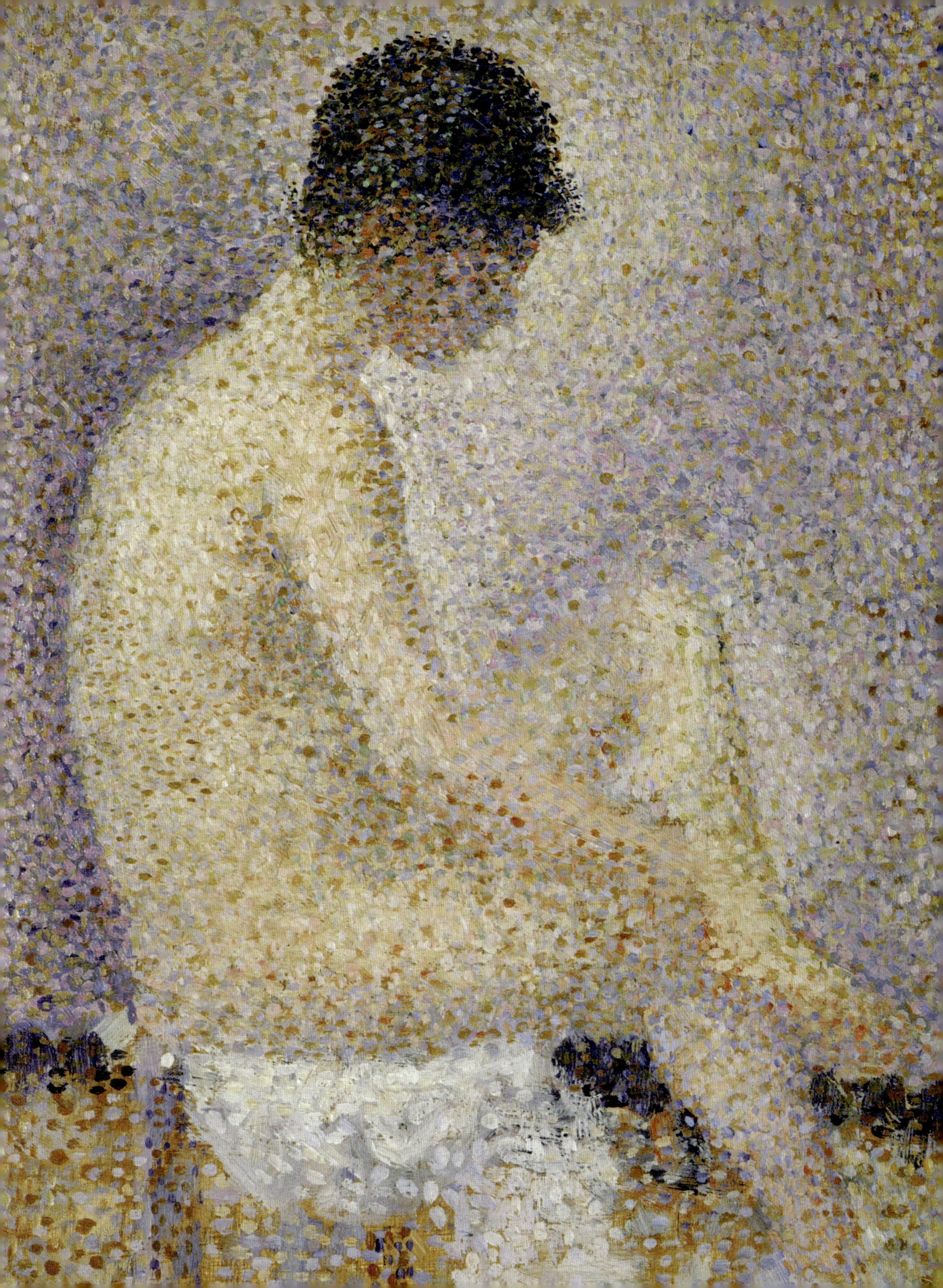

O problema do mal

O problema do mal diz respeito à dificuldade de explicar como pode haver mal no mundo se é também verdade que existe um Deus absolutamente bom, todo-poderoso e onisciente. Essa questão normalmente é usada como contestação à ideia de que um Deus assim possa existir; e as respostas à contestação fazem parte do kit de ferramentas de qualquer apologista religioso levemente persuasivo.

Diz-se que Epicuro foi talvez o primeiro a enunciar o problema do mal. Seu argumento tem a seguinte forma:

> Deus [...] quer eliminar os males e não consegue; ou então é capaz e não quer; ou é incapaz e não quer, ou é capaz e quer. Se quer e é incapaz, Ele é fraco, o que não está de acordo com o caráter de Deus; se é capaz e não quer, é invejoso, o que também diverge de Deus; se não quer e não é capaz, Ele é invejoso e fraco, e portanto não é Deus; se quer e é capaz, únicas possibilidades compatíveis com Deus, então de que fonte vêm os males? Ou por que Ele não os elimina?

O argumento básico é que qualquer ser digno do nome Deus deve estar ao mesmo tempo desejoso e capaz de eliminar o mal do mundo. Assim, dado que o mal existe no mundo, parece que Deus não quer ou é incapaz (ou ambos) de fazer isso. Se ele é incapaz, então é fraco; se não quer, então é moralmente imperfeito.

Epicuro formulou esse argumento supostamente para sustentar sua asserção de que Deus não se interessa pelas questões humanas. Mas na verdade o argumento não aparece em nenhuma das suas obras sobreviventes, e sim num tratado chamado "Sobre a raiva de Deus", escrito por Lactâncio, um dos primeiros apologistas cristãos. Lactâncio não acha que o argumento de Epicuro seja decisivo; ele argumenta que sem conhecimento do mal não há sabedoria, e assim o mal é necessário e justificado, pois o bem da sabedoria é maior que a malignidade do mal.

Esse tipo de resposta ao problema do mal é chamado teodiceia. A ideia de uma teodiceia é mostrar que não há contradição em acreditar numa divindade onibenevolente, onisciente e onipotente sendo que o mal existe no mundo. As teodiceias variam em forma e complexidade, mas frequentemente se reduzem à ideia de que embora possamos não saber, na verdade vivemos no melhor dos mundos possível.

ESQUERDA Busto de Epicuro, do museu Capitolini, em Roma. Para Epicuro, os deuses não se interessavam pelas questões humanas.

deterministas confessos, acreditando que tudo acontece em virtude de leis causais estritas. Eles não tinham uso para as explanações progressistas, teleológicas, tão ao gosto de Aristóteles. O Universo não existe para cumprir os objetivos de um Criador; ele existe e assume a forma que tem por causa da atuação inexorável das leis físicas.

Pode-se pensar que o envolvimento de Demócrito com o materialismo o levaria a descartar a ideia de alma, mas na verdade o único efeito disso foi fazer com que ele a concebesse em termos materialistas. Aristóteles relata que Demócrito via a alma como composta de átomos esféricos, o que ele comparava aos ciscos que vemos nas réstias de luz que atravessam as janelas. O consenso entre os comentaristas é que Demócrito não pensava que a alma é imortal, e sim que com a morte do corpo os átomos que a constituem se rompem e dispersam-se no vazio.

A redução epicurista

Essa ideia nos leva de volta a Epicuro, cuja filosofia, em muitos sentidos, é diretamente democrítica. Como já observamos, Epicuro, como Demócrito, achava que a alma é composta de átomos:

> [...] precisamos reconhecer geralmente que a alma é uma coisa corpórea, composta de partículas finas, dispersas por toda a estrutura, quase parecendo o vento com uma mistura de calor, em alguns aspectos como o vento e em outros como o calor.

Para ele era também claro que a alma morre quando morre o corpo:

> Quando a estrutura inteira se rompe, a alma se espalha e já não tem os mesmos poderes de antes, nem as mesmas ideias: assim, não tem tampouco sensibilidade.

É essa noção que lhe permitiu afirmar que a morte significa o nosso fim. A alma é a sede da sensibilidade; quando se dispersa, a sensibilidade se extingue e deixamos de existir. Não temos razão para temer a não existência. Assim, não devemos temer a morte.

Epicuro também ofereceu uma explicação naturalista dos deuses. Residentes nos *intermundia*, os espaços entre os mundos, também eles se compõem de átomos, embora os átomos divinos sejam da melhor espécie. Os deuses de Epicuro são imortais, desligados das questões humanas, imunes à dor e ao perigo, e existem num estado de total tranquilidade. Não temos razão para temê-los; por outro lado, não há razão para achar que podemos atingi-los de alguma forma. Epicuro não era avesso ao ritual religioso ocasional – talvez, por exemplo, celebrar a excelência dos deuses –, mas não devemos pensar que por esses meios podemos ganhar suas graças.

Esse modo de ver os deuses, que pode ser chamado "politeísmo", é uma parte importante da filosofia epicurista da felicidade. Os deuses são fundamentalmente ausentes do mundo. Assim, não temos razão para temer a possibilidade de capricho ou vingança por parte deles, e podemos também continuar gozando a vida. Contudo, esse estar livre do olhar e do julgamento dos deuses, quando aliado ao consumado materialismo da filosofia de Epicuro, traz consigo um problema. Como sabemos qual é o modo certo de viver se não há fonte suprema de valor, se não há domínio transcendente que podemos consultar para entender ideias como virtude, justiça e compaixão?

Prazer como bem

A resposta de Epicuro para essa questão é que o *prazer* é o bem supremo:

> [...] chamamos prazer o alfa e ômega da vida feliz. Prazer é o nosso bem primeiro e afim. É o ponto de partida de toda escolha e todo repúdio, e a ele voltamos, visto que tornamos o sentimento a norma pela qual julgamos toda coisa boa.

Essa resposta lhe causou muitos problemas. A dificuldade é que ela parece poder justificar qualquer comportamento. Você quer passar a vida vendo televisão de dia e se empanturrando? Absolutamente razoável, desde que isso lhe dê prazer. Gosta de cochilar? Tudo bem, por que passar a vida acordado se você fica mais feliz aninhado sob os lençóis?

Claro que os adversários de Epicuro agarraram sua defesa do que à primeira vista parece puro hedonismo como um bastão para atacá-lo. Apresentaram-no como ignorante, licencioso e glutão, interessado apenas nos prazeres da carne. O filósofo estoico Epícteto, por exemplo, disse sobre Epicuro que sua ideia de vida digna se reduzia a "comer, beber, copular, evacuar e roncar". Diógenes Laércio relata muitas calúnias contra Epicuro, inclusive que ele sempre vomitava duas vezes por dia por causa da bebida, passava o tempo namorando mulheres e rapazes, e não tinha facilidade em se levantar do sofá – o que não combina bem com a história das mulheres e dos rapazes.

Contudo, até onde podemos saber, não há muita verdade nessas acusações. Diógenes Laércio as rejeita como meio malucas. Epicuro não era um hedonista descontrolado, e sim um defensor dos prazeres moderados. Não achava que devíamos ir em busca de festas desenfreadas e de estímulo sexual, pois permitirmo-nos essas coisas resultaria numa espiral de desejo que inevitavelmente causaria a longo prazo frustração e miséria. Em vez disso, devemos buscar apenas a ausência da dor:

> Assim, quando dizemos que o prazer é um bem capital, não falamos dos prazeres do homem devasso ou dos que se ligam ao desfrute sensual [...], e sim da liberdade do corpo em relação à dor e da alma em relação à confusão.

Embora o prazer *em si* seja sempre uma boa coisa, não se segue que devamos perseguir ativamente todo tipo de prazer. Pelo contrário, devemos evitar os prazeres que podem nos acarretar infelicidade no futuro, talvez, por exemplo, por resultarem num anseio que

ACIMA Os opositores de Epicuro o retratavam como um apologista dos excessos orgíacos, evocados em *No triunfo de Pã*, de Poussin (1636). Na verdade, ele defendia a moderação em tudo.

não pode ser satisfeito ou por serem nocivos à saúde. Os prazeres gerados por um desejo imperioso têm necessariamente dois gumes, pois o desejo é inextricavelmente ligado à dor e à frustração. Assim, é prudente cultivar um estado de equilíbrio corporal e psicológico em que o desejo é minimizado e os prazeres tranquilos possam ser desfrutados.

Obviamente esse argumento tem dificuldades. Por exemplo, parece conveniente demais que os tipos de comportamentos condenados pelos códigos morais da Grécia antiga sejam também os que Epicuro desaconselha alegando que os prazeres que eles envolvem são os tipos errados de prazeres. Ainda assim, é verdade que a acusação feita contra Epicuro por seus opositores, de que ele era um apologista do excesso orgíaco, é infundada.

> Embora o prazer *em si* seja sempre uma boa coisa, não se segue que devamos perseguir ativamente todo tipo de prazer.

Mas embora nem de longe Epicuro fosse defensor do hedonismo sensualista, ainda assim há problemas em pôr o prazer bem no centro de uma teoria ética. Em particular, corre-se o risco de reduzir todas as nossas relações e interações com os outros a um cálculo instrumental sobre custos e benefícios. Assim, por exemplo, embora Epicuro enfatizasse a importância da amizade, e se diga que era um amigo bom e leal, ele afirmava que as amizades devem ser buscadas pelas recompensas que trazem, e não por si mesmas. Ele alegava também que, embora não haja razão baseada em princípios para se comportar com justiça em relação aos outros, esse comportamento é desejável por ser o melhor modo de evitar o medo da retaliação que vem com o comportamento injusto. Conforme ele diz: "A injustiça não é intrinsecamente má; tem esse caráter somente porque há ligado a ela um temor de não escapar aos que têm como atribuição punir as ações."

É muito fácil ver por que esse tipo de coisa ofendeu os proponentes de formas mais austeras de moralidade. O estoico Cícero, por exemplo, queixa-se de que a ideia de Epicuro de que os pensamentos sobre prazer e dor motivam todas as nossas escolhas é "uma doutrina extremamente em desacordo com a dignidade do homem". Ele salienta que os homens bons resistem à dor e ao perigo em nome do país e dos amigos, "não só sem buscar o prazer, mas na verdade renunciando totalmente aos prazeres e preferindo passar por todo tipo de dor a ser incorreto em qualquer parte do seu dever".

A ideia de que pode haver deveres que não têm nenhuma relação com o prazer simplesmente não se enquadra no esquema epicurista. Isso pôs o epicurismo em rota

EPICURO
Principais doutrinas

■

Um ser abençoado e indestrutível não tem problema e
não leva problema para nenhum outro ser.

■

A morte não é nada para nós.

■

A magnitude do prazer alcança seu limite na retirada de toda dor.

■

É impossível viver uma vida prazerosa sem viver com sabedoria,
honradez e justiça, e é impossível viver com sabedoria,
honradez e justiça sem viver prazerosamente.

■

Nenhum prazer é algo ruim em si, mas as coisas que produzem certos prazeres
acarretam perturbações muitas vezes maiores que os próprios prazeres.

■

A riqueza exigida por natureza é limitada e fácil de obter;
mas a riqueza exigida pelos ideais vãos se estende até o infinito.

■

O homem justo é o mais livre de inquietação,
ao passo que o injusto é tomado pela maior inquietação.

■

De todos os meios que a sabedoria adquire para garantir a felicidade
para a vida inteira, a amizade é sem dúvida o mais importante.

■

Alguns dos nossos desejos são naturais e necessários, outros são naturais
mas não necessários; e outros ainda não são naturais nem necessários,
e sim gerados pela opinião sem fundamento.

■

A justiça natural é um penhor de benefício recíproco,
para impedir um homem de lesar ou ser lesado por outro.

■

A injustiça não é um mal em si mesma, mas somente
em consequência do temor ligado à apreensão de sermos
descobertos por quem é designado para punir as ações injustas.

DIREITA *Os bárbaros diante de Roma*, pintado por Evariste Vital Luminais (1822-96). Ao contrário do cristianismo, o epicurismo foi incapaz de sobreviver às convulsões sociais que se seguiram à queda de Roma.

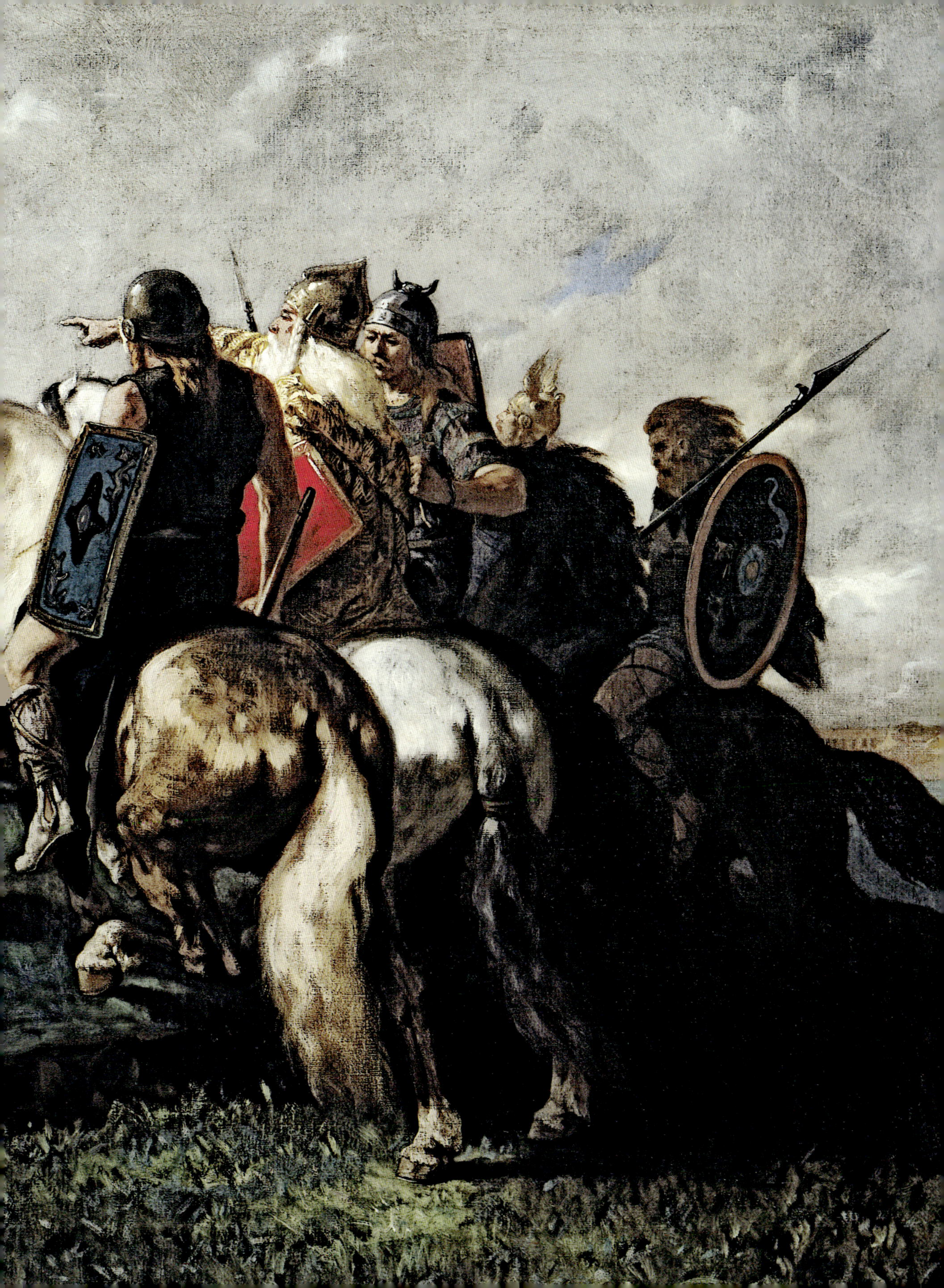

Uma filosofia missionária

Epicuro começou a lecionar em Mitilene, antes de ser forçado a se mudar para Lâmpsaco, onde fundou sua primeira escola. Mas foi em Atenas, numa escola que ele fundou em 306 a.C. (ou próximo disso), chamada "o Jardim" – por estar localizada num jardim aparentemente situado a meio caminho entre as escolas concorrentes dos estoicos e dos acadêmicos –, que o epicurismo realmente decolou como uma abordagem filosófica distinta.

O filósofo estoico romano Sêneca relata que o Jardim tinha no seu portão a seguinte inscrição:

> Estranho, aqui será bom você se demorar; aqui nosso maior bem é o prazer. O cuidador desta morada, um anfitrião bondoso, estará à sua disposição. Ele o acolherá com pão e lhe servirá água também em abundância, com estas palavras: "Vocês não se divertiram? Este jardim não aguça o seu apetite; ele o extingue."

Epicuro, afirma-se, era coerente com esse sentimento, acolhendo todos na sua escola, inclusive – coisa escandalosa na época – mulheres e escravos. Contudo, embora enfatizasse a importância da comunidade e da amizade, a escola foi organizada com uma clara hierarquia, com Epicuro no topo. Como disse Sêneca: "Naquele famoso companheirismo cada palavra dita era pronunciada sob a orientação e os auspícios de um único indivíduo."

O epicurismo tinha muito de filosofia missionária. Seus convertidos precisavam fazer um juramento de fidelidade às principais doutrinas do epicurismo e deviam pregar a mensagem epicurista. Epicuro ordenava a seus discípulos que "o pusessem em ação na sua família, que aproveitassem todas as outras relações próximas, e sob nenhuma circunstância deixassem de proclamar os ditos da verdadeira filosofia." De acordo com o estudioso epicurista Norman DeWitt, esse lado proselitista do epicurismo significou que ele foi capaz de florescer independentemente de escolas e instrutores, penetrando em cidades pequenas e aldeias onde não havia locais de aprendizado, e de ganhar convertidos de grupos sociais que normalmente não seriam tocados pelas ideias de um sistema filosófico.

Em muitos aspectos, o epicurismo foi uma espécie de religião. O próprio Epicuro era venerado quase como um Messias. Cícero, por exemplo, nos diz que os epicuristas frequentemente tinham a imagem do seu mestre nas pinturas, copos e anéis. É também significativo o fato de que a mensagem epicurista foi passada quase inalterada pelos séculos afora, de tal forma que A natureza das coisas, o poema filosófico do poeta romano Lucrécio, é tido como uma representação acurada das ideias de Epicuro, embora tenha sido escrito uns duzentos anos depois da sua morte.

ESQUERDA Mulheres e escravos também eram bem recebidos na escola "o Jardim", de Epicuro. William Stott retrata aqui duas mulheres epicuristas, Leoncium e

de colisão com o platonismo, o estoicismo e depois, nos séculos II e III d.C., com os primeiros apologistas cristãos. Tertuliano, por exemplo, sugere que as doutrinas epicurista e de outras correntes filosóficas gregas tinham origem demoníaca. Embora o epicurismo tenha sido popular e influente durante cerca de quinhentos anos, com seu alcance ampliando-se até os confins do Império Romano e mesmo além, seu declínio, quando ocorreu, foi rápido.

Alguns fatores conspiraram para precipitar seu desaparecimento. A ascensão do cristianismo, que consideraremos no próximo capítulo, fechou o espaço disponível para o florescimento de uma visão de mundo alternativa como o epicurismo. Dito de modo simples, na batalha de ideias entre os dois sistemas de crença, o monoteísmo cristão se mostrou mais resistente, sem dúvida ajudado pelo fato de ter se tornado a religião oficial de Roma. Enquanto o epicurismo desaparecia rapidamente, o cristianismo desenvolveu todos os tipos de estruturas institucionais que o capacitaram a sobreviver aos caprichos da história.

O declínio do Império Romano e o advento da "idade das trevas" também fazem parte dessa história. O cristianismo se enredou gradualmente no tecido da sociedade europeia, o que significou que ele foi mais capaz de sobreviver e mesmo florescer nos anos caóticos entre a queda de Roma e o início da Renascença. Mas com o epicurismo não foi assim, e de modo quase inevitável a filosofia epicurista quase desapareceu.

Mas isso não foi o fim de Epicuro. Suas ideias foram redescobertas no século XVII pelo filósofo Pierre Gassendi, que desenvolveu uma nova contestação epicurista ao sistema filosófico de René Descartes. Embora seja verdade que o epicurismo não é mais um sistema filosófico vivo, ecos das ideias de Epicuro podem ser encontrados em boa parte do pensamento humanista e igualitário.

> A ideia de que pode haver deveres que não têm nenhuma relação com o prazer simplesmente não se enquadra no esquema epicurista.

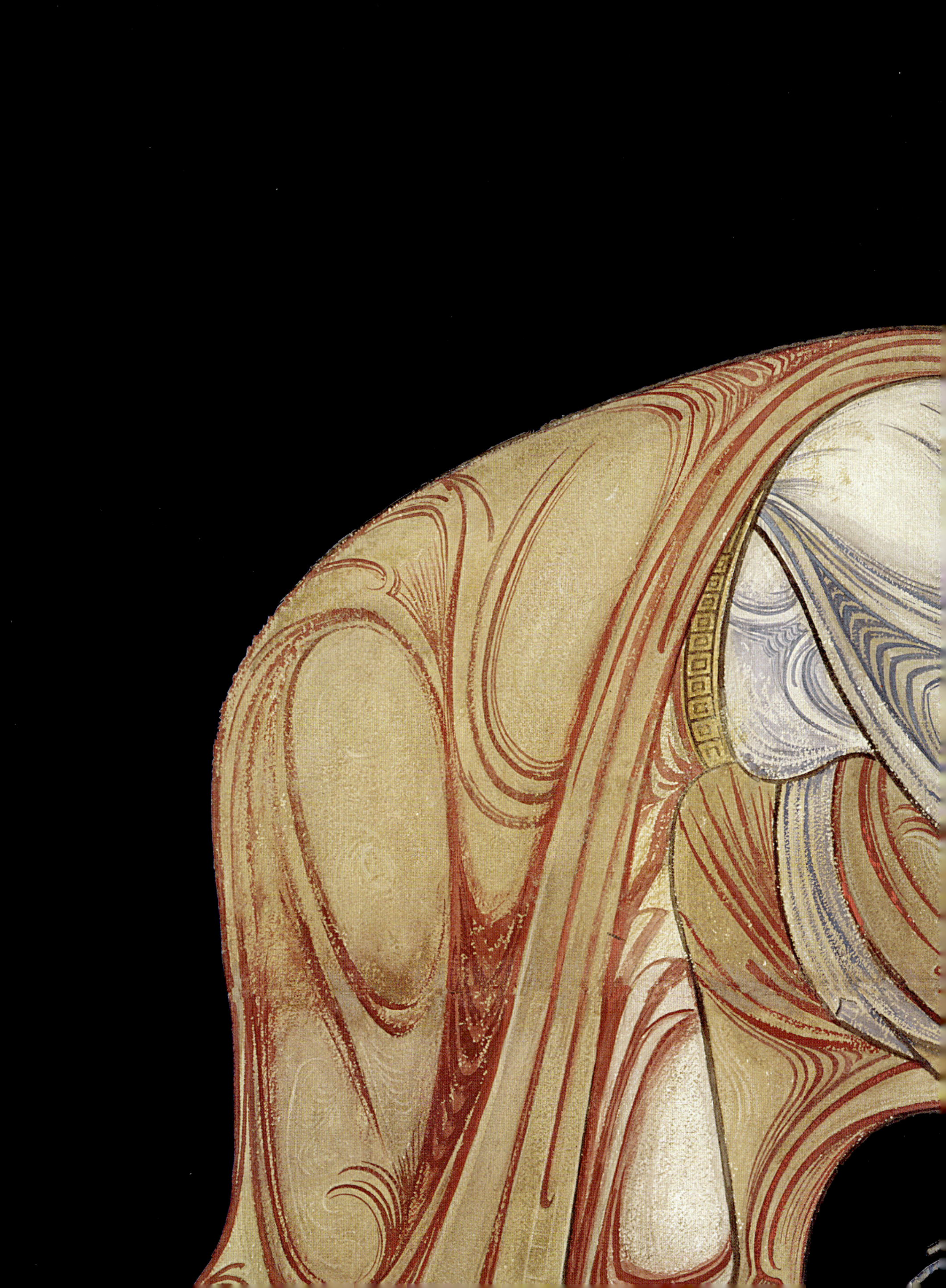

3 | RELIGIÃO

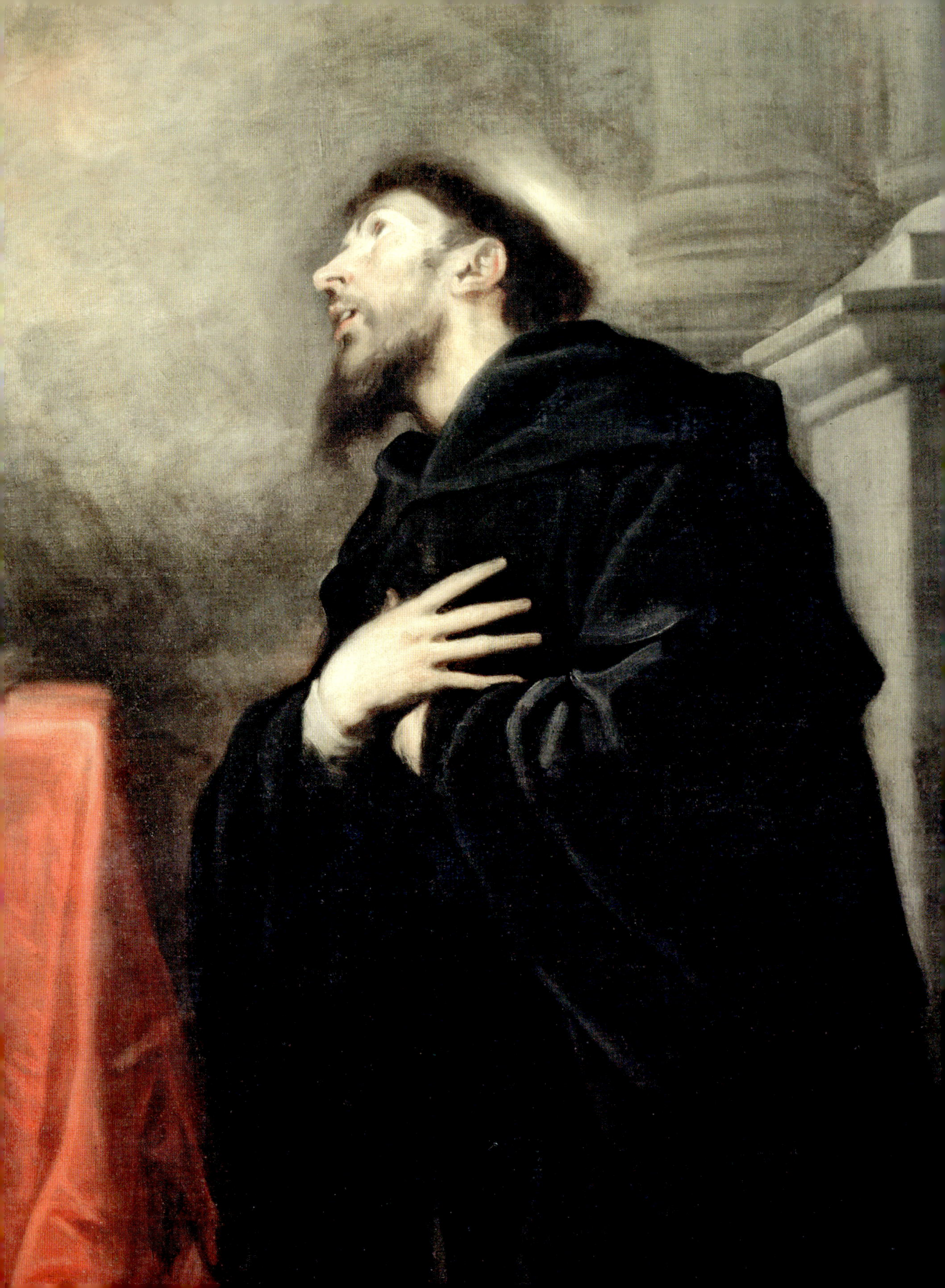

FÉ E RAZÃO

Agostinho de Hipona, o primeiro grande filósofo cristão, era particularmente interessado em sexo. Isso não é raro entre os filósofos, apesar da sua reputação de espiritualidade. Jean-Paul Sartre, por exemplo, era notório pela sua lascívia. Como veremos no próximo capítulo, Abelardo, filósofo escolástico do século XII, acabou sendo castrado à força depois de um envolvimento com uma mulher muito mais jovem. Mas o que torna particularmente interessante o caso de Agostinho é o modo como a reviravolta que ele sentiu por causa das "corrupções carnais" da sua juventude, associada a alguns temas gregos e cristãos, levou-o a uma visão de mundo ascética que chegou a dominar o pensamento cristão durante mais de um milênio.

Infelizmente, isso não foi necessariamente para a melhoria da humanidade. Como mostra Bertrand Russell, é estranho que numa época em que o Império Romano estava se esfacelando, pregar os méritos da pureza sexual e da condenação eterna das crianças não batizadas fosse mais importante para Agostinho que o destino da civilização. E Russell acrescenta: "Sendo essas as preocupações que a Igreja passava para os bárbaros convertidos, não é de espantar que a época subsequente tenha superado em crueldade e superstição quase todos os outros períodos históricos."

Mas apesar das consequências da sua moralidade ascética, não há dúvida de que Agostinho foi um pensador importante. Não só a sua obra integra o desenvolvimento da filosofia e da teologia na tradição ocidental desde o século IV até pelo menos a Renascença, como também seu tratamento de questões específicas – por exemplo, a teoria relativista do tempo e a crítica da "heresia" pelagiana – continua tendo interesse até hoje.

Pecado original e concupiscência lodosa

Sabemos das aventuras sexuais da juventude de Agostinho porque ele nos fala delas na sua obra autobiográfica *Confissões*, que tem a forma de um diálogo com Deus, mapeando o curso da sua vida da infância até a conversão ao cristianismo, aos 33 anos. A obra é dominada por temas de arrependimento e culpa.

> Eu não seguia pelo caminho moderado do amor de mente para mente – o claro caminho da amizade. As brumas da paixão fumegavam da concupiscência lodosa da carne e da quente imaginação da puberdade, obscurecendo e nublando de tal forma o meu coração que eu era incapaz de distinguir pura afeição de desejo pecaminoso. Ambos ferviam confusamente dentro de mim, arrastavam minha juventude instável por rochedos de desejos impuros e me mergulhavam num abismo de infâmia.
>
> Amar e ser amado era doce para mim, e foi ainda mais quando tive o desfrute do corpo da pessoa que eu amava. Assim, eu poluí a fonte da amizade com a sujeira da concupiscência e escureci seu brilho com o lodo da luxúria.

Agostinho achava que por causa da queda de Adão, os seres humanos estão irremediavelmente atolado no pecado, inclusive o da luxúria. Deus criou Adão com livre-arbítrio, e portanto Adão poderia ter evitado o pecado, mas em vez disso optou por transgredir a única regra ordenada por Deus: comeu o fruto da Árvore do Conhecimento. Por causa desse ato de desobediência, Adão e Eva perderam o dom da graça divina e se tornaram escravizados pelo pecado. Sua corrupção foi transmitida a toda a sua descendência – a humanidade –, e por isso os seres humanos são fundamentalmente maus e merecedores da condenação eterna.

Agostinho achava que tudo isso devia ser levado ao pé da letra, o que fica claro pelo tratamento que em *Confissões* ele dá ao tema da maldade. Por exemplo, ele insiste em que os recém-nascidos já manifestam a maldade no berço:

ANTERIOR Santo Agostinho pintado por Mateo Carezo (1636). Seu ascetismo dominou o pensamento cristão por mais de um milênio.
PRÓXIMA *O jardim do Éden* (c.1615), de Bruegel, o Velho, e Rubens. Uma pedra de toque das ideias teológicas de Agostinho era que a queda de Adão atolou a humanidade no pecado.

A vida de Agostinho

Agostinho nasceu Aurelius Augustinus na cidade norte-africana de Tagasta, em 354 d.C. Seus pais eram o pagão Patricius, administrador da cidade, e Mônica, devota cristã que foi a principal influência formativa da sua vida. Agostinho recebeu uma educação clássica e depois, orientado por Romanianus, cidadão rico de Tagasta, estudou retórica na universidade de Cartago, tendo então voltado as costas para o cristianismo e começado a viver uma vida hedonística, esposando uma crença na religião maniqueísta. Nessa época, ele também começou um caso de treze anos com uma jovem cujo nome nunca revelou, mas a quem ele amava e com quem teve um filho, Adeodatus.

Em 383 d.C. ele viajou para a Itália e ali ficou por cinco anos, tendo trabalhado como professor de retórica em Milão no período final dessa estadia. Enquanto estava lá, sob a influência de sua mãe e do bispo Ambrósio, converteu-se ao cristianismo (essa história é o pano de fundo das *Confissões*, sua obra mais conhecida). Agostinho foi batizado em 387 d.C. e a essas alturas já havia escrito algumas das suas melhores obras mais antigas, inclusive *Contra os acadêmicos* e *Os solilóquios*.

Em 388 d.C. ele voltou para Cartago e nunca mais saiu do norte da África. Fundou um mosteiro, doou dinheiro para os pobres, tornou-se um notável polemista contra o maniqueísmo, a crença religiosa que havia esposado quando jovem, e foi ordenado padre em Hipona em 391 d.C. Foi bispo dessa cidade desde 395 até a sua morte, em 430 d.C. Passou os últimos quarenta anos de vida escrevendo e trabalhando incansavelmente, num esforço de divulgar a mensagem do cristianismo pelo norte da África.

ESQUERDA
Fragmento de um piso do século IV em Cartago mostra Cupido carregando uvas. Agostinho residiu no norte da África nos últimos quarenta anos de vida e morreu em 430 d.C.

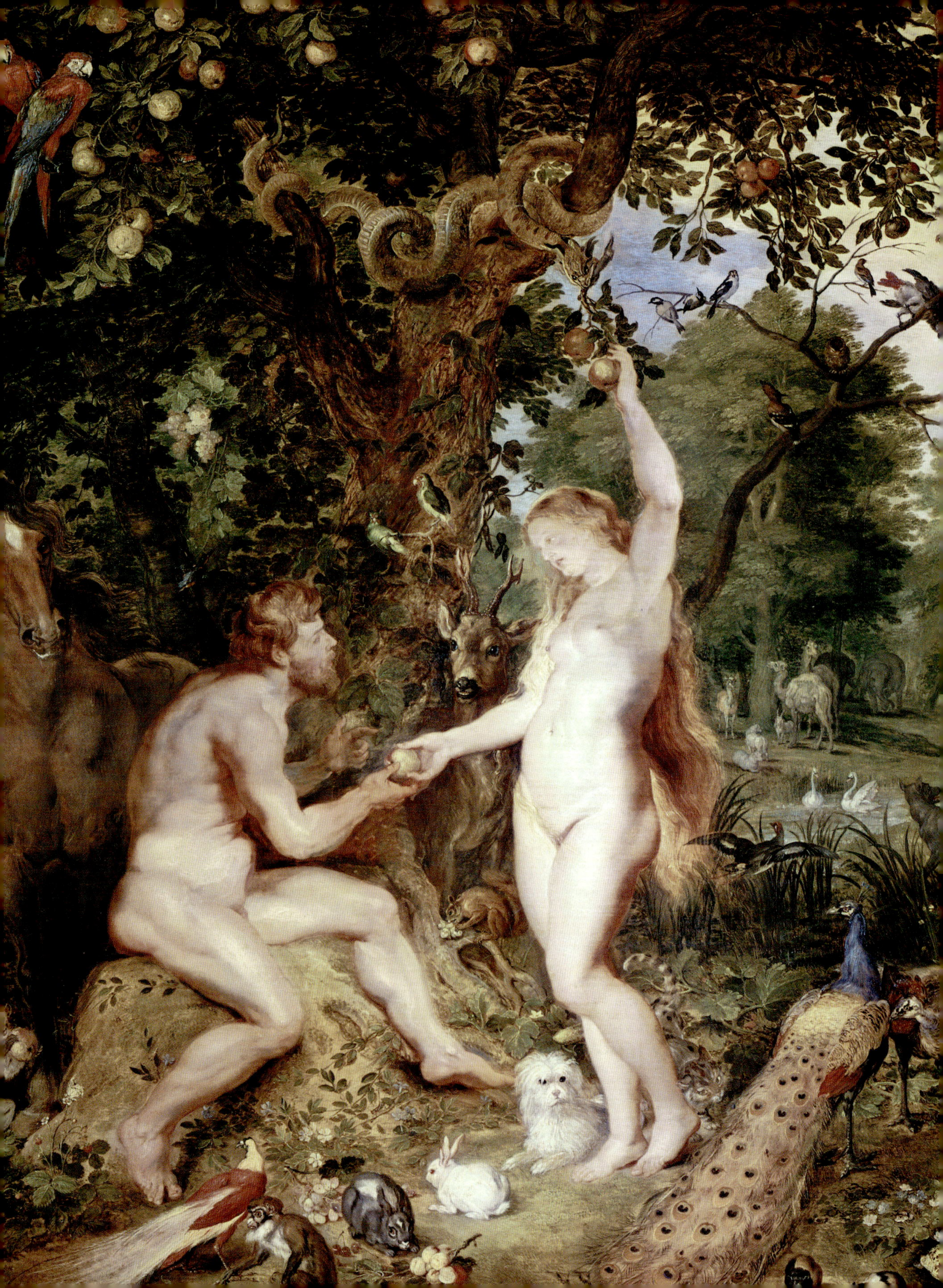

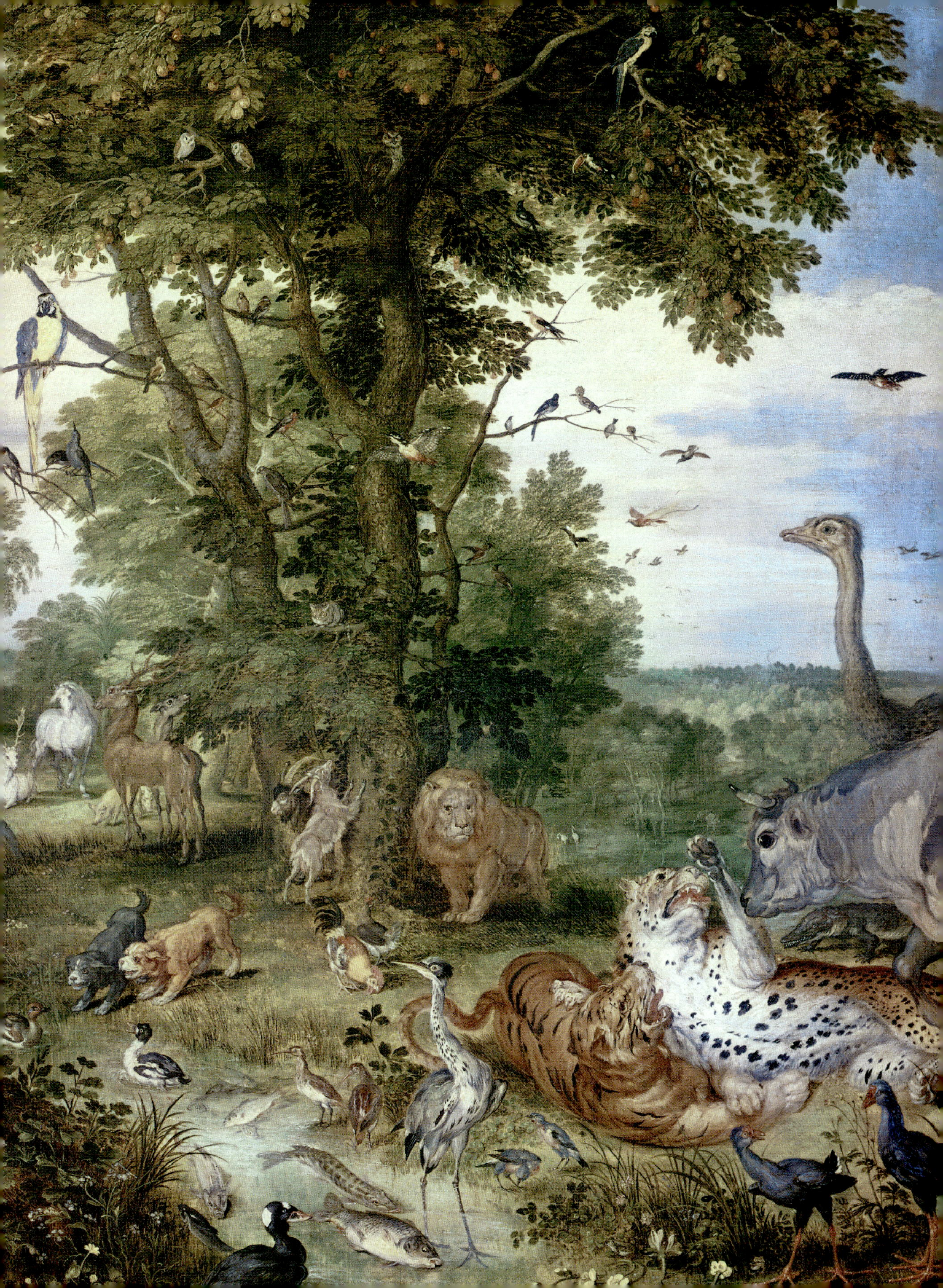

> Eu esperneava, agitava os braços e chorava; esses eram os poucos e débeis gestos de que era capaz, embora na verdade eles não fossem como eu desejava intimamente quando não estava satisfeito – porque não me entendiam ou porque o que ganhava não era bom para mim; eu me indignava porque os mais velhos não se submetiam a mim e porque aqueles sobre quem eu não tinha direitos não estavam às minhas ordens como escravos, e me vingava deles chorando. Que os bebês são assim, eu mesmo pude aprender observando-os [...].

Ele também faz alarde de um incidente da sua juventude, quando roubou peras de uma árvore. Comenta que a fruta não era tentadora. O prazer estava na natureza transgressora do ato. Não havia razão para o mal fora o próprio mal.

> Eu adorei o meu malfeito. Adorei meu erro – não aquilo para o qual errei, mas o erro em si. Uma alma depravada, afastando-se da segurança em vós para a destruição em si, buscando com o feito vergonhoso nada mais que a própria vergonha.

Agostinho não acreditava que os seres humanos eram capazes de se salvar do pecado. Não podemos atingir a graça por meio do bom comportamento ou de boas ações, por exemplo, uma vez que somos depravados em nosso âmago. Felizmente, no entanto, Deus concede pelo menos a alguns de nós chegar ao céu – embora Agostinho pareça achar que esses não são muitos. Por causa da Sua graça, o eleito dentre nós terá seus pecados purificados e entrará no reino do céu. O resto de nós está fadado a sofrer no fogo do inferno e na maldição eterna.

A Cidade de Deus

Essa ideia, de que a humanidade se divide em dois grandes campos, encontra sua expressão mais impressionante em *A Cidade de Deus*, a obra máxima de Agostinho. Nela ele afirma que desde a época da queda de Adão, a história se caracteriza pela luta entre duas grandes cidades, cada uma delas governada por um princípio de conduta específico. De um lado fica a Cidade de Deus, onde impera o amor a Deus e às Suas regras, devido à Sua graça; do outro lado está a Cidade da Babilônia, predestinada a se juntar ao demônio no eterno tormento e governada pelo amor a si mesmo e à carne.

Em termos gerais, essa distinção corresponde à divisão entre a Igreja católica e o Estado secular, pagão. Assim, por exemplo, Agostinho enfatiza o modo como os Estados seculares como a Assíria e a Roma pagã foram fundados e mantidos pelo uso de violência e opressão. Mas a sua ideia não era precisamente empírica – era mais moral e espiritual, o que significa que fatalmente essa correspondência é imperfeita, sobretudo porque a Cidade de Deus existiu bem antes do nascimento de Cristo e do surgimento da Igreja. Além disso, simplesmente pertencer à Igreja não garante a retidão moral. Se o princípio da conduta de uma pessoa é o amor a si mesma, então, independentemente da sua relação com a Igreja, ela pertence à Cidade da Babilônia.

Não há dúvida de que Agostinho considerava a Igreja católica superior e de certo modo mais importante que o Estado. Disso decorre que um Estado só é plenamente justo quando se baseia nos princípios de conduta cristãos. Nesse sentido, ele se posiciona contra a separação de Igreja e Estado, uma ideia que se tornou ortodoxa na Idade Média, sobretudo com a elevação do poder papal, e em parte graças ao apoio teórico dado pelos textos de Agostinho.

ACIMA Essa pintura holandesa representa a torre de Babel do Livro do Gênese. A torre simbolizava a arrogância e a desobediência humanas.

Onde está a filosofia?

Para a mente moderna, toda essa história de pecado, maldade, condenação eterna e graça pode parecer um pouco estranha, e por certo não particularmente filosófica. É difícil imaginar, por exemplo, que ocorra nas páginas de periódicos técnico-filosóficos como *Mind* ou *Analysis* uma discussão sobre o destino que terá a carne humana digerida quando ocorrer a ressurreição, como acontece em *A Cidade de Deus*.

A esse respeito algumas questões precisam ser apontadas. A primeira é que embora atualmente façamos uma clara distinção entre filosofia e teologia dogmática, Agostinho não a teria reconhecido. Não é tanto que ele não soubesse da diferença entre argumento racional e revelação, e sim que a sua preocupação, certamente mais para o fim da vida, era compreender o mundo e o lugar que nele ocupa a humanidade tendo em vista o que ele considerava verdades do cristianismo. O filósofo jesuíta Frederick Copleston expõe assim a questão:

> Agostinho não desempenhou dois papéis, o do teólogo e o do filósofo que considera o "homem natural"; ele pensava no homem na humanidade concreta, decaída e redimida, no homem que efetivamente é capaz de atingir a verdade mas está sempre sendo solicitado pela graça de Deus e que precisa da graça para se apropriar da verdade que salva.

O segundo ponto é que é possível identificar na obra de Agostinho aspectos propriamente filosóficos. Um exemplo é o argumento que ele desenvolve em *Solilóquios* defendendo a imortalidade da alma. Embora não seja um argumento particularmente bom, ele não depende da revelação ou de especulação teológica para a sua conclusão. O ponto de partida de Agostinho é a alegação de que embora as coisas verdadeiras possam deixar de existir, a Verdade é eterna. E dado que a Verdade existe, ela deve existir em algo que também é eterno. "Pois o que quer que exista não pode sobreviver em nada se a coisa em que ele é não sobrevive."

TÓPICOS PRINCIPAIS

- Irredimivelmente atolado no pecado (Agostinho)
- Não pode atingir a graça pelas boas ações (Agostinho)
- Eleito salvo pela graça divina (Agostinho)
- Réprobos fadados a sofrer eternamente no fogo do inferno (Agostinho)
- Duas Cidades (Agostinho)
- Não há distinção clara entre filosofia e teologia dogmática
- Inferioridade do reino terreno (neoplatonismo)
- Todos os seres são causados por "o Uno" (Plotino)
- Ser criado pela emanação (Plotino)
- Complexo explicado em termos do simples (Plotino)
- Deus, o existente necessário (Avicena)
- Deus como agente divino (al-Ghazali)
- Defesa da razão filosófica (Averróis)

Ele prossegue afirmando que a reflexão sobre a natureza das verdades necessárias como as da geometria e da matemática mostra que a morada da Verdade deve ser a alma (ou mente). Segue-se portanto que a alma é imortal.

Agostinho formula um tipo de argumento semelhante como prova da existência de Deus. Ele começa com a afirmação de que a mente é ciente da verdade necessária e imutável, "que não podeis dizer vossa ou minha, ou de qualquer homem, mas que está presente em tudo e também se dá a tudo". Dito de modo mais simples, a ideia é que há verdades eternas que em certo sentido transcendem a mente e a regem. Essas verdades não podem ser mudadas pela mente, e não são elas próprias mutáveis do mesmo modo que a mente é mutável. Mas, igualmente, elas não se movem livremente – precisam estar assentadas em algo. Não é de admirar que esse algo seja Deus: "E te invoco, Deus, Verdade, em quem e por quem e mediante quem é verdadeiro tudo o que é verdadeiro."

> **FILÓSOFOS CRISTÃOS ANTIGOS E MEDIEVAIS**
>
> **Mártir Justino** 103-165 d.C
> **Irineu de Lyon** século II-202
> **Clemente de Alexandria** 150-215
> **Tertuliano** 160–220
> **Orígenes** 184–254
> **Atanásio de Alexandria** 296–373
> **João Crisóstomo** 349–407
> **Agostinho** 354–430
> **Boécio** 480–524
> **Johannes Scotus Eriugena** 815–877
> **Santo Anselmo** 1033–1109
> **Tomás de Aquino** 1225–1274
> **Duns Scotus** 1265–1308
> **Guilherme de Ockham** 1288–1348

A questão final a expor aqui é um pouco mais complicada. A obra de Agostinho é um diálogo com os grandes filósofos anteriores a ele, e também é muito influenciada por algumas ideias platônicas e neoplatônicas. O aspecto do diálogo é bastante direto. Assim, por exemplo, *A Cidade de Deus* nos oferece um exame da filosofia da época de Tales, em que Agostinho avalia como ficam as ideias dos filósofos anteriores quando comparadas com o que ele considera as verdades do cristianismo. Fica claro que ele se impressiona sobretudo com Platão e os platônicos que o seguiram. Por exemplo, ele diz que dentre os discípulos de Sócrates, Platão foi quem "brilhou com uma glória que superou a dos outros e que não injustamente os ofuscou a todos". Ele coloca o platonismo acima de todas as demais escolas filosóficas: "Que Tales vá embora com sua água. Anaxímenes com o ar, os estoicos com o fogo, Epicuro com os átomos."

Os platônicos não trataram acertadamente de tudo. Erraram sobretudo quanto ao politeísmo, à transmigração da alma e ao não reconhecimento da divindade de Cristo. Mas de todos os primeiros filósofos, foram eles que mais se aproximaram da mensagem do cristianismo, e Agostinho sugeriu que se Platão e seus seguidores tivessem nascido um pouco depois, teriam sido cristãos. O terreno comum entre platonismo e cristianismo está principalmente na rejeição do materialismo, na crença na imortalidade da alma e na ideia de que há um domínio transcendente do qual todas as coisas materiais derivam sua existência em última instância.

Ci commence le onziesme livre qui est commencement de la seconde partie du livre de la cité de Dieu

Combien que au commencement de ceste translacion et exposicion en nostre prologue nous aions promis a mettre declaracions et exposicions es pas et es lieux qui desirent declaracion, toutevoie mon entencion ne fu onques de mettre ces paroles principalment fors en ce qui seroit d'istoire ou de poeterie et non pas de toucher a ce qui regarde la theologie, car telz choses ne cheent pas en exposicion quant a nous mais cheent a desputer et a arguer en la chaiere et a determiner a ceulx a qui il est permis c'est a savoir aux docteurs de saincte eglise et a ceulx par qui la foy catholique est soustenue. Et suppose que Dieu nous eust

Neoplatonismo

Talvez o tema platônico mais proeminente encontrado na obra de Agostinho seja a ideia de que o reino terreno é muito inferior ou pobre se comparado com o reino divino. Essa é uma das afirmações típicas do neoplatonismo, ligada sobretudo a Plotino, o último grande filósofo da Antiguidade. Mas infelizmente nesse ponto entramos em águas turbulentas, porque as ideias de Plotino são bastante obscuras. Se você gosta de linguagem rebuscada e nunca lhe aconteceu topar com uma distinção conceitual sem querer subdividi-la mais, talvez Plotino lhe agrade. Para os demais, contudo, é uma luta. No entanto, ele é incrivelmente importante na história do cristianismo – em grande parte por causa da sua influência em Agostinho –, assim, é preciso conhecer um pouco suas ideias.

A principal alegação metafísica de Plotino é que todo Ser é causado pelo "o Uno". Isso parece bastante direto, embora um pouco implausível, mas infelizmente não fica claro, de modo algum, o que é de fato o Uno e também se ele é alguma coisa. Russell diz que ele é indefinível, e quanto a ele, "há mais verdade no silêncio que em quaisquer palavras", o que não chega a inspirar confiança de que o esclarecimento vá acontecer algum dia. Diz-se variadamente que ele equivale a Deus, ao Bem e à Beleza; e ele aflora na *República* de Platão com o nome de "a Ideia do Bem", e também no seu *Parmênides*.

Até onde é possível dizer algo sobre o Uno, ele é absolutamente simples, indivisível, sem atributos e além de qualquer Ser. Aqui há ecos de Parmênides, mas com a dificuldade extra de que Plotino tem de explicar como é possível produzir o Universo com toda a sua multiplicidade a partir de algo absolutamente simples – ao passo que Parmênides somente precisa explicar o *surgimento* da multiplicidade. A explicação oferecida por Plotino, embora longe de convincente, é "emanacionista" na forma. Afirma que o Universo sai do Uno, afastando-se da perfeição do Uno por necessidade. Esse processo se caracteriza por algumas "emanações" de princípios hierarquicamente organizadas, cada uma menos perfeita que a anterior, e todas em última análise derivadas do Uno. As mais importantes são: Noûs (Pensamento ou Intelecto), Mundo-Alma, almas individuais e mundo material.

Se o Uno é sombrio, toda a questão de como essas emanações surgem umas das outras é escura como a noite. Podemos dizer que as ideias de Plotino sobre emanação são

AO LADO Página de uma edição francesa do século XV de *A Cidade de Deus*, de Agostinho, traduzida por Raoul de Prêles (1316-82). Na Cidade de Deus, o amor a Deus (e não a si mesmo) é o traço definidor.

motivadas por um compromisso com a ideia pré-socrática de que o complexo deve ser explicado em termos do simples e também pela ideia de que os fenômenos contingentes devem em última instância ser explicados em termos de algo que em si não exige explicação. Assim, no final ele tem uma concepção do Uno como absolutamente simples, autocausado e a causa de tudo o mais no Universo.

Agostinho como plotiniano

Assim, como Agostinho se encaixa nesse quadro? Evidentemente essa questão é complicada, mas a resposta simples é que, especialmente em suas obras mais antigas, ele aceita em grande parte a concepção plotiniana de realidade. Em particular, ele considera Deus a fonte e origem dos vários estágios de pluralidade e multiplicidade que existem abaixo d'Ele. Plotino iguala Deus ao Ser, à Verdade e à Bondade, e enfatiza o contraste entre o mundo inteligível da verdade espiritual e o mundo sensível dos objetos materiais.

Esse contraste entre os reinos inteligível e sensível permite a Agostinho afirmar que se voltamos os olhos para o mundo inteligível, para Deus, por outras palavras, e deixamos de ser seduzidos pelo brilho do mundo material, então encontraremos a Verdade eterna, fixa, e o consolo para os problemas da vida cotidiana. Essa ideia encontra nas *Confissões* sua expressão mais poética na famosa descrição de uma espécie de experiência mística que ele compartilhou com a mãe em Óstia:

> [...] gradualmente nós passamos por todos os níveis de objetos corporais e até pelo próprio céu, onde o Sol, a Lua e as estrelas brilham sobre a Terra. Na verdade, nós nos elevamos ainda mais por uma meditação interior, falando e nos maravilhando com as tuas obras.
>
> E por fim chegamos à nossa própria mente e fomos além dela, para podermos subir tão alto quanto aquela região de abundância inesgotável onde alimentaste Israel para sempre com o alimento da verdade, onde a vida é essa Sabedoria pela qual as coisas são feitas, as que foram e as que serão. A Sabedoria não é feita, mas é como foi e será para sempre [...].

Existem, claro, aspectos da visão de mundo plotiniana que Agostinho não aceita, e o principal deles é que, ao contrário da negação neoplatônica da graça divina, ele insiste na natureza voluntária da atividade divina e afirma, contrariando Plotino, que houve um único momento de criação – embora ele também achasse que Deus continua ativo no desenvolvimento do Universo. Nem é preciso dizer que não é surpresa o fato de Agostinho de vez em quando se afastar da linha neoplatônica, pois seu objetivo não é desenvolver o neoplatonismo, e sim aliar os seus insights ao que ele acha que são as verdades das Sagradas Escrituras.

Filosofia islâmica

Embora a Idade Média tenha a reputação de desenvolvimento intelectual inferior, simplesmente não é verdade que amplos períodos de tempo decorreram durante essa era sem que nada de interessante acontecesse. Assim, é com certa vergonha que devemos agora avançar rapidamente cerca de seiscentos anos para examinar como grandes filósofos da era dourada islâmica acabaram tratando de algumas dessas questões referentes a fé e razão. Se estivéssemos construindo uma exposição puramente cronológica da história da filosofia seria difícil justificar esse salto. Mas quando se trata da *importância* filosófica, pensadores como Ibn Sina e Ibn Rushd superam seus colegas ocidentais mais antigos como Pseudo-Dionísio e Johannes Scotus Eriugena.

Parte da importância da filosofia islâmica mais antiga está no fato de ela ter sido o principal canal da redescoberta de Aristóteles no mundo ocidental. Mas os filósofos islâmicos que escreveram na virada do primeiro milênio não esposavam um aristotelianismo puro, e sim faziam uso de conceitos aristotélicos e neoplatônicos ao mesmo tempo que tentavam não se afastar demais da ortodoxia islâmica.

ACIMA Delicado desenho em caneta e tinta de Gentile Bellini (1479-81) mistura também aquarela e folha de ouro para retratar um escriba islâmico. Os primeiros eruditos e filósofos islâmicos foram responsáveis pela reintrodução dos clássicos da Antiguidade na Europa Ocidental.

Ibn Sina

O maior filósofo muçulmano antigo foi Ibn Sina – conhecido no Ocidente como Avicena –, nascido perto de Bukhara, na Ásia Central, em 980 d.C. Absurdamente precoce, começou a estudar medicina aos treze anos, e ainda na adolescência tratou com êxito o sultão de Bukhara, ganhando com isso acesso à biblioteca do sultão.

É muito fácil identificar os temas do neoplatonismo na obra de Ibn Sina. Para explicar como o mundo começa a existir, ele se baseia numa exposição emanacionista de uma complexidade tão absurda quanto a de Plotino. Envolve Deus, único, simples e eterno; o autoconhecimento de Deus; uma primeira consciência; um intelecto; uma alma, um corpo celeste; um segundo intelecto; e muitas outras coisas semelhantes no caminho para o Intelecto Ativo, que, para grande alívio de todos, é responsável pela geração do nosso mundo. Ibn Sina afirmava que Deus, o supremo intelecto, é o mais alto objeto do conhecimento humano. A estrutura fundamental da realidade, ao emanar d'Ele para os diversos níveis, fica disponível ao pensamento humano pela faculdade da razão.

Essa é a concepção-padrão neoplatônica que encontramos em Plotino e em Agostinho, e evidentemente ela tem a mesma deficiência de plausibilidade. Mas Ibn Sina se afasta do neoplatonismo em outros aspectos da sua metafísica. Como por exemplo na sua prova da existência de Deus. Ela se baseia na distinção de Aristóteles, apresentada no seu *Categorias*, entre existência necessária e possível. Se examinarmos os objetos que

ESQUERDA Um médico ensina a seus alunos. De uma tradução do século XIV do importante *Cânone da medicina* de Ibn Sina.

compõem o mundo, não encontraremos nada sobre a sua essência que explique por que eles existem. Sua existência é apenas *possível*, ou seja, eles podiam não ter existido. Mas o fato de que qualquer objeto pode não ter existido nos deixa sem uma explicação para a sua existência. Segue-se então, ao que parece, que a sua existência deve ter sido necessitada por outra coisa; ou, dito de modo mais preciso, sua existência deve ter sido consequência da essência de outro objeto existente. Isso significa que acabamos ficando com uma cadeia de causas essenciais, que precisamos terminar em algum ponto para evitar um regresso infinito. O ponto de conclusão é uma entidade que existe *necessariamente*, que não deriva sua existência do eu externo. Este, claro, é Deus, o Existente Necessário.

FILÓSOFOS ISLÂMICOS ANTIGOS

Abu Muslim 700–755
Al-Kindi 801–873
Al-Farabi 872–951
Ibn Sina 980–1037
Al-Ghazali 1058–1111
Ibn Rushd 1126–1198

Al-Ghazali e a helenização do Islã

Uma questão que imediatamente nos ocorre nesse ponto é em que medida as reflexões de Ibn Sina são consideradas propriamente islâmicas. A sua concepção de Deus, por exemplo, é altamente esotérica, e é difícil imaginar que era o tipo de coisa que os crentes muçulmanos médios tinham em mente quando ofereciam suas preces a Alá. Talvez não seja surpreendente que Ibn Sina tenha ficado sob ataque por opiniões julgadas não islâmicas. Seu mais importante acusador foi o teólogo e místico islâmico al-Ghazali (conhecido no Ocidente como Algazel), cuja principal obra, *A incoerência dos filósofos*, foi um ataque ao que ele via como a helenização do Islã na obra de filósofos como al-Farabi e Ibn Sina.

O ataque de Al-Ghazali é multidimensional – os comentaristas acabaram identificando dezessete pontos de controvérsia –, mas talvez as questões mais interessantes se relacionam com Deus como um agente dotado de livre-arbítrio e capaz de intervir no mundo do modo que escolher. Pense, por exemplo, na questão de se os céus foram criados. Os filósofos islâmicos que eram o foco da ira de al-Ghazali tendem a argumentar que eles não foram. A opinião de Ibn Sina, como vimos, é emanacionista. Ele afirma que o universo não foi criado *ex nihilo* num momento específico do tempo, mas sim que ele existe por necessidade, emanando em formas múltiplas da natureza divina de Deus.

É fácil ver por que essa concepção não teria agradado a al-Ghazali. Parece que ela abole Deus como um agente livre. A resposta de al-Ghazali a tudo isso é afirmar que o Alcorão diz muito claramente que o Universo foi criado por Deus. Se Deus é um agente capaz de agir de acordo com a sua vontade, então é perfeitamente razoável supor que ele criou o mundo *ex nihilo* e poderia eliminá-lo de novo se fosse essa a sua vontade. Assim, al-Ghazali defende uma concepção particular de agente divino: Deus é todo-poderoso, portanto pode agir para criar e destruir mundos.

Ibn Rushd

Essa tensão entre filosofia e religião, e sobretudo o ataque de al-Ghazali à helenização do islamismo, oferece o contexto dentro do qual Ibn Rushd (conhecido no Ocidente como Averróis), o maior filósofo islâmico da Idade Média, escreveu o que provavelmente é a sua obra mais importante de filosofia original, *A incoerência da incoerência* (*Tuhafut al-Tuhafut*). É uma defesa da razão filosófica contra seus críticos.

A crítica que Ibn Rushd faz à ideia de agente divino de al-Ghazali é um exemplo dos tipos de técnicas argumentativas que ele empregou. Ele afirma que al-Ghazali errava ao misturar o temporal e o eterno. É muito razoável expor que os seres temporais (como os seres humanos) podem decidir embarcar em algum curso de ação e depois protelar isso, depois começar, depois parar e depois começar de novo, mas com Deus não é assim. Pense, por exemplo, no que decorre da onisciência e da onipotência de Deus. Deus sempre saberá qual é o melhor plano para o universo e sempre será capaz de explicá-lo, assim não tem sentido pensar que Ele poderá optar por não explicá-lo em algum momento. Dito de outra forma, não há nada interno ou externo à Sua natureza que possa levá-lo a protelar o momento da criação. Na verdade, não está claro nem mesmo que para Deus haverá momentos diferentes no tempo, sobretudo se pensamos que Deus está presente em todos os tempos.

Tipos semelhantes de dificuldades assolam a posição de al-Ghazali se pensamos na perfeição de Deus. Deus é eterno e imutável. Isso torna problemático supor que Ele tem desejos pelos quais pode agir, do mesmo modo que os seres humanos têm desejos que os levam a agir. A ideia de desejo sugere um tipo de perturbação em Deus, que é depois anulada quando o desejo é satisfeito. Mas isso não tem sentido, pois implica uma mudança na natureza de Deus – e como vimos, a natureza de Deus é eterna e imutável. Parece se seguir, então, que os atos de Deus devem ser simplesmente uma manifestação da Sua natureza e que eles não são desejados do mesmo modo que os seres humanos desejam seus atos.

É fácil ver por que esse tipo de argumento pode pôr em dificuldade um filósofo islâmico. Como sugeriu al-Ghazali, ele parece mesmo abolir a intervenção divina. Seu livre-arbítrio. Embora Ibn Rushd negasse essa crítica específica, ele sabia que havia uma questão geral sobre o impacto dos argumentos filosóficos em crentes menos sofisticados. Em sua obra *Disrcurso decisivo*, ele argumenta que no Alcorão fica clara a obrigação de tentar conhecer o mundo pelo estudo da filosofia.

Moisés Maimônides, o ilustre filósofo judeu da época medieval, não era muito propenso ao literalismo bíblico hoje tão comum em muitas partes dos Estados Unidos. Ele afirmou que mesmo quando parece simples, a Bíblia é um texto complexo e que muitas vezes é difícil discernir a verdade religiosa. Assim, por exemplo, ele se ocupou muito pouco tempo da tendência da Bíblia de humanizar as características de Deus. Se a Bíblia fala de um profeta que ouve as palavras de Deus, não é referindo-se a um fenômeno auditivo, mas sim usando uma metáfora para descrever o processo pelo qual um profeta passa a entender os desejos de Deus. Do mesmo modo, as visões de Deus na Bíblia não são visões literais, e sim um modo poético de falar de um certo conhecimento intelectual de Deus.

Claro que isso levanta a questão de como se espera que identifiquemos as verdades contidas na Bíblia e saibamos quando devemos levar algo ao pé da letra, e não metaforicamente. Em *O guia dos perplexos*, a maior obra de Maimônides, ele mostra que nesse ponto a chave é que a vontade revelada de Deus sempre estará em harmonia com a razão. Se há um conflito entre razão e Bíblia, a razão domina, e nós precisamos revisitar a Bíblia para ver como interpretamos mal as palavras. Assim, Maimônides afirma que se tivesse de chegar à conclusão, com Aristóteles, de que a matéria é eterna, então ele não teria tido dificuldade em ajustar seu modo de ver o tratamento bíblico da criação.

Maimônides sabia que suas opiniões poderiam perturbar o crente comum da rua e que se fossem amplamente disseminadas talvez desencadeassem crises de fé. Assim, ele se garantiu de que *O guia dos perplexos* não seria de fácil acesso para as pessoas que não tinham o nível de sofisticação intelectual exigido. Por isso a obra é de difícil compreensão e sua apreciação adequada exige alguma competência técnica. Mas Maimônides é um pensador de alta reputação, seus textos filosóficos continuam tendo interesse para o público contemporâneo e dentro da tradição judaica ele foi proclamado o "segundo Moisés".

ACIMA Uma página (século XIII) do Livro do amor, parte da compilação em quatorze volumes da lei judaica, a *Torá mishná*, organizado por Moisés Maimônides.

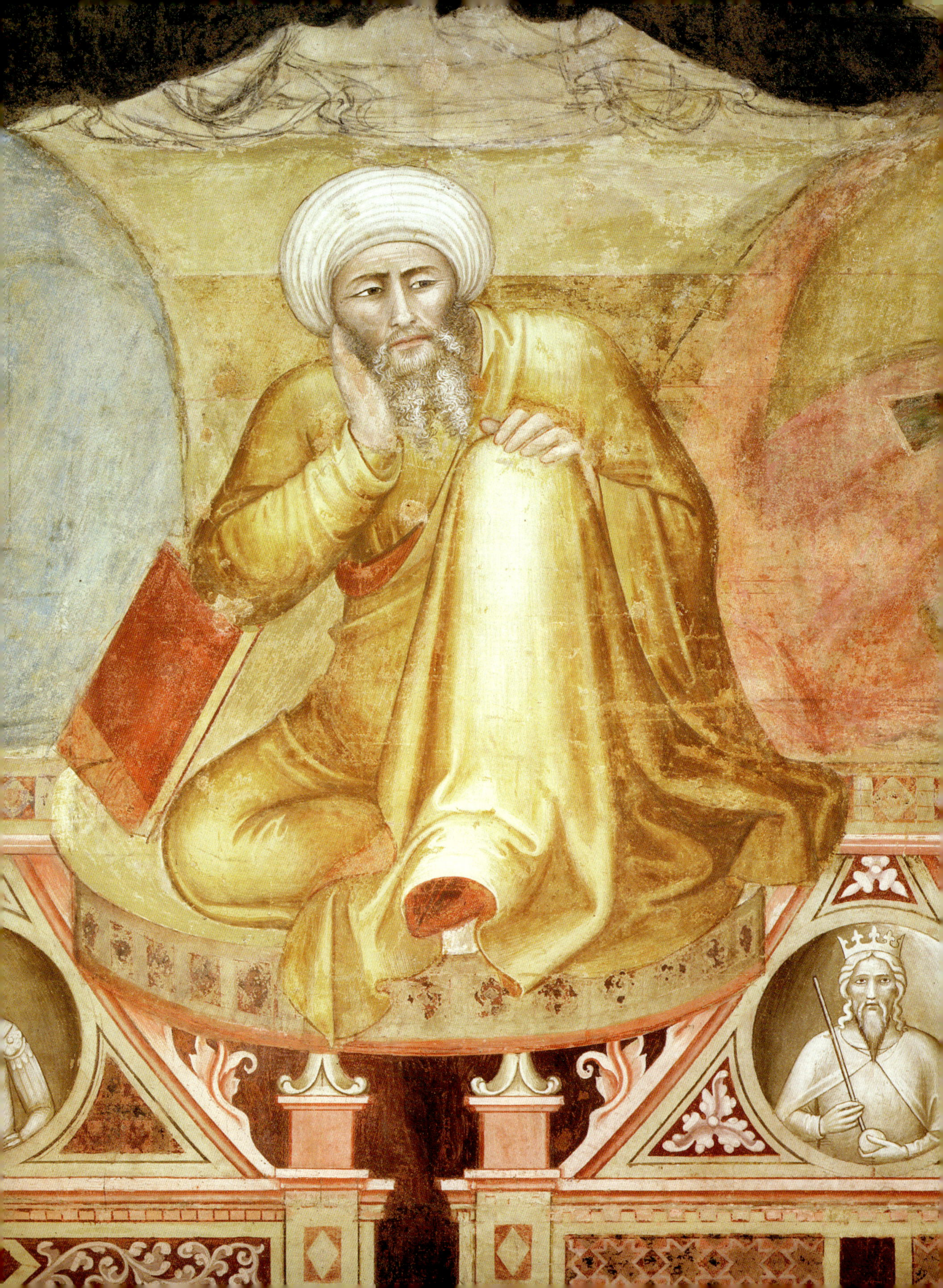

Que a Lei convoca à reflexão sobre os seres e à busca de conhecimento sobre eles por meio do intelecto está claro em vários versos do Livro de Deus. Abençoado e Exaltado, como nas palavras do Exaltado, "Reflita, você tem uma visão": essa é autoridade textual para a obrigação de usar o raciocínio intelectual ou uma combinação de raciocínio intelectual e legal. Outro exemplo são as palavras d´Ele, "eles não estudaram o reino dos céus e da terra, e todas as coisas criadas por Deus?"... esse é um texto que incita ao estudo da totalidade dos seres.

Contudo, Ibn Rushd não achava que os argumentos dos filósofos serviam para o consumo geral. Especialmente quando a filosofia leva a conclusões conflitantes com o significado aparente do texto sagrado, ela deve ser mantida longe das massas comuns. Ele tinha certeza que não podia haver conflito real entre a verdade filosófica e a escritura – qualquer desacordo simplesmente indicava que se devia fazer uma leitura alegórica da escritura. A comunidade muçulmana aceitou isso como um modo legítimo de proceder, o que significou que al-Ghazali e outros críticos da filosofia erravam ao afirmar que os filósofos estavam cedendo à descrença quando questionavam doutrinas como a criação do Universo ou a ressurreição dos corpos.

Mas Ibn Rushd achava que para servir ao fim do bem-estar coletivo da comunidade muçulmana, os professores precisavam modificar seus argumentos conforme o público a que eles eram endereçados. Tentar ensinar ao fiel comum uma interpretação mais elevada da Escritura quando ele não tem o aparato conceitual para entendê-la quase inevitavelmente fere a sua fé e com isso afeta a felicidade de toda a comunidade. A investigação filosófica é sancionada por Deus, mas por exigir um talento especial e um treinamento rigoroso só é conveniente para poucas pessoas.

Os argumentos filosóficos de Ibn Rushd sobre questões religiosas não eram todos defensivos. Ele também desenvolveu alguns argumentos a favor da existência de Deus, sustentando que a realidade de Deus é provada pelo fato de o mundo se ajustar tão bem aos propósitos dos seres humanos e o fato de todas as coisas vivas serem claramente obra de um criador. Mas é pela sua defesa da razão filosófica – embora ela acabe por frustrar –, construída em face de considerável oposição, que ele é justificadamente celebrado.

AO LADO Detalhe mostrando "Averróis" (Ibn Rushd), de um afresco (1365) que na verdade pretendia glorificar o "triunfo" do ramo do escolástico cristão de Tomás de Aquino, que chegou a dominar o Ocidente.

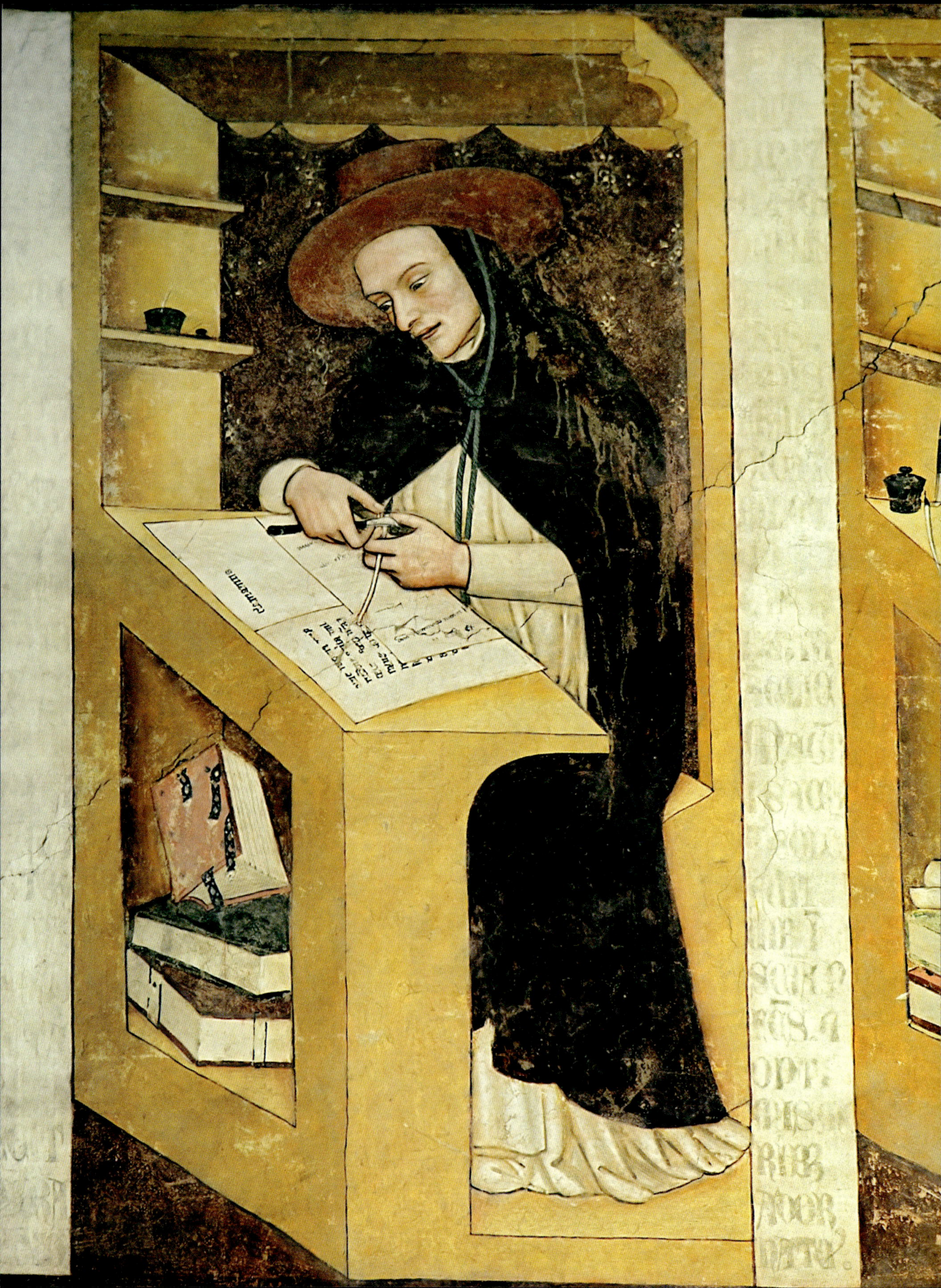

OS ESCOLÁSTICOS

Ao nos vermos em algum lugar no auge da Idade Média, vale a pena pararmos para pensar num fato curioso. A filosofia medieval tem uma péssima reputação. A expressão "Idade Média" é em si resultado de uma maldosa manipulação de informação da Renascença. Cunharam-se algumas expressões semelhantes, o que reduz séculos de história humana à importância de uma simples ponte temporal – entre elas a latina *medium aevum*, da qual deriva a palavra "medieval".

A suposição é que entre as glórias da Antiguidade e as maravilhas da era moderna, há uma época média trivial. A interpretação pegou. Ainda pensamos na humanidade medieval como deplorável – feche os olhos e lhe virão à mente camponeses à la Monty Phyton amassando montes de "bela sujeira". Tudo era escuridão, frio, coberto de sanguessugas e penosamente acre. Os textos filosóficos contemporâneos dedicam longos e sonolentos capítulos aos gregos e passam rápido pelos quinze séculos seguintes com uma tosse constrangida e uma ou duas frases, desacelerando à medida que surge o território mais conhecido da filosofia moderna. Em quase qualquer lugar podemos fazer um curso inteiro de filosofia que dedica apenas uma olhada de passagem ao que foi, de fato, uma extensão de tempo longa, complexa e muito interessante do ponto de vista filosófico. Por que negligenciamos nossos colegas medievais?

Parte do problema é simplesmente o tamanho da época e a diversidade de personalidades dentro dela. Discute-se sobre onde fixar o início e o final da filosofia medieval, mas isso é quase indiferente; fica-se com séculos povoados por uma grande variedade de tipos filosóficos. Lançando a rede bem aberta, podemos localizar o início com os primeiros cristãos dos séculos II e III, que, como Agostinho, tentavam alinhar com a filosofia estabelecida da Antiguidade um cristianismo novato e ainda conceptualmente nebuloso. Na outra extremidade do tempo, talvez queiramos chegar ao místico Nicolau de Cusa, no século XVI. O milênio de entremeio inclui, como vimos no último capítulo, cristãos pensando com o neoplatonismo assim como filósofos muçulmanos analisando e comentando ideias gregas. Nosso tema neste capítulo é a nova mudança na filosofia que ocorreu mais ou menos entre 1100 e 1400: a projeção dos escolásticos, outro conjunto de filósofos que queriam algo diferente do resto. É difícil compreender tanta coisa, e talvez por isso tão poucos tentem fazê-lo.

> **CRONOLOGIA ESCOLÁSTICA**
>
> **Santo Anselmo** 1033–1109
> **Pedro Abelardo** 1079–1142
> **Heloísa d'Argenteuil** 1101?–1164
> **Pedro Lombardo** 1100–1160
> **Tomás de Aquino** 1221?–1274
> **Boaventura** 1225?–1274
> **Duns Scotus** 1266–1308
> **Guilherme de Ockham** 1288–1348
> **John Wycliffe** 1320–1384

Um segundo problema se relaciona com o fato de que até para pensar em se arrastar em meio a tudo isso precisamos nos equipar não só com o latim, mas com o terrível vocabulário técnico do latim medieval – e talvez seja de bom alvitre se familiarizar também com um pouco de árabe. Teremos igualmente de achar um modo de suportar o estilo – tortuoso e técnico, não tão ensolarado e convidativo como um diálogo de Platão. Mesmo conseguindo tudo isso, o que há lá é apenas uma boa quantidade de filosofia medieval. Podem-se examinar alguns fragmentos e ler toda a produção sobrevivente de uns poucos pré-socráticos. Mas volumes e mais volumes da obra dos filósofos medievais ainda estão sendo organizados pelos que trabalham no campo – inúmeras obras ainda não estão disponíveis em tradução. Os filósofos medievais não conheceram o bloqueio do escritor. Em alguns casos sua produção é assombrosa.

Um terceiro problema é o assunto da filosofia medieval – boa parte é pura teologia, e quando esta entra em contato com a filosofia é às vezes num esforço de encontrar uma razão para o interesse. O que Aristóteles fala sobre potencialidade e realidade pode lançar luz no sentido da afirmação de que Deus são três pessoas? Alguma concepção de essência pode amoldar nossa noção de Cristo como ao mesmo tempo essencialmente homem e essencialmente divino? Há um modo de pensar em forma e matéria que

ANTERIOR Um dominicano na sua escrivaninha, do ciclo de Tommaso da Modena (1342) "Quarenta membros ilustres da Ordem Dominicana", na igreja dominicana de Treviso.
AO LADO As realidades cotidianas e a vida camponesa reproduzidas numa gravura de 1517.

esclareça a transformação de pão e vinho em corpo e sangue de Cristo na Eucaristia? Muitas pessoas, até mesmo religiosas, podem viver uma vida plena e feliz sem se preocupar com essas coisas. Despertando ou não o seu interesse, persiste o fato de que os filósofos dessa época estavam escrevendo uns para os outros, não para nós e nem mesmo para as pessoas da época. Os monges conversam com outros monges sobre coisas que podem ser de genuíno interesse apenas para eles. É perfeitamente possível que a filosofia medieval não lhe diria nada mesmo se você lesse latim.

O último problema, e o maior, é simplesmente que muita gente não vê a filosofia medieval como filosofia. É pouco mais que teologia, dizem eles. Quando se emprega a razão é apenas a serviço da religião. A filosofia é forçada a recuar para trás da sombra da superstição, convocada apenas para assegurar conclusões em que já se acredita por uma questão de fé. Como diz a versão de Russell sobre essa acusação: "A descoberta de argumentos para uma conclusão preexistente não é filosofia, mas alegação especial." Em seu *Uma nova história da filosofia ocidental*, Anthony Kenny replica:

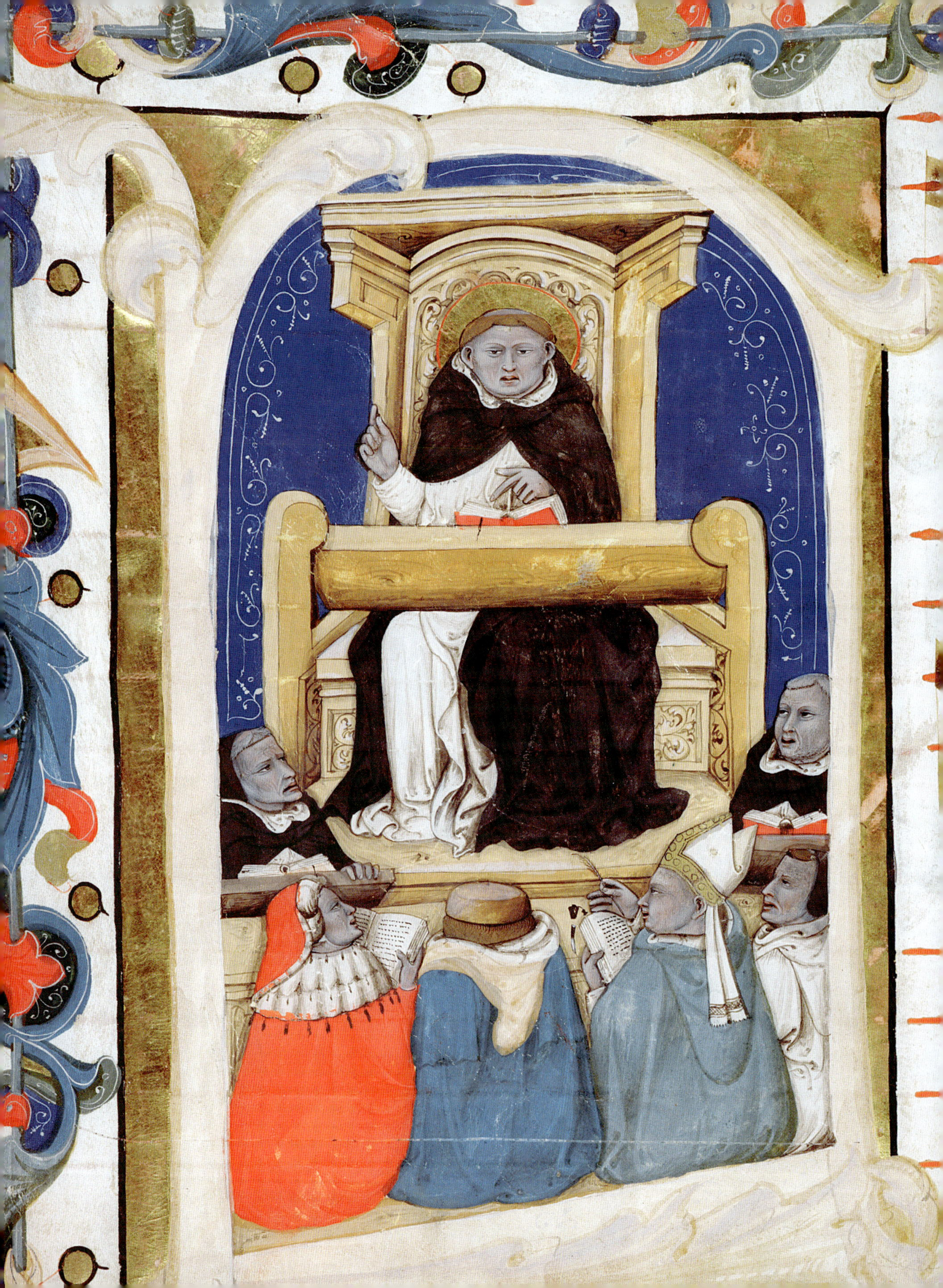

Na verdade não é uma acusação grave contra um filósofo dizer que ele está buscando boas razões para aquilo em que ele já acredita [...]. O próprio Russell gastou muita energia buscando provas para algo em que ele já acreditava: o seu *Principia Mathematica* usa centenas de páginas para provar que 1 + 1 = 2.

Os filósofos medievais trabalhavam à base de verdades garantidas pela revelação, mas muitos buscavam explicitamente levar a razão tão longe quanto ela resistisse. O que a razão pode descobrir sozinha? Como a filosofia pode nos ajudar a dar sentido ao que consideramos verdade? Eis duas questões consideráveis, perseguidas não só por Russell no século passado como também pelos filósofos escolásticos do século XII.

Os homens da escola

O nome dos escolásticos da Idade Média, tanto da Alta quanto da Baixa, vem da palavra latina *"scholasticus"*, derivada da palavra grega para escola. Assim, os escolásticos eram os homens das escolas, e as escolas em questão eram inicialmente escolas de catedrais, criadas para garantir um clero instruído. No início do século XIII, contudo, já havia universidades em funcionamento em Paris e Oxford, e todos os grandes nomes da época — Tomás de Aquino, Boaventura, Duns Scotus e Guilherme de Ockham — tinham uma ligação com pelo menos um desses lugares. Nessas faculdades, os professores logo estavam lecionando em período integral, usando o que passou a ser conhecido, de modo pouco criativo, como método escolástico, composto de conferências e debates.

Inicialmente, as conferências não passavam de leituras em voz alta de textos canônicos pelos professores — as Escrituras, algum Platão de segunda mão e trechos de Aristóteles, as *Sentenças* de Pedro Lombardo, os escritos dos fundadores da Igreja, etc. —, intercaladas com algumas explicações, enquanto os alunos ouviam. Claro que os debates eram bem mais animados, com um aluno recebendo a incumbência de rebater as objeções de outros alunos e o mestre resolvendo a questão no final. Alguns mestres assumiam debates públicos bem mais arriscados sobre temas religiosos controversos e ficavam prontos para defender seu ângulo de uma questão — citando autoridades e apresentando argumentos dinamicamente — sobre qualquer assunto levantado por quem quer que estivesse na plateia. Alguém que viesse desse processo de estudos teria uma grande familiaridade com os textos consagrados e também uma percepção aguçada para o fluxo da argumentação.

AO LADO Iluminura em pergaminho de um livro de "antífonas" (ou respostas de coro) do século XIV, representando São Tomás de Aquino com um livro na mão, numa conferência no estilo escolástico.

Abelardo e Heloísa

De todas as histórias trágicas de amor, uma das mais conhecidas envolve um lógico medieval. É a história de Abelardo e Heloísa. Abelardo nasceu em uma família nobre por volta de 1079 numa cidadezinha da Bretanha. Tinha uma surpreendente aptidão para a lógica e particularmente a argumentação – diz-se que ele nunca saiu perdendo num debate verbal, às vezes derrotando seu próprio mestre. Ele se afastou da tradição familiar para estudar filosofia, primeiro com Roscelin de Compiègne. Atribui-se a Roscelin, aliás, a criação do nominalismo (do latim nomen, ou nome), a ideia de que os universais são apenas nomes, e não coisas com existência independente.

Abelardo, sem dúvida influenciado por Roscelin, foi em frente e defendeu a sua própria variedade de nominalismo, propondo uma visão redutora não só de universais mas de quase tudo. Ele não era realista com relação a proposições, relações ou eventos do passado e do futuro. Mas se sentia em casa com a lógica, e o seu *Sic et Non* (Sim e Não) apresenta o argumento lógico a favor e contra quase 160 proposições. Ele não resolve nenhuma delas, divertindo-se apenas com o alinhamento dos próprios argumentos. O livro deu o tom e o estilo da filosofia até a Renascença e mesmo depois.

Mas fora da filosofia, ele é lembrado pelo desastroso caso com Heloísa. Abelardo era um professor incrivelmente carismático, e com sua inteligência e um devastador estilo como debatedor, atraía uma multidão de alunos. Ele assumiu o cargo de mestre na escola de Notre Dame e conseguiu se tornar tutor pessoal de Heloísa, que se preparava para ser filósofa, mas que era também uma linda jovem – muito jovem; na verdade, mais de vinte anos mais moça que Abelardo. Ela era sobrinha de um temido cônego, Flubert. Abelardo e Heloísa logo formaram um par amoroso. Flubert descobriu o caso e, furioso, pediu que eles rompessem. Mas os dois continuaram se encontrando clandestinamente e Heloísa engravidou. Abelardo insistiu no casamento, Flubert concordou, mas Heloísa era contra, temendo que o escândalo acabasse com a carreira de Abelardo. Eles se casaram secretamente e tiveram um filho, Astrolábio, e (a história tem versões conflitantes) Heloísa se retirou para um convento. O tio Flubert, achando que Abelardo tinha mandado Heloísa para longe a fim de se livrar dela, encontrou uma solução alarmantemente definitiva para o problema. Abelardo a descreve em *A história da minha calamidade*:

> Violentamente encolerizados, eles tramaram contra mim, e em uma noite, enquanto eu, sem desconfiar de nada, dormia num quarto secreto nos meus alojamentos, eles irromperam ali com a ajuda de um dos meus criados que fora subornado. Então se vingaram de mim com uma punição crudelíssima e sumamente indigna, que deixou perplexo o mundo inteiro, pois eles cortaram as partes do meu corpo com as quais eu havia feito o que causou a sua ira.

Abelardo fugiu, tornando-se padre no mosteiro de Saint Denis, e Heloísa retirou-se para o convento de Argenteuil, onde acabou por ser superiora. Eles mantiveram correspondência, a princípio amorosa, mas que no final tratava só de questões filosóficas. Há controvérsias quanto ao local onde eles estão enterrados. No cemitério de Père Lachaise, em Paris, há um monumento para eles, e é provável que seus corpos estejam ali, lado a lado. Cartas escritas por apaixonados infelizes costumam ser deixadas na cripta.

AO LADO Um par amoroso, abraçado, habita essa "historiada" inicial "P" de uma obra do século XV. Abelardo e Heloísa

De legatis primo

> **FRASES DE PEDRO LOMBARDO**
>
> Por volta de 1150, Pedro Lombardo reuniu citações consagradas sobre algumas questões teológicas. Frases das Escrituras e afirmações dos fundadores da Igreja foram organizadas em quatro livros: *O mistério da Trindade, Sobre a criação, Sobre a encarnação do mundo* e *Sobre a doutrina dos sinais*. Os livros se tornaram os *Quatro livros de sentenças* de Pedro Lombardo, que juntos constituem o livro de estudos sobre a Alta Idade Média. Escrever um comentário sobre ele era uma prática-padrão, parte da educação escolástica.

Enquanto as primeiras universidades iam sendo criadas, ocorreu o evento filosófico mais importante de todo o período medieval. As obras de Aristóteles reapareceram no Ocidente e tudo mudou inteiramente. No início do século XII, as únicas traduções latinas de Aristóteles disponíveis para os pensadores ocidentais eram uma parte da sua obra sobre linguagem e lógica e a sua taxonomia dos tipos de coisas que se podem conhecer. Em meados desse século, graças à redescoberta das primeiras traduções, às traduções de textos árabes e aos esforços de um certo Jaime de Veneza, recuperou-se um volume muito maior — inclusive o restante das obras lógicas de Aristóteles, sua física, um tratado sobre a alma e uma boa parte da sua metafísica e da ética. Na segunda metade desse século, outras obras árabes foram traduzidas para o latim, e os eruditos finalmente puderam conhecer a produção estimulante dos filósofos islâmicos, seus comentários sobre Aristóteles e suas abordagens de Platão.

Hoje é difícil imaginar como isso repercutiu num padre confiante, com o nariz enterrado nos manuscritos de um escritório escuro. Imagine que você é um físico impressionado com os insights da teoria da relatividade de Einstein. Você o estudou durante toda a vida e então alguém aparece com quarenta livros inéditos escritos por Einstein sobre assuntos totalmente novos. Agora você tem algo mais próximo de um sistema einsteiniano, assim como longos comentários sobre ele feitos por alguns gênios de quem você nunca ouviu falar, sendo que antes você só dispunha de uma fraçãozinha do pensamento dele sobre um ou dois problemas. Você cairia de costas.

Talvez alguns escolásticos tenham caído de costas, mas a maioria se recuperou e rapidamente tomou partido. Alguns tentaram integrar Aristóteles ao cristianismo e outros tentaram refutar afirmações dele que não pareciam se encaixar na sua doutrina religiosa; ainda outros se retiraram na relativa segurança de Platão, enquanto a maioria adotou posições a favor e contra os diversos intérpretes islâmicos de Aristóteles. A conciliação de Aristóteles com o cristianismo deveu-se sobretudo a Tomás de Aquino, mas antes de examiná-lo precisamos dar uma pequena volta e homenagear Anselmo de Cantuária, o chamado Pai da Escolástica.

O maior ser concebível

Anselmo é um tipo de figura intermediária, com parte da cabeça no neoplatonismo e o resto imerso na tentativa de conciliar razão e fé ao modo característico da época posterior a ele. Mas não trabalhou especificamente em sua mente a distinção posterior entre verdade reveladora e verdade racional. Na verdade, é notória a sua mistura das duas, com a alegação de que o entendimento exige crença religiosa. Em suas palavras, "eu não busco entender aquilo em que creio; mas eu creio no que entendo. Pois eu creio nisto também, que a menos que creia, não vou entender".

Anselmo escreveu sobre verdade, livre-arbítrio, a Santíssima Trindade, lógica, os atributos de Deus e a questão de por que Deus se tornou homem, mas se tornou famoso sobretudo por inventar um tipo único de prova da existência de Deus, chamado argumento ontológico. Este teve uma história vigorosa, e quase mil anos depois ainda não fora esquecido: foi reformado por Descartes e depois por Leibniz no período moderno, e foi até exibido por Hegel. Mais recentemente, recebeu outras reformulações sob a ótica da lógica modal moderna, a lógica da possibilidade e necessidade, feitas pelo matemático Kurt Gödel e pelo filósofo contemporâneo Alvin Plantinga. Entre seus detratores há filósofos tão diferentes quanto Kant e Hume, ambos com objeções que consideram decisivas. Muita gente acha que algo tem de estar errado com o argumento, mas não é fácil esclarecer a dificuldade.

O argumento, em todas as suas formas, tenta assegurar a existência de Deus com a reflexão exatamente sobre a ideia de Deus. Outros tipos de argumento começam com a existência de algo no mundo — talvez com coisas como causa e movimento, como veremos logo mais com Tomás de Aquino. Mas só Anselmo começa com nada além da ideia de Deus. Existem versões fáceis e difíceis do argumento ontológico. Começaremos com uma fácil.

Deus é um ser tal que não se pode imaginar maior. Esse ser tal que não se pode imaginar maior deve

DIREITA *São Paulo* e a serpente, mural do fim do século XII da capela de Santo Anselmo na catedral de Cantuária. Para Anselmo só um tolo podia achar que Deus não existia.

COLLEGIUM NO

Insignissimo
Doctissimoq, Viro Dno
EDVARDO LOWE Equiti
Auratæ L.L. Doctori; Supremæ
Curiæ Cancellariæ Magistro;
nec non hujus Collegii non
ita pridi Socio Dignissimo
D.D.C.Q. D. Loggan.

A. Capella
B. Bibliotheca
C. Refectorium
D. Custodis Hospitii

ESQUERDA New College, em Oxford, em gravura de David Logan na *Oxonia Illustrata* (1675). Na Alta Idade Média, surgiram em Oxford e Paris as primeiras universidades, atraindo as melhores mentes filosóficas da época. O New College foi fundado em 1379 pelo bispo de Winchester, William of Wykeham, e se chamava originalmente College of St. Mary of Winchester.

TÓPICOS PRINCIPAIS

- Debates
- Redescoberta de Aristóteles
- "Eu creio no que entendo"
- O argumento ontológico
- O maior ser que se pode imaginar
- Os Erros de Aristóteles
- O Movedor Imóvel
- A Causa Não-causada
- Existência necessária
- Bondade perfeita
- Propósito divino
- Nominalismo
- Navalha de Ockham

existir não só na mente, mas também fora dela. É mais magnífico existir fora da mente como uma coisa real que apenas dentro da mente como uma ideia. Assim Deus existe, não só como uma ideia, mas também fora da mente.

As alegações fundamentais aqui são de que há diferentes modos de existir – só mentalmente ou no mundo, de fato –, e um deles é de certo modo mais notável. O que é mais notável, um sanduíche de bacon na sua mente ou um sanduíche de bacon que realmente existe? Do mesmo modo, se Deus só existisse na nossa mente, poderíamos pensar em algo mais notável, isto é, Deus realmente existindo também no mundo. Assim, se Deus é um ser tal que não se pode imaginar maior, Ele deve existir na realidade. Puf! Deus é definido como existente.

O real argumento de Anselmo é muito mais astuto, mas mais vigoroso que essa versão. Existe uma série de interpretações, mas experimente esta: os crentes, diz Anselmo, afirmam que Deus é o ser maior que se pode conceber. Contra os crentes ele convoca o Insensato dos Salmos, que diz intimamente: "Não existe Deus." O Insensato nega que Deus exista, mas entende o que ouve ao ouvir a expressão "algo que não se pode conceber maior". Por outras palavras, o ateísta admite que a ideia do ser maior imaginável pode existir no entendimento, mas nega que haja aí mais que isso. Não há ser maior concebível na realidade.

Mas, argumenta Anselmo, esse ser tal que não se pode conceber maior não pode apenas existir no entendimento, porque ao negar sua realidade no mundo o Insensato cai em contradição. Estranhamente, ele se apega à absurda afirmação de que pode conceber um ser maior que esse ser tal que não se pode imaginar maior. Nas palavras de Anselmo:

> Se o ser tal que não se pode imaginar maior existe só no entendimento, essa própria coisa tal que não se pode conceber maior é uma coisa tal que algo maior pode ser concebido. Mas isso é impossível. Portanto é fora de dúvida que existe, tanto no entendimento quanto na realidade, um ser tal que nada maior pode ser concebido.

O mais antigo e talvez melhor crítico do argumento ontológico foi um contemporâneo de Anselmo, um frade beneditino chamado Gaunilo. Sua resposta, *Em nome do insensato*, quer mostrar que há algo inconveniente no pensamento de Anselmo, porque

Conheça o seu Scotus

Na Idade Média, muitas pessoas se chamaram Scotus, inclusive alguns bispos, abades e um santo, o que atrapalha um pouco. O que atrapalha muito é que houve dois filósofos medievais chamados João, o Scot. E o que atrapalha ainda mais é que um deles era irlandês, não escocês, e o outro pode ter nascido na Escócia, Inglaterra ou Irlanda e passado boa parte da vida na Inglaterra, e quando ficou conhecido morava na França. Acontece que a palavra latina "scotus" pode significar irlandês ou gaélico. No século IX, por exemplo, os irlandeses eram chamados "*scotti*".

João, o Scot, do século IX, se autodenominava "*Eriugena*", palavra latina para "nascido na Irlanda", o que esclarece o fato. Era neoplatonista e tinha um domínio incomum do grego – ninguém sabe onde o adquiriu, pois quase todos os outros especialistas da época só sabiam latim. João, o Scot, do século XIV, John Duns Scotus (possivelmente da cidade de Duns, na fronteira escocesa, ou outra Duns da Irlanda), é o mais famoso do grupo, merecendo o apelido de "o Doutor Sutil". Ele dirigiu seus passos pela filosofia neoplatônica e aristotélica, rejeitando e confirmando aspectos de ambas. É conhecido por um argumento incrivelmente complexo para a existência de Deus, o conceito de "coisidade" de uma coisa, e também por contribuições para a metafísica, a filosofia da linguagem, a lógica, uma análise de sensação e cognição, e a reflexão sobre liberdade e moralidade. Ele pode também ter sido a inspiração para as "orelhas de burro" [*dunce cap*, em inglês]. Filósofos posteriores, que o Iluminismo não iluminara, chamavam-nos de "homens de Duns", apelido que equivalia a "orelhudos", aqueles que por ainda esposarem o pensamento escolástico eles consideravam avessos ao novo conhecimento.

ESQUERDA Retrato de John Duns Scotus feito no século XVII por um pintor lombardo desconhecido. Famoso pela sua sutil percepção intelectual, Scotus pode também ter inspirado o castigo das orelhas de burro, aplicado nos alunos vadios.

parodiando a sua lógica se pode povoar o mundo com todo tipo de ótimas coisas que simplesmente não existem. Por exemplo, a ilha tal que não se pode conceber melhor deve existir. Se negamos isso, caímos no mesmo tipo de contradição do Insensato do argumento de Anselmo. Mas não há essa ilha. Assim, deve estar faltando algo no argumento de Anselmo. Claro que há réplicas possíveis: na verdade Anselmo replicou Gaunilo, e isso explica em parte a longevidade do debate. A maioria dos outros argumentos do período escolástico que teve longa vida é de Tomás de Aquino, que veremos a seguir.

O Boi Mudo

Tomás de Aquino nasceu na nobreza italiana e tinha diante de si a vida razoável de um monge beneditino, mas entrou para a ordem dominicana. Sua família ficou horrorizada. Os dominicanos, ao contrário dos beneditinos, de classe mais alta, eram uma ordem mendicante que sobrevivia pregando no vernáculo e esmolando. Seus pais, esperando que ele mudasse de ideia, raptaram-no e o aprisionaram durante mais de um ano no castelo da família. Tomás continuou escrevendo tratados de lógica. Então seus irmãos tentaram lhe mostrar o equívoco daquele modo de vida pondo em seu quarto uma prostituta, mas ele a expulsou com um espeto da lareira. Isso fez a família considerá-lo um caso perdido e soltá-lo.

Tomás de Aquino se tornou aluno do gênio e polímata Alberto, o Grande, e por essa época sua timidez e sua obesidade levaram alguns colegas adoráveis a apelidarem-no de "Boi Mudo". Mas Alberto notou o intelecto daquele aluno quieto e previu que "o berro doutrinal do Boi Mudo um dia ressoaria pelo mundo inteiro". E assim foi.

Tomás escreveu comentários sobre os evangelhos, Aristóteles, Boécio, as sentenças de Pedro Lombardo e longos tratados no estilo de debate sobre quase todos os tópicos teológicos e filosóficos imagináveis. Escreveu duas vastas sumas, sumários da doutrina religiosa. Uma delas, a *Suma contra os gentios*, foi escrita para os missionários empenhados na conversão de infiéis e para os que dialogam com pensadores judeus ou islâmicos. A outra, uma obra

ESQUERDA Tomás de Aquino com os símbolos do seu conhecimento e fé, pintado (1476) por Carlo Crivelli. Alguns o chamavam "Boi Mudo", mas seu "berro doutrinal" se disseminou amplamente.

inconclusa, é a *Suma teológica*, uma espécie de tratamento enciclopédico da doutrina para os que estão na fé. Diz-se que Tomás ficava andando de um lado para outro entre três escribas, ditando-lhes ao mesmo tempo três tratados filosóficos. Ele produziu cerca de oito milhões de palavras – somente a suma inconclusa tem cinco volumes –, mas então algo, talvez uma experiência mística, o mudou. Ele disse: "Tudo o que eu escrevi me parece palha, comparado com o que me foi revelado." Mas não escreveu mais nenhuma palavra e meses depois morreu.

Ao contrário de muitos outros teólogos medievais que se recuperavam da redescoberta de Aristóteles, Tomás de Aquino não recusou as partes da filosofia de Aristóteles que não se ajustavam ao cristianismo (os chamados "Erros de Aristóteles"). Ele reconheceu, como Alberto, que aqueles argumentos eram persuasivos, e assim teve de descobrir um jeito de conciliar filosofia e fé de um modo que desse à filosofia o que lhe era de direito. Como diz o papa Leão XIII: "Distinguindo claramente razão de fé, como deve ser, e ao mesmo tempo reunindo-as numa harmonia de amizade, ele protegeu os direitos de cada uma delas e cuidou da dignidade de ambas." Tomás acabou defendendo Aristóteles em muitos pontos, até mesmo naqueles em que ele entra em conflito com a doutrina religiosa. Por exemplo, ele mostra que Aristóteles está certo em pensar que o mundo podia ser eterno – Deus poderia ter assim determinado, se quisesse –, embora a revelação nos diga que o mundo na verdade tem um começo no tempo. Aristóteles pode ter errado, mas não estava sendo irracional. É uma boa linha para avançar, e porque nem todos podiam seguir o pensamento de Tomás de Aquino, isso lhe criou dificuldades póstumas.

O amplo insight que Tomás de Aquino toma emprestado de Aristóteles é a alegação de que em qualquer disciplina é preciso reconhecer a diferença entre o suposto e o provado. Quando empenhado na teologia junto com seus colegas crentes, um conjunto de premissas é pertinente. Quando argumentando contra os descrentes sobre coisas como a existência de Deus, contudo, ainda há premissas em comum. Estas são expostas por Tomás nas suas famosas Cinco Vias.

As Cinco Vias

Tomás de Aquino sustenta que há cinco vias para demonstrar a existência de Deus, originadas em proposições, afirma ele, que todos têm de aceitar – fatos sobre o mundo à nossa volta. A partir delas, ele argumenta remontando a Deus como a razão ou causa de cada fato evidente. As cinco coisas aceitas por todos são a existência do movimento, as sequências causais, a dependência de algumas coisas em relação a outras, o fato de que algumas qualidades podem ser comparadas numa escala de graus (algumas pessoas são menos boas que outras, por exemplo) e o modo como as coisas na natureza parecem ser orientadas para fins. Aqui, por exemplo, está a terceira via de Tomás:

A Navalha de Ockham

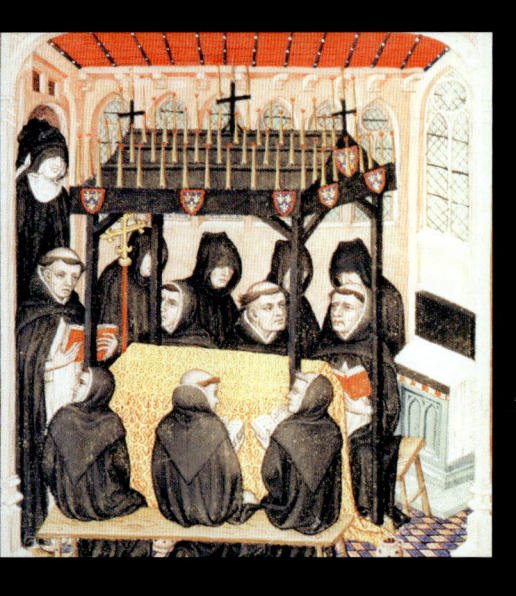

A Navalha de Ockham, "nunca multiplique entidades além do necessário", a exigência de afastar os excessos metafísicos de todo tipo, é uma frase famosa que Guilherme de Ockham nunca pronunciou. Ele disse algo parecido. Em seu comentário sobre as Sentenças de Pedro Lombardo, ele escreve: "*Numquam ponenda est pluralitas sine necessitate*", o que significa que não se pode declarar pluralidade sem necessidade. Não só ele nunca disse isso, como ele não foi nem mesmo o primeiro filósofo a louvar a simplicidade desse modo. Aristóteles defende a superioridade da "demonstração que deriva de menos postulados ou hipóteses". Em primeiro lugar, diz ele, com menos questões para investigar, adquiriremos conhecimento mais rapidamente. Há também menos chance de errar.

Se a Navalha de Ockham não é totalmente de Ockham, o sentimento certamente é. Ockham era um frade franciscano da aldeia de Ockham, em Surrey, que escreveu no início do século XIV. Ele escreveu sobre metafísica, mente e política, e deu muitas contribuições para a lógica medieval. Mas é famoso sobretudo por argumentar contra os realistas sobre os universais. Ganhou a reputação de minimalista por insistir em que os universais não são coisas extras que existem sobre e acima dos objetos do mundo. São apenas objetos mentais, sinais ou conceitos que podem se aplicar a diferentes coisas. Esse passo – explicar os fenômenos com entidades explanatórias já admitidas, em vez de acrescentar outras – parece elegante e atraente.

O princípio da parcimônia, como também é chamado, tem uma longa lista de expressivos defensores e fica talvez mais bem ambientado na filosofia da ciência, na reflexão sobre a natureza da escolha da teoria. Se duas teorias concorrentes dão conta igualmente bem de um fenômeno, a Navalha de Ockham pede que prefiramos a mais simples, e essa normalmente é a melhor escolha. Se um modo de ver trovão e relâmpago explica as tempestades falando sobre coisas já admitidas – diferenças nas cargas elétricas e súbitas mudanças de pressão –, mas o outro mantém tudo isso e acrescenta um deus do trovão, a Navalha de Ockham nos dá uma razão para preferir a teoria mais simples. Até Einstein adere a esse princípio, embora com uma condição divertida: "Tudo deve ser mantido tão simples quanto possível, mas não mais simples."

Por mais que as teorias simples sejam satisfatórias, há uma preocupação aborrecida. Às vezes as explicações simples, embora agradáveis para nós, são erradas. E se a simplicidade for apenas uma preferência humana, uma peculiaridade da nossa psicologia, enquanto o mundo, apesar das nossas preferências, é um lugar complexo?

ACIMA Grupo de monges – franciscanos, como Ockham – rezando a oração de uma página de pergaminho de *Très Belles Heures de Notre-Dame du Duc de Berry* (c.1380).

> Encontramos na natureza coisas possíveis de ser e de não ser [...], mas é impossível para elas existir sempre, pois o que é possível não ser num dado momento não é. Assim, se tudo é possível não ser, então num dado momento poderia não ter havido nada em existência. Ora, se isso fosse verdade, mesmo agora não haveria nada em existência, porque aquilo que não existe apenas começa a existir por algo já existente [...]. Assim, nem todos os seres são apenas possíveis, mas deve haver algo cuja existência é necessária [...]. Esse algo todos os homens dizem ser Deus.

A ideia é que as coisas que vemos à nossa volta são apenas possíveis, contingentes – passam a existir e acabam. Se tudo fosse apenas possível, em algum ponto tudo podia não ser, podia deixar de existir. Mas se, em algum ponto, não houvesse nada, ainda assim não haveria nada, mas claramente há muitas coisas contingentes em torno de nós. Assim, deve haver algo que não existe desse insípido modo contingente, algo que existe necessariamente, que não pode acabar, e essa coisa deve ser Deus.

> Diz-se que Tomás ficava andando de um lado para outro entre três escribas, ditando-lhes ao mesmo tempo três tratados filosóficos.

As outras quatro vias funcionam de modo praticamente igual. As coisas à nossa volta se movimentam. O que quer que se mexa é mexido por outra coisa – não existe movimento espontâneo. Mas essa cadeia de movimento não pode regredir eternamente, porque o movimento em si ficaria atolado num retrocesso infinito. Nada estaria se movendo agora, mas é claro que as coisas estão se movendo, então deve haver no início um primeiro Movedor Imóvel que pôs tudo em movimento. Assim, também, a reflexão sobre a ideia de que todo efeito tem uma causa leva a uma primeira Causa Não-causada no início da cadeia. Graus de bondade ou nobreza só têm sentido se postulamos algo absolutamente bom como padrão supremo pelo qual todas as coisas são julgadas – Tomás de Aquino conclui que esse ser tão perfeito só pode ser Deus. Finalmente, o pensamento aristotélico de que o propósito está por toda parte, até na natureza não inteligente, leva Tomás de Aquino a uma Inteligência por trás de todo comportamento orientado para um fim que vemos no mundo natural.

Dado o seu gosto pela filosofia potencialmente herética de Aristóteles, as obras de Tomás de Aquino foram condenadas durante algum tempo depois da sua morte. Somente com as belas palavras do papa Leão a favor dele em 1879 que Tomás de Aquino finalmente se tornou o filósofo oficial do catolicismo e desfrutou um renascimento que, embora com alguns abalos, ainda persiste. Seu reconhecimento levou algum tempo, em parte pela época que se seguiu a ele: a Renascença não foi de modo algum amável com os homens da escola.

SPHÆRA STELLARVM FIXARVM IMMOBILIS ET CONSISTENS

CAN: CER   GEMI:NI   TAV:RVS   ARI:ES

SIGNA

SEMITA SATVRNI QVI TRIGINTA ANNIS REVOLVITVR. SATVRNVS

VIA IOVIS SPATIO DVODECIM ANNORVM SE REVOLVENTIS

INTERVALLO SOLEM CIRCVM IVNTIS

ORBITA GLOBI TER — RESTRIS ANNVO

SOLSTI — TIVM — BRV — MALE

ÆQVINOCTIVM AVTVMNALE

SPATIO CIRCA SOLEM CVRRENTIS

MARS

SOLSTI — TIVM — ÆSTI — VVM

4 | CONHECIMENTO

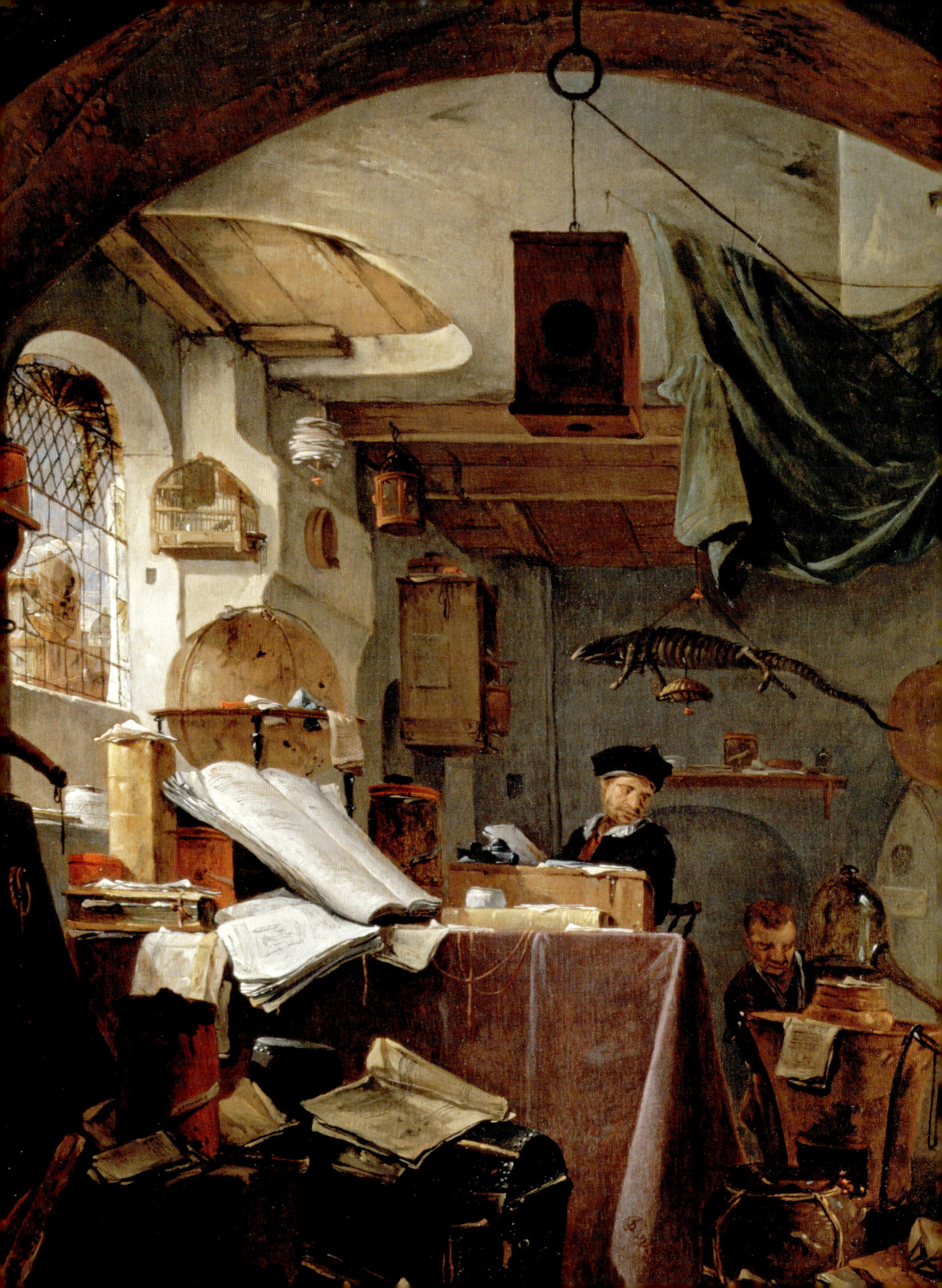

RENASCENÇA E ILUMINISMO

A escolástica do capítulo anterior não foi bem tratada pela história. Parte do problema tem a ver com a natureza absolutamente estreita de muitos dos seus interesses, que foram satirizados na ideia de que os filósofos escolásticos dedicavam grande parte do seu tempo especulando sobre coisas como o número de anjos que poderiam caber numa cabeça de alfinete. Embora fosse pouco provável que alguém considerasse precisamente essa questão, quando se considera que a *Suma teológica* de Tomás de Aquino contém 358 perguntas e respostas sobre os anjos, é possível entender a objeção. Isaac D'Israeli, homem de letras do século XVIII (pai de Benjamim), apresentou a mesma questão ao relacionar as perguntas que interessavam aos escolásticos quando especulavam sobre o nascimento de Cristo:

Outros também debatiam se o anjo Gabriel apareceu para a Virgem Maria na forma de uma serpente, de um pombo, ou de uma mulher. Ele parecia jovem ou velho? A sua roupa era branca ou colorida? Estava limpa ou suja? Ele veio pela manhã, ao meio-dia ou à noite? Qual a cor do cabelo da Virgem Maria? Ela conhecia as artes mecânicas e liberais? Ela conhecia integralmente o *Livro das sentenças* e tudo que ele contém? [...] Mas essas são perguntas de menor importância: também se discutia se, durante a concepção, quando a Virgem estava sentada, o Cristo também estaria sentado; e se quando ela se deitava, o Cristo também se deitava?

Todas essas questões são muito divertidas, é claro, mas aqui há um problema sério. Esse interesse nas minúcias teológicas teve como consequência a redução da amplitude da pesquisa filosófica. Durante o apogeu da escolástica, a filosofia se reduziu a um ramo da teologia. Isso não quer dizer que os filósofos escolásticos não tivessem interesse na razão ou no argumento racional. Como já notamos no capítulo anterior, muitos escolásticos tentaram levar a razão até onde ela poderia chegar. Mas ainda assim a verdade é que o ponto onde eles queriam chegar era determinado por um interesse quase exclusivo nas questões teológicas.

Essa não foi uma circunstância propícia ao avanço do conhecimento humano. Se você passa o tempo querendo saber se Jesus era ou não hermafrodita, então há uma grande chance de você estar procurando no lugar errado se quiser descobrir verdades filosóficas. O contraste entre a estreiteza do foco dos escolásticos comparada à amplitude do interesse dos primeiros filósofos gregos, por exemplo, é notável. Russell afirmou que, depois da morte de Demócrito, a filosofia perdeu muito do seu vigor, independência e prazer infantil, um processo que foi exacerbado pelo arraigamento das superstições populares ocorrido após as mortes de Platão e Aristóteles. A redescoberta de Aristóteles pelos escolásticos sinalizou a existência de algo genuinamente novo na nova ortodoxia filosófica católica, mas sua obsessão com a "verdade" teológica mostrou que se tratava de fato de filosofia desenvolvida numa camisa de força.

Em geral se concorda que o ponto alto da escolástica ocorreu no final do século XIII, quando tudo que lembrasse sensibilidade científica estava quase completamente ausente da cena intelectual. Se vivesse nessa época, você teria inevitavelmente uma ideia muito vaga de como o mundo realmente funcionava. Por exemplo, a visão ptolomaica, adotada por Aristóteles, de que a Terra estava no centro do Universo era endossada quase sem exceção. A ideia de que a matéria era composta de quatro elementos clássicos – terra, água, ar e fogo – também era amplamente aceita, pelo menos no mundo ocidental.

Mas seria um erro pensar que a aceitação universal de crenças erradas seja sinônimo de ausência de sensibilidade científica, pois ciência não é uma lista de compras de crenças corretas, mas um método de descoberta do mundo que enfatiza a observação e medição empíricas, previsão, testabilidade e absoluta revisabilidade de todas as alegações de verdade. É na impossibilidade de atender a esses termos que a atmosfera da Baixa Idade

ANTERIOR *O alquimista*, pintado por Thomas Wyck (1616-77). A estranha arte da alquimia, cheia de misticismo e superstição, foi praticada por alguns grandes cientistas, como Robert Boyle e Isaac Newton.
AO LADO O eminente Desidério Erasmo (c.1466-1536), pintado por Holbein, o Jovem. Sacerdote e teólogo holandês, Erasmo era conhecido como o "Príncipe dos Humanistas".

Média se demonstrou mais antitética em relação à visão científica do mundo. Crucialmente, entretanto, à medida que passamos para os séculos XV e XVI, as coisas começam a mudar.

Humanismo renascentista

É possível que o primeiro sinal de que o mundo estava mudando tenha sido o surgimento, durante o século XIV, do que se tornou conhecido como o humanismo renascentista. Não se tratava de um humanismo no sentido em que o entendemos hoje. Os humanistas renascentistas não podiam ser vistos por nenhum artifício mental como secularistas e, apesar de estarem muito mais interessados nas questões práticas dos indivíduos do que seus contemporâneos escolásticos, eles jamais teriam acreditado que o ser humano fosse a *única* fonte de valor no mundo, como fazem muitos humanistas hoje. O humanismo renascentista propriamente dito era uma reação contra a escolástica que ressaltava a importância das "humanidades" — gramática, retórica, poética, filosofia moral e história — na educação dos cidadãos. Em geral, os primeiros pensadores humanistas preferiam uma abordagem muito menos técnica e sistematizada que a dos escolásticos, dando mais valor ao talento literário e ao brilho retórico que ao raciocínio dedutivo estrito.

Talvez a característica definidora do humanismo tenha sido a celebração da prosa e da poesia da antiguidade clássica, o que levou muitos humanistas a redescobrir muitos textos gregos clássicos, que traduziram para o latim, apresentando-os assim à plateia ocidental. Isso precipitou uma ampliação geral do foco aristotélico estreito da filosofia escolástica, e particularmente um interesse renovado no platonismo, estoicismo e epicurismo.

O fato de os humanistas estarem mergulhados no latim e grego clássicos também os levou a criticar severamente as traduções de Aristóteles (e outros) da Baixa Idade Média adotadas pelos escolásticos e que foram denunciadas como bárbaras e incompreensíveis. Publicaram-se novas traduções, escritas num estilo deliberadamente elegante, muitas das quais, para o bem e para o mal, representavam novas interpretações.

O efeito combinado dessas duas circunstâncias foi o afrouxamento do controle da Igreja sobre a vida intelectual, com a consequente abertura de espaço para os filósofos desafiarem a ortodoxia estabelecida. Assim, por exemplo, sob a pressão dos argumentos propostos pelos filósofos da Renascença, como Pomponazzi, no século XIV assistimos os teólogos abandonando o campo da filosofia quando se tratava de temas como a imortalidade da alma. Isso marcou o início de um processo que viu a filosofia se separar da teologia e começar a se estabelecer como disciplina relativamente autônoma.

ACIMA Poucas cidades são tão identificadas com a revitalização do pensamento e cultura no século XV quanto Florença, mostrada aqui na *Carta della Catena*, um mapa datado de 1470. Em 1401, um concurso para o projeto das novas portas do batistério da cidade propiciou uma era de excelência artística. E em 1469 nasceu um dos filhos mais controversos da cidade, Nicolau Maquiavel.

O príncipe de Maquiavel

Se os filósofos humanistas foram capazes de criar um espaço para o surgimento de uma filosofia independente, é justo afirmar que Nicolau Maquiavel fez o mesmo pela ciência política. Antes de sua entrada em cena, aceitava-se universalmente que o líder político virtuoso tinha de se comportar moralmente em todas as ocasiões, incorporando na sua conduta as virtudes da justiça e clemência. Isso significava que a política podia, em certos aspectos, ser tratada como um subconjunto da filosofia moral. Quando se queria saber como devia se comportar um líder político, era necessário apenas considerar a moralidade das suas ações. Maquiavel rejeitou essa visão, argumentando que um líder político, ou príncipe, "não deve se preocupar por incorrer nos vícios sem os quais seria difícil salvar o Estado". Ao separar assim as questões da moral e liderança, ele deu os primeiros passos para estabelecer uma ciência política como disciplina independente.

Maquiavel nasceu em Florença no dia 3 de maio de 1469, e de início atraiu a atenção geral como jovem diplomata florentino. Vivia num mundo da política suja e teve experiência próxima e pessoal nos pontos fortes e fracos de algumas das principais figuras políticas da sua época, o que o colocou numa posição privilegiada para escrever o que hoje é visto como a sua obra mais conhecida, *O príncipe*, que é um estudo da arte da liderança.

O príncipe foi publicado em 1532, cerca de sete anos depois da morte de Maquiavel, e de início foi bem recebido. Mas não se passou muito tempo até as pessoas começarem a reclamar da afirmativa de Maquiavel de que o processo de decisão dos líderes políticos não devia ser determinado por considerações morais. Era uma afirmação chocante, pois sugeriu a muitos que Maquiavel era um amoralista, que não estava interessado no que os líderes políticos deviam fazer, mas apenas em identificar as estratégias que maximizassem suas chances de assegurar e manter a glória e o poder político.

Existe certamente um elemento de verdade nessa visão. Não se trata de mero acaso o fato de Maquiavel ter declarado sua admiração pela astúcia brutal empregada por Cesare Bórgia para se livrar dos adversários políticos, citando com aprovação a forma como Bórgia enganou os líderes da família Orsini, uma facção que conspirava contra ele, atraindo-os para a cidade de Sinigaglia, onde imediatamente os assassinou. Sem sombra de dúvida, Maquiavel recusava a concepção tradicional de liderança política – como, por exemplo, foi descrito em *Dos deveres*, de Cícero – que afirmava que uma pessoa racional sempre há de agir virtuosamente se buscar honra e glória:

> [...] existe uma lacuna entre a forma como uma pessoa vive e como deveria viver que qualquer um que abandone o que é feito em favor do que deveria ser feito logo encontra a sua ruína e não a própria preservação: pois o homem que deseja fazer uma vocação do ser bom em todas as ocasiões há de se arruinar entre tantos que não são bons. Portanto, é necessário que o príncipe que deseja manter a sua posição aprenda a não ser bom, e a usar esse conhecimento de acordo com a necessidade.

ACIMA Nicolau Maquiavel, num retrato do século XVI de Santi di Tito. Anticristo, amoral ou realista revolucionário? – a história ainda não decidiu sobre Maquiavel.

MAQUIAVEL
Em suas próprias palavras

■

"É melhor ser temido que amado, se não for possível ser os dois."

■

"Os homens devem ser tolerados ou completamente destruídos, pois se você apenas os ofende eles se vingam, mas se você os fere gravemente eles não são capazes de retaliar e, portanto, a agressão a um homem deve ser tal que não se deva temer vingança."

■

"A um príncipe nunca faltam razões legítimas para quebrar sua promessa."

■

"Existem três tipos de inteligência: o primeiro entende as coisas sozinho, o segundo avalia o que os outros entendem, e o terceiro não entende sozinho nem por meio dos outros. O primeiro tipo é excelente, o segundo, bom, e o terceiro, inútil."

■

"Recebe-se ódio tanto pelas boas obras como pelas más."

■

"Para alguém que planeja um Estado e organiza as suas leis é necessário pressupor que todos os homens são maus e que sempre vão agir de acordo com a maldade dos espíritos toda vez que surgir a oportunidade."

■

"Da humanidade pode-se dizer que ela é em geral volúvel, hipócrita e que tem a ganância do ganho."

■

"A verdade é que um homem que deseja agir sempre virtuosamente sofre necessariamente entre tantos que não são virtuosos."

■

"As principais fundações de todo Estado, tanto os novos como os antigos ou compostos, são boas leis e boas armas; não se pode ter boas leis sem boas armas, e onde existem boas armas, seguem-se inevitavelmente as boas leis."

■

"Todo aquele que deseja sucesso constante tem de mudar sua conduta com o tempo."

A tese básica proposta aqui por Maquiavel é a de que as pessoas não são boas; portanto, virtuosos ou não, certos estilos de liderança nunca vão funcionar. Se, como ele acreditava, for verdade que as pessoas são "ingratas, volúveis, simuladoras e mentirosas, que fogem do perigo e têm a ganância do ganho", então esse fato impõe um limite às estratégias que um líder pode considerar eficazes. Assim, por exemplo, o príncipe que constrói seu poder sobre o que considera ser o amor do seu povo por ele quase certamente será abandonado quando as coisas ficarem difíceis:

> [...] os homens hesitam menos em ferir alguém que se faz amado do que outro que se faz temido, porque o amor é suportado por uma cadeia de obrigações que, como os homens são corruptos, é quebrada em toda ocasião em que seu próprio interesse está envolvido, mas o medo é mantido pelo medo de punição que nunca os abandona.

Contudo, embora haja algo certo na acusação de que as opiniões de Maquiavel sobre liderança são amorais, alguma coisa também está errada. Não menos importante, Maquiavel parece sugerir que se você calcular corretamente, há de notar que a liderança *eficaz* conta mais pontos em termos morais do que uma liderança supostamente virtuosa. Por exemplo, ao considerar se para um príncipe seria melhor governar pela bondade ou pela crueldade, ele argumenta que o bom príncipe geralmente provoca um mal maior para o seu povo por tolerar a desordem do que o príncipe cruel que pelo medo força a harmonia sobre o seu povo. Emprega um argumento semelhante para mostrar que a generosidade excessiva é contraproducente: enquanto um gasto extravagante poderia lhe trazer popularidade no curto prazo, a longo prazo ele gera mais impostos, e o príncipe sofrerá o ressentimento e o desamor.

Existe também um aspecto mais geral em que Maquiavel é inocente da acusação de amoralismo. De fato, ele realmente pensava que os líderes deviam se empenhar na busca de honra e glória, no sentido de que acreditava que eles deviam se esforçar para criar um legado a ser comemorado com justiça. Mas não acreditava que isso fosse possível para quem agisse sempre virtuosamente. Na verdade, a medida precisa da *virtú* de um príncipe é a disposição para fazer tudo que for necessário para atingir seus objetivos. Mas isso não quer dizer que tudo seja aceitável. Por exemplo, a crueldade pela crueldade é absolutamente condenada:

> Bem usadas são as crueldades [...] executadas num único golpe, devido à necessidade de se proteger, que não têm continuidade, mas são convertidas no máximo de benefícios para os súditos. Mal usadas são as crueldades que, ainda que poucas no início, crescem com a passagem do tempo, em vez de desaparecerem.

A história ainda não descobriu como considerar Maquiavel. A partir do século XVI, ele tem sido condenado por muitos como advogado do mal e defensor da tirania; o cardeal Pole, por exemplo, disse que *O príncipe* foi escrito com "o dedo do Diabo". Outros, entretanto, têm uma visão diferente: alguns o elogiam por entender que a política nada tem a ver, por exemplo, com os méritos de concepções adversárias de virtude, mas, pelo contrário, com os atores políticos reais que desempenham seus papéis em situações reais com toda a perturbação que isso implica; e ainda outros o veem como uma figura quase revolucionária, de pé contra as restrições da autoridade e da moral estabelecidas. Não se pode, evidentemente, duvidar da sua influência, e mesmo hoje ele é aprovado e condenado por ter sido o homem que insistia em que os líderes políticos de sucesso precisam da força do leão e da astúcia da raposa.

A virada científica

Parte da originalidade da abordagem de Maquiavel foi a insistência em que as ideias políticas tinham de se enraizar numa compreensão adequada do que realmente se passa no mundo. Não importa a complexidade de uma teoria de liderança política que você construa, ou a sutileza de uma análise da virtude que você venha a desenvolver, se as ideias não responderem à forma como as pessoas realmente vivem a sua vida e às lições da história, então é provável que as suas conclusões sejam erradas. Esse retorno ao mundo depois do extremo racionalismo da escolástica foi fundamental para o surgimento de uma nova sensibilidade científica, e descobriu sua expressão mais importante e sistemática na obra de Francis Bacon.

Pelo que se sabe, Bacon, que nasceu na pequena nobreza na Inglaterra elisabetana, não era uma personalidade fácil. Sua carreira política foi dificultada nos primeiros estágios porque aparentemente a rainha Elizabeth não apreciava a sua companhia, e ele era conhecido pela voracidade da ambição, movida, pelo menos em parte, pelo fato de estar sempre fortemente endividado por causa do seu estilo luxuoso de vida. Ainda assim, apesar da personalidade idiossincrática, ele chegou ao cargo de lorde chanceler, mas também desenvolveu o que provavelmente se considera com razão ser a primeira declaração apropriada do método científico.

TÓPICOS PRINCIPAIS

- As humanidades — gramática, retórica, etc. — são importantes (Humanismo renascentista)
- Celebração do estilo de prosa da antiguidade clássica (Humanismo renascentista)
- Um príncipe não tem de agir moralmente (Maquiavel)
- O medo e o receio da punição são necessários para a liderança (Maquiavel)
- A liderança virtuosa é contraproducente (Maquiavel)
- Conhecimento é poder (Bacon)
- Quatro tipos de "falsos ídolos" (Bacon)
- Indução por eliminação (Bacon)
- Observação é o alicerce da ciência (Bacon)
- Relações de causa e efeito governam o mundo natural (Bacon)

A REVOLUÇÃO CIENTÍFICA

1522 Fernão de Magalhães circum-navega o globo
1543 Andreas Vesalius publica *De Humanis Corporis Fabrica*
1543 Nicolau Copérnico publica *As revoluções dos orbes celestes*
1604 Johannes Kepler publica a *A parte óptica da filosofia*
1609 Galileu Galilei constrói o primeiro telescópio
1619 Kepler publica *A harmonia do mundo*
1620 Francis Bacon publica *Novum Organum*
1628 William Harvey publica *Estudo anatômico do movimento do coração e do sangue*
1632 Galileu publica o *Diálogo sobre os dois máximos sistemas do mundo*
1637 René Descartes publica *Discurso do método*
1666 Robert Boyle publica *Origem das formas e quantidades*
1667 Fundado o observatório de Paris
1675 Ole Roemer demonstra que a velocidade da luz é finita
1687 Isaac Newton publica *Philosophiae Naturalis Principia Mathematica*
1704 Newton publica *Óptica*
1727 Morre Newton

Bacon delineia suas ideias sobre ciência – ou filosofia natural como era então chamada – no *Novum Organum*, a segunda parte de uma obra planejada para ter seis partes, *The Magna Instauratio* (*A grande instauração*), que ficou inacabada quando da sua morte. Seu objetivo era o estabelecimento das fundações do "conhecimento seguro e provado", e sua esperança, merece ser enfatizado, é adquirir o domínio sobre a natureza. Bacon não é motivado pela ideia de que exista um valor intrínseco em descobrir coisas sobre o mundo. Não acredita que o conhecimento deva ser perseguido por sua própria causa. Pelo contrário, seu objetivo é nos colocar numa posição de onde possamos transformar o mundo no interesse do bem comum – daí a frase comumente atribuída a ele, "conhecimento é poder". Ademais, sua ambição parece ter uma dimensão religiosa. Com a queda de Adão, a humanidade perdeu o domínio sobre a natureza. Adequadamente conduzida, a filosofia natural poderia recuperá-lo.

Bacon inicia o *Novum Organum* detalhando quatro tipos de erro, os "falsos ídolos" em que tendemos a cair quando tentamos entender o mundo natural: ídolos da tribo, ídolos da caverna, ídolos do mercado e ídolos do teatro. Esses erros hoje parecem notavelmente familiares.

Os ídolos da tribo são os erros enraizados na própria natureza humana e afetam igualmente a todos. Bacon quer dizer coisas como a tendência do intelecto humano de impor ordem sobre a experiência sensorial onde não existe ordem na natureza; o que os psicólogos modernos chamam de "tendência à confirmação", que é a tendência de alguém a focalizar seletivamente a evidência que confirma as próprias ideias; e o pensamento desejoso, ou seja, acreditar que as coisas são verdadeiras porque assim se deseja que elas sejam. Bacon nos acautela:

> Não é verdade que os sentidos humanos sejam a medida das coisas; pois todas as percepções [...] refletem aquele que percebe, e não o mundo. O intelecto humano é igual a um espelho que distorce, que recebe irregularmente os raios de luz e assim mistura a sua própria natureza com a natureza das coisas, que ele distorce.

Os ídolos da caverna são os erros que tendemos a fazer como indivíduos, baseados na nossa constituição física e mental particular. É uma espécie de categoria geral que inclui coisas como a tendência a generalizar uma explicação ou abordagem teórica; o fato de considerarmos difícil percorrer um campo intermediário entre o apreço pela tradição e o apreço pelo que é novo; e o problema de encontrar o equilíbrio entre o foco nas diferenças e o foco nas semelhanças. Temos a tendência a preferir nossas opiniões particulares sobre o mundo, o que, em consequência, nos cega para outras possibilidades.

ACIMA Uma representação (1708) do universo copernicano. O surgimento do heliocentrismo marcou o início da modernidade científica.

Moniti Meliora

Os ídolos do mercado são as distorções impostas ao nosso pensamento pela linguagem. Bacon afirma que as palavras têm um poder próprio, que infecta o intelecto tornando assim "sofísticas e ociosas" a filosofia e as ciências. Ele indica especificamente o fato de haver palavras que se referem a coisas que não existem; e palavras que têm significados múltiplos e ambíguos.

Finalmente, existem os ídolos do teatro, que são os erros derivados dos sistemas filosóficos tradicionais e corrompidos. Em particular, ele ataca as filosofias sofísticas, inadequadamente empíricas e, o pior de tudo, supersticiosas.

Felizmente, existe uma solução pronta, ao nosso alcance:

> O curso que proponho para a descoberta das ciências é tal que deixa pouco para a agudeza e força da razão, mas coloca toda a razão e compreensões quase no mesmo nível. Pois, tal como no desenho de uma linha reta ou de um círculo perfeito, dependemos muito da firmeza e prática da mão, mas com a ajuda de uma régua ou compasso, a dependência é pouca ou nenhuma; o mesmo se dá com o meu plano.

A Indução por eliminação de Bacon

O método que Bacon sugere ser seguido pela ciência baseia-se na indução, que é a prática de extrair uma conclusão geral da observação de muitos exemplos específicos. Mas ele não está pensando no tipo de indução que sempre tinha caracterizado a filosofia natural até aquele ponto – que ele declarou ser pueril. Ele pensava em algo muito mais sofisticado. Um exemplo simples será suficiente para ilustrar como pode variar seu nível de sofisticação.

Imagine que você seja um jovem cientista no mundo pré-histórico e está interessado no que faz a água ferver. Você viaja de acampamento em acampamento e percebe que ferver água está sempre associado à presença de fogo. Portanto, você conclui que o fogo é a causa de a água ferver, e você é saudado como um brilhante cientista. É um exemplo muito simples de indução: você observa múltiplos exemplos de um fenômeno, e tira uma conclusão geral.

Mas um dia você viaja até um pouco mais longe e encontra uma tribo antes desconhecida. Ao visitar o acampamento, você nota que eles têm uma grande

AO LADO Francis Bacon em um retrato atribuído a William Larkin (ativo entre 1608 e 1619). Bacon caiu no desagrado de Elizabeth I por causa de traços de personalidade; ainda assim ele conseguiu conceber a base de um método reconhecidamente científico de pesquisa.

> Bacon se interessa pelo bem comum — daí a frase comumente atribuída a ele, "conhecimento é poder".

geringonça metálica a que dão o nome de "fogão elétrico", sobre o qual se coloca um recipiente que você descobre conter água fervente. Pelo que você observa, não há fogo presente, o que significa que sua conclusão anterior de que o fogo é a causa de a água ferver está de alguma forma errada, pois é possível ferver a água na ausência de fogo. Portanto, você então conclui que deve haver alguma coisa em comum entre o fogo e o fogão que faz a água ferver.

Esse é um tipo simples de indução, mas mostra que se você acrescenta uma camada de complexidade, nesse caso o fato de a água ferver na ausência do que antes parecia ser uma condição necessária de fervura (a presença de fogo), então você passa a ter uma compreensão mais refinada do fenômeno em questão. A ideia de Bacon é que uma forma altamente sofisticada de indução, que leva em conta as circunstâncias em que aparece um fenômeno particular e as circunstâncias em que ele não aparece, pode funcionar como a base de uma ciência confiável. Em particular, deve ser possível identificar todas as circunstâncias em que ocorre um fenômeno particular (relacionadas em uma tabela de presença); as circunstâncias mais significativas em que ele não ocorre (relacionadas em uma tabela de ausências); e as circunstâncias em que ele aumenta ou diminui (apresentadas em uma tabela de comparação). Dessa forma é possível descobrir a relação de causa e efeito que governa as coisas que compõem o mundo natural.

Bacon ilustra a questão usando o exemplo do calor. Suponha que tenhamos observado que a água é geralmente inerte, mas ferve a altas temperaturas e se congela em temperaturas baixas. Com base nessas observações, podemos propor a hipótese de que outros líquidos se comportarão da mesma forma na presença de calor. Podemos tentar ferver óleo. Ou congelar o mercúrio. Depois de algum tempo, com um número suficiente de observações, devemos estar em posição de construir uma lei geral que descreva o comportamento do calor com os líquidos. Bacon argumenta que as leis da natureza formam uma espécie de pirâmide de cobertura crescente, e nossa compreensão e controle das coisas aumenta quanto mais leis descobrimos. Isso não é a ciência tal como a conhecemos hoje, que de certa forma é menos ambiciosa. Mas é muito mais que as investigações caóticas características da época de Bacon. E é certamente reconhecível como algo que se aproxima da ciência tal como a entendemos.

AO LADO *O astrônomo*, pintado por Jan Vermeer (1668). Melhoramentos nos telescópios, do qual Galileu foi pioneiro, levaram a descobertas e a medidas cada vez mais precisas do movimento planetário por uma nova geração de astrônomos.

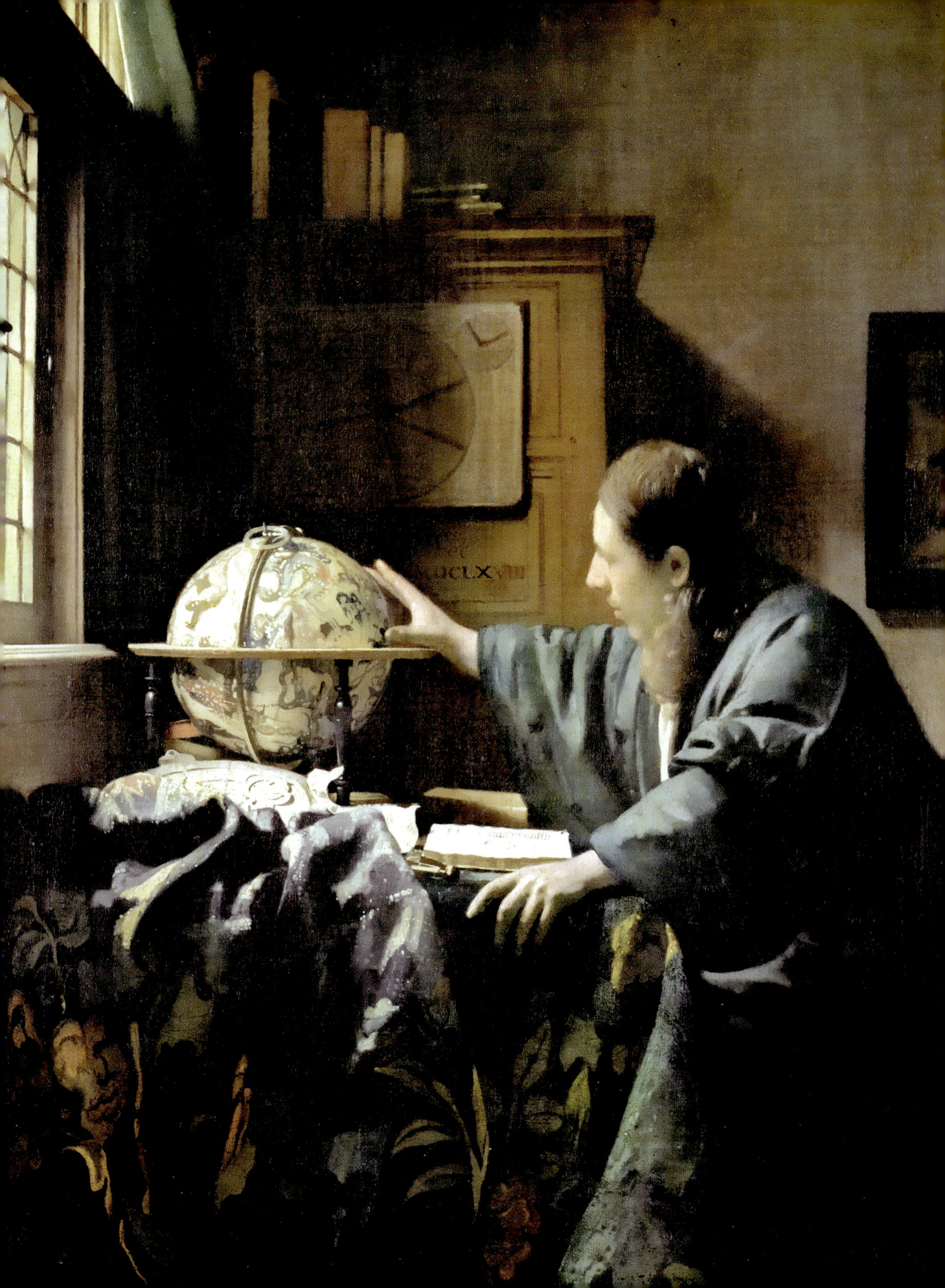

O julgamento de Galileu

Em 1633, o pano de fundo do julgamento de Galileu Galilei, visto com razão como o pai da ciência moderna, foi um debate sobre se a Terra ou o Sol está no centro do Universo. A Igreja católica, à época a força absolutamente dominante em muitas partes da Europa, estava comprometida com a visão ptolomaica, endossada por Aristóteles, de que o Sol e todas as estrelas giravam em volta de uma Terra estacionária. Essa visão já estava sob pressão em meados do século XVI, quando Nicolau Copérnico publicou *As revoluções dos orbes celestes*, no qual afirmou que o Sol estava no centro do Universo e a Terra, girando em torno do seu próprio eixo, orbitava em torno do Sol uma vez a cada ano.

De início a teoria de Copérnico não foi levada muito a sério, mas com a invenção do telescópio em 1609, Galileu pôde fazer uma série de observações que pareceram confirmar as ideias de Copérnico, e ele passou a defendê-las em público. Nem todo mundo gostou da sua defesa. Em 1615, o padre Lorini alertou a Inquisição romana sobre as atividades de Galileu, afirmando que suas ideias eram "suspeitas" e "presunçosas", e deviam ser investigadas. Em consequência, a Igreja católica decretou ser a teoria de Copérnico herética e Galileu foi formalmente censurado.

Durante algum tempo a questão foi esquecida: Galileu se ocupou com outras questões e o movimento copernicano foi reduzido ao silêncio. Mas as coisas começaram a mudar em 1623, quando foi eleito um novo papa, supostamente simpático às ciências, o que deu novo ímpeto para Galileu começar a trabalhar no *Diálogo sobre os dois máximos sistemas do mundo*, que foi finalmente publicado em 1632. Nele se apresentava um debate entre Salviati, que defende o sistema copernicano, e Simplício, que se mantém obstinadamente comprometido com o velho modelo ptolomaico. É claro que Salviati é o porta-voz das ideias do próprio Galileu, e o leitor supostamente devia concluir que o modelo copernicano descreve com maior precisão o Universo.

A Igreja católica não aceitou bem o livro. O papa Urbano VIII ordenou uma investigação, que concluiu contra Galileu e passou o caso para a Inquisição. Em abril de 1633, Galileu, então com quase setenta anos, viajou a Roma para se apresentar diante do padre Firenzuola, o comissário-geral da Inquisição. Ele foi considerado "veementemente suspeito de heresia" e "obrigado a abjurar, amaldiçoar e detestar" suas opiniões heréticas, e condenado a prisão domiciliar pelo resto da vida. Seu livro, *Diálogo sobre os dois máximos sistemas do mundo*, foi incluído na relação de obras proibidas pela Igreja.

Segundo uma lenda popular, ao enfrentar a Inquisição, Galileu teria murmurado a frase: "Mesmo assim ela se move" (referindo-se à Terra). Infelizmente não há razão para acreditar que isso tenha realmente ocorrido. É muito mais provável que ele tenha aquiescido por medo. De fato, suas próprias palavras confirmam o resultado final:

> Afirmo, portanto, pela minha consciência, que agora não tenho mais a opinião condenada, e não a tenho desde a decisão das autoridades [...]. Estou aqui nas suas mãos, façam comigo como lhes aprouver.

A Igreja católica só abandonou formalmente sua oposição ao heliocentrismo na década de 1820; e somente perto do final do século XX ela se desculpou pela injustiça cometida contra Galileu.

AO LADO Gravura da folha de rosto (1635) do *Diálogo de Galileu*. Aristóteles, Ptolomeu e Copérnico, todos aqui retratados, representam a batalha entre a antiga visão geocêntrica do Universo e o novo heliocentrismo.

DIALOGVS DE SYSTEMATE MVNDI,

Autore

GALILÆO GALILÆI LYNCEO,

SERENISSIMO
FERDINANDO II. HETRVR. MAGNO-DVCI
dicatus.

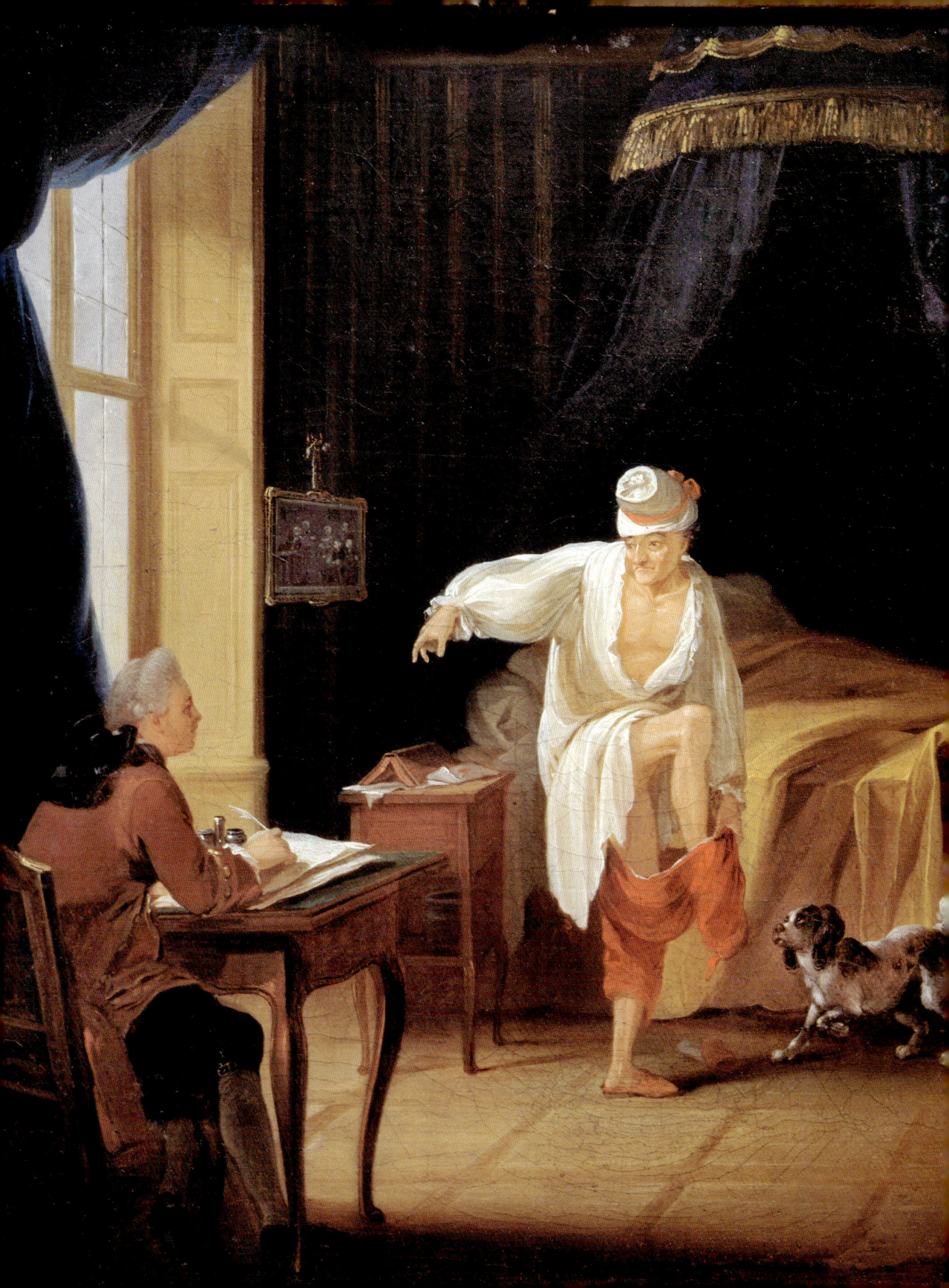

RAZÃO

Há pelo menos duas maneiras de saber alguma coisa. Possivelmente a maior parte do que sabemos depende da nossa experiência sensorial do mundo. Você sabe como é o clima no lugar onde está, você sabe o conteúdo de uma sala onde está, e talvez tenha uma ideia do que se passa na sala ao lado — tudo porque você vê, ouve, toca e, se for audacioso, sente o gosto de tudo à sua volta. Mas às vezes você pode saber alguma coisa simplesmente por pensar nela. As leis da lógica são exemplos desse tipo ligeiramente estranho de conhecimento, e talvez a mais famosa delas seja a lei da não contradição. Eis aqui uma das versões de Aristóteles: afirmações opostas não podem ser verdadeiras ao mesmo tempo. Pense um pouco. Isso é verdade?

Isso é quase obrigatoriamente verdade, não é? Lembre-se de que Aristóteles não está falando de opostos subjetivos, como quente e frio, em que se pode imaginar que alguém ache quente a água num balde e outra pessoa a ache fria — e assim, em certo sentido, o balde é ao mesmo tempo frio e quente. Ele afirma que para qualquer proposição positiva (p), existe uma proposição oposta (não p). Há luz na janela. Não há luz na janela. Essas sentenças não podem ser ambas verdadeiras ao mesmo tempo. Parece que quaisquer p e não p não podem ser ambas verdadeiras ao mesmo tempo.

Mas como sabemos isso? Que evidências devemos reunir? Sensação não parece estar à altura. É preciso já ter visto algumas janelas para entender as sentenças, mas não é essa

TÓPICOS PRINCIPAIS

- Regras para orientação do pensamento
- Percepções claras e distintas
- Alicerces inabaláveis
- O demônio do mal
- Penso, logo existo
- Dualismo cartesiano
- Deus não mente
- Deus é a única substância
- Servidão
- Mônadas
- O melhor de todos os mundos possíveis

a questão. A questão é como saber que a lei da não contradição é verdadeira? Algumas pessoas dizem que sabem que ela é verdadeira apenas por pensar nela — por pensar no que é uma contradição, o que é uma proposição, e talvez no significado de verdade. É difícil pensar que qualquer outro tipo de evidência possa contar. Teria sentido sair e olhar várias janelas?

Talvez você só tenha pensado sobre a lei da não contradição e "viu" que ela era verdadeira, você teve uma espécie de intuição racional, e tudo isso aconteceu independentemente de qualquer experiência em particular. Isso não quer dizer que a experiência seja inteiramente irrelevante para que se veja que a lei da não contradição é verdadeira — talvez alguém nascido sem nenhuma capacidade de sensação nunca tivesse a ideia da lei da não contradição. Mas a evidência para essa lei, a forma como você "vê" a sua verdade, parece não ter nenhuma relação com realmente ver ou com nada que os seus sentidos possam lhe transmitir. A razão realiza sozinha a sua obrigação.

Racionalismo é o conceito que abrange todas as visões que afirmam, até um ou outro grau, que algumas verdades são conhecidas independentemente da experiência. Empirismo é a visão contrária segundo a qual tudo que sabemos se origina em última análise da nossa experiência do mundo. Filósofos modernos se dividem entre os racionalistas e os empiristas, e neste capítulo vamos tratar dos racionalistas, e no próximo dos empiristas. Vamos começar e nos concentrar em René Descartes, que é com razão chamado de pai da filosofia moderna. Ele também teve participação no nascimento da ciência moderna.

A filosofia moderna é na verdade uma nova fase do pensamento humano. Os filósofos modernos, particularmente Descartes, talvez levado pelo humanismo e pela nova ciência da sua época, distanciaram-se deliberadamente das discussões sobre Platão e Aristóteles. Eles o faziam de forma discreta, anônima e geralmente póstuma — a Igreja às vezes tornava as coisas extremamente desagradáveis para os heréticos —, mas apesar de toda a sua cautela, os modernos partiam em novas direções. Mesmo assim, ao se afastarem dos antigos, em certo sentido os filósofos modernos faziam exatamente o que os antigos faziam. Pela primeira vez desde Aristóteles, os filósofos tentavam novamente entender o mundo, construindo sistemas filosóficos inteiros, estabelecendo aquilo em que realmente

ANTERIOR Um racionalista iluminista saúda o dia em *Voltaire se levanta em Ferney*, de Jean Huber (século XVIII)..

acreditavam em vez de meramente tentar entender os que os precederam. Essa nova era produziu alguns dos maiores filósofos da história: dentre eles os racionalistas René Descartes, Bento de Espinosa e Gottfried Wilhelm Leibniz, e os empiristas John Locke, George Berkeley e David Hume. Enquanto a escolástica desaparecia no fundo da cena, os filósofos tinham a liberdade de pensar de uma forma que desconheciam desde a antiguidade. Conceitualmente, os bons tempos tinham voltado.

O método propriamente dito

Descartes nasceu em 1596 numa cidade que hoje tem seu nome, ao sul de Tours, na França. Foi instruído pelos jesuítas e recebeu uma educação completamente escolástica, mas dela saiu insatisfeito. Os ensinamentos dos jesuítas "não continham nenhuma questão que não fosse debatida e portanto incerta". A dúvida perturbava Descartes. Ele teria odiado participar de uma discussão escolástica. Pode-se pensar na sua filosofia como uma tentativa de se ver livre de dúvidas, e assegurar, de uma vez por todas, um conhecimento incontestável do mundo.

Descartes se preparou para a vida de advogado, mas logo viu que ela não era para ele. Tornou-se soldado e depois viajante, "misturando-me com pessoas de temperamentos e classes diversos, reunindo experiências variadas, testando-me em situações que a sorte me oferecia". A sorte lhe ofereceu muitas situações de teste com pessoas de classes variadas, inclusive a experiência de incorrer em altas dívidas de jogo e lutar um duelo devido a uma ligação amorosa. Depois de toda essa excitação, ele se isolou na Holanda durante muitos anos, estudando matemática, ciência e filosofia. Sua obra em matemática foi particularmente frutífera, e entre outras coisas ele abriu caminho para a geometria analítica. As coordenadas cartesianas são assim chamadas em sua homenagem.

> Descartes se preparou para a vida de advogado, mas logo viu que ela não era para ele.

A culminância dos seus esforços foi um grande tratado chamado *O mundo ou Tratado da luz*, que lança um sistema geral que Descartes esperava poder superar a física e a metafísica, de Aristóteles, garantindo uma base firme para as novas ciências. Dentre outras coisas ele defende uma visão heliocêntrica do sistema solar. Mas quando se preparava para publicá-lo, Galileu foi censurado por propor a mesma visão, e com grande relutância, Descartes decidiu esperar, preferindo publicar uma amostra da sua obra contida no livro, prefaciando-a com um "Discurso sobre o método de conduzir adequadamente a razão e procurar a verdade nas ciências". Desde então os capítulos da amostra e *O Mundo ou Tratado da luz* caíram na sombra desse prefácio, que se tornou uma obra independente, o *Discurso do método*. É um dos textos clássicos de filosofia de leitura mais agradável, escrito para interessar e convencer não apenas os teólogos e cientistas, mas os frequentadores empoados e cultos dos salões parisienses. Pela primeira vez desde a Antiguidade, um filósofo fazia um esforço para falar a pessoas comuns. É impossível abandonar a leitura antes do final. Você é levado pelo entusiasmo e esperança de Descartes – está ao lado dele na sua busca da verdade.

O raciocínio cuidadoso está na essência do seu método, e seu modelo é a matemática. A ideia é que se alguém avança lenta e cautelosamente a partir de uma base firme, passo a passo, verdade a verdade, à maneira de uma demonstração matemática desde as definições e axiomas até os teoremas, a razão sozinha nos livra da incerteza e nos leva a todas as verdades que existem à espera de ser descobertas. Ele identifica quatro regras para orientação do pensamento:

> A primeira era nunca aceitar como verdadeiro nada que eu não soubesse ser evidentemente verdadeiro [...] para incluir nos meus julgamentos nada além do que se apresentasse tão clara e distintamente à minha mente que eu não pudesse ter ocasião de colocá-la em dúvida.
>
> A segunda, dividir cada uma das dificuldades que eu estivesse examinando em tantas partes quantas fosse possível e necessário para resolvê-la.
>
> A terceira, conduzir os meus pensamentos de forma ordenada, começando pelos objetos mais simples e mais fáceis de conhecer, para subir gradualmente [...].
>
> E a última, em todos os casos fazer enumerações tão completas e revisões tão gerais que eu tivesse certeza de não ter omitido nada.

Por meio de longas cadeias de reflexão cuidadosa, aceitando apenas as proposições reveladas pela "luz divina da razão", Descartes afirma não haver verdade tão oculta ou distante que não possamos no fim descobri-la. Então, aqui está o método do racionalista para descobrir tudo o que há para saber no mundo e o nosso lugar nele.

Alicerces inabaláveis

Quatro anos depois de publicar o *Discurso do método*, Descartes produziu *Meditações sobre filosofia primeira*, um livro que não se destinava aos que viviam nos salões, mas aos teólogos e homens de letras. É uma tentativa de usar o seu método "para estabelecer uma coisa firme e duradoura nas ciências". O livro não é tanto um rompimento com a filosofia que veio antes, como um trabalho de demolição, uma tentativa de recomeçar destruindo tudo e partir novamente do zero. Foi escrito como uma série de meditações ao longo de seis dias, que são lidas como entradas num diário. Toda noite, quando se senta ao lado do fogo, Descartes avança mais alguns passos.

Começa procurando uma verdade incontestável que sirva como o alicerce seguro de uma nova metafísica e, em cima dela, constrói uma nova ciência. Se descobrir alguma base para ceticismo, a crença em questão não está além de qualquer dúvida e portanto não pode servir como fundação adequada. Como as apostas são tão altas, o que em outro contexto talvez fosse especulação ridícula, agora conta como uma base segura de dúvida. Afinal, nada menos que verdades absolutamente indubitáveis podem servir como base para o conhecimento exato.

O ponto por onde começar é pelas sensações. Quase tudo em que acredita chegou a ele por meio dos seus sentidos, mas às vezes os sentidos nos enganam, por exemplo, os remos parecem curvos na água. Se os sentidos às vezes nos enganam, como vamos ter certeza de que qualquer uma das nossas certezas baseadas nos sentidos é verdadeira?

A possibilidade de um erro de percepção o preocupa, mas não o suficiente para fazê-lo abandonar todas as suas crenças sensoriais. Talvez haja espaço para duvidar dos sentidos em condições menos que ótimas, como tentar ver através da água, mas mesmo assim ele não se permite duvidar de que está sentado ao lado do fogo escrevendo seu livro, apenas porque seus olhos às vezes o enganam. Mas tem de admitir ter tido sonhos vívidos, chegou mesmo a sonhar que estava sentado ao lado do fogo quando na verdade estava deitado na cama. Ele é então forçado a concluir que "não existem sinais conclusivos pelos quais se pode distinguir claramente entre estar acordado ou dormindo", em grande parte porque ele poderia estar sonhando tal sinal. Mas mesmo que esteja dormindo, mesmo que não seja a sua mão a que está escrevendo as notas no seu diário, mesmo que não tenha certeza de que tem uma mão, ainda têm de haver "coisas simples e universais" que compõem os seus sonhos. Os sonhos são construídos a partir de algo básico que seja real. Então, talvez cabeças, mãos e olhos são produtos de um sonho, mas ainda assim deve haver uma natureza corpórea em geral, e coisas como quantidade, tamanho, número, lugar e tempo enquanto tais. Acordado ou dormindo, verdades

DIREITA Uma ilustração do *Discurso do método* (1637) de Descartes, evidência do seu interesse em ótica e percepção.

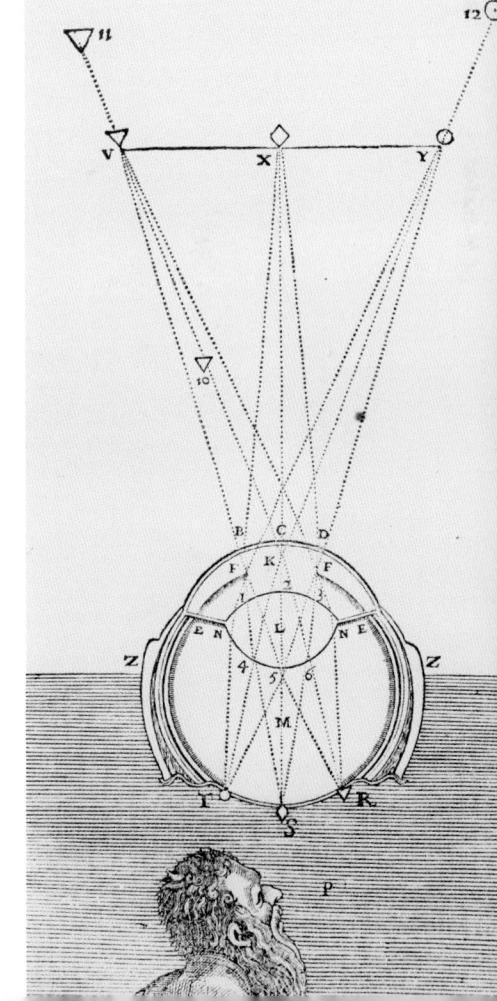

O círculo cartesiano

Descartes consegue realmente escapar das dúvidas céticas que levanta no início das *Meditações*? Lembre-se de que seus esforços se baseiam em duas proposições: Deus existe e não mente, e tudo que é clara e distintamente percebido é verdade. Ele certamente tinha consciência de uma das maiores objeções ao seu projeto, pois ela foi levantada por Antoine Arnauld e considerada pelo próprio Descartes. Diz Arnauld:

> Tenho mais uma preocupação, a saber, como Descartes evita a circularidade quando diz que é só por sabermos que Deus existe que podemos ter certeza de que tudo que percebemos vívida e claramente é verdade. Mas podemos ter certeza de que Deus existe apenas porque percebemos isso vívida e claramente; então, antes de podermos ter certeza da existência de Deus, precisamos ter condições de saber que tudo que percebemos clara e evidentemente é verdadeiro.

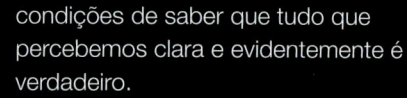

Isso não é circularidade? Se for, então Descartes não tem direito à conclusão de que Deus existe nem ao pensamento de que tudo que percebe clara e distintamente é verdadeiro. Se não tem direito aos dois, só lhe resta a verdade de que ele existe.

A resposta de Descartes depende de uma distinção entre perceber alguma coisa clara e vividamente e lembrar-se de ter percebido assim alguma coisa. Na primeira vez em que refletiu sobre a existência de Deus, observar cuidadosamente todos os pensamentos e ver tudo com clareza é o que é necessário. Mas, depois do fato, ele necessita apenas da lembrança de ter visto clara e distintamente a prova. De certa forma, clareza e distinção se sustentam sozinhas. Afinal, Descartes descobriu que existia antes de ter estabelecido a existência de Deus e, portanto, ideias claras e distintas são suficientes em si para nos trazer a verdade. Deus só é necessário para dar suporte às nossas outras faculdades, por exemplo, a memória.

O verdadeiro problema, afirmam outros, não é a circularidade no pensamento de Descartes, mas a introdução sem comprovação de um "eu" no início da recuperação do conhecimento. Quando descobre a verdade do cogito – penso, logo existo –, a suposição da existência do eu que pensa não seria um salto? Dada a enormidade do buraco de ceticismo que cavou para si mesmo, teria ele o direito de concluir alguma coisa além de "pensar existe, logo existe o pensamento". Trazer consigo todo um eu como companheiro de viagem talvez seja chegar longe demais.

ESQUERDA René Descartes, num retrato atribuído a Frans Hals (c.1649 ou mais tarde). O quadro está hoje exposto no Louvre.

simples são verdades simples: dois mais três são cinco, e triângulos têm três lados. O que poderia abalar as crenças em tais coisas?

Deus com toda certeza poderia. "Quem pode me garantir que Deus não organizou as coisas para que não houvesse terra, nem céu, nem corpo estendido, nem número, nem magnitude ou lugar, e ainda assim eu tenha a percepção de todas essas coisas?" E se alguma coisa abaixo de Deus tivesse criado Descartes, talvez uma sequência aleatória de eventos, então ele estaria num problema epistêmico ainda mais sério, pois nesse caso suas origens seriam muito menos que perfeitas. Ele não podia aceitar que Deus o enganasse assim – afinal, supõe-se que Deus seja perfeitamente bom –, então ele imagina um adversário sinistro, um demônio mau de grande gênio e poder, que faz todos os esforços para desorientá-lo. Isso finalmente completa o abalo das crenças. Essa criatura poderia existir, então existe uma fatia de razão capaz de duvidar de todas as suas crenças. Ele conclui: "De todas as opiniões que já aceitei como verdadeiras, não existe nenhuma que não seja agora legitimamente aberta à dúvida." Nada mal para cerca de cinco páginas de filosofia.

Mente, corpo e Deus

Descartes então descobre que uma proposição é imune a todas as dúvidas céticas que levantou. Se os seus sentidos o desviaram do caminho, se ele não é capaz de saber se está acordado ou dormindo, se existe um demônio mau que o enganou, mesmo assim ainda existe um "ele". Mesmo tendo sido desencaminhado e enganado, ele ainda tem de existir. Como diz ele:

> [...] depois de pensar cuidadosamente, e tendo examinado tudo escrupulosamente, deve-se então, em conclusão, tomar como verdadeiro que a proposição: Eu sou, eu existo, é necessariamente verdadeira toda vez que eu a expresse ou a conceba na minha mente.

Esta é uma versão de uma das frases mais famosas da filosofia. Em latim, *cogito, ergo sum*: penso, logo existo.

Mas o que exatamente ela significa? O que é esse "eu" que existe? Descartes diz que costumava pensar em si como homem, como composto de carne e ossos – como possuidor de um corpo. Ele também pensava em si mesmo como possuidor de sentimentos e pensamentos, e estes ele atribuía à sua alma. Mas se pensa no demônio, ele pode ter certeza de que essas coisas estão nele, são genuinamente parte da sua natureza? Ele talvez não tivesse um corpo, mas a única coisa que não pode ser

QUEM O DISSE PRIMEIRO?

"Penso, logo existo" está entre as citações mais conhecidas da filosofia, mas Descartes não foi o primeiro a compreender essa linha de pensamento. Como Aristóteles em *Ética a Nicômaco*: "Sempre que pensamos, temos consciência de que pensamos, e ser consciente de que percebemos ou pensamos é ser consciente de que existimos."

"separada" da sua essência, uma coisa sobre a qual ele não pode estar errado, é o fato de ele pensar. "Sou, portanto, em termos precisos, apenas uma coisa que pensa."

Ao tentar entender o que realmente é, Descartes traz para a filosofia o que passou a ser conhecido como dualismo cartesiano, a visão de que a mente e o corpo são duas substâncias fundamentalmente diferentes. As mentes são coisas que pensam. Corpos são coisas estendidas no espaço. É uma das ideias de maior influência na filosofia. Vamos voltar à teoria da mente de Descartes no capítulo sobre mente e matéria.

Dado que sua natureza é pensar, sobre que tipos de coisas ele pensa? Ele tem, diz, ideias de outras substâncias finitas, como ele próprio, mas ele também tem a ideia de uma substância infinita, eterna, independente e onipotente. Poderia uma coisa finita e imperfeita criar a ideia de uma coisa infinita e perfeita? Lembremos os argumentos escolásticos que partem da ideia de que todos os efeitos têm uma causa desde uma primeira Causa Não-causada no início da cadeia. Tem de haver alguma coisa além de mais uma causa no início que explique todas as causas comuns — uma coisa de certa forma mais real, capaz de causar a si própria, capaz de explicar todas as causas comuns. Da mesma forma, Descartes argumenta que causas têm de ter pelo menos tanta realidade em si como os efeitos que produzem. Então, como poderia uma coisa imperfeita criar uma coisa perfeita? Não existe "realidade" suficiente na causa imperfeita para criar uma coisa monumentalmente real como a perfeição. Então, um ser finito como ele próprio não poderia ter criado a ideia de um ser perfeito. Descartes é levado à ideia de que Deus tem de existir.

A existência de Deus, um Deus bom que não mente, realiza uma parte significativa do trabalho de Descartes. Se ele criou um Deus, então ele sabe que Deus não lhe permitiria estar sistematicamente errado quando aplica a mente a um problema. Se aceita apenas o que percebe clara e distintamente ser verdade — se toma cuidado para usar com propriedade as faculdades que Deus lhe deu e aplica escrupulosamente o seu método —, ele vai manter distância do erro. Sobre a base dessa firme fundação e método racionalista, pensa ele, a humanidade precisa apenas continuar acumulando as verdades relativas ao mundo.

Sob o aspecto da eternidade

Adotando de coração o método geometricamente inspirado de Descartes, o segundo racionalista, Espinosa, produz teoremas filosóficos no estilo de um matemático, e o resultado é uma concepção estranhamente atraente de moralidade e liberdade.

Deve-se mencionar *en passant* que Espinosa ocupa um lugar ao lado de Sócrates no coração de muitos filósofos — tal como Sócrates, ele defendia resolutamente suas convicções. Nasceu numa família judia portuguesa que esperava fugir da discriminação emigrando para uma Holanda tolerante. Se o seu mal-afamado livro de críticas bíblicas, o *Tratado teológico-político*, merece crédito, a comunidade judaica teve razão ao excomungá-lo em 1656. Na obra, ele trata a bíblia como um documento histórico, cheio dos preconceitos dos seres humanos comuns, e às vezes levemente estúpidos. Apesar de ser um intelectual de percepções agudas e grande renome na sua época, ele viveu em absoluta frugalidade, ganhando uma renda modesta como polidor de lentes. Provavelmente foi morto pelo pó. Recusou um cargo acadêmico em Heidelberg para manter a independência intelectual. Durante algum tempo, o "espinosismo" foi sinônimo de ateísmo, mas ainda assim, os poetas românticos mais tarde lhe dariam a alcunha de "homem intoxicado de Deus". Tanta coisa acontece no seu texto sutil que se justificam as muitas interpretações do seu pensamento.

Sua obra-prima é *Ética*. O texto é por vezes um indutor de hemorragia: uma série sumária de definições, axiomas, proposições, demonstrações, postulados e corolários euclidianos. Mas seus cinco livros – "A respeito de Deus", "Sobre a natureza e origem da mente", "Sobre a origem e natureza das paixões", "Da servidão humana" e "Da liberdade humana" – constroem um retrato notavelmente original de nós e do nosso lugar no universo, culminando em um relato da moral e felicidade humanas reminiscente do estoicismo.

A primeira conclusão do livro é que existe apenas uma única substância, que pode ser chamada de Deus ou Natureza. É aberta a diferentes interpretações, mas o argumento começa com o pensamento de que uma substância é uma coisa independente: "aquela cujo conceito não exige o conceito de outra coisa". Não pode haver duas ou mais substâncias "da mesma natureza ou atributo". Mas também existe a noção de Deus, definido como uma "substância que consiste numa infinidade de atributos". Se as substâncias têm atributos em comum, e Deus tem todos os atributos, tem de haver

ACIMA Bento de Espinosa por um pintor contemporâneo anônimo. Espinosa foi chamado de herege, de "homem intoxicado de Deus": descobriu a liberdade filosófica ao reconhecer a necessidade causal.

apenas uma substância. "Com exceção de Deus, nenhuma substância pode ser ou será concebida."

Então, o que é toda essa diversidade que vemos à nossa volta na natureza, e o que, por falar nisso, somos nós? O Deus de Espinosa não cria tudo num ato separado – pelo contrário, tudo que existe segue necessariamente da natureza de Deus; mais que isso, tudo que existe é um modo da natureza de Deus, uma maneira de ela ser ou existir. Assim como uma pessoa pode existir feliz ou irritada (são dois modos possíveis de existência), tudo que existe à nossa volta é um modo de existência de Deus, um modo pelo qual Deus é. Espinosa pensa que na verdade Deus tem um número infinito de atributos, mas só dois são conhecidos por nós, os dois identificados por Descartes: o pensamento e a extensão do corpo no espaço. São a mesma coisa, compreendidas de duas maneiras diferentes.

De acordo com Espinosa, a questão de tudo necessariamente fluir da natureza de Deus é na verdade a chave da nossa liberdade. Ele afirma que "todas as coisas foram determinadas a partir da necessidade de a natureza divina existir e produzir efeito de certa maneira" – e isso nos inclui. Todos os nossos sentimentos e emoções "seguem-se da mesma necessidade e força da natureza que outras coisas singulares". E, tal como todos os seres, nosso objetivo é a autopreservação. Nossas emoções ou, como Espinosa as denomina, "afetos", refletem as oscilações da nossa capacidade ou incapacidade de sobreviver ou nos desenvolver. Paixões como o medo, raiva e alegria são emoções dirigidas para fora, para causas externas a nós, que tendem a impedir ou aumentar nossas tentativas de nos preservarmos. A questão é que para a maioria de nós a felicidade depende de causas que estão completamente além do nosso controle. Como explica Espinosa, "À falta de força do homem para moderar e restringir as emoções dou o nome de Servidão. Pois o homem sujeito a emoções está sob o controle, não de si mesmo, mas da sorte". A solução é compreender exatamente o que está se passando e assim assumir o controle das próprias respostas.

Nós nos responsabilizamos pelas nossas paixões reconhecendo-as e fazendo delas as nossas ações. Um afeto, diz Espinosa, "deixa de ser uma paixão tão logo tenhamos uma ideia clara e distinta dela", tão logo, em outras palavras, entendamos o seu lugar no

ACIMA Para Espinosa, a crueldade e a raiva – aqui personificadas como *Crudelitas and Saevitia* numa impressão de platina de um desenho de Burne-Jones (século XIX) – eram parte da prisão da paixão que impedia a liberdade.

desenvolvimento da natureza de Deus. Tanto melhor conhecemos Deus, mais virtuosos nos tornamos. Talvez a sua raiva da vizinha e do seu novo interesse em tocar banjo tarde da noite diminua quando você perceber que seus atos, como todas as coisas reais, são determinados pela natureza. A raiva do ladrão que rouba o seu carro desaparece quando você perceber que não poderia tê-lo mantido nem que quisesse. Se virmos as coisas "sob o aspecto da eternidade", e não apenas dos nossos insignificantes pontos de vista, não seremos mais escravos das nossas paixões. Descobriremos a única espécie de liberdade possível para nós pela compreensão e aceitação do nosso lugar na natureza – ou, o que para Espinosa é a mesma coisa, encontramos a salvação no amor intelectual por Deus.

Os espelhos sem janelas de Leibniz

Chegamos finalmente ao terceiro dos racionalistas modernos, Leibniz. A primeira coisa a observar é que sua produção é assustadora – em amplitude, profundidade e tamanho. Isso é parcialmente explicado pelo fato de seu pai ter sido um filósofo, dono de uma enorme biblioteca, e Leibniz teve acesso a ela desde tenra idade. Aprendeu latim sozinho antes de chegar à adolescência, dominou rapidamente o grego e logo abriu caminho através dos livros do pai. Já adulto, ele deu contribuições para quase todas as disciplinas, particularmente a filosofia e a matemática. Nunca reuniu suas opiniões filosóficas numa única grande obra, mas escreveu muita coisa filosoficamente interessante. Em 1923 foi lançado um projeto de preparação de uma coleção completa das suas obras. O trabalho ainda continua: há mais de oitenta mil manuscritos a serem analisados e identificados.

Desde Aristóteles, nunca um filósofo voltou a atenção para tantos assuntos. Descobriu o cálculo independentemente de Newton – o debate em torno de quem chegou lá primeiro durou muitos anos. A contadora escalonada de Leibniz, uma máquina inventada por ele, é a primeira calculadora mecânica capaz de somar, subtrair, multiplicar e dividir – há quem a imagine como no mínimo uma ancestral do computador, quando não um computador propriamente dito. Foram necessários os avanços de várias disciplinas durante muitas décadas para alcançá-la. Como concluiu o filósofo iluminista Diderot: "Quando se comparam os próprios talentos com os de um Leibniz, tem-se a tentação de jogar seus livros no lixo e morrer calmamente no escuro de algum canto esquecido."

OS RACIONALISTAS EM RESUMO

1596 Nasce Descartes
1632 Nasce Espinosa
1633 Condenação de Galileu
1637 Publicado o *Discurso do método* de Descartes
1641 Descartes publica *Meditações*
1646 Nasce Leibniz
1650 Morre Descartes
1656 Excomunhão de Espinosa por heresias abomináveis
1670 Publicado o *Tratado teológico-político* de Espinosa
1677 Morre Espinosa, e sua *Ética* é publicada
1685 Leibniz publica *Discurso da metafísica*
1710 Leibniz publica *Teodiceia*
1714 Surge a *A monadologia* de Leibniz
1716 Morre Leibniz

AO LADO Leibniz num retrato do século XVIII. O gênio racionalista da época deu grandes contribuições a quase todas as disciplinas que lhe interessavam.

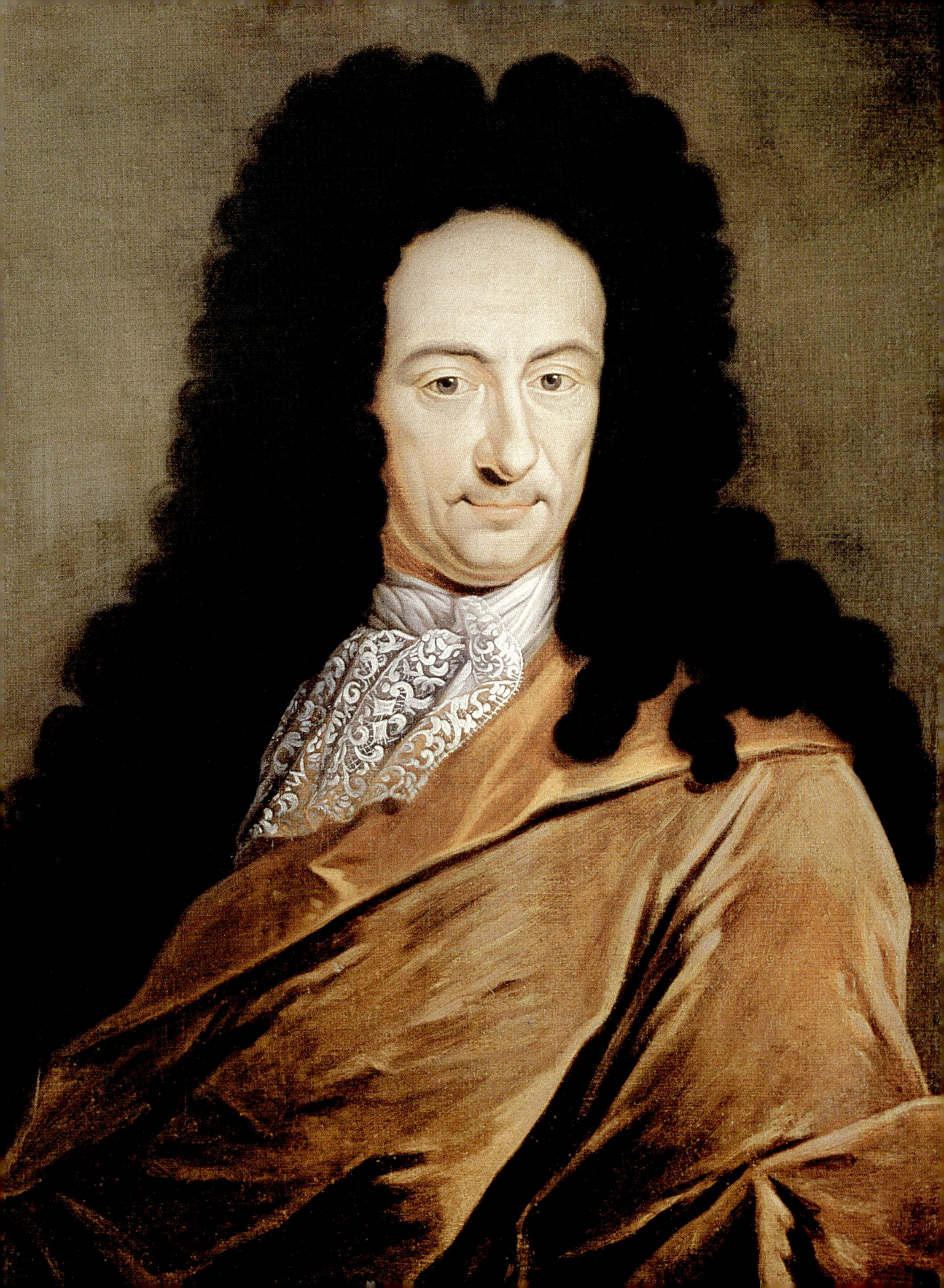

Leibniz afirma que deve haver alguma substância fundamental de que são feitos os agregados que vemos por toda a nossa volta: a essa unidade ele dá o nome de "mônada". Nesse sentido, tudo que é simples não pode ser dividido ou decomposto. Portanto, as mônadas são indivisíveis e não têm componentes. Mas tudo que se estende no espaço tem componentes, então as mônadas, tal como as noções de mente e alma de Descartes, não podem existir no espaço. Como não têm componentes que mudem, não podem ser mudadas por outras coisas criadas — não existe caminho que leve até dentro delas. Não existe caminho que leve para fora delas, por isso elas não têm efeito sobre nada mais. Como explica Leibniz, "as mônadas não têm janelas através das quais alguma coisa possa entrar ou sair".

Mas elas têm de ter propriedades, pois tudo que existe tem propriedades. Mais que isso, Leibniz afirma que toda mônada tem de ter não apenas propriedades, mas propriedades diferentes das de todas as outras mônadas. A única forma de duas coisas serem duas coisas é elas terem alguma variação de atributos. Esse tipo de pensamento aparece com frequência no pensamento de Leibniz, tanto que ele é chamado de Lei de Leibniz, ou a Identidade dos Indiscerníveis. Como diz ele, "nunca é verdade que duas substâncias sejam inteiramente idênticas".

ACIMA Uma contadora escalonada de Leibniz. Desenvolvido inicialmente em 1694, é considerado por alguns como o primeiro computador.

Assim, mônadas diferentes têm propriedades diferentes, e como todas as coisas, elas têm de ter a capacidade de mudar. Mas a mudança em questão não pode vir de fora, e não pode incidir sobre uma parte. Em vez disso, Leibniz afirma que as mônadas passam por mudanças unificadas nos estados perceptuais – a maioria das mônadas é igual a pequenas almas inconscientes, mudando de um estado para outro, contendo em si traços de todas as suas histórias e sugestões dos seus futuros, espelhando, de sua perspectiva única, todo o universo dentro de si. As mônadas refletem o mundo não porque o mundo as afete, mas porque mudam de acordo com seus próprios princípios internos. Felizmente, todas as mônadas são sincronizadas por Deus num estado de "harmonia preestabelecida" tal que tudo se mova em acordo perfeito com tudo o mais. O dedão dói quando você dá uma topada, não por causa da topada em si, mas porque todas as mônadas envolvidas ronronam em harmonia perfeita, divinamente ordenada.

Descartes propôs exemplos múltiplos de duas substâncias, Espinosa reduziu o mundo inteiro a apenas uma vasta substância, mas para Leibniz, o Universo está cheio de mônadas idênticas a almas. A extravagância da sua metafísica é demais para alguns. Como lamentava Voltaire, "seria possível acreditar que uma gota de urina é uma infinidade de mônadas, e que cada uma delas tem ideias, ainda que obscuras, do Universo como um todo?"

Mas não foi essa doutrina que mais irritou Voltaire. Leibniz afirma que Deus fez uma escolha quando criou o nosso Universo e, dada a sua bondade, poder e sabedoria, este tem de ser o melhor de todos os mundos possíveis. Depois dos horrores do terremoto de Lisboa em 1755, Voltaire ironizou Leibniz na sua história *Cândido ou o otimismo*. Nela, uma caricatura de Leibniz, Pangloss, insiste que apesar da longa relação de desventuras, tudo vai pelo melhor neste melhor de todos os mundos possíveis. No final do livro, Cândido descobre na resignação a paz possível.

E às vezes Pangloss dizia a Cândido:

"Todos os acontecimentos formam uma cadeia no melhor de todos os mundos possíveis. Pois, afinal, se você não tivesse recebido um bom chute no traseiro e sido expulso de um lindo castelo por amar a linda senhorita Cunegundes, e se não tivesse sido sujeito à Inquisição, e se não tivesse andado pela América a pé, e se não tivesse dado uma estocada no barão com a sua espada, e se não tivesse perdido todas as suas ovelhas daquele lindo país do Eldorado, você agora não estaria aqui, comendo limão cristalizado e pistache."

"Muito bem explicado", respondeu Cândido, "mas temos de cultivar nosso jardim."

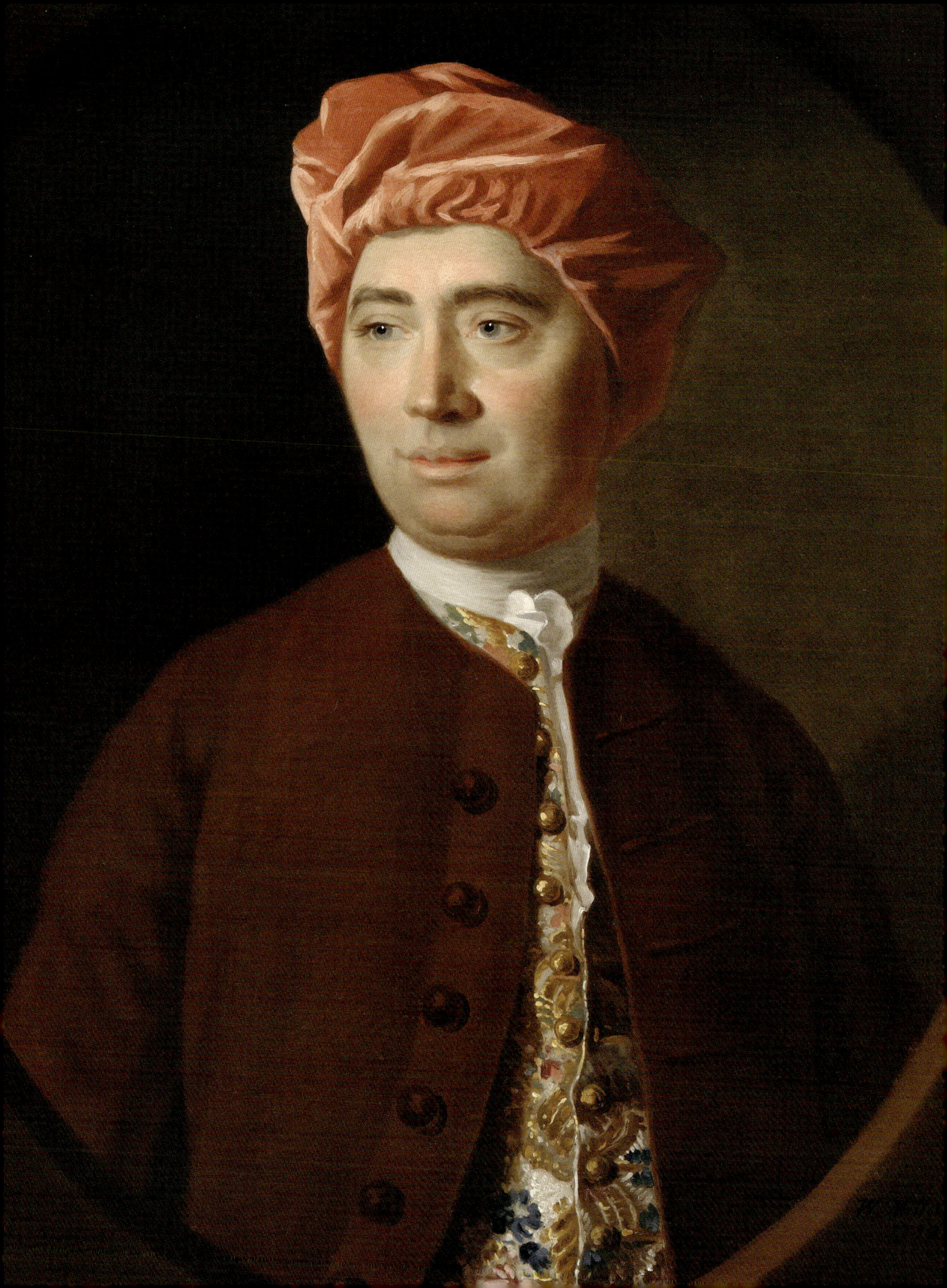

EXPERIÊNCIA

Não é fácil acreditar que a experimentação científica teve de ser inventada. Aprendemos naturalmente por tentativa e erro, e parece óbvio que um meio razoável de descobrir sobre o mundo é testar hipóteses contra as observações. Controlar nossos pensamentos, amarrá-los apenas ao que o mundo nos ensina, parece o melhor meio de descobrir o que é verdade. Se você tem certa estrutura mental, poderia pensar que as especulações metafísicas dos racionalistas nada são além de voos filosóficos da imaginação. Nossas conclusões têm de ser baseadas na experiência, limitada pelo que nossos sentidos nos dizem – caso contrário, conforme a preocupação de Voltaire, terminaríamos com almas sem janelas na nossa urina.

A visão de que o conhecimento se origina na experiência tem uma longa história, retrocedendo a Bacon e Avicena, até Aristóteles, e até além. Mesmo assim, foi necessário um bom tempo para desenvolvê-la completamente. Platão certamente atrapalhou quando insistiu que não podemos ter conhecimento do que vemos à nossa volta – pelo contrário, só sabemos as formas através de uma espécie de apreensão mental. Alguns escolásticos afirmavam que Deus imprime verdades na alma, por isso nascemos com uma espécie de garantia de conhecimento divino inato. Como vimos no último capítulo, os racionalistas insistem em que a aplicação cuidadosa das nossas faculdades racionais é o único caminho seguro para chegar à verdade – de fato, para Descartes, os sentidos nos desviam desse caminho.

Há quem diga que ainda estamos tentando entender a relação entre observação e conhecimento. Estamos refinando nossas noções de evidência, tomando cada vez mais cuidado com a pesquisa, procurando entender os aspectos sociais da indagação científica, cultivando nossa noção do que é importante como uma boa tentativa ou experimento.

Ainda assim, estamos bem distantes dos pioneiros científicos do século XVII, quando as grandes mentes da época se engajavam em experiências que poderiam com boa vontade ser descritos como pouco menos que iluminadores. Não era o tipo de coisa que seria aprovada por qualquer comitê de ética dos nossos dias, muito menos pela revisão dos pares. Muitos pareciam se contentar em escarafunchar sem outro objetivo que não ver o que iria acontecer. O próprio Newton literalmente escarafunchava o seu próprio rosto com uma faca, uma longa agulha de costura, num esforço de descobrir um pouco sobre a visão:

> Tomei uma adaga e a coloquei entre o meu olho e osso tão próxima do fundo do meu olho quanto podia: e pressionando meu olho com a ponta dela [...] surgiram vários círculos brancos, escuros e coloridos [...]. Círculos que eram mais nítidos quando eu continuava a esfregar meu olho com a ponta da adaga, mas se eu mantinha imóveis o meu olho e a adaga, apesar de continuar a apertar o meu olho com ela, os círculos ficavam mais desbotados e geralmente desapareciam até eu os remover movendo o meu olho ou a adaga.

Para não perder nenhum detalhe, ele tentou a experiência em uma sala escura e em outra clara.

Talvez e apesar de si próprios, os novos cientistas do Iluminismo fizeram grandes avanços em quase todas as direções – física, química e biologia em particular se desenvolveram. Os pensadores filosoficamente inclinados da época ficaram, como todo mundo, impressionados pelos resultados do "novo método experimental". Mas o que significa dizer que o conhecimento tem origem na experiência? Qual a forma certa de pensar a relação entre nossas imagens sensoriais e objetos no mundo? Como sabemos que nossos sentidos representam realmente as coisas físicas? Neste capítulo vamos considerar os três grandes empiristas – os melhores da Grã-Bretanha: Locke, Berkeley e Hume – e vamos tentar isolar as respostas para essas perguntas. Apesar de o empirismo começar com a esperança e excitação características do início da era da ciência, ele logo termina por enfrentar uma espécie de ceticismo que persegue os filósofos de mente empírica até nossos dias. Como veremos, as fronteiras descritas pelos limites da experiência sensorial são uma espécie de prisão mental.

ANTERIOR David Hume, pintado por Allan Ramsay (1713-84). Hume talvez seja o maior filósofo de língua inglesa; suas conclusões céticas sobre praticamente tudo levou o empirismo aos seus limites lógicos.

isso, ou, no jargão filosófico, essas são as condições necessárias e suficientes do conhecimento. Quem poderia ter alguma objeção contra isso?

Na realidade, ninguém, até Edmund Gettier apresentar, em 1963, um artigo de três páginas chamado "A crença verdadeira justificada é conhecimento?". No artigo, ele apresenta vários contraexemplos da visão tradicional, mostrando que mesmo que você tenha todas as três condições, isso não basta – as condições em conjunto não são suficientes para o conhecimento.

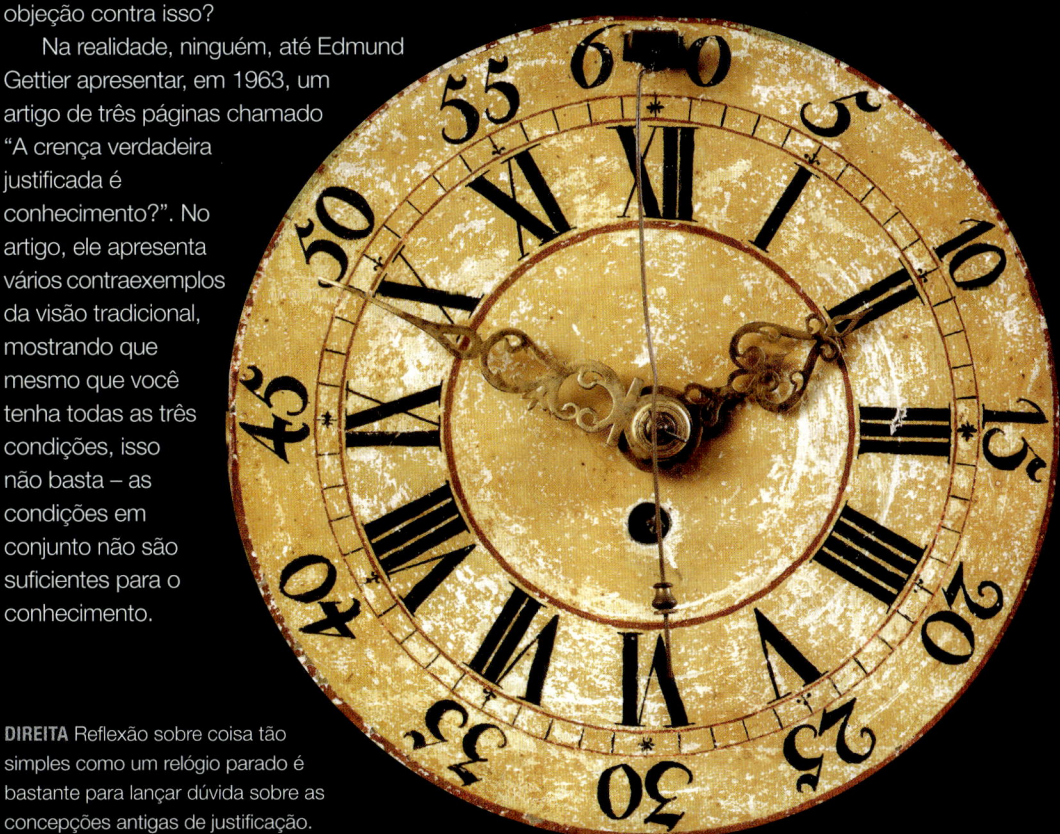

coisa a mais para lidar com o contraexemplo de Gettier, mas ninguém ainda sabe com certeza o que seja essa alguma coisa a mais.

DIREITA Reflexão sobre coisa tão simples como um relógio parado é bastante para lançar dúvida sobre as concepções antigas de justificação.

Os limites do conhecimento

Apesar de Thomas Hobbes ter alegado ser o primeiro empirista, Locke é o verdadeiro pai do empirismo por ter dado corpo àquela visão, transformando-a numa teoria completa do conhecimento na sua obra-prima *Ensaio sobre o entendimento humano*. Foram necessários vinte anos, com intervalos, para escrever o livro. Ele concluiu os toques finais como exilado político na Holanda. Locke esteve a serviço de Anthony Ashley Cooper – oficialmente como médico, mas extraoficialmente como seu amigo e confidente. Cooper era um dos principais líderes políticos da sua época, mas quando suas manobras políticas de motivação religiosa lhe provocaram problemas ligados à sucessão do trono inglês, ele judiciosa e rapidamente deixou o país. Seus associados, dentre eles Locke, também fugiram. Na Holanda, conheceu o príncipe Guilherme de Orange e a princesa Maria, e quando eles ascenderam ao poder na Inglaterra, ele foi convidado a voltar a bordo do navio da princesa Maria. Depois da Revolução Gloriosa, as ideias políticas de Locke finalmente entraram na moda, e ele gerou efeitos profundos na nossa compreensão do governo – vamos retomar suas ideias políticas no próximo capítulo. Mas no momento vamos voltar ao seu *Ensaio*.

ACIMA Aquarela de Newton, de William Blake (1795), era uma crítica da era científica como aquela em que os homens olhavam ao longo do compasso, esquecendo tudo o mais, onde as medidas e a razão expulsavam outros tipos de significância.

Locke diz que sua obra foi motivada por uma conversa entre amigos tarde da noite sobre um tópico que nada tinha a ver com o entendimento humano – um relato informa que se discutiam a moral e a revelação. Chegaram a um impasse. De todos os lados surgiram dúvidas. Locke decidiu que antes de poderem avançar nessas questões, "era necessário examinar nossas próprias capacidades e ver que objetos os nossos entendimentos estavam, ou não estavam, preparados para enfrentar". Mas isso não queria dizer que Locke estivesse no negócio de construção de sistemas, no estilo de Descartes. Ele não fazia "primeira filosofia", que garantiria uma base filosófica para a ciência. Em vez disso, ele vê os cientistas, como Newton e Boyle, como os verdadeiros arquitetos do edifício do conhecimento. O filósofo participa como um "subempregado que limpa o terreno e remove um pouco do lixo que existe no caminho que leva ao conhecimento". Para ele basta apresentar um relato do entendimento, e ao fazê-lo, desenvolver o local de onde vêm as suas ideias e até onde elas podem nos levar. Teremos então a capacidade de reconhecer o que podemos saber, ter cautela quando temos apenas ideias boas, e finalmente "sentarmo-nos em calma ignorância das coisas que, quando examinadas, descobrimos estarem além do alcance das nossas capacidades".

O alvo principal de Locke, o lixo que ele pretende varrer, é a noção racionalista de que algumas ideias são inatas, "gravadas na mente do homem, que a alma recebe no seu primeiro ser; e traz consigo para o mundo". A existência de ideias inatas é provada, dizem seus proponentes, pelo fato do acordo universal. Todos, e não apenas Descartes e Anselmo, têm a ideia de Deus. Mas Locke argumenta que "não as crianças e idiotas". Seres humanos recém-nascidos, em particular, não parecem ter nenhuma ideia. Mas no fim eles as têm, o que é um ponto a favor da noção de que eles aprendem ideias pela experiência. Locke nega a resposta racionalista de que certas ideias são inatas, mas de alguma forma adormecidas, capazes de ser percebidas sob as condições adequadas. Se isso fosse verdade, toda última ideia que a mente for capaz de perceber poderia ser contada como inata, mas isso é preposterо.

Se as ideias não são inatas, como nós as recebemos? Locke estabelece sucintamente a sua posição:

> Vamos então supor que a mente seja, como dizemos, um papel em branco, vazio de todos os caracteres, sem nenhuma ideia; como ela vai ser suprida? [...] De onde ela recebe todos os materiais da razão e conhecimento? A isso eu respondo em uma palavra, da experiência.

Locke introduz uma série de distinções para esclarecer essa ideia. Prepare-se porque teremos de desenvolver várias delas para entender não somente Locke, mas Berkeley, Hume e também Kant. As ideias, diz Locke, são os objetos do pensamento, e sua primeira distinção trata da fonte das ideias. Todas as ideias vêm da sensação ou da reflexão. Quando nossos órgãos dos sentidos encontram objetos no mundo, temos ideias sensoriais. Quando a mente opera sobre as ideias que já temos — ao pensar, duvidar, crer, raciocinar e assim por diante –, podemos refletir sobre os resultados por meio de uma espécie de sentido interno, e assim adquirir ainda mais ideias. Para Locke, é isso: essas duas experiências, a externa e a interna, são a fonte última de todas as nossas ideias.

Existe também uma distinção entre os tipos de ideias: todas as nossas ideias são simples ou complexas. Ideias simples são associadas a uma única experiência sensorial — o azul do céu e a doçura da maçã são ideias simples. Ideias complexas são construídas com ideias simples, como quando temos uma experiência sensorial complexa — por exemplo, a sensação completa do gosto, toque, olfato, e da visão de um bolinho. Podemos também produzir nossas próprias ideias complexas pela combinação das ideias que temos pela reflexão. Mas ideias simples nunca são criadas por nós.

Qual é a relação entre as ideias sensoriais que temos e os objetos no mundo? Locke apresenta mais uma distinção, desta vez entre as qualidades dos objetos. As qualidades primárias de alguma coisa são "completamente inseparáveis do corpo" e duram ao longo de todas as mudanças a que são submetidas as coisas físicas — a lista de Locke é solidez, extensão, figura e mobilidade. Independentemente do que se faça a um objeto, ele ainda tem essas propriedades, e nesse sentido essas propriedades são primárias, estão presentes nos próprios objetos. Mas as qualidades secundárias "não são nada nos objetos em si, mas são forças que produzem várias sensações em nós por suas qualidades primárias" — a lista de Locke dessas propriedades inclui as cores, sons e gostos. Em outras palavras, o amargor do café não está realmente "no" café, não é uma característica do café. Ele é produzido por alguma coisa lá, mas o amargor está apenas aqui, na mente de quem percebe.

ESQUERDA Microscópio de Robert Hooke (século XVII) manifestando a nova observação detalhada de objetos. Filósofos como Locke agora viam o seu objetivo como "remover um pouco do lixo" que impede o progresso científico.

O que mais podemos dizer sobre os objetos? Observamos que às vezes certas coleções de ideias simples sempre surgem juntas, e supomos que elas pertençam a alguma coisa. Por exemplo, uma certa coleção de ideias sensoriais de redondo, vermelho, doce e suculento, e que sempre aparecem juntas, acabamos por chamar esse grupo por um único nome, "nectarina". Fazemos também outra coisa: "sem imaginar que essas ideias possam subsistir sozinhas, acostumamo-nos a supor algum *substrato* pelo qual elas subsistem, e do qual elas resultam; a que, portanto, damos o nome de substância". O problema é que a ideia de substância parece ser apenas alguma coisa que introduzimos para dar sentido aos objetos. Não temos uma ideia simples de substância; não experimentamos substâncias como tal, e assim, falando estritamente, nada sabemos sobre elas. Em vez disso, como explica Locke, substância "não é nada além do suporte, suposto mas desconhecido, dessas qualidades que descobrimos serem existentes". É alguma coisa levemente suspeita, e na verdade nada sabemos sobre ela.

ACIMA Uma ceia de filósofos do século XVIII mostra Voltaire (erguendo a mão) na companhia de Denis Diderot, do abade Maury e do marquês de Condorcet. Referindo-se a David Hume, Diderot escreveu que eram ambos "cidadãos do mundo".

Identidade pessoal

Locke introduziu na reflexão filosófica moderna a questão da identidade pessoal. O que faz de uma pessoa a mesma pessoa ao longo do tempo? Queremos dizer que a criança na fotografia é, em certo sentido, a mesma pessoa que cresce e envelhece, mas o que existe no bebê e no adulto de agora que faz deles o mesmo? Locke afirma que uma pessoa é "um Ser pensante inteligente, que tem razão e reflexão e pode se considerar a mesma coisa pensante em tempos e lugares diferentes". Mas o que é que torna esse "Ser pensante inteligente" o mesmo em tempos e lugares diferentes? A resposta de Locke merece uma citação completa:

> Dado que a consciência sempre acompanha o pensamento e é isso que faz cada pessoa ser o que ela chama de *eu*, e assim ela se distingue dos outros seres pensantes, somente nessa consciência consiste a *identidade pessoal*, isto é, a identidade de um ser racional. E na mesma medida em que essa consciência pode se expandir para trás até qualquer ação ou pensamento passado, o mesmo alcance pode ter a identidade da *pessoa*. Ela é agora o mesmo *eu* que já foi antes.

Locke afirma que a memória é o critério de identidade, não o corpo e nem mesmo a alma. É a coerência da vida consciente, acorrentada às encarnações anteriores pela memória, que torna uma pessoa a mesma pessoa ao longo do tempo.

Hume, como se poderia esperar, é cético com relação ao eu. Segundo ele, se quisermos evitar problemas filosóficos, toda ideia genuína tem de ter sua origem identificada numa impressão sensorial ou num conjunto complexo de impressões. Caso contrário não vamos saber do que falamos, ou pior, não poderíamos estar falando de coisa alguma. E há uma impressão que corresponda à nossa ideia do eu? "Se uma impressão dá origem à ideia do eu", afirma Hume, "essa impressão tem de continuar a mesma ao longo de toda a nossa vida". Mas não existe essa impressão contínua. Em seu lugar, existe uma série de impressões em mudança, um pacote de percepções, mas não o eu. Como explica ele, "por mim, quando entro intimamente no que chamo de meu eu, sempre tropeço em uma ou outra percepção particular, de calor ou frio, luz ou sombra, amor ou ódio, dor ou prazer. Nunca me descubro, em qualquer tempo, sem uma percepção, e nunca observo coisa alguma além da percepção". A ideia do eu, conclui ele, não é nada além de ficção filosófica.

ACIMA Quando vemos o nosso reflexo, como o mitológico Narciso (aqui pintado por Rubens), admitimos que haja um eu por trás dele que dura ao longo do tempo, mas que razão podemos ter para acreditar nisso?

Finalmente, para passar diretamente ao que interessa, quais são os limites do conhecimento? Locke acredita que a mente não tenha nenhum "objeto imediato que não suas próprias ideias", e assim o conhecimento só será conhecimento das nossas próprias ideias. "O conhecimento, então, parece a mim não ser nada além de uma percepção da ligação e concordância, ou discordância e repugnância, de quaisquer das nossas ideias." Existem quatro tipos de concordância ou discordância: identidade ou diversidade, relação, coexistência e existência real. Podemos, por exemplo, saber que "azul não é amarelo" (diversidade); que "dois triângulos sobre uma base igual, entre duas paralelas, são iguais" (relação); que "o ferro é suscetível a impressões magnéticas" (coexistência); e que "Deus é" (existência real).

Ademais, o conhecimento humano admite três graus. O mais certo é o conhecimento intuitivo, que acontece quando a mente compara ideias e apenas "percebe" uma verdade em relação a elas, sem a intervenção de nenhuma outra ideia – azul não é amarelo, por exemplo. Segundo, existe um conhecimento demonstrativo em que a mente raciocina e vê a verdade sobre duas ideias por meio de uma ou mais ideias, ou seja, a mente avança em passos até a verdade, como se dá numa demonstração matemática. Isso não é tão certo e imediato quanto a intuição, mas é um tipo de conhecimento. Tudo que não atende a esses dois tipos de conhecimento "não passa de fé ou opinião", não é conhecimento, com uma única exceção. Locke diz que temos conhecimento sensitivo da existência das coisas quando as percebemos. Isso não é tão certo quanto a intuição ou a dedução, mas ele acredita que vai além da mera probabilidade, chega à categoria de conhecimento. Quando olhamos em volta e vemos objetos na sala, não pensamos que eles só *provavelmente* estão ali. Nós o sabemos.

Mas *como* o sabemos? Agora você já deve estar sentindo os dedos gelados do ceticismo no seu ombro. Se Locke diz que os objetos do conhecimento humano estão confinados às nossas ideias, como poderemos saber o que quer que seja sobre qualquer coisa fora da nossa cabeça? Como você sabe que a nectarina real lá fora é igual à sua ideia dela? Locke admitiu que substância – o desconhecido que suporta as propriedades que experimentamos – está eternamente além do nosso alcance. Ele argumentou que muitas das propriedades que percebemos, as secundárias, não são realmente os objetos no mundo. Mesmo que aceitemos a noção levemente dúbia do conhecimento sensível, ainda estamos presos na ideia de que só conhecemos a existência dos objetos que estamos vendo agora. Portanto, não teríamos condições de saber nada sobre coisa alguma, a menos que a estivéssemos vendo naquele momento?

Se dissermos que todo conhecimento começa na experiência, como parece ser necessário se quisermos evitar que nossas fantasias racionalistas se rasguem, estaremos presos em confinamento solitário, na prisão das nossas mentes, incapazes de nos movermos além das nossas ideias. O projeto empirista nos leva, quase instantaneamente, a dúvidas céticas? Essa possibilidade foi cuidadosamente evitada por Berkeley e Hume, como veremos adiante.

Ser é ser percebido

Berkeley, um bispo nascido perto de Kilkenny, na Irlanda, é mais conhecido por defender a tese chocante de que a matéria não existe. A única coisa que existe, dizia ele, são as ideias e mentes que as percebem. Essa tese foi submetida a uma cota mais que suficiente de zombaria. O diarista James Boswell relata a famosa resposta de um exasperado Samuel Johnson:

> Depois de sairmos da igreja, continuamos conversando durante algum tempo sobre o sofisma engenhoso do bispo Berkeley para provar a inexistência da matéria, e que tudo no Universo é apenas ideal. Observei que, apesar de estarmos convencidos de que sua doutrina não é verdadeira, é impossível refutá-la. Nunca

ACIMA *Dean George Berkeley e sua comitiva*, pintado por John Smibert (1688-1751). Berkeley é mais conhecido pela afirmação controvertida de que a matéria na verdade não existe, mas paradoxalmente, ao afirmar isso ele pretendia defender o senso comum.

PRÓXIMA *Os cinco sentidos*, pintado por Sebastian Stoskopff (1633). Só conhecemos indiretamente o mundo exterior, por meio dos quadros mentais transmitidos pelos nossos sentidos. Então, como sabemos que nossos sentidos não mentem?

vou esquecer a alacridade com que Johnson respondeu, batendo o pé com força sobre uma pedra grande, até quase ser jogado para trás: "Eu a refuto assim."

A posição de Berkeley parece estranha a praticamente todo mundo, mas ela se segue diretamente da afirmação de Locke de que todo conhecimento é conhecimento de ideias, não de objetos do mundo. O que Berkeley faz é, em resumo, afastar do empirismo de Locke a noção dúbia de substância, e ele o faz com maestria. Seus argumentos são engenhosos e espetacularmente claros. Sua conclusão é demonstrada em cerca de uma página e meia.

Seguindo os passos de Locke, Berkeley afirma que os objetos do conhecimento humano são as ideias – ideias gravadas na mente pela sensação, percebidas pelo exame das operações da mente, ou formadas pela memória e imaginação. Além das ideias, existem as mentes que as percebem. Esse é o problema: as ideias não podem existir fora das mentes. Como explica Berkeley, *esse est percipi*: ou seja, ser é ser percebido. "Havia um odor, ou melhor, ele foi cheirado; havia um som, ou melhor, ele foi ouvido." O som das ondas se quebrando na praia não pode existir se não for ouvido, o azul do céu não existe se não for visto, e a sensação da areia sob os seus pés não pode existir fora da sua mente. A existência de uma ideia consiste apenas em ser percebida.

Ainda assim existe essa opinião, nota Berkeley, "estranhamente comum entre os homens", que coisas como casas, montanhas, rios e outros objetos sensíveis existem fora da mente que os percebe. Não seria uma contradição? "O que são os objetos mencionados se não as coisas que percebemos pelos sentidos? E o que percebemos *além das nossas próprias ideias e sensações*? E não é claramente repugnante que qualquer um deles, ou qualquer combinação deles, possa existir sem ser percebido?"

Mas não seria correto pensar que nossas ideias são causadas por coisas reais no mundo externo e de alguma forma as representam? Berkeley pergunta se essas coisas no mundo externo são perceptíveis. Se forem, então são ideias na sua cabeça e você concorda com ele. Se não, escreve ele, "apelo a qualquer um se tem sentido afirmar que uma cor é igual a alguma coisa invisível; dura ou macia, como algo intangível, e assim por diante para o resto." Como uma ideia pode ser igual a qualquer coisa invisível, intocável, inodora e assim por diante?

Mas o que se passa no mundo quando ele não está sendo percebido? Se você fechar os olhos por um momento, a sala deixa de existir por não estar mais na sua mente? E se deixar, como ela

EMPIRISTAS EM RESUMO

1632 Nasce Locke
1685 Nasce Berkeley
1687 Newton publica *Principia mathematica*
1688 A Revolução Gloriosa
1690 O *Ensaio* de Locke é publicado
1704 Locke morre
1710 Berkeley publica *Princípios*
1711 Nasce Hume
1739 Publicado o *Tratado* de Hume
1748 *Investigações* de Hume é publicado
1753 Morre Berkeley
1776 Morre Hume

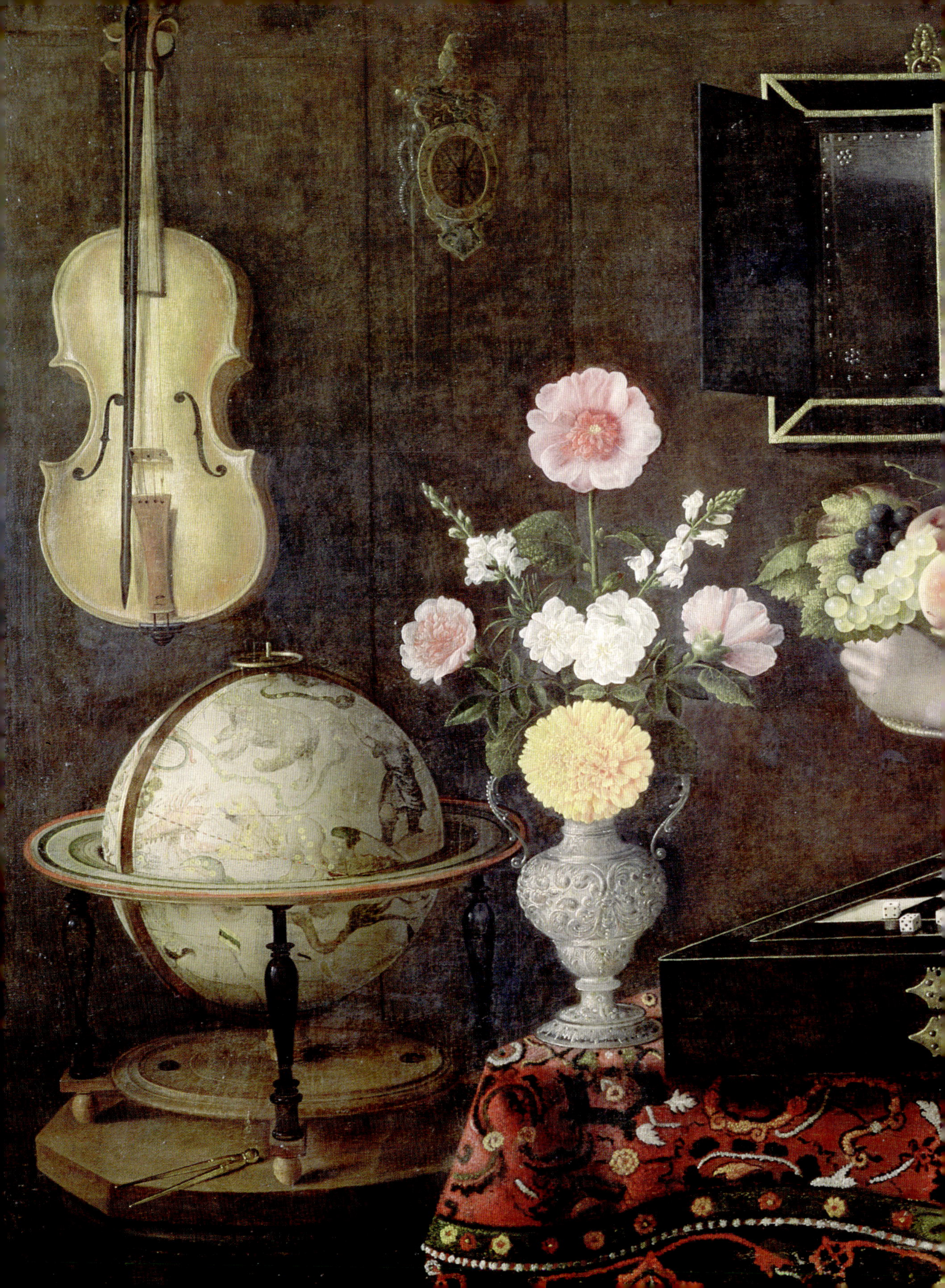

> A pergunta que Berkeley faz questão de enfatizar é a seguinte: por que deveríamos postular alguma coisa acima e além do conteúdo das nossas mentes?

volta a existir quando você volta a abrir os olhos? Felizmente, argumenta Berkeley, Deus, na sua benevolência, é bom e guarda tudo na sua mente infinita, de forma que o espetáculo continua, mesmo quando você não está assistindo.

A pergunta que Berkeley faz questão de enfatizar é a seguinte: por que deveríamos postular alguma coisa acima e além do conteúdo das nossas mentes? Ao fazê-lo, ao insistir numa substância lockiana subjacente às nossas impressões sensoriais, abrimos a porta ao ceticismo. Se Locke tem razão, então há bastante espaço para perguntas sobre como sabemos que nossas ideias se ajustam às coisas reais no mundo externo. Existe espaço para especular se nossas mesas e cadeiras realmente existem. Mas ao reduzirmos as coisas a apenas ideias e mentes, não há espaço para dúvidas céticas. Berkeley insiste em que sua visão é, portanto, uma defesa do bom senso.

> Nada afirmo contra a existência de qualquer coisa que possamos apreender, seja pelos sentidos ou pela reflexão. Que as coisas que eu vejo com meus olhos e toco com minhas mãos existem, realmente existem. As únicas coisas cuja existência negamos é o que os *filósofos* chamam de matéria ou substância corpórea. E ao fazê-lo não se impõe nenhum dano ao resto da humanidade que, ouso dizer, dela nunca vai sentir falta.

Dúvidas céticas

Chegamos finalmente a Hume, certamente um dos maiores filósofos que já viveram. Ele leva o empirismo de Locke aos seus limites lógicos, lançando dúvida sobre nosso conhecimento de objetos externos, um eu duradouro, inferência indutiva, a existência de Deus, causação, milagres, e o papel da razão a quase todos os casos, particularmente nos julgamentos morais. Seus argumentos cintilam de clareza. O texto de Hume é geralmente maravilhoso, e às vezes parece transmitir uma ligação com o próprio homem. David Pears entendeu com exatidão quando disse que Hume é uma excelente companhia filosófica. Ele quase está na sala quando você o lê.

Nascido em Edimburgo numa família de posses, ele se preparou para uma carreira no direito, mas desistiu; então dedicou-se aos negócios, mas também os abandonou. Tinha uma aversão "insuperável a tudo que não fosse a busca da filosofia e da cultura geral", o que para nós é uma boa notícia porque ele se fechou numa pequena cidade na França para produzir uma obra-prima filosófica, *Tratado da natureza humana*. Foi a tentativa de Hume de criar uma "ciência do homem" pelo emprego do novo método experimental. Assim como Newton descobriu as leis universais do movimento, Hume esperava descobrir os princípios universais da natureza humana. De início o *Tratado* foi ignorado – como Hume lamentou, o livro saiu natimorto da gráfica, sem atingir tal distinção capaz de excitar um único murmúrio entre os zelotes. Ele o reescreveu, suavizando algumas partes e amplificando outras, e o mais curto e popular *Investigações sobre o entendimento humano* finalmente foi entendido. Vamos estudar apenas um tópico dele, uma parte particularmente forte do tratamento da causação de Hume.

> **TÓPICOS PRINCIPAIS**
> - Sensação e reflexão
> - Ideias simples e complexas
> - Qualidades primárias e secundárias
> - Conhecimento intuitivo, demonstrativo e sensitivo
> - Identidade pessoal
> - Ser é ser percebido
> - Só existem mentes e ideias
> - Relações de ideias e questões de fato
> - Princípio de indução
> - Costumes
> - Teoria do eu como feixe

Hume afirma que "todos os objetos da razão ou indagação humanas podem ser divididos em dois tipos, a saber, *Relações de Ideias e Questões de Fato*". Relações de ideias correspondem ao conhecimento intuitivo e demonstrativo de Locke. Podemos apreender a sua verdade apenas pensando sobre eles. Hume tem em mente as proposições matemáticas, como "três vezes cinco é igual à metade de trinta". Verdades como esta são necessárias, verdades associadas a definições, proposições que são verdadeiras só pela forma como as ideias envolvidas se relacionam entre si. Questões de fato são muito mais interessantes, mas muito menos seguras. Aqui, Hume fala de verdades como "o Sol vai se levantar amanhã", ou "está chovendo em Paris". Não há nada com relação às verdades envolvidas que as torne verdadeiras. Para descobrir se são ou não verdadeiras, é preciso ter algumas experiências – você vai ter de esperar até amanhã ou ir a Paris para dar uma olhada.

Pode-se descobrir a diferença entre esses dois tipos de verdade observando que a negativa de uma relação de ideias implica uma contradição, mas a negativa de uma questão de fato ainda é possível. É uma contradição dizer "triângulos não têm três lados". Dado o que significam as ideias em jogo, essa afirmação é autocontraditória. Mas a negação de uma questão de fato não implica contradição, por exemplo, pensar que o Sol não vai nascer amanhã.

Portanto, a pergunta interessante, para Hume, trata da evidência que temos para questões de fato que vão além do testemunho presente dos sentidos. Como se pode passar além do que vemos e ouvimos agora até todas as outras coisas que pensamos saber sobre o mundo? Hume afirma que "todos os raciocínios relativos a questões de fato parecem se fundar na relação de *causa e efeito*". Como você sabe que seu amigo está na França? Você apresenta uma carta dele com o carimbo do correio francês – você indica um efeito presente que por sua vez indica uma causa oculta. Então, qual é a base do nosso raciocínio sobre relações causais? Como sabemos que os carimbos do correio francês são causados pelas agências francesas do correio? Hume argumenta que todo o nosso conhecimento de causa e efeito vem da experiência, da observação de uma causa sempre seguida por um efeito. Não podemos entender que efeitos uma coisa nova poderia gerar apenas observando-a ou pensando sobre ela. São necessárias experiências repetidas das coisas de certo tipo causando coisas de certo tipo. Depois de ver muitos fósforos sendo riscados, esse evento inicia uma inferência indutiva de experiências particulares que levam a uma conclusão geral: todos os fósforos riscados produzem uma chama.

Hume então faz a pergunta fundamental: como sabemos que os pares causa-e-efeito que observamos no passado continuarão a existir no futuro? Em outras palavras, o que justifica as inferências indutivas? Ele mostra que "essas duas proposições estão longe de ser as mesmas. *Descobri que esse objeto sempre foi acompanhado desse efeito, e posso prever que outros objetos, que são na aparência semelhantes, se farão acompanhar de efeitos*

Acima A Edimburgo natal de Hume (aqui pintada em 1759 por William Delacour) era um ambiente intelectual que atraía cientistas, pensadores, artistas e poetas, como Francis Hutcheson, Adam Smith, Thomas Reid e Robert Burns.

semelhantes". O que é necessário é uma premissa de ligação, um princípio que governe as inferências indutivas, algo semelhante a "o futuro será igual ao passado". Mas qual a sua razão, o seu argumento para pensar que o futuro será igual ao passado?

De acordo com Hume, só dois tipos de raciocínio podem garantir esse princípio – relações de ideias e questões de fato. A afirmação de que o futuro será igual ao passado é uma relação de ideias? A afirmação de que o futuro não será igual ao passado não implica contradição, então a afirmação não pode ser uma relação entre ideias. Seria uma questão de fato o futuro ser igual ao passado? Se tentássemos garantir o princípio da indução a partir da experiência passada estaríamos argumentando em círculo – estaríamos dizendo que temos uma base indutiva para acreditar no princípio da indução. Argumentos circulares não são uma base sólida de crença.

Então qual é a base de todas as conclusões relativas à experiência? A resposta alarmante de Hume é o mero costume ou hábito, por oposição à razão ou bons argumentos. Escreve ele, "depois da constante conjunção de dois objetos, por exemplo, calor e chama, peso e solidez, somos determinados pelo hábito a esperar um do aparecimento do outro".

A razão não figura no que agora parece ser uma tênue compreensão do mundo. Quando examinamos a natureza do entendimento humano com princípios empiristas, descobrimos um duro núcleo interno irracional. Somos literalmente criaturas de hábito, não somos seres racionais com boas razões para nossas crenças. Nossas operações internas, diz Hume, "são uma espécie de instinto natural, que nenhum raciocínio ou processo de pensamento e entendimento é capaz de produzir ou evitar". Sem uma razão para acreditar que seu amigo esteja na França — sem um argumento que apoie essa conclusão, nada além de um salto no escuro —, você poderia realmente dizer que sabe muita coisa além do que está bem diante de você?

Às vezes se pensa que o ceticismo é uma doutrina deprimente. Alguns acreditam que a humanidade nunca irá responder às perguntas que começamos a fazer há tanto tempo na Grécia antiga. Talvez estejamos condenados a nos perguntarmos mas nunca sabermos muita coisa sobre coisa alguma. A reflexão sobre essa possibilidade deprimente não deve perder de vista uma das melhores respostas ao ceticismo, a do próprio Hume. Numa passagem bem conhecida, ele nos informa a sua solução para as dúvidas céticas que levantou.

OS EMPIRISTAS EM SUAS PRÓPRIAS PALAVRAS

"O conhecimento de homem algum vai além da sua experiência."
John Locke

"Os mesmos princípios que à primeira vista levam ao ceticismo, perseguidos até certo ponto, trazem os homens de volta ao bom senso."
George Berkeley

"Quando percorremos nossas bibliotecas, que devastação devemos criar? Por exemplo, se tomarmos nas mãos qualquer volume de divindade ou metafísica escolar; podemos perguntar, *ele contém algum raciocínio abstrato relacionado a quantidade ou número? Não. Ele contém algum raciocínio experimental relacionado a questão de fato e existência? Não.* Lance-o então nas chamas, pois ele não pode conter nada que não sofismas e ilusão."
David Hume

Felizmente acontece que, como a razão é incapaz de afastar essas nuvens, a própria natureza é suficiente para esse fim, e me cura dessa melancolia e delírio filosóficos, seja por aliviar essa tendência da mente, ou por alguma avocação, e pela vívida impressão dos meus sentidos que obliteram todas essas quimeras. Janto, jogo gamão, converso e fico alegre com meus amigos. E quando, depois de três ou quatro horas de divertimento, quero voltar a essas especulações, elas parecem tão frias, tensas e ridículas que não consigo levar meu coração a avançar nelas nem mais um pouco.

AO LADO Gravura do estudo de William Gilbert, *De Magnete* (Sobre os Ímãs), impressa em 1628). As experiências de Gilbert com o magnetismo mostraram até onde tinha avançado a compreensão humana desde os primeiros pensamentos especulativos de Tales sobre as almas e os ímãs.

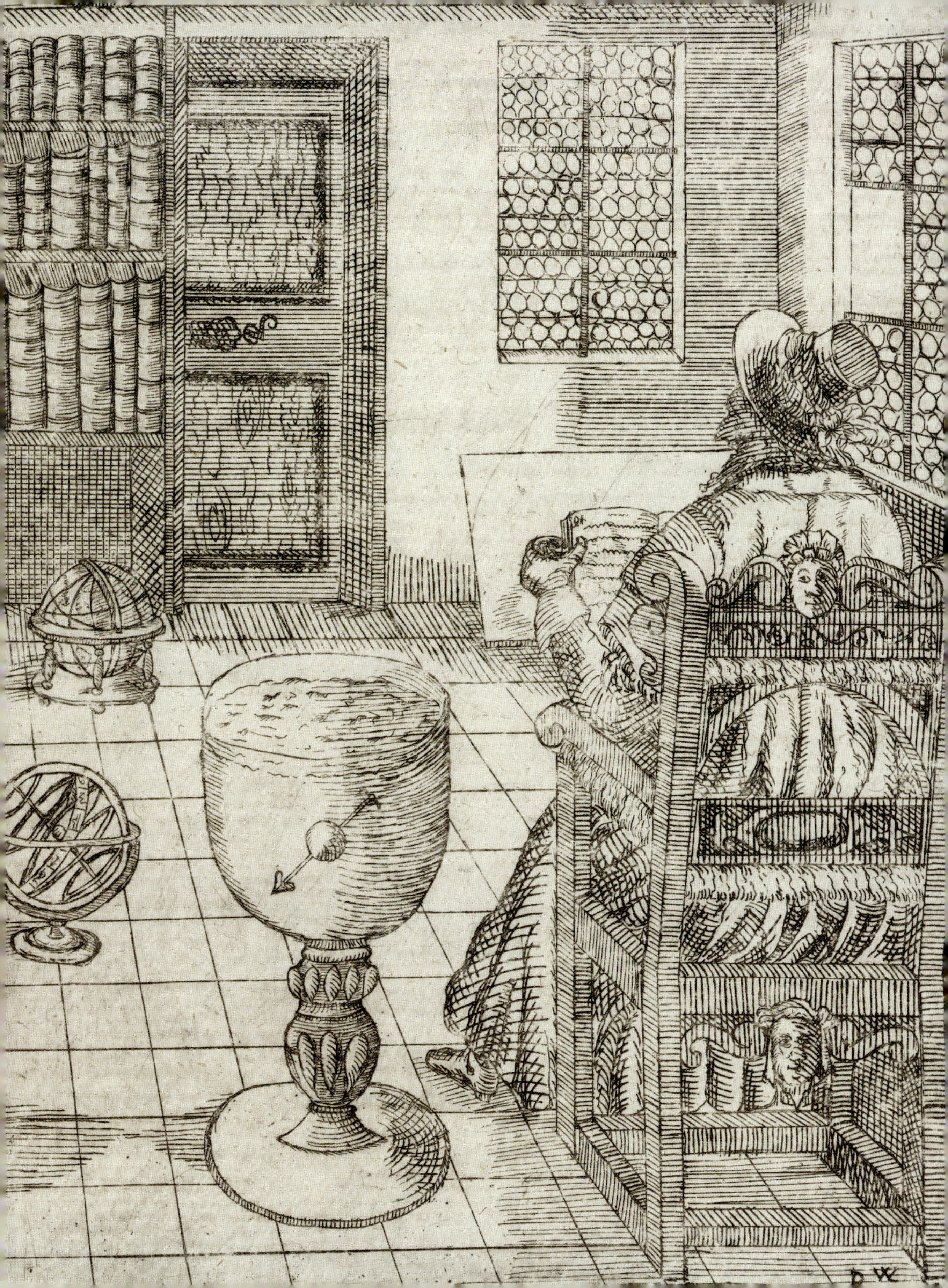

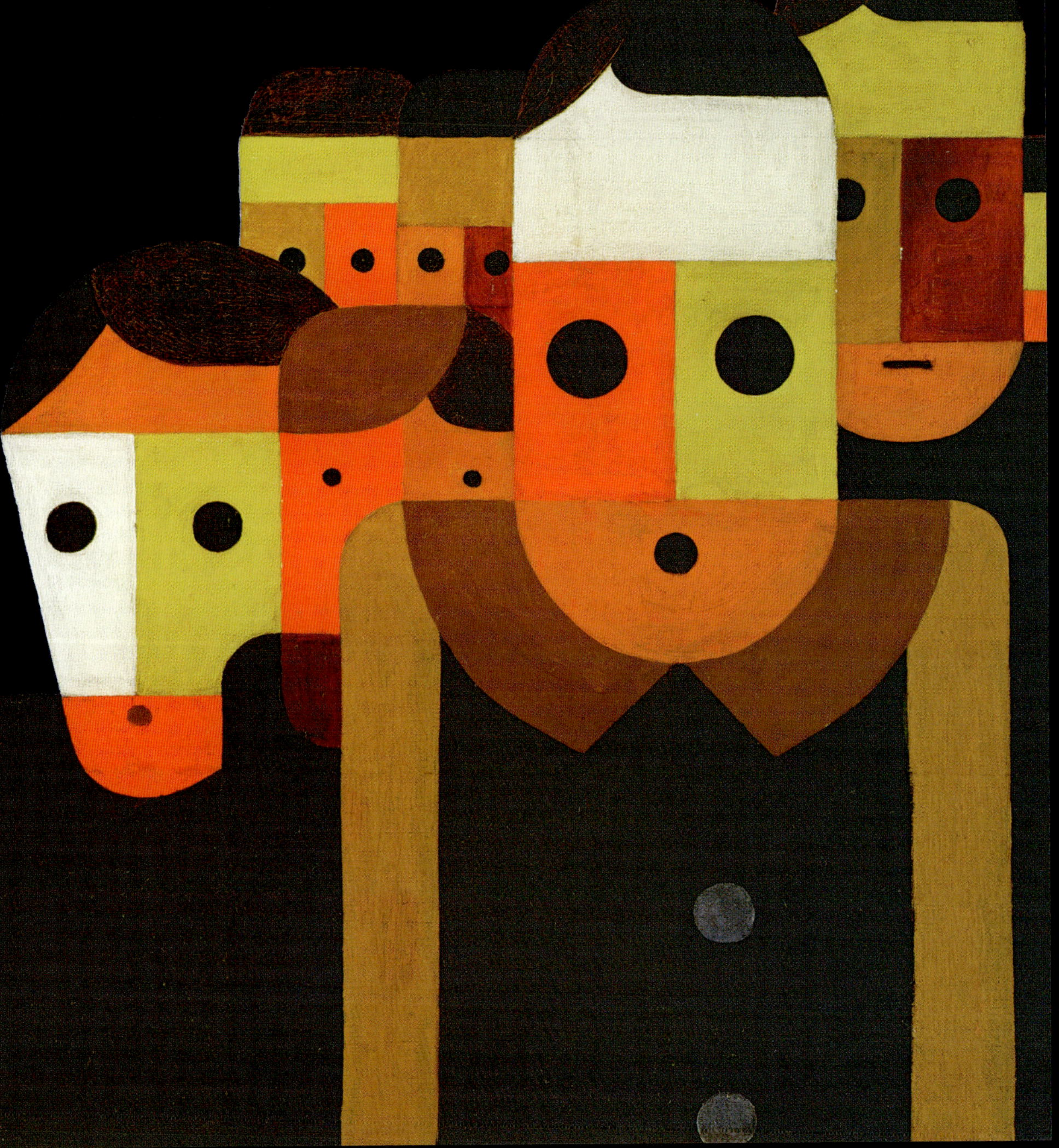

5 | QUESTÕES MODERNAS

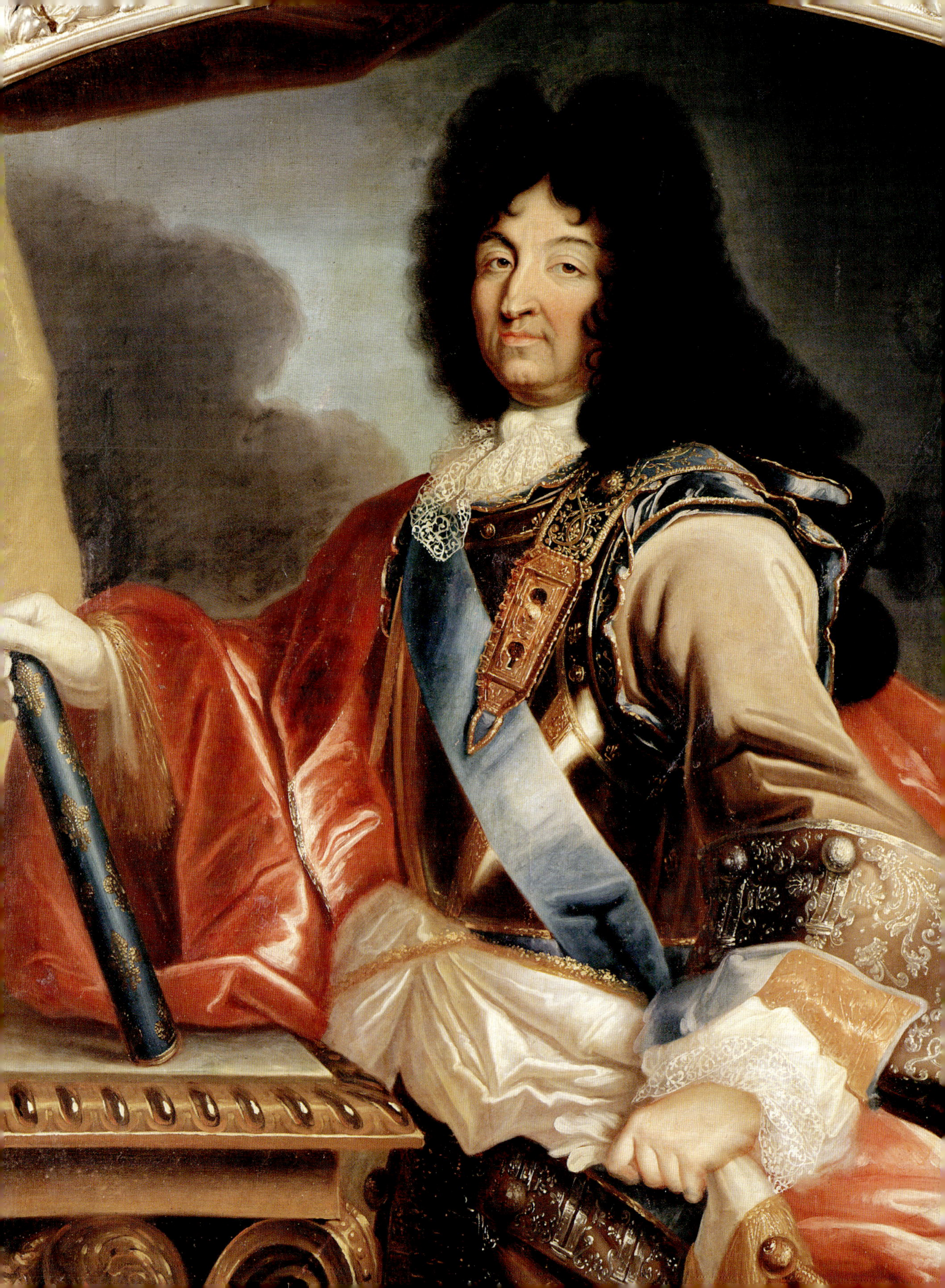

POLÍTICA

Imagine que você é o rei da Inglaterra, durante a Idade Média, e seus súditos estão ficando um tanto atrevidos. Talvez você tenha mandado enforcar um número excessivo deles por roubo de ovelhas, ou eles não gostem do fato de você estar gastando os dízimos deles com cavalos velozes e arcebispos imorais. Você é evidentemente versado nas regras de liderança de Maquiavel, mas parece que você tem a astúcia de um leão e a força de uma raposa. Nessa situação, seria muito útil se você pudesse apelar diretamente a Deus para legitimar o seu governo: afinal, se você foi posto no trono por Ele, então seria lógico que somente Ele pudesse remover você do trono.

Coisa semelhante a essa ideia está na base da teoria do direito divino dos reis, que afirma que um soberano recebe o direito de governar diretamente da vontade de Deus, o que significa que ele não é submetido a nenhuma força terrena. Como explica Shakespeare em *Ricardo II*, o rei é "[...] a figura da majestade de Deus, Seu capitão, procurador, representante eleito, ungido, coroado, plantado há muitos anos".

Segue-se daí que qualquer movimento para depor um governante, ou para reduzir os seus poderes, é contrário à vontade de Deus e, portanto, é condenado por motivos religiosos. Além do mais, algumas versões da teoria também afirmam que não se pode julgar um soberano por ter errado, pois somente Deus está em posição para fazer tal julgamento.

A ideia do direito divino dos reis é associada principalmente ao filósofo francês Jean Bodin, que acreditava ser a soberania absoluta e indivisível; e que os súditos de um rei estavam excluídos da resistência à sua autoridade, já que era contra a lei de Deus resistir a uma autoridade que só devia responder perante Deus.

Ideias semelhantes teriam sido convincentes durante a maior parte da Idade Média, quando a Igreja e suas tradições avultavam nas vidas dos súditos de um rei, e a ideia de o governo de um rei ter chancela divina teria sido facilmente aceita tanto pelo soberano como por seu povo. Entretanto, ela não se ajustava tão facilmente à ascensão do individualismo que caracterizou o início da idade moderna e com o que o sociólogo Emile Durkheim identificou como a passagem das sociedades da solidariedade mecânica para as da orgânica – ou seja, a solidariedade social baseada na interdependência das pessoas, em vez da sua bruta similaridade.

Expresso de maneira simples, quando as pessoas começaram a se livrar dos grilhões da tradição, quando o individualismo vem para o centro da cena, e quando a Igreja começa a se retirar, pelo menos um pouco, do domínio da vida diária, a ideia de que existe uma ordem imutável preordenada a que todos estão sujeitos – o homem rico no seu castelo, o pobre no seu portão – torna-se muito menos plausível. Isso quer dizer que muitas perguntas perturbadoras começam a se fazer sentidas. Se a autoridade do soberano não é divinamente sancionada, onde está a legitimidade do seu governo? Se a base da velha ordem social está desmoronando, sobre que base se poderá estabelecer uma nova ordem social? Se as pessoas estão se livrando dos grilhões da tradição e religião, o que poderá evitar que a sociedade caia na anarquia? É nessa conjuntura que Thomas Hobbes entra no palco.

OS HOMENS EMINENTES DO ILUMINISMO

John Locke 1632–1704
Charles-Louis Montesquieu 1689–1755
François-Marie Voltaire 1694–1778
David Hume 1711–1776
Jean-Jacques Rousseau 1712–1778
Denis Diderot 1713–1784
Jean d'Alembert 1717–1783
Cesare Beccaria 1738–1794
Jean-Antoine Condorcet 1743–1794

O grande Leviatã

Thomas Hobbes não era otimista quanto à nossa capacidade de nos darmos bem uns com os outros na ausência de uma força visível que aja como restrição sobre as nossas paixões naturais. O problema, diz ele, é que somos inclinados a nos apropriarmos "do uso das coisas em que todos os outros têm interesse conjunto"; em outras palavras, somos

ANTERIOR Poucos monarcas corporificaram a reivindicação do governo divinamente ordenado de forma tão fascinante quanto o rei da França Luís XIV, o Rei Sol, aqui pintado por Pierre Mignard (1612-95).
DIREITA Retrato contemporâneo, pintado por Isaac Fuller, de Thomas Hobbes, cuja visão de um estado de natureza era a violenta anarquia.

infalivelmente avarentos. No seu texto clássico *Leviatã*, em que discute a natureza da autoridade e da obrigação política, ele usa a ideia de um "estado de natureza" para examinar como seriam as nossas vidas se não existissem restrições sobre as nossas atividades.

Num estado de natureza, temos liberdade para realizar ao máximo as nossas ambições. Temos liberdade para possuir tudo o que conseguirmos possuir; e nenhum comportamento a serviço da proteção das nossas posses é proibido. O problema é que isso se aplica igualmente aos nossos vizinhos, e numa situação de escassez e competição, essa é uma receita para o desastre. Em particular, não existe restrição à violência, e não há segurança, pois num estado de natureza até mesmo os fracos são capazes de matar os fortes, às vezes, por exemplo, por meio de mentiras ou reunindo-se em bandos. A condição natural dos seres humanos, portanto, é de estar em guerra, todo homem contra todo homem. Num estado de natureza

> [...] não existe conhecimento da face da terra; ninguém conta o tempo; não há artes; não há letras; não há sociedade; e, o que é pior, o medo contínuo e o medo da morte violenta; e a vida do homem é solitária, pobre, repugnante, brutal e curta.

Mas a boa nova é que esse não é o fim da história. Hobbes afirma, contra Epicuro, que também somos predispostos a temer a morte, o que necessariamente significa que queremos evitar a guerra de todos contra todos. A partir dessa premissa, Hobbes tem condições de deduzir três leis — que ele acredita serem tão impositivas quanto as leis da geometria — que serão válidas num estado de natureza. A primeira é que temos de desejar e procurar a paz. Viver num estado de natureza significa o medo e o perigo contínuo da morte. Portanto, dado que temos medo da morte, não temos escolha que não a de tentar estabelecer a paz.

Mas a paz não será possível se insistirmos em manter o nosso direito natural à completa liberdade e, em particular, à nossa liberdade de possuir literalmente tudo que pudermos possuir. Portanto, a segunda lei de Hobbes é que temos de abrir mão de parte da nossa liberdade, e nos contentarmos em aceitar tanta liberdade em relação aos outros quanto estivermos dispostos a dar aos outros em relação a nós. Isso significa, na verdade, um contrato social: concordamos em transferir nosso direito absoluto à liberdade a uma única outra entidade (pessoa ou grupo), que então usa o direito assim adquirido para manter a paz e garantir que a segurança se estenda a todos. Como explica Hobbes:

> [...] é como se todos os homens dissessem a todos os outros, "autorizo e abro mão do meu direito a me governar em favor deste homem ou assembleia de homens, sob a condição de que, da mesma forma, tu abras mão do teu direito em favor dele, e autorizes todas as suas ações".

Aqui encontramos uma pequena dificuldade. Uma coisa é concordar que vamos nos submeter à autoridade de um homem ou assembleia de homens, mas obedecer realmente às leis que são impostas e honrar os acordos feitos é outra completamente diferente. Portanto, a terceira lei da natureza de Hobbes determina que as pessoas têm de manter os seus acordos. Infelizmente, a nossa racionalidade não é suficiente para garantir obediência, portanto precisamos de um poderoso incentivo. Como explica Hobbes, acordos "sem a espada não passam de palavras". Portanto, para evitar a volta ao pesadelo do estado de natureza, temos de nos submeter a um único poder absoluto que será a nossa garantia de paz e segurança:

> Esta é a geração desse grande *Leviatã*, ou melhor, falando mais reverentemente, desse deus mortal a quem devemos, sob o Deus imortal, a nossa paz e defesa. Pois por sua autoridade, dada a ele por todo homem particular na comunidade, ele tem o uso de tamanho poder e força a ele conferidos que, pelo seu terror, é capaz de moldar as vontades de todos à paz em casa e à ajuda mútua contra os inimigos estrangeiros.

O *Leviatã* de Hobbes tem o mérito considerável de ser o primeiro tratamento completamente desenvolvido de como um contrato social entre indivíduos é capaz de oferecer o alicerce da autoridade política legítima. Também é novo no sentido de ser uma tentativa de deduzir uma concepção de obrigação política por meio de um argumento dedutivo a partir dos primeiros princípios enraizados numa compreensão não religiosa da psicologia dos seres humanos. Mas não deixa de ter os seus problemas. Talvez mais significativamente ele pareça estar próximo de uma barganha faustiana: é verdade que os horrores de um estado de natureza tal como concebido por Hobbes sejam algo a ser evitado, mas é muito menos claro que nossos temores a esse respeito justifiquem que desistamos de todos os nossos direitos em favor de um poder ilimitado, unitário.

Preservação mútua

John Locke, cerca de trinta anos depois, é muito menos esperançoso que Hobbes quanto aos perigos do absolutismo. Em sua obra clássica sobre a natureza do governo, *Segundo tratado sobre o governo*, em que desenvolve a sua versão da ideia do contrato social, ele pergunta um tanto incredulamente se os homens são "tão tolos que se cuidam para evitar as maldades feitas pelos pumas e raposas, mas ficam felizes, consideram mais seguro ser devorados por leões". Locke rejeita a ideia de que o poder do governante é absoluto e incondicional, argumentando que a incapacidade de um soberano governar os interesses das pessoas cria o direito de rebelião. Diferentemente de Hobbes, ele afirma que o contrato social impõe obrigações ao governante assim como aos governados.

ACIMA *Os conquistadores da Bastilha diante do Hôtel de Ville em 1789*, pintado por Paul Delaroche. A Revolução Francesa foi inspirada pelos ideais iluministas, mas deteriorou-se na vingança violenta e nas lutas entre facções do terror.

Rousseau e a vontade geral

O filósofo genebrino Jean-Jacques Rousseau provocou certa agitação na França de meados do século XVIII quando afirmou, numa clara reversão da visão ortodoxa da sua época, que de várias formas o advento da civilização havia corrompido a bondade natural da humanidade. Afastando-se da linha hobbesiana segundo a qual as pessoas são incansavelmente mesquinhas e que suas vidas num estado de natureza seriam "horríveis, brutais e curtas", Rousseau afirma que os seres humanos foram originalmente "nobres selvagens", em sua maioria solitários, pacíficos e preocupados com as demandas da garantia de suas necessidades imediatas. Tinham pouca necessidade de roupas, previsão e quaisquer dos outros equipamentos da civilização. Os problemas enfrentados pela humanidade são os da existência social e a desigualdade que ela inevitavelmente engendra. Assim, no início de *O contrato social*, sua obra mais importante, ele declara que "o homem nasce livre, e por toda parte encontra-se acorrentado".

Rousseau argumenta que foi primariamente o surgimento da propriedade privada que fez soar o dobre fúnebre do nobre selvagem. Tão logo a primeira pessoa cercou e declarou ser proprietária de um pedaço de terra, entramos numa espiral para baixo. A isso seguiu-se necessariamente a sociedade civil por causa da necessidade de regular a propriedade e a desigualdade que ela inevitavelmente criou. E, evidentemente, uma vez instalada a desigualdade, então toda competitividade, inveja e agressão que surgem quando as pessoas desfrutam de relações fixas entre si serão inevitavelmente ampliadas.

Em *O contrato social*, Rousseau considera a melhor forma de gerir esse estado de coisas. Não há como voltar ao estado de natureza, portanto temos de encontrar um meio de evitar a degenerescência moral que vem com as iniquidades da civilização. A solução que ele propõe usa o conceito de "vontade geral". Ele afirma que quando as pessoas vivem em grupos sociais, em relações fixas com outras pessoas, elas já não são absolutamente livres para perseguir seus próprios interesses. A única forma de reterem um tipo modificado de liberdade é pela aceitação de um contrato social que estabeleça que todo membro daquele grupo é parte do corpo soberano daquele grupo. Então, a liberdade consiste em agir de acordo com a vontade geral do grupo.

Este é um tipo muito restrito de liberdade, e muitas pessoas afirmam que a concepção de Rousseau se aproxima perigosamente do fascismo, na medida em que valoriza o grupo em detrimento do indivíduo. Ela também enfrenta a dificuldade prática de exigir que as pessoas abandonem seus próprios interesses em favor do bem comum, o que geralmente não estamos inclinados a fazer. Ainda assim, ao colocar a soberania na vontade das pessoas, a ideia de Rousseau da "vontade geral" marcou um momento significativo na história do pensamento democrático e assegurou-lhe a reputação como importante pensador iluminista, ainda que um tanto paradoxal.

AO LADO A ideia do "nobre selvagem" de Rousseau refletia a forma como os intelectuais do século XVIII viam as pessoas das partes menos desenvolvidas do mundo. No século seguinte, o artista Paul Gauguin conferiu certa nobreza aos seus modelos polinésios, como neste detalhe de *Três mulheres taitianas* (1896).

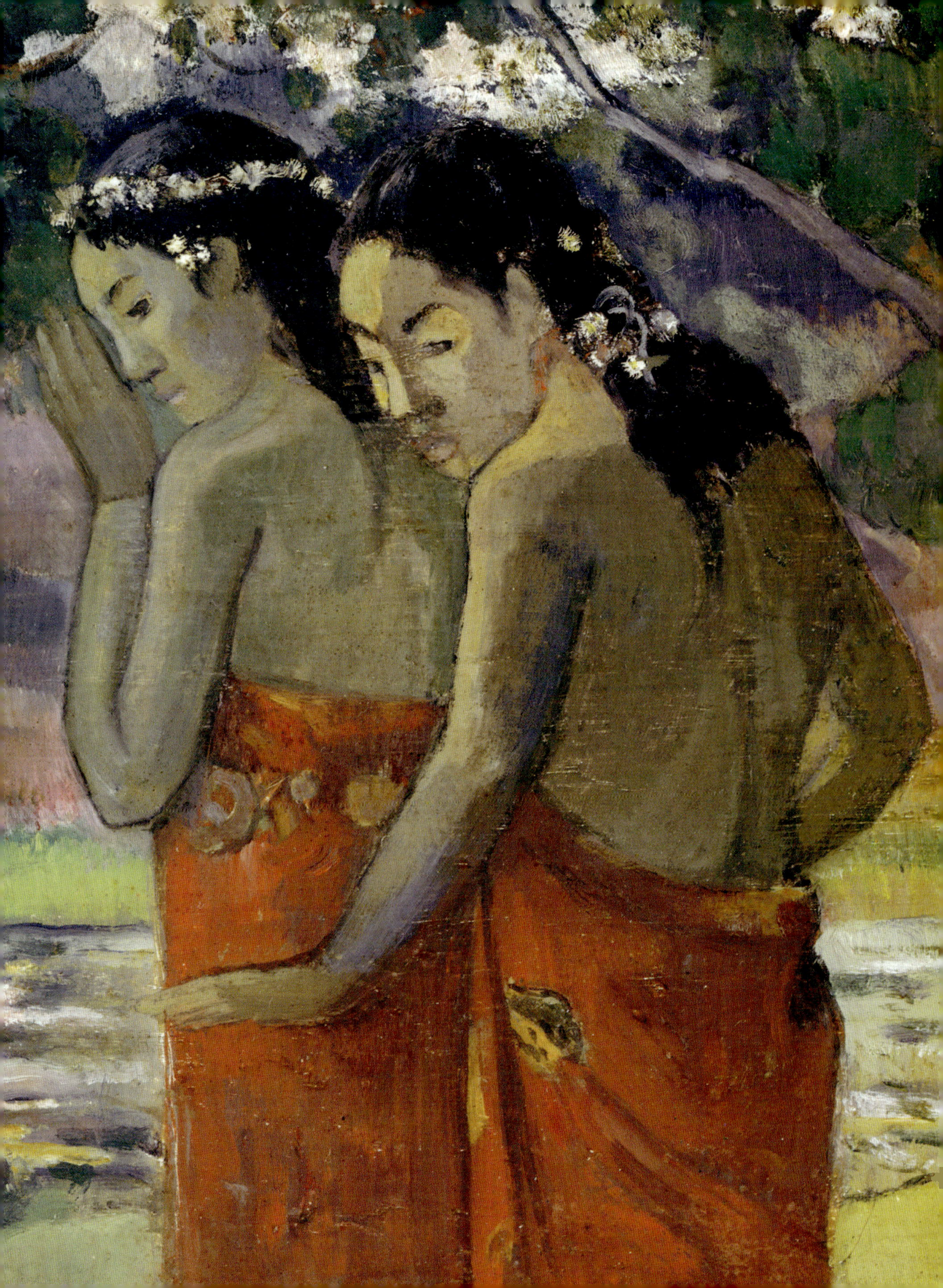

Locke, tal como Hobbes, começa a sua análise com uma descrição do estado de natureza, onde as pessoas existem em

> [...] um estado de perfeita liberdade para ordenar suas ações e dispor das suas posses e pessoas como lhes aprouver, dentro dos limites da lei da Natureza, sem pedir licença nem depender da vontade de nenhum outro homem. Um estado também de igualdade, onde todo o poder e jurisdição são recíprocos, ninguém tendo mais que nenhum outro, não havendo nada mais evidente que criaturas da mesma espécie e classe [...] serem iguais entre si, sem subordinação e sujeição [...].

Ele se preocupa em deixar claro que concebe um estado de natureza não apenas como uma mera abstração sobre a qual construir uma teoria de governo, mas também uma realidade histórica em que muitas pessoas realmente viveram. Embora um estado de natureza seja definido pela ausência de governo, daí não se segue que as pessoas tenham o direito de fazer tudo o que quiserem. Pelo contrário, são sujeitas a uma lei da natureza, divinamente enraizada, mas racionalmente passível de ser descoberta, baseada na injunção de que assim como de nós se exige que nos preservemos, também somos obrigados a "preservar o resto da humanidade", o que significa que "ninguém deve prejudicar o outro na sua vida, saúde, liberdade ou posses".

> A forma de governo preferida por Locke é uma monarquia constitucional com o poder executivo nas mãos do monarca...

O estado de natureza de Locke não é tão escuro como a versão de Hobbes. O espectro da guerra de todos contra todos não é tão ameaçador, em parte porque as pessoas serão restringidas "de fazer o mal a outra" pelo fato de todos terem o direito de punir os transgressores da lei natural e buscar reparação para qualquer mal que ocorra em razão dessas transgressões, e também porque todo o efeito maligno das nossas paixões naturais não será capaz de superar inevitavelmente a influência moderadora das faculdades racionais. Sendo esse o caso, não se torna imediatamente clara a razão por que as pessoas vivendo num estado de natureza aceitem se sujeitar à dominação e controle de um poder governante.

A resposta de Locke se reduz a uma série de pensamentos sobre a insegurança de viver numa situação em que não há governo. Em particular, a ameaça constante de sermos privados da nossa liberdade e propriedade nos faz desejar abandonar o estado de natureza que, apesar de livre, "é cheio de medos e perigos contínuos". Assim, os seres humanos naturalmente buscam se juntar a uma "sociedade com outros que já estão unidos, ou decidem se unir para preservação mútua de suas vidas, liberdades e terrenos, a que dou o nome geral de propriedades". Portanto, a principal função do governo é constituir um sistema de direito estabelecido para preservar a propriedade e regular o seu uso, distribuição e transferência. Passa a existir quando as pessoas abrem mão do seu "poder executivo da lei da natureza, e [...] renunciam a ele em benefício do público". A concordância de uma pessoa em viver no interior de tal comunidade pode ser explícita ou implícita, mas nos dois casos ele exige obediência à lei e em última análise ao corpo legislador supremo, o legislativo.

A forma de governo preferida por Locke é uma monarquia constitucional com o poder executivo nas mãos do monarca e o poder legislativo nas mãos de uma assembleia parlamentar periodicamente eleita. Mas a questão principal é a soberania ficar nas

ABAIXO *Uma família num interior* (século XVII), de Hendrik van der Burgh. O lar e a lareira eram importantes para Locke, que defendia um governo mínimo como forma de preservar os direitos de propriedade. Mas o risco era a criação de vastas desigualdades de riqueza, característica das sociedades modernas.

Nobre ou repugnante?

Então, quem tinha razão, Jean-Jacques Rousseau ou Thomas Hobbes? Os seres humanos são fundamentalmente benignos ou fundamentalmente malévolos?

A resposta, claro, é que possuímos as duas características. Mas se formos forçados a escolher um ou outro lado, então a evidência sugere que Hobbes estava mais perto da verdade que Rousseau. Assim, por exemplo, o psicólogo evolucionário observou que a violência é uma característica humana universal, e que assassinato, estupro, ferimentos corporais graves e roubo são encontrados em todas as culturas. E, ao contrário da crença de muitas pessoas atraídas para a ideia do nobre selvagem (ou da tela em branco), existem muitos dados que demonstram que as taxas mais altas de violência são encontradas nas sociedades nômades. Taxas de homicídios e morte na guerra nessas sociedades são várias ordens de magnitude superior às do Ocidente moderno.

Isso não quer dizer que essas coisas estejam ausentes no Ocidente. Impulsos violentos surgem cedo na vida de uma criança ocidental: a maioria das crianças de dois anos chuta, morde, arranha. Também, a maioria dos adultos nos países ocidentais admite ter fantasias em que provocam sofrimentos violentos em pessoas de quem não gostam, ainda que normalmente não as executem.

De acordo com Pinker, a totalidade da evidência "sugere que pelo menos a necessidade de violência, se não a violência necessária em si, é parte da nossa natureza. É um desejo que está presente na maioria das pessoas e uma opção de comportamento que facilmente assumimos".

ACIMA *Rousseau meditando no parque*, pintado (1770) por Alexandre-Hyacinthe Dunouy. Diferentemente de Hobbes, Rousseau afirmava que num estado de natureza os seres humanos eram solidários e preocupados com suas necessidades imediatas.

mãos do povo, e todo governo é obrigado a governar de acordo com a lei natural e com o fim de preservar a vida e a propriedade dos seus súditos. Locke não acreditava que os governos tivessem direito incondicional de governar, reconhecendo que um monarca ou, na verdade, uma assembleia pudessem exercer poder tirânico sobre seus próprios súditos. Nessa situação, existe efetivamente um estado de guerra, e o povo, que permanece como a sede da soberania, tem o direito de se rebelar.

Propriedade

O relato de Locke se apoia fortemente na ideia de que temos o direito natural de dispor como quisermos da nossa propriedade. Sua justificativa dos direitos de propriedade, em termos gerais, é a seguinte: a matéria do mundo natural tem muito pouco valor enquanto não for trabalhada e tomar a forma das coisas que nossa subsistência exige, o que se consegue pelo nosso trabalho, que é uma extensão de nós mesmos. Temos direito exclusivo de propriedade sobre nós mesmos; portanto temos direito exclusivo de propriedade sobre o que produzimos com o nosso trabalho.

Num estado de natureza, existem limites do direito de propriedade. Por exemplo, não é permitido privar outras pessoas dos meios de subsistência reivindicando muita coisa como propriedade; e as pessoas só podem reivindicar o que têm condição de usar e aprimorar. Entretanto, a existência do dinheiro como meio de troca complica significativamente esse quadro. O dinheiro não apodrece e, portanto, age como uma reserva de valor. Isso significa que existe um incentivo a produzir mais bens do que se pode usar, pois todo excesso pode ser trocado por dinheiro. O resultado é que grandes disparidades em riqueza se tornam possíveis e, de acordo com Locke, moralmente permissíveis.

Mas aqui existem camadas de complicação que esse tipo de argumento não resolve. Por exemplo, suponha que você nasceu rico, e assim começa a vida com uma situação enormemente vantajosa, sem qualquer mérito próprio. A sua riqueza, e a vantagem que ela lhe traz, e presumivelmente também para seus filhos, é moralmente justificada? Ou suponha que, não por culpa sua, você viva num lugar onde nada cresce. Você trabalha como um mouro, e no fim da colheita você está com alguns poucos brotos. O seu vizinho, por outro lado, vive no Crescente Fértil, só tem de lançar algumas sementes de maçã no jardim e na semana seguinte já tem um pomar.

> **TÓPICOS PRINCIPAIS**
> - Direito divino dos reis
> - Soberania é absoluta e indivisível (Bodin)
> - Num estado de natureza, a vida é solitária, pobre, repugnante, brutal e curta (Hobbes)
> - Contrato social (Hobbes, Locke, Rousseau)
> - O *Leviatã* (Hobbes)
> - Ninguém deve prejudicar o outro na sua vida, saúde, liberdade ou posses (Locke)
> - Separação dos poderes (Locke)
> - Direitos de propriedade (Locke)
> - Luta de classes (Marx)
> - Alienação (Marx)
> - Revolução (Marx)
> - Comunismo (Marx)

Mais uma vez, não está claro que todas as grandes disparidades de riqueza surgidas desse tipo de situação são moralmente justificadas.

Outros pensamentos são necessários aqui. Se existem perguntas a serem feitas sobre os direitos de propriedade, então existem também perguntas sobre os sistemas de governo que apoiam os direitos de propriedade. Por exemplo, se é verdade que as enormes desigualdades de riqueza que caracterizam a maioria das sociedades existentes são moralmente suspeitas, então é pelo menos discutível que os sistemas políticos que asseguram a saúde dessas sociedades também são moralmente suspeitos. Se uma monarquia constitucional funciona para sustentar uma ordem social iníqua, então tanto pior para a monarquia constitucional. São pensamentos como esses que alimentaram o surgimento de análises políticas mais radicais, como a que foi articulada por Karl Marx.

Trabalhadores, uni-vos!

Poucos filósofos afirmam ter sido pelo menos em parte responsáveis pela forma como se desenvolveu a história de todo um século. Mas essa é a posição de que desfruta Karl Marx em relação ao século XX. As revoluções que ocorreram naquele século na Rússia e na China foram inspiradas por seus escritos; e a Guerra Fria viu países capitalistas ocidentais enfrentando sociedades que se identificavam como socialistas ou comunistas.

Marx evidentemente escreveu com a intenção de afetar a história. Em *O manifesto comunista*, escrito com seu amigo Friedrich Engels, descobrimos a seguinte convocação às armas:

> Os comunistas não se dignam a esconder suas opiniões e objetivos. Declaram abertamente que seus objetivos podem ser atingidos somente pela derrubada violenta de todas as condições sociais existentes. Que a classe dominante trema diante da revolução comunista. Os proletários nada têm a perder além dos seus grilhões. Têm um mundo a conquistar. Trabalhadores de todos os países, uni-vos!

Esse manifesto aspecto político levanta a questão de saber se Marx pode realmente ser considerado um filósofo. A resposta mais plausível é que ele não era um filósofo puro, mas há suficiente interesse filosófico na sua obra para atrair a atenção dos filósofos.

O melhor ponto de entrada nas ideias de Marx é provavelmente a questão de como ele vê a natureza dos seres humanos. A primeira coisa a ser dita é que a maioria dos intelectuais marxistas nega que ele tenha uma teoria da natureza humana como tal, e que está comprometido com a teoria da "tela em branco" de que a mente humana é construída no contexto da experiência vivida do indivíduo, em particular a sua realidade material e social. Entretanto, embora Marx não pense a natureza humana nos mesmos termos que, digamos, um psicólogo evolutivo, ele tem certas ideias sobre a natureza dos seres humanos que informam a sua análise política mais ampla.

Talvez mais significativo, ele afirma que está na natureza dos seres humanos cooperar uns com os outros num processo de trabalho livremente escolhido. Parte da importância dessa ideia é o fato de ela se opor à visão hobbesiana de que as relações entre os seres humanos são necessariamente antagonísticas. De fato, Marx afirma (com Engels) que as primeiras sociedades nômades eram relativamente livres de conflitos, em grande parte porque a ausência de excesso de produção significava que não havia propriedade privada para criar a divisão entre os que tinham e os que não tinham.

Mas a possibilidade de um trabalho cooperativo livremente escolhido também é importante, porque Marx sugere que em certo sentido realizamos a nossa humanidade pelo trabalho. Em termos gerais, a ideia, já presente no trabalho anterior de Marx e que

ACIMA "Cada golpe da marreta é um golpe contra o inimigo", proclama o cartaz anticapitalista de Viktor Deni, de 1920, quando o trabalho manual converte o aço em balas para lutar a guerra de classes.

DIREITA A alienação urbana está por trás da aparência caricata das pessoas em *Os trabalhadores* (1920), pintado por Franz Wilhelm Seiwert. No entanto, de acordo com Karl Marx é nas classes trabalhadoras que está o potencial emancipador da humanidade.

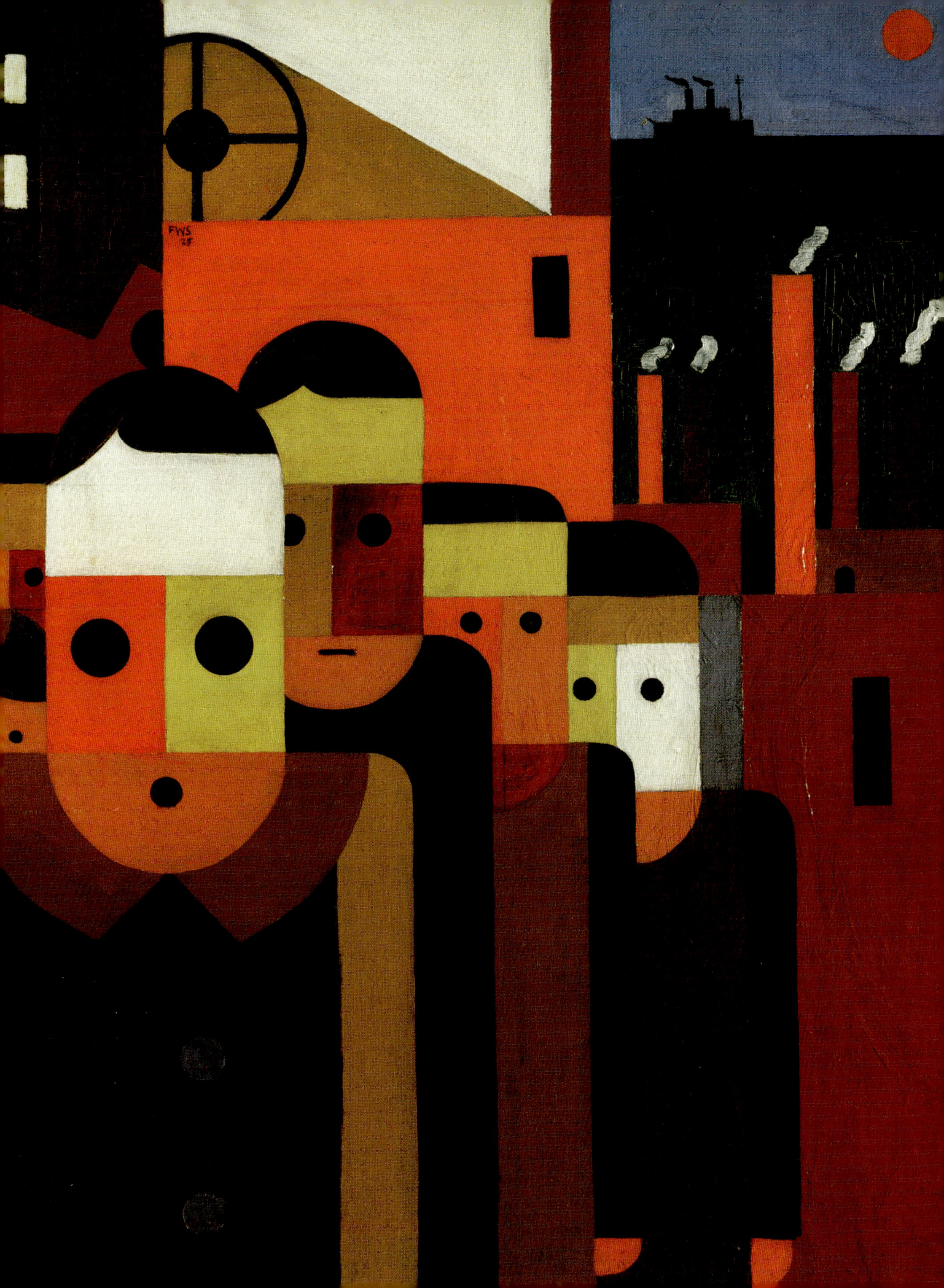
FWS
28

já tem antecedentes na filosofia de Georg Hegel (de quem falaremos mais adiante), é que podemos chegar à autorrealização completa no processo de transformação do mundo à nossa própria imagem. Pode-se pensar numa equipe de engenheiros admirando uma ponte recém-construída, e ganhando um senso de sua humanidade coletiva ao olhar a sua criação.

Alienação

O conceito de alienação, que oferece a força moral à crítica do capitalismo de Marx, está ligado a essa ideia de que realizamos a nossa humanidade por meio do nosso trabalho. Dito de forma simples, as pessoas são alienadas quando são separadas dos produtos do seu trabalho e do próprio processo de trabalho, que ocorre quando não têm controle sobre a sua situação produtiva. Alienação é sempre autoalienação: ser alienado é estar separado da própria humanidade essencial, e significa ser incapaz de viver uma vida plenamente humana. Todas as sociedades de classes, que são definidas em termos da divisão entre os que controlam os meios de produção e os que não os controlam, apresentam algum nível de alienação. Mas é nas sociedades capitalistas que a alienação é mais pronunciada.

> Mas é nas sociedades capitalistas que a alienação é mais pronunciada.

O capitalismo se caracteriza por um conflito fundamental entre duas classes inelutavelmente opostas, a burguesia, os proprietários das fábricas, máquinas e assim por diante, e o proletariado, que só possui sua própria força de trabalho, que é obrigado a vender à burguesia em circunstâncias que não escolhe. Os proletários são alienados porque não têm praticamente nenhum controle sobre o processo de trabalho, e porque suas energias produtivas são usadas no serviço de uma classe que os explora. O proletário

> [...] não se realiza no seu trabalho, mas nega a si mesmo, tem um sentimento de miséria, e não de bem-estar, não desenvolve livremente as suas energias físicas e mentais, mas vive fisicamente exausto e mentalmente humilhado. O trabalhador, portanto, só se sente bem no seu tempo de lazer, enquanto no trabalho ele se sente pouco à vontade. Seu trabalho não é voluntário, é trabalho imposto, forçado, não é a satisfação de uma necessidade, é apenas um meio de satisfazer outras necessidades.

Felizmente, o proletariado tem uma saída dessa situação. O capitalismo é cheio de contradições, o que quer dizer que é inerentemente instável. O proletariado, como portador do potencial emancipador da humanidade, está numa posição que lhe permite tirar vantagem das crises que inevitavelmente sucedem nas sociedades capitalistas para

Os direitos da mulher

Mary Wollstonecraft é lembrada pelo compromisso apaixonado pela causa dos direitos da mulher, por seu radicalismo político e por sua ousadia intelectual. Rejeitava as distinções artificiais de classe, que segundo ela impediam o desenvolvimento humano além de favorecerem o republicanismo em prejuízo da monarquia hereditária como a forma ideal de governo.

As pessoas do final do século XVIII estavam longe do ideal iluminista de uma sociedade ordenada de forma a permitir aos indivíduos realizarem todo o seu potencial como seres racionais autônomos. Em particular, as mulheres sofriam desvantagens sistemáticas urdidas no tecido do sistema social: eram criadas de forma a extinguir sua capacidade intelectual e racional; aprendiam a dar passagem e a desenvolver uma sexualidade dócil e lisonjeira destinada apenas a torná-las atraentes para os homens.

De acordo com a visão de Wollstonecraft, a barreira primária que impedia às mulheres realizarem o seu potencial era a forma como eram educadas. No prefácio de *Uma defesa dos direitos da mulher*, ela escreve que havia examinado "vários livros escritos sobre o tema da educação e observado pacientemente a conduta dos pais e a administração das escolas [...], e qual fora o resultado? – uma profunda convicção de que a educação negligenciada das criaturas iguais a mim era a grande fonte da miséria que deploro". A única solução possível é uma mudança da educação feminina. Em particular, Wollstonecraft pensava que as mulheres deviam ser incentivadas a desenvolver suas capacidades racionais da mesma forma que os homens. A melhor educação, diz ela, "é um exercício da compreensão calculado para fortalecer o corpo e formar o coração. Ou, em outras palavras, permitir ao indivíduo atingir hábitos de virtude que lhe permitam tornar-se independente".

Evidentemente, o feminismo de Wollstonecraft não é igual ao padrão moderno, e algumas das suas opiniões parecem anacrônicas. Por exemplo, ela acreditava que uma mulher tinha o dever de se tornar mãe, apesar de isso não poder implicar sua subjugação a um homem. Ainda assim ela continua sendo uma inspiração para as feministas do século XXI; e apesar de não ser a primeira pessoa a tomar armas em defesa das mulheres, sua importância é tal que se pode considerá-la a primeira feminista.

ACIMA Mary Wollstonecraft, pintada por John Keenan (*c*.1793). Ela afirmava que somente uma mudança na forma como as mulheres eram educadas poderia melhorar a sua sorte, e nesse retrato ela empunha um livro, enfatizando o seu ponto de vista.

provocar a queda do capitalismo. Especificamente, é destino do proletariado, como classe para si, uma classe consciente de sua própria realidade e situação, abolir todas as distinções de classe, instituir uma nova forma de sociedade, o comunismo, baseado na propriedade coletiva. Ao fazê-lo, dá fim à alienação das pessoas dos produtos do seu trabalho, do processo de trabalho, de sua humanidade essencial.

Onde está a revolução?

O problema de fazer previsões sobre como a história vai se desenrolar é que a história tem o hábito de fazer o que quer. O capitalismo, apesar de ter-se envolvido em crises periódicas, continua forte; e os experimentos comunistas do século XX foram em sua grande maioria espetacularmente malsucedidos e em geral brutalmente repressivos. Então parece que Marx entendeu tudo errado.

Não chega a ser surpreendente que os marxistas tenham oferecido incontáveis explicações para esse estado de coisas. O próprio Marx tinha certamente consciência de que o capitalismo tem condições de se valer de muitos recursos para enfrentar os efeitos desestabilizadores das suas contradições internas. Assim, por exemplo, você vai descobrir que os marxistas falam muito de coisas como "ideologia", "hegemonia" e "falsa consciência de classe" para explicar por que o proletariado ainda não chegou a entender que tem um papel histórico a desempenhar na queda do capitalismo. A ideia básica é que em resultado da sua dominância na esfera econômica da sociedade, a burguesia controla o que poderia ser chamado, conforme Louis Althusser, de aparelho ideológico do estado, que inclui coisas como o sistema educacional e os meios de comunicação de massa. O resultado é que ela é capaz de manipular a

ESQUERDA Che Guevara tornou-se o garoto-propaganda do zelo comunista revolucionário, tendo morrido jovem o suficiente para garantir a permanência do seu carisma. O marxismo na prática foi frequentemente menos sedutor.

disseminação de ideias e o proletariado é bombardeado com mensagens pró-capitalistas, que o mantêm cego para sua real situação. Assim, o proletariado nunca faz a transição da condição de subclasse em si para classe *para* si, e o capitalismo continua alegre o seu caminho.

A outra possibilidade é que Marx estivesse certo quanto à instabilidade intrínseca do capitalismo mas errado quanto ao tempo que ele levaria para se esgotar. Esse tipo de análise tende a se associar à discussão de como o capitalismo teve sucesso ao explorar novos mercados, particularmente no mundo em desenvolvimento. Mas esse tipo de argumento levanta o espectro da impossibilidade de provar sua falsidade: pode-se imaginar um marxista no século XXV a insistir que a revolução logo será vitoriosa, e que Marx tinha razão com relação aos fundamentos, mas subestimou a capacidade do capitalismo de explorar os novos mercados intergalácticos.

Mas é justo reconhecer que Karl Marx não é o único político teórico a ser embaraçado por acontecimentos futuros. Thomas Hobbes, por exemplo, apesar de provavelmente mais correto que errado quanto às propensões dos seres humanos no estado de natureza, teria encontrado dificuldades em manter a confiança na sabedoria do absolutismo diante dos horrores do século XX. Mesmo John Locke, apesar de fabulosamente presciente na defesa da separação dos poderes, teria talvez encarado as enormes disparidades de riqueza que caracterizam as modernas sociedades capitalistas, e o abismo entre as riquezas do primeiro mundo e a miséria abjeta de grandes áreas do mundo em desenvolvimento, como pelo menos uma prova em favor da proposição de que governos precisam fazer mais que simplesmente garantir os direitos de propriedade.

Mas a significância desses filósofos, e de outros como eles, não é o fato de eles terem sempre entendido as coisas corretamente. É, na verdade, o fato de eles terem mostrado como os instrumentos e técnicas da filosofia podem ser empregados para lançar luz sobre questões que afetam a vida de milhões de pessoas – coisa que ainda hoje é relevante. A questão da legitimidade e alcance do governo continua sendo um tópico de debates acalorados, como nos mostraram recentemente a "Primavera Árabe" e o furor em torno das atividades do WikiLeaks. Se um filósofo moderno vai examinar essa questão, terá inevitavelmente de levar em conta a teoria do contrato social e a possibilidade radical de a base da legitimidade do governo no mundo moderno não ser clara.

PRINCIPAIS TEXTOS DE FILOSOFIA POLÍTICA

Platão, *A república*
Aristóteles, *Política*
Nicolau Maquiavel, *O príncipe*
Thomas Hobbes, *Leviatã*
John Locke, *Segundo tratado sobre o governo*
Jean-Jacques Rousseau, *O contrato social*
Adam Smith, *A riqueza das nações*
Edmund Burke, *Reflexões sobre a Revolução Francesa*
Thomas Paine, *Direitos do homem*
G. W. F. Hegel, *Princípios da filosofia do direito*
Karl Marx, *Manifesto Comunista, Capital*

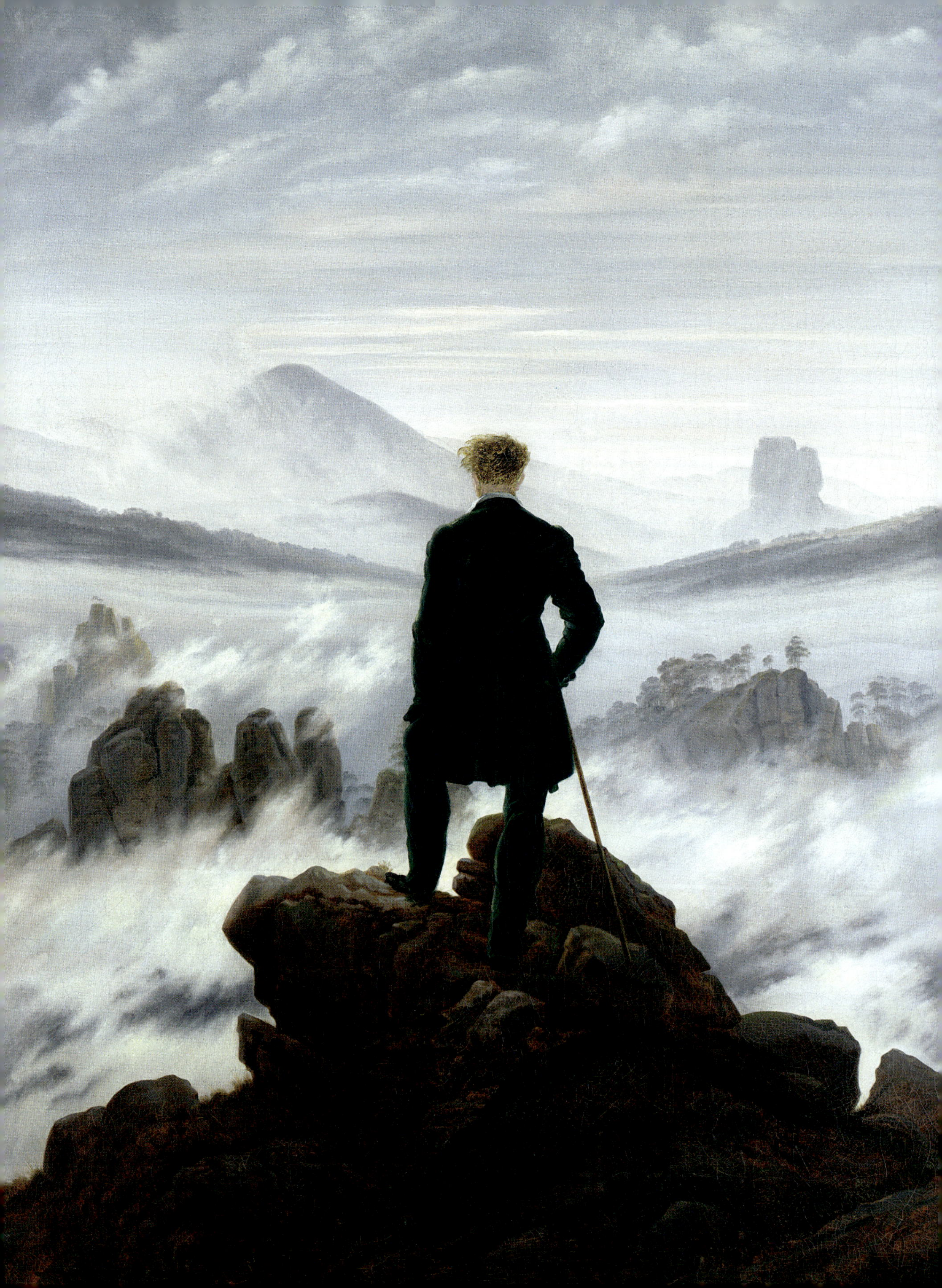

IDEALISMO

O biólogo do desenvolvimento Lewis Wolpert não tem grande respeito pela filosofia. Admite que ela é "inteligente", mas que, apesar disso, ela é "totalmente irrelevante". No que tange a ele, a filosofia não fez uma única contribuição à soma total do conhecimento humano: "Se a filosofia não tivesse existido – com exceção de Aristóteles –, o que nós deixaríamos de saber? A resposta é que não teria feito a menor diferença."

Esse tipo de coisa pode, talvez, ser considerado como uma peça divertida de boêmio. Mas existe a suspeita de que talvez haja um núcleo de verdade na alegação de que a filosofia não produziu muito. Consideremos, por exemplo, o progresso das ciências naturais nos últimos 150 anos em comparação com a filosofia ao longo de toda a duração da sua existência. Não é óbvio que haja um equivalente filosófico às descobertas em física quântica, por exemplo, muito menos a especial e geral relatividade de Einstein.

As coisas parecem particularmente lúgubres se alguém examina o que vem acontecendo no campo da metafísica, o campo da filosofia que se interessa pelas questões fundamentais da existência. Tome, por exemplo, a questão do livre-arbítrio, um dos tópicos-padrão dessa área. Provavelmente é justo dizer que não conseguimos avançar na determinação da existência ou não do livre-arbítrio, nem do que ele representa, em relação ao que Hobbes pensava sobre essa questão no século XVII. As discussões entre os libertários e deterministas, compatibilistas e incompatibilistas, continuam agitadas como sempre foram. O mesmo se dá com a questão da existência de Deus, onde não há consenso entre os filósofos com relação ao que nos diz o peso da evidência.

Aqui há um problema, para o qual Immanuel Kant chamou a atenção na sua obra clássica *Crítica da razão pura*. Admitamos que a filosofia possa ser dividida em dois campos gerais: os racionalistas e os empiristas. Como vimos no capítulo sobre a razão, os racionalistas acreditam ser possível descobrir certas verdades metafísicas simplesmente por meio da reflexão racional, sem referência à experiência sensorial. Mas a razão leva os racionalistas a conclusões diferentes e conflitantes de todo tipo. Talvez haja apenas uma substância, talvez haja duas, ou quem sabe o mundo está lotado de mônadas individuais. Os empiristas, como vimos no capítulo sobre experiência, pensam que todo conhecimento depende em última análise da experiência sensorial. Mas isso leva alguns a postular um eu e outros a negá-lo, alguns a apoiar a noção de substância material e outros a rejeitá-la. Portanto a razão leva racionalistas e empiristas a contradições metafísicas. E, no caso do empirismo, ela aponta embaraçosamente na direção do ceticismo.

Mas é fácil ver que as abordagens empíricas e racionalistas tiveram grande sucesso nas áreas de indagação não filosóficas. A matemática, por exemplo, tem caráter racionalista e não exige referência à experiência sensorial; e as ciências naturais, apesar de serem totalmente envoltas na razão, para seu sucesso dependem de dados empíricos, que geralmente estão enraizados na experiência sensorial. Portanto, o enigma é o seguinte: por que o racionalismo e o empirismo fracassaram tanto na metafísica se os instrumentos que empregam são claramente adequados ao trabalho em outros campos de indagação?

ANTERIOR A aparência do mundo ao olho da mente figurava fortemente no idealismo filosófico de Kant, tal como na sensibilidade romântica de artistas como Caspar David Friedrich: esta é a sua *O viandante sobre o mar de bruma* (1818).
ACIMA Immanuel Kant num retrato do século XVIII (escola alemã). Sua vida era tão controlada que se dizia que as pessoas de Königsberg acertavam seus relógios pela hora do seu passeio diário.

Kant e a Crítica da Razão Pura

Esta é a pergunta que Immanuel Kant se dispôs a responder na *Crítica da razão pura*, uma obra que foi produto de mais de uma década de reflexão, mas que foi escrita em apenas cinco meses. A primeira coisa a ser dita é que tentativas de ler o livro tendem a resultar numa incompreensão carregada de pânico. J. M. D. Meiklejohn, num prefácio do tradutor, apresentou algumas observações cortantes relativas ao estilo do texto de Kant:

> Ele é cansativo pelas repetições frequentes e emprega um grande número de palavras para expressar, de maneira canhestra, o que poderia ter sido enunciado com maior clareza e distinção em poucas. A declaração principal nas suas sentenças é geralmente coberta por uma multidão de frases explicativas e qualificadoras; o leitor se perde num labirinto, do qual ele tem grande dificuldade de sair.

Mas a dificuldade não se limita a uma questão de estilo; está também associada ao tema da obra. Kant afirma que nem o racionalismo nem o empirismo estão à altura da tarefa de resgatar a metafísica da confusão e, o que é pior, o espectro do ceticismo paira sobre tudo. O que na verdade se exige é que a razão se faça objeto da sua própria indagação para que se possam determinar seu alcance e limites. Temos aqui um

> [...] chamado à razão para mais uma vez assumir a mais laboriosa de todas as tarefas, a do autoexame, e instalar um tribunal capaz de garanti-lo nas suas alegações bem fundamentadas enquanto se pronuncia contra todas as premissas e pretextos sem base, não de maneira arbitrária, mas de acordo com suas próprias leis eternas e imutáveis. Esse tribunal é nada menos que a Investigação Crítica da Razão Pura.

Uma investigação crítica da própria razão deve-se tornar um tanto delicada, portanto, não se preocupe demais se o que se seguir for às vezes muito confuso. Cenhos cerrados e suspiros profundos são uma resposta normal quando alguém se aproxima de Kant. Talvez o melhor ponto de partida para se buscar um sentido de como se desenvolve a sua investigação tenha duas distinções.

A primeira é entre as proposições analíticas e sintéticas. Proposições analíticas são verdades definicionais. Numa definição precisa, uma proposição é analítica se seu predicado está contido dentro do conceito do sujeito. Assim, por exemplo, a proposição "todos os solteiros são homens adultos não casados" é analítica, pois o conceito "solteiro" contém dentro

---

OS IDEALISTAS

George Berkeley 1685–1763
Immanuel Kant 1724–1804
Johann Fichte 1762–1814
G. W. F. Hegel 1770–1831
T. H. Green 1836–1882
F. H. Bradley 1846–1924
Josiah Royce 1855–1916
J. M. E. McTaggart 1866–1925

de si as ideias de "não casado", "adulto" e "homem". Dado o que significam os conceitos, essas verdades são necessárias. Outras proposições, entretanto, introduzem informações que não estão contidas dentro do conceito do sujeito. São proposições sintéticas, porque sujeito e predicado se unem para formar (sintetizar) uma verdade informativa. Um exemplo seria a proposição "todos os meninos jogam futebol", na qual está claro que jogar futebol não é parte do conceito "menino". É claro que essas verdades não são necessárias — para a sua verdade dependem de como é o mundo.

Kant trabalha com mais uma distinção, desta vez entre a forma como as proposições são conhecidas. Existem proposições a priori e a posteriori — das palavras latinas que significam "antes de" e "depois de". Não precisamos ter nenhuma experiência particular para saber a verdade de uma proposição a priori. Sabe-se a priori ou independentemente da experiência. Verdades a priori são verdades necessárias, como "2 + 2 = 4" e "triângulos têm três lados". O conhecimento da verdade de uma proposição a posteriori depende *efetivamente* da experiência. Não se sabe que a grama é verde a menos que já se tenha visto grama.

A terminologia empregada aqui talvez seja um tanto desconcertante, mas as próprias ideias não são muito complexas. Basicamente, parece que temos quatro tipos de proposições: (*a*) analítica a posteriori; (*b*) sintética a posteriori; (*c*) analítica a priori; e (*d*) sintética a priori. É bastante claro que proposições analíticas a priori e proposições sintéticas a posteriori não apresentam problemas. Os racionalistas se interessam por proposições analíticas a priori e os empiristas pelas proposições sintéticas a posteriori. São as duas outras possibilidades que são estranhas. A ideia de uma proposição analítica a posteriori não faz muito sentido — por que você precisa da experiência para conhecer alguma coisa que é verdadeira por definição? Isso deixa apenas os julgamentos sintéticos a priori, o ponto em que as coisas se tornam realmente muito estranhas e infelizmente muito mais complicadas.

A revolução copernicana de Kant

Kant afirma que não somente as proposições sintéticas a priori são possíveis; na verdade elas são a condição de possibilidade da própria metafísica. A estranheza dessa afirmação se torna clara quando começamos a pensar sobre o que envolveria uma proposição sintética a priori: ela teria de ser necessariamente conhecida independentemente da experiência, e ainda assim acrescentar alguma coisa à nossa compreensão de um conceito de sujeito que não pode ser deduzido através de uma análise do próprio conceito. É extremamente difícil ver como tal coisa poderia existir. A tarefa de Kant é então mostrar que estão erradas as nossas intuições acerca da implausibilidade das proposições sintéticas a priori, uma coisa que, afirma ele, representa uma revolução copernicana na forma como pensamos sobre a metafísica e a natureza da mente.

A revolução copernicana de Kant está centrada na relação entre a mente e o mundo da experiência. Antes de Kant, a visão ortodoxa era que isso trabalha numa única direção: a mente registra tudo que estiver ocorrendo no mundo. As metáforas que descrevem essa concepção são familiares: a mente é uma tela em branco sobre a qual se escreve a experiência, ou um bloco de cera que espera a impressão do sinete do mundo. De acordo com essa visão, podemos dizer que temos conhecimento do mundo até o ponto em que as impressões na nossa mente espelham a forma como o mundo é na realidade.

Kant inverte essa concepção – troca a posição das coisas de forma tão dramática como o reordenamento do sistema solar feito por Copérnico – ao afirmar que a mente constitui ativamente o mundo da experiência. A mente forma e organiza a entrada sensorial, transformando-a no mundo de objetos situados no espaço e tempo, e moldando-a em termos de categorias como substância e causalidade. A mente cria o mundo familiar do dia a dia em que habitamos. Longe de ser esse o caso de a mente se conformar ao mundo, o mundo, na verdade, se conforma à mente. Ou, como explica Anthony Kenny, "por meio dos sentidos, os objetos nos são dados; por meio da compreensão eles se tornam pensáveis. A experiência tem um conteúdo oferecido pelos sentidos, e uma estrutura determinada pela compreensão". É razoavelmente fácil apreender a ideia básica de que a mente tem um papel na formação da nossa experiência. Por exemplo, alguém poderia pensar sobre as mudanças repentinas de percepção que ocorrem quando alguém olha durante tempo suficiente as ambíguas ilusões figurativas tão populares entre os psicólogos gestaltistas. Mas o problema é que Kant fala de algo muito mais profundo e sutil que as meras ilusões de ótica ou alucinações.

Consideremos, por exemplo, sua afirmação de que nossa experiência sensorial é ordenada em relações de espaço e tempo pela atividade da mente. De acordo com essa visão, espaço e tempo não são coisas lá fora no mundo, mas, pelo contrário, são subjetivos, uma parte do aparelho estruturador da percepção. É precisamente isso que assegura que tudo que experimentamos terá o caráter de estar no espaço e tempo. Bertrand Russell ilustra esse ponto

KANT EM SUAS PRÓPRIAS PALAVRAS

"A razão humana tem o destino peculiar de, em uma espécie do seu conhecimento, ser sobrecarregada por perguntas que, como prescrito pela própria natureza da razão, não era capaz de ignorar, mas que, por transcender todas as suas forças, também não é capaz de responder."

"A metafísica é um oceano escuro sem praias ou farol, onde se espalham muitos naufrágios filosóficos."

"Mas, apesar de o nosso conhecimento começar pela experiência, daí não se segue que ele surja da experiência."

"Intuição e conceitos constituem os elementos de todo o nosso conhecimento, de forma que nem conceitos sem uma intuição de alguma forma correspondente a eles, nem intuição sem conceitos podem produzir conhecimento."

"Pensamentos sem conteúdo são vazios, intuições sem conceitos são cegas."

"Não tenho nenhum *conhecimento* de mim como sou, mas apenas como apareço para mim mesmo."

DIREITA A transformação da paisagem em turbilhões vívidos de cores feita por Van Gogh em *Noite estrelada* (1869) é um exemplo primário de "realidade" sujeita à experiência individual do sentido. Na verdade a lógica do idealismo transcendental ameaça abolir totalmente o mundo exterior.

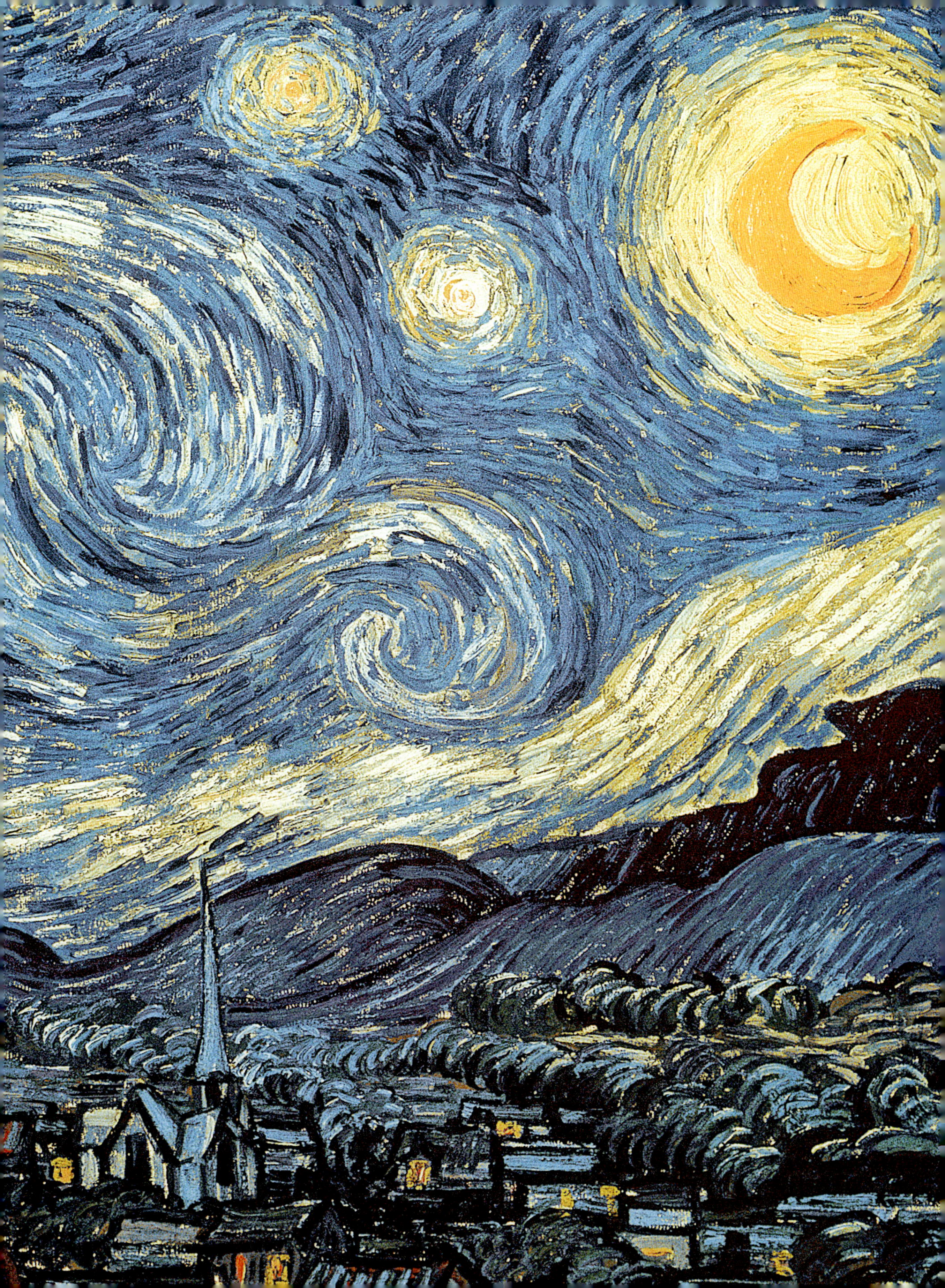

TÓPICOS PRINCIPAIS

- O problema da metafísica (Kant)
- Proposições sintéticas e analíticas (Kant)
- Proposições a priori e a posteriori (Kant)
- Uma "revolução copernicana" (Kant)
- Fenômenos e númenos (Kant)
- O espectro do solipsismo
- Idealismo absoluto (Fichte, Hegel))
- Espírito absoluto (Hegel)
- Tese, antítese, síntese (Hegel)
- A dialética do Senhor e Escravo (Hegel)

ao notar que se sempre usarmos óculos azuis, não poderemos deixar de ver o mundo como sendo azul e, da mesma forma, se usarmos sempre "óculos espaciais" na nossa mente, então poderemos ter certeza de que vamos experimentar todas as coisas como existentes no espaço.

Além de espaço e tempo, que são formas de intuição, Kant identifica doze "categorias" que também funcionam para formar e categorizar a nossa experiência sensorial. São elas: unidade, pluralidade, totalidade, realidade, negação, limitação, substância, causalidade, reciprocidade, possibilidade, existência e necessidade. Tal como no caso do espaço e tempo, a natureza da mente é tal que não podemos evitar a experiência do mundo em termos dessas categorias.

Foi ao refletir sobre essas categorias que Kant chegou às proposições sintéticas a priori de que necessitava para tornar possível a metafísica. Seu argumento é que só temos experiência do mundo, que na realidade temos se certas proposições metafísicas – as proposições sintéticas a priori – forem verdadeiras. Por exemplo, o conceito de causa só funciona se for verdade que *todo evento tem uma causa*. O conceito de substância só tem sentido se for verdade que a *substância persiste ao longo de todas as mudanças*. Essas proposições metafísicas são a priori porque são necessariamente verdadeiras, mas, o que é crucial, são também sintéticas por acrescentarem informação que não está contida nos seus conceitos de sujeito. Assim, por exemplo, a ideia de que todo evento tem uma causa não está contida no conceito de causa; podemos pensar um evento sem causa sem cairmos em contradição.

Infelizmente, no que se refere à complexidade do argumento, ainda não saímos do labirinto. Embora as categorias sejam as condições de possibilidade de objetos em geral, elas se aplicam apenas ao mundo da experiência. Kant argumenta que não podemos saber como é o mundo além da sua aparência para a mente. O mundo de objetos, o mundo empírico, é o mundo experimentado. Como é o mundo em si, como são os objetos-em-si (númenos), está além do alcance da nossa compreensão.

Isso explica a razão por que a metafísica se viu em dificuldades. Kant afirma que a metafísica só funciona se levar em conta o alcance adequado da razão e as limitações ligadas às categorias de compreensão. Dito de forma simples, contradições surgem na metafísica quando ela tenta aplicar conceitos associados com categorias, como causalidade e substância, ao mundo tal como é em si, e não ao mundo das aparências. Kant ilustra os perigos de a razão ir além dos seus limites próprios estabelecendo uma antinomia entre a alegação de que "o mundo tem um começo no tempo e é limitado no espaço" e a alegação de que "o mundo não tem começo no tempo nem limites no espaço". Ele então demonstra que é possível provar as duas afirmativas, não para demonstrar que devemos abraçar a contradição, mas, pelo contrário, para mostrar que a razão não tem de se interessar pelo universo *como um todo*.

A metafísica, quando se limita ao mundo da experiência, é uma atividade perfeitamente respeitável, capaz de premiar uma inquirição cuidadosa. A metafísica especulativa, que examina o mundo como é em si, é um exemplo da razão indo além dos seus limites apropriados e deve terminar inevitavelmente em confusão e contradição.

Mente e realidade

O idealismo filosófico no seu sentido mais amplo é a visão de que a mente é a realidade mais básica e que o mundo é em certo sentido dependente da mente. O contraste adequado aqui não é com o racionalismo ou empirismo, mas com o materialismo, que afirma que a matéria é tudo que existe e que a mente é de alguma forma dependente da matéria.

O termo "idealismo" não é usado de forma coerente, e existem vários tipos diferentes de idealismo flutuando pelo mundo filosófico. Por exemplo, a visão de Berkeley de que os objetos físicos não passam de coleções de impressões sensoriais tende a ser chamada de "idealismo subjetivo"; a noção de Kant de que a mente constitui ativamente o mundo da experiência atraiu o rótulo de "idealismo transcendental"; e o sistema filosófico de Hegel, a que voltaremos mais adiante, é chamado de "idealismo absoluto".

Uma maneira útil de classificar os vários idealismos é em termos de uma distinção entre o idealismo epistemológico e ontológico. O filósofo idealista britânico Timothy Sprigge define o idealismo ontológico como a visão de que é *verdade absoluta* o físico ser dependente da mente, e que bom senso ou noções científicas que se afastam dessa visão são simplesmente erradas. O idealismo epistemológico, por sua vez, afirma apenas que a visão mais aceitável do mundo físico, inclusive a alegação de que ela é independente da mente, só é *verdadeira para nós*, mas que a verdade para nós é o único tipo de verdade que é sensato procurar.

Em termos dessa distinção, a filosofia de Kant é uma espécie de idealismo epistemológico. O mundo dos objetos empíricos é criado pelas tentativas inconscientes da mente de compreender dados sensoriais que nos vêm de coisas-em-si incompreensíveis. As operações da mente continuam opacas para nós em termos da sua natureza fundamental; como também se dá como as coisas-em-si incompreensíveis que de alguma maneira misteriosa constituem a base de toda experiência.

Há um aspecto curioso e bastante perturbador associado a esse quadro. Não está claro que alguém perca alguma coisa quando se desfaz completamente do mundo numenal, o mundo das coisas-em-si. Em outras palavras, parece possível negar a existência do mundo numenal sem perder o mundo dos objetos físicos. Aqui o pensamento é que se a mente é capaz de criar as formas de intuição sensível, espaço e tempo, bem como as categorias de compreensão, então não há razão por que ela não seria capaz de criar o mundo "externo" sem mais nada.

Isso indica uma forma muito mais radical de idealismo do que a pretendida por Kant, e ela o teria horrorizado, mas não é imediatamente clara a razão por que deveríamos dar preferência ao idealismo transcendental de Kant em detrimento dessa versão, que afirma não haver nada que não seja criação da mente. De fato, Johann Fichte, um dos pais do idealismo alemão, comprometeu-se precisamente com essa espécie de visão mais radical, afirmando em essência que o mundo externo é a criação da mente, ou ego, e que ele é postulado para oferecer ao ego um cenário no qual ele vai representar uma espécie de teatro moral como parte de um processo de autodescoberta ou autotransformação.

Evidentemente, existem objeções a essa visão mais radical. Por exemplo, parece ser uma ameaça de solipsismo a possibilidade de existência de um único eu. Se não existir nada mais fundamental que o mundo das aparências, então que base teremos para admitir que outras pessoas que habitam este mundo tenham mente igual à nossa? Ademais, se pensamos que

ACIMA Retrato de Johann Gottlieb Fichte. Sua concepção de que as mentes individuais são apenas um aspecto de uma única mente é talvez a primeira declaração do "idealismo absoluto".

existem boas razões para pensar que outras pessoas têm mentes, então como vamos explicar por que parecemos todos habitar o mesmo mundo comum? Em outras palavras, por que cada ego individual compartilha o mesmo mundo com todos os outros egos?

Fichte ofereceu uma solução notável para todos esses tipos de problemas. Ele postulou que nossos egos individuais são na verdade apenas aspectos de uma única mente absoluta que desenvolve o seu destino moral através de uma aparente multiplicidade de vidas. Essa ideia é um exemplo do que se tornou conhecido como idealismo absoluto, que recebeu sua declaração mais poderosa – ou a mais famigerada, dependendo da sua perspectiva – na obra de G. W. F. Hegel.

O idealismo absoluto de Hegel

Hegel já foi descrito por pelo menos um filósofo como "horroroso", e deve-se dizer que muitos concordariam com essa caracterização. A obra magna de Hegel, *Fenomenologia do espírito*, é tão difícil de ser entendida que a primeira *Crítica* de Kant parece, por comparação, um texto de exemplo da aplicação das regras de estilo do manual de Strunk e White. Theodor Adorno, que escreveu um estudo da obra, insistia que partes dela eram literalmente incompreensíveis, o que poderia explicar por que há tantas interpretações diferentes das ideias de Hegel quantas há dos fragmentos de Heráclito.

Deve-se dizer que parte da dificuldade da obra tem a ver com o seu tema. Hegel é um construtor de sistemas, e concebeu a *Fenomenologia* como a última palavra da filosofia. Há também questões relacionadas com a dificuldade de traduzir o texto do alemão que só dificultam o trabalho quando você tenta ler o livro em outro idioma. Ainda assim, parece pouco provável que Hegel, se quisesse, não teria conseguido escrevê-lo com mais clareza. Ter ideias tão complexas que não podem ser expressas em palavras claras às vezes impressiona num mundo que valoriza tanto as demonstrações de virtuosismo intelectual.

DIREITA G. W. F. Hegel, pintado (1825) por Jacob Schlesinger. Sua espécie de idealismo absoluto dominou a metafísica durante um século.

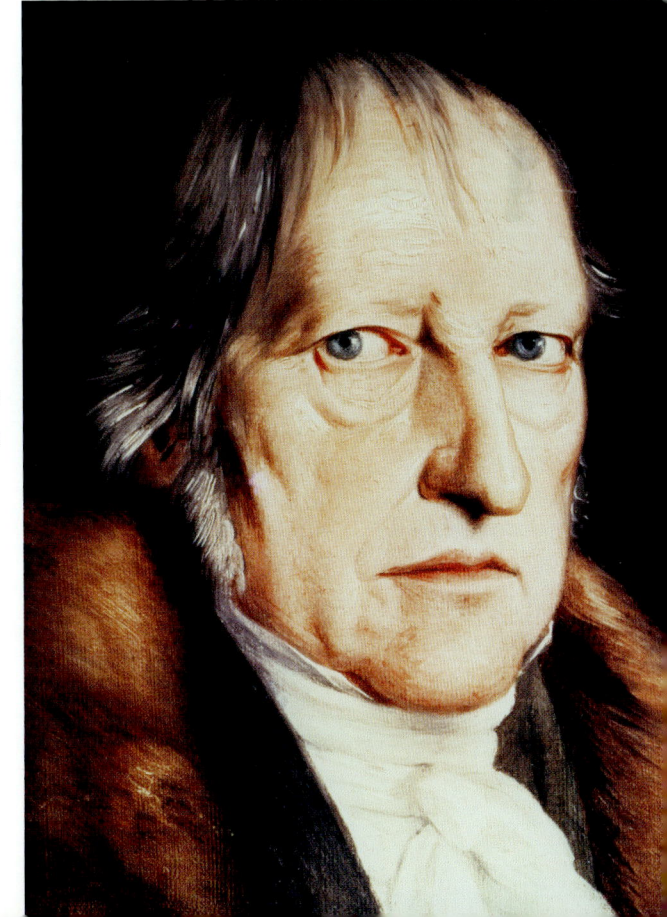

DIREITA Para Hegel, a consciência de um objeto era reflexa – era ao mesmo tempo consciência do eu. Edgar Degas brinca com a percepção no quadro *Mme. Jeantaud ao espelho* (*c*.1875): olhamos o modelo que olha para o espelho, que olha para nós.

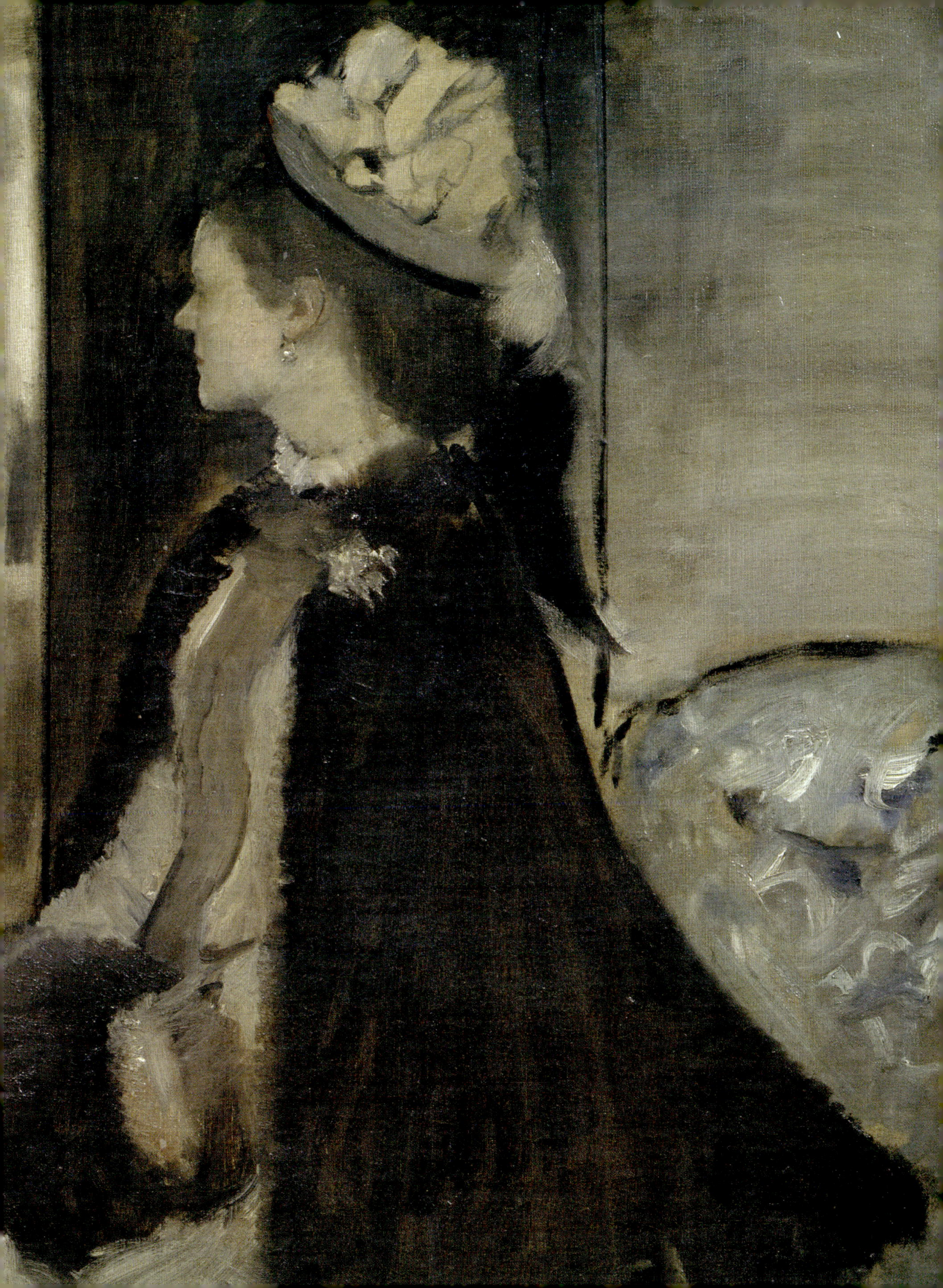

A dialética de Hegel

O termo "dialética" se originou na Grécia antiga, onde foi exemplificado nos diálogos socráticos de Platão, que apresentavam uma discussão baseada em perguntas e respostas visando provocar o surgimento da verdade sobre um assunto. Nas mãos de Hegel o termo conserva o sentido de envolver uma tensão ou troca entre partes opostas, mas passa a se referir a um sistema de lógica ou raciocínio.

A dialética de Hegel se baseia nos conceitos de *tese, antítese* e *síntese*. Dito de modo simples, a ideia é que qualquer fenômeno dado (tese) contém em si aspectos contraditórios (antítese) que exigem um movimento para a solução (síntese); e que o progresso histórico ocorre em consequência de uma dinâmica que tem essa forma dialética.

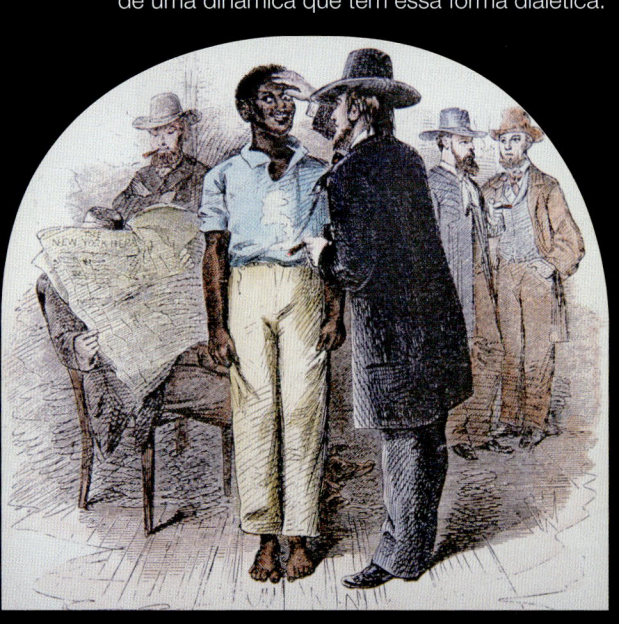

Podemos ver esse tipo de raciocínio em operação no tratamento de Hegel da dialética de Senhor e Escravo. A relação entre o Senhor e o Escravo (tese) é instável. Em parte porque o Senhor é incapaz de ganhar o que ele mais deseja, a consideração irrestrita do Escravo, exatamente porque ele o subjugou; e isso se dá em parte porque o Escravo é capaz de ter uma percepção da sua autonomia e liberdade nas coisas que ele cria por ordem do Senhor. Assim, a relação contém as sementes da sua própria derrocada (a antítese). A solução só ocorre quando a situação é transcendida e a autoconsciência avança para uma nova etapa de desenvolvimento (síntese).

Marx também empregou o método dialético de Hegel, no seu caso com a intenção de mostrar como os conflitos na base material da sociedade funcionam como o motor da história. É famoso o argumento de Marx de que a história de todas as sociedades até hoje é a história da luta de classes. A sociedade é construída sobre uma base material (tese) que se refere primariamente ao modo como a produção é organizada. Em todas as sociedades até hoje existentes isso significou uma divisão entre os donos e os não donos da produção. Essa situação é inevitavelmente instável (antítese), e nas circunstâncias adequadas irromperá num conflito aberto. A solução dessa situação só ocorrerá quando a sociedade passar para uma nova forma de produção, organizada em linhas diferentes (síntese). Desse modo Marx foi capaz de explicar a transição entre as sociedades antiga (baseada na escravidão), feudal e capitalista.

ACIMA Gravura colorida dos Estados Unidos: *Um senhor examina seus escravos* (1861). A dialética hegeliana do Senhor e Escravo provavelmente é a seção mais conhecida (e lúcida) da sua maior obra, *A fenomenologia do espírito*.

A tese central da *Fenomenologia* é que a realidade compreende uma mente (ou consciência) única, absoluta, chamada "Espírito" por Hegel, envolvida no projeto de tentar se compreender como *realidade* nas diversas etapas do seu desenvolvimento. Como Fichte, Hegel está empenhado na ideia de que as mentes individuais, ou consciências, são apenas aspectos de uma única consciência, que compreende a totalidade da existência. Essa tese radical e altamente contraintuitiva acarreta que os diversos objetos aparentemente descontínuos da realidade, inclusive a consciência individual e os objetos da consciência, são na verdade aspectos de uma consciência única, absoluta.

Provavelmente tudo isso parece bastante desconcertante, assim vale a pena estreitar um pouco o foco para examinar como Hegel lida com um aspecto específico do modo como o Espírito passa a se entender como realidade. Ao estreitar o foco o exame da sua tese geral fica um pouco prejudicado mas ganhamos uma compreensão aprofundada de alguns dos seus argumentos mais específicos e do modo como ele faz filosofia.

A parte B da *Fenomenologia*, que contém algumas das suas seções mais citadas, trata do modo como a consciência individual caminha na direção da "autocerteza". A ideia de autocerteza é complexa, mas parece se expressar com mais clareza na noção de "pertencimento". De acordo com o filósofo Charles Taylor, Hegel tem em mente que a autoconsciência visa:

> [...] expressão integrada, uma realização em que a realidade externa que nos incorpora e da qual dependemos nos expressa plenamente e não contém nada de alheio [...]. É o anseio pela integridade total que para Hegel está na base da luta pela autoconsciência, a princípio de acordo com versões grosseiras e irrealizáveis do objetivo, e posteriormente quando o homem foi educado e elevado pelo conflito e contradição, de acordo com a coisa real.

Hegel sustenta que a autoconsciência surge quando a consciência reconhece o reflexo de si mesma nos objetos a que se dirige:

> A consciência do outro, de um objeto em geral, é na verdade necessariamente autoconsciência, reflexo no eu, consciência de um eu na consciência de outro.

Mas de modo um tanto irônico, a autoconsciência é ameaçada precisamente pelos objetos que ela exige para se tornar consciente de si. O objeto externo é externo ao eu; é uma externalidade diante da qual a autoconsciência é incapaz de atingir a autocerteza. Assim, a autoconsciência busca negar a externalidade do objeto externo anulando-a.

> A solução para uma luta que deve pôr em perigo a vida dos dois participantes é a escravização de um e o domínio do outro...

Mas nesse ponto há uma dificuldade. A autoconsciência não pode *destruir* o objeto externo, pois isso a privaria das bases da sua própria existência. A autoconsciência exige um objeto cuja externalidade possa ser anulada sem que o objeto em si seja destruído. Hegel argumenta que somente outra autoconsciência satisfaz essa exigência, pois só outra mente é capaz de realizar a sua própria negação sem deixar de se manter um objeto externo. Especificamente, um ser autoconsciente precisa do reconhecimento de outros seres autoconscientes; somente assim ele pode atingir a autocerteza almejada. Isso nos leva à famosa dialética do Senhor e Escravo.

Embora o reconhecimento mútuo entre dois seres autoconscientes acabe por levar à autocerteza a que ambos almejam, isso não se dá facilmente. Primeiro, nenhuma das autoconsciências tem certeza da verdade da outra (como autoconsciência), e com isso ambas são privadas da fonte da sua própria certeza. Consequentemente, cada uma delas tentará chegar ao reconhecimento da outra sem retribuir. A luta resultante para o reconhecimento unilateral ocorre necessariamente até a morte, pois ao arriscar sua própria vida, cada autoconsciência demonstra para a outra, e para si mesma, não ser escrava da sua forma corporal e ter o status de um *ser para si mesmo*. Contudo, é claro que a morte de uma ou outra nessa situação leva ao próprio fracasso, pois priva o sobrevivente de todo e qualquer reconhecimento. Daí que a solução para uma luta que deve pôr em perigo a vida dos dois participantes é a escravização de um e o domínio do outro:

> Um é independente, e sua natureza essencial é ser para si mesmo; o outro é dependente, e sua essência é a vida ou existência para outro. O primeiro é o Senhor e o segundo, o Escravo.

Isso não encerra a questão, claro. Essa solução é instável, em parte porque somente com dor e morte o Senhor atinge o reconhecimento do Escravo; mas também porque o Escravo trabalha e transforma o mundo por ordem do seu dono e com isso se torna consciente da sua própria liberdade e criatividade nas coisas que produz. Isso lhe fornece o impulso para a autoconsciência avançar até a próxima etapa da jornada para a autocerteza e autorrealização como Espírito absoluto. Esse processo só se encerra quando a distinção entre a consciência e seus objetos se dissolve e ela reconhece que é idêntica ao mundo sensível.

A influência de Hegel

A filosofia de Hegel, apesar do seu esoterismo desconcertante, exerceu uma tremenda influência em algumas direções diferentes. O peso que o raciocínio dialético teve nas ideias de Karl Marx provavelmente é a maior dessas influências. Talvez não seja forçado dizer que o marxismo pode ser visto como uma espécie de hegelianismo invertido. Marx expressa isso assim (itálicos acrescentados):

> Para Hegel o processo de vida do cérebro humano [...] que, sob o nome de "a Ideia" ele até transforma num sujeito independente, é o demiurgo do mundo real, e o mundo real é apenas a forma externa, fenomênica, que tem "a Ideia". *Comigo, pelo contrário, o ideal não é nada mais que o mundo material refletido pela mente humana e traduzido em formas de pensamento.*
>
> A mistificação que a dialética sofre nas mãos de Hegel não o impede absolutamente de ser o primeiro a apresentar a sua forma geral de trabalho de um modo abrangente e consciente. Com Hegel a dialética está de cabeça para baixo. Precisa ser posta novamente de cabeça para cima [...].

Hegel também influenciou de modo mais direto círculos filosóficos. O idealismo anglo-americano de filósofos como T. H. Green, F. H. Bradley e Josiah Royce, por exemplo, que provavelmente foi a abordagem filosófica dominante até o início do século XX, é devedor do legado de Hegel. Até mesmo filósofos não particularmente inclinados para o idealismo incorporaram na sua obra temas hegelianos. Pensamos em Friedrich Nietzsche, Edmund Husserl e existencialistas como Martin Heidegger e Jean-Paul Sartre, por exemplo. Assim, escrevendo em meados do século XX, Maurice Merleau-Ponty se sentiu capaz de dizer que "todos os grandes ideais filosóficos do século passado, as filosofias de Marx, Nietzsche, o existencialismo e a psicanálise começaram em Hegel".

Mas hoje as ideias de Hegel não têm mais a mesma reputação estelar. Sob o assalto da filosofia analítica, o hegelianismo caiu em descrédito em meados do século XX e ainda não se recuperou. Hegel é o último dos magníficos construtores de sistema, e é improvável que voltemos a ver outro tão grande, pelo menos no futuro próximo.

> Hegel é o último dos magníficos construtores de sistema, e é improvável que voltemos a ver outro tão grande.

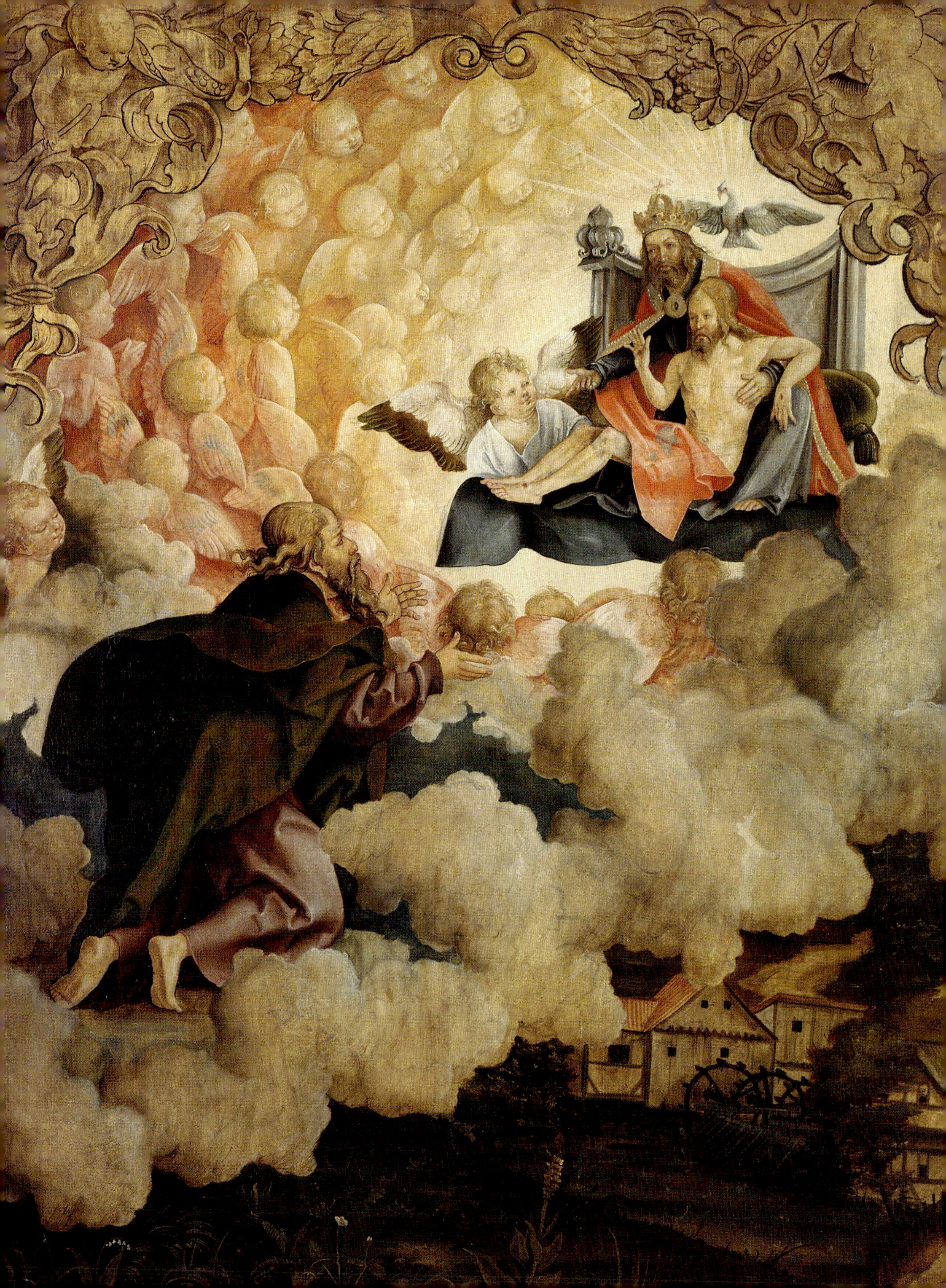

CERTO E ERRADO

Imagine que você é feliz no casamento e compartilha tudo com sua mulher. Embora concordem quanto à maioria das coisas, atualmente vocês discutem sobre os méritos de uma grande doação a uma obra de caridade. Sua opinião é que o dinheiro fará muita diferença na vida de outras pessoas, menos afortunadas, e que vocês são ricos o suficiente para ser capazes de doá-lo sem que ele lhes faça falta. Sua mulher aceita isso mas acha que com que o que vocês pagam de imposto a doação não se justifica. Por ora se resolveu que o dinheiro não será doado.

Mas você acabou de saber que seu empregador lhe pagará uma grande gratificação. Seria possível reservar uma parte dela para a doação. O sigilo estaria garantido, e com isso o dinheiro poderia ser doado sem que sua mulher descobrisse. Você sabe que qualquer benefício obtido pela sua família com o dinheiro não seria nada comparado com o que ele propiciará às pessoas que o receberão. Contudo você também sabe que sua mulher não concordaria em fazer a doação, o que significa que para doar o dinheiro sem arriscar seu casamento você precisa fazê-lo em segredo. Claro que isso também significa que você precisará mentir sobre a quantia recebida e transgredir o acordo feito quanto à doação. A questão é: doando o dinheiro sem contar à sua mulher você está fazendo algo moralmente errado?

Pode-se refletir de vários modos diferentes sobre essa questão. Por exemplo, talvez sua reação inicial seja se perguntar o que significa a ideia de um "erro moral" ou imaginar como seria possível justificar um julgamento moral qualquer – por exemplo "dor é mal". Se assim for, você está pensando no que se chamam questões "metaéticas". A metaética é um ramo da filosofia moral que se ocupa de questões como "existem fatos morais?", "se há fatos morais, de onde vêm eles?" e "o que significam realmente palavras como 'certo', 'errado', 'coragem' e 'justiça'?". Perguntas desse tipo têm sido discutidas ao longo da história da filosofia – assim, por exemplo, você se lembrará de que nós examinamos a natureza do "bem" quando discutimos o dilema de Eutifro no capítulo sobre Platão e Sócrates. Mas somente nos últimos cem anos, desde a publicação de *Principia Ethica* de G. E. Moore, que a metaética tem sido considerada de modo sistemático.

Ou talvez a sua reação imediata a essa trama seja imaginar que tipo de argumentos podem ser reunidos a favor e contra a proposição de que seria moralmente errado fazer

ANTERIOR Na teoria do comando divino, um Deus todo-poderoso – aqui saudando Paulo que chega ao Céu, na pintura de Hans Suss von Kulmbach, do século XV – determina se as ações são boas ou más.
ACIMA *A primeira escola esfarrapada,* pintada por Alexander Blaikley. Essas escolas para os pobres foram uma manifestação das tentativas feitas no século XIX no sentido de lidar com a ética, a filantropia e o ponto nevrálgico da sociedade.

a doação. Se assim for, você estará pensando em questões que se enquadram no título de ética normativa, ramo da filosofia moral que lida com as questões surgidas quando consideramos se determinadas coisas são certas e erradas ou se algumas ações são boas e más. Não é preciso pensar muito nesse dilema para ver que as coisas podem rapidamente se tornar muito complexas quando começamos a pensar nesses tipos de questões destituídas de autorreferência.

Talvez, por exemplo, você ache que a questão básica nesse ponto seja se o mundo será ou não será um lugar mais feliz se você fizer a doação. Nesse caso a sua abordagem moral é "consequencialista" – você pensa que o que conta são os resultados – e provavelmente você concluirá que fazer a doação em segredo é moralmente justificado (e se não nessa circunstância específica, pelo menos em algumas circunstâncias). Claro, isso também significa que você precisa aceitar que mentir ou, no mínimo, enganar, não é sempre moralmente errado. Na verdade essa não é uma ideia particularmente contraintuitiva, e seria corajoso o filósofo que afirmasse nunca ser justificável mentir, nem mesmo numa situação em que o efeito de não mentir seria a ocorrência de um grande dano.

A redescoberta da virtude

Afirma-se que a ética da virtude foi redescoberta graças a um artigo publicado em 1958 e intitulado "Filosofia moral moderna", escrito pela filósofa inglesa Elizabeth Anscombe. Nesse artigo ela afirma que "os conceitos de obrigação e dever – obrigação moral e dever moral – do que é moralmente certo e errado e do significado moral de "dever" devem ser jogados fora, se isso for psicologicamente possível". Essa foi uma proposta claramente radical, pois parecia acabar tanto com a abordagem consequencialista quanto com a deontológica da filosofia moral. Anscombe, contudo, afirma que isso é necessário porque a linguagem do "dever moral" só tem sentido dentro das estruturas religiosas que se referem a um legislador, o que já não se aceita mais de modo geral.

Embora os filósofos não tenham achado persuasivas suas críticas específicas à linguagem do "dever moral", eles se sensibilizaram com o argumento de que a filosofia moral deve se afastar do discurso do dever e obrigação e examinar em vez disso, ou novamente, o caráter moral e as "virtudes" ligadas ao florescimento humano. Assim, como observa Robert Louden, filósofos como Alasdair MacIntyre, Philippa Foot e Edmund Pincoffs defenderam uma terceira opção na ética normativa, a que se interessa pelos traços de caráter que compõem a pessoa moralmente boa.

A ênfase na virtude faz uma diferença no modo como são vistos os agentes morais e suas ações. Para um utilitário o que conta é se um agente, quando diante de uma escolha, busca maximizar o bem-estar ou a utilidade. Fazendo isso, independentemente das considerações de caráter, ele age moralmente. Uma abordagem da ética da virtude, ao contrário, incentiva um envolvimento bem mais profundo com o caráter do agente moral. Agir virtuosamente não é apenas uma questão de visar um objetivo específico; trata-se mais de cultivar uma certa espécie de caráter, assentada em traços virtuosos como bondade, honestidade e coragem, e depois ilustrá-los numa vida bem vivida.

A abordagem da ética da virtude ainda é uma posição de minoria na esfera da ética normativa. O campo continua dominado, como tem sido há mais de duzentos anos, pela luta entre as abordagens consequencialista e deontológica. Mas a ética da virtude constitui uma alternativa interessante às abordagens que se concentram exclusivamente em ideias como dever, obrigação e ações moralmente certas e erradas, e provavelmente ainda surgirão outras.

Uma virtude personificada, nesse caso a Fé, pintada (c.1858) por George Dunlop Leslie.

Kant é apenas um desses filósofos corajosos. Ele não acha que as ações são justificadas (ou não) pelas suas consequências, mas sim por serem realizadas de acordo com as exigências da lei moral, e nesses termos, afirma ele, mentir é sempre moralmente errado. Mais adiante trataremos com mais detalhe do que ele tem a dizer sobre moralidade; por enquanto é suficiente reconhecer que se os resultados são descontados num cálculo moral, então pelo menos há razão para argumentar que a nossa trama assume um caráter muito diferente. Especialmente, ela põe em grande destaque o fato de que parte do que está acontecendo aqui é que você está considerando romper um compromisso e usar o engano para assegurar um resultado do seu desejo (a doação à obra de caridade sem que haja conflito conjugal).

As teorias éticas que enfatizam o dever ou a obrigação e verificam se uma ação observa as regras morais e não suas consequências são conhecidas como teorias éticas deontológicas. A filosofia moral de Kant é um exemplo de ética deontológica, assim como a teoria do comando divino, segundo a qual uma ação é obrigatória (ou proibida) apenas em função da ordenação divina. Claro que há perigo em fazer declarações de alcance geral, mas talvez seja certo dizer que a probabilidade de pensar que pode ser moralmente justificado fazer a doação na situação que expusemos é maior entre as pessoas atraídas pelo consequencialismo que entre os adeptos da ética deontológica.

Um último ponto que vale a pena mencionar é a possibilidade de que ao focalizar ações específicas, no caso em pauta se uma doação numa situação muito particular é moralmente justificada, entendemos mal o que é eticamente importante. Pense, por exemplo, que uma abordagem de ética da virtude sustenta que devíamos focalizar o caráter do agente moral, se suas ações se dirigem para o cultivo da virtude e o que suas escolhas morais nos dizem sobre seu comportamento moral. A ética da virtude não fornece um livro de regras para ação, como fazem alguns modelos morais. Ela afirma que as pessoas devem se comportar do modo que tem mais probabilidade de cultivar um caráter virtuoso. Assim, um ético da virtude certamente irá concluir que o seu comportamento é errado se você sempre mente para a sua mulher, mesmo se numa dada ocasião sua intenção for boa.

É absolutamente possível que não haja uma resposta definitiva para a questão de se na situação exposta aqui você estaria errado fazendo uma doação. De fato, achar que uma

---

TÓPICOS PRINCIPAIS

- Metaética e ética normativa
- Consequencialismo
- Ética deontológica
- Ética da virtude
- Teoria do comando divino (Agostinho, Tomás de Aquino, Duns Scotus, Locke)
- Dilema de Eutifro (Platão)
- Princípio da utilidade (Bentham)
- Cálculo hedônico (Bentham)
- Utilitarismo (J. S. Mill)
- Imperativo categórico (Kant)
- Formulação da humanidade (Kant)
- A redescoberta da virtude (Anscombe)

resposta definitiva é *possível* dependerá dos seus envolvimentos metaéticos. Mas há um sentido vigoroso em que a intenção de tramas dessa espécie não é indicar respostas definitivas e sim ilustrar os tipos de argumentos em que os filósofos se empenham quando refletem sobre questões morais. Agora é hora de fazer isso de um modo mais sistemático examinando algumas das abordagens preferidas dos filósofos morais.

A teoria do comando divino

O *Evangelho segundo São Mateus* relata que quando um advogado perguntou a Jesus qual dos mandamentos divinos era o maior, ele assim respondeu: "Amar a Deus com todo o seu coração e com toda a sua alma, e com toda a sua mente. Esse é o primeiro e o grande mandamento. E o segundo é parecido com ele: amar ao próximo como a si mesmo."

Essa é uma ilustração perfeita de todas as ordens que a teoria do comando divino diz terem um caráter obrigatório. Elas expressam claramente a vontade de Deus, e por isso a obediência é moralmente exigida. Em geral a teoria do comando divino afirma que as coisas são moralmente boas ou más e as ações são obrigatórias, permitidas ou proibidas apenas em razão da vontade ou das ordens de Deus. Ou, mais formalmente, ela afirma que as ações são erradas, por exemplo, se, e apenas se, e somente porque, são proibidas por Deus.

O caráter obrigatório das ordens divinas flui da soberania de Deus. A ideia nesse ponto é bastante direta (certamente na tradição abraâmica): Deus é o Ser Supremo, criador de tudo, e por isso tem autoridade absoluta sobre toda a sua criação. Segue-se, então, que se Ele nos diz para pular, nós pulamos; se Ele nos proíbe de cobiçar o boi do vizinho seria moralmente errado cobiçar o boi do vizinho.

A principal vantagem da teoria do comando divino é que ela parece oferecer um objetivo básico para a moralidade. A ideia é que enquanto é muito difícil para alguém que adota uma visão de mundo naturalista explicar como pode haver propriedades morais no mundo, é muito mais fácil se você pensar que o mundo é criado e mantido por um ser moral. Mas o problema é que a teoria do comando divino padece de fraquezas que abalam gravemente sua credibilidade como explicação moral.

Provavelmente a dificuldade mais citada é a que já comentamos a propósito do dilema de Eutifro. Ela surge na seguinte questão: Deus ordena o que é bom porque é bom; ou o que é bom o é só por ser ordenado por Deus?

AO LADO Página da Bíblia de Lambeth (c.1140-50) mostrando Moisés com os Dez Mandamentos escritos em pergaminhos.

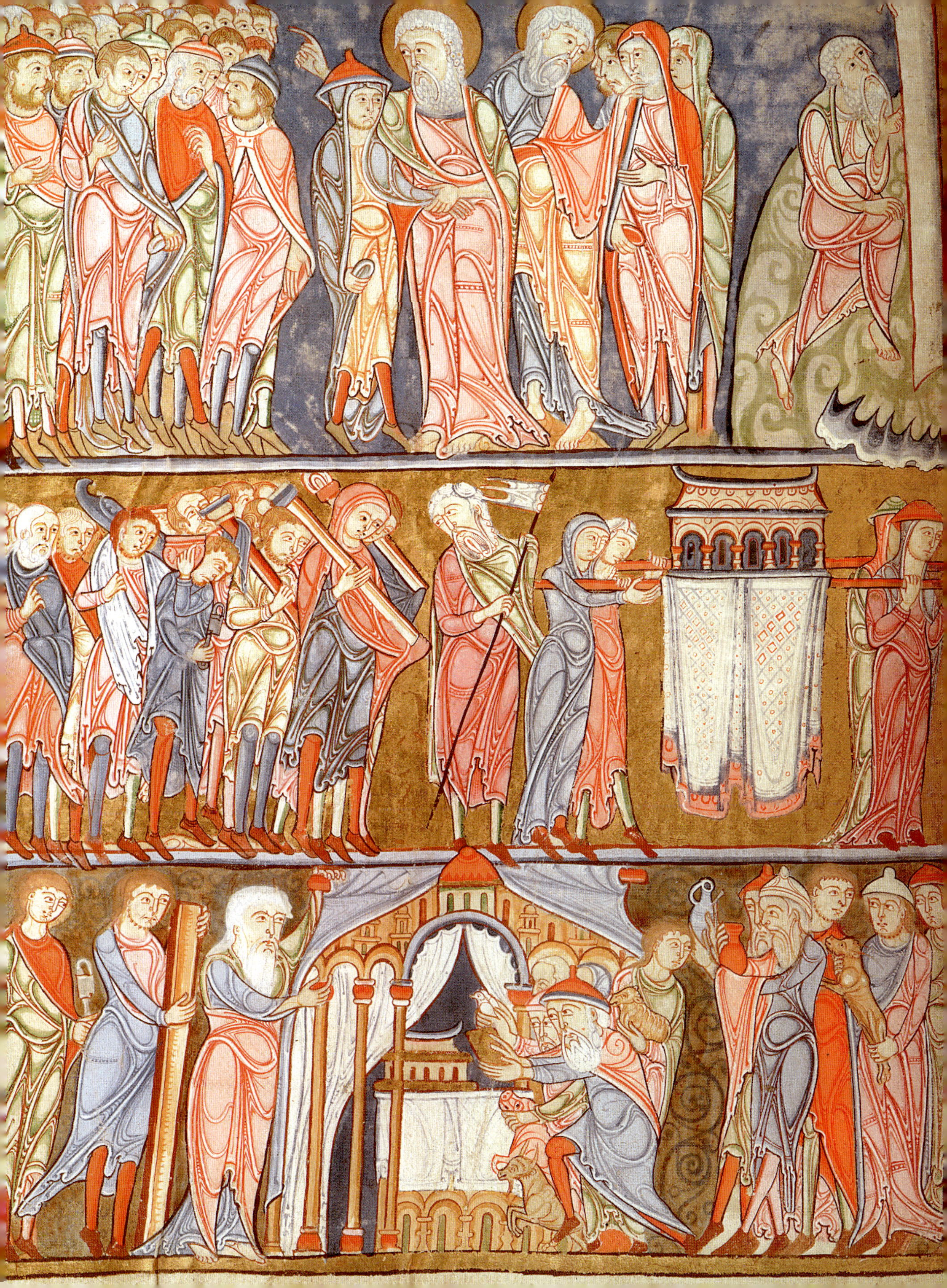

> **UTILITÁRIOS EM SUAS PRÓPRIAS PALAVRAS**
>
> "Utilidade é a propriedade de qualquer objeto pela qual ele tende a produzir benefício, vantagem, prazer, bem ou felicidade (tudo isso no presente caso é a mesma coisa) ou (o que também é a mesma coisa) a evitar o acontecimento de um dano, dor, mal ou infelicidade para a parte cujo interesse se considera: se essa parte é a comunidade em geral, então a felicidade da comunidade; se um indivíduo, então a felicidade desse indivíduo."
> *Jeremy Bentham*
>
> "As ações são certas na medida em que promovem a felicidade; erradas quando tendem a produzir o contrário da felicidade. Por felicidade entende-se o prazer e a ausência de dor."
> *John Stuart Mill*
>
> "É melhor ser um ser humano insatisfeito que um porco satisfeito, melhor ser Sócrates insatisfeito que um tolo satisfeito."
> *John Stuart Mill*
>
> "Uma pessoa pode fazer mal aos outros não só pelas suas ações mas pela inação, e em ambos os casos ela é responsável pelo dano a eles causado."
> *John Stuart Mill*

O problema é que como quer que respondamos a essa pergunta estaremos em dificuldade. Se dizemos que Deus ordena o que é bom *porque* é bom, então arriscamos acabar ficando com um Deus diminuído, porque a resposta parece subentender que há padrões morais independentes da vontade de Deus. Isso ameaça tanto a autoridade de Deus, pois Ele não terá controle sobre o domínio da moral, quanto a sua independência, porque a sua própria bondade depende da medida em que ele se conforma a padrões morais independentes. Além disso, outros problemas surgem se a pessoa cava um pouco mais. Por exemplo, é possível que a onipotência de Deus seja ameaçada, porque a existência de padrões morais independentes parece implicar que ele não pode comandar o que é mau e assim torná-lo bom, o que é um limite para o seu poder.

Dadas essas dificuldades, podemos ser tentados a supor que é preciso reagir ao dilema dizendo que o bom é bom porque Deus assim ordena. Mas essa resposta leva ao seu próprio conjunto de problemas, igualmente incômodos. Em especial, parece que ela torna arbitrária a moralidade, uma simples questão de capricho de Deus. Pense, por exemplo, que Deus pode acordar uma bela manhã e resolver que agora o adultério é obrigatório. Se o bem é bem só porque Deus ordena isso, e Deus tem livre-arbítrio, então parece que nada pode descartar isso. Ralph Cudworth, filósofo do século XVII, também trata disso de um modo ligeiramente diferente:

> [...] não se pode imaginar nada tão flagrantemente mau ou abominavelmente injusto ou desonesto, mas caso se alegue que foram ordenados por essa Divindade onibenevolente isso os tornará imediatamente sagrados, justos e certos.

Há também outros problemas na alegação de que o bem é bem só porque Deus assim ordena. Por exemplo: ela parece tornar a alegação de que Deus é onibenevolente – de benevolência ilimitada – um tanto vazia, pois se o bem é somente o que Deus ordena, então dizer que Deus é bom parece equivaler a dizer que ele exerce a sua vontade. Como diz C. S. Lewis:

> [...] se o bem deve ser *definido* como o que Deus ordena, então a bondade do próprio Deus é esvaziada de significado e as ordens de um demônio onipotente teriam a mesma alegação sobre nós que as do "Senhor Justo".

Provavelmente não é muito correto dizer que não há como escapar ao dilema de Eutifro, embora evitar suas garras certamente vá exigir um périplo intelectual. Talvez a rota de fuga mais sofisticada passe por traçar uma distinção entre a essência de Deus e a vontade de Deus. Se a bondade de Deus é uma questão da sua natureza essencial, então esta limita o que Ele pode querer. Assim, parece possível um teórico do comando divino afirmar que é verdade que o bem é bem simplesmente porque é ordenado, e também é verdade que Deus não pode ordenar literalmente nada, pois é coagido pela sua própria natureza a fazer isso. Mas não é absolutamente certo que esse argumento funcione como uma rota de fuga, e, previsivelmente, o debate sobre o dilema de Eutifro prossegue.

Embora muitos pensadores, inclusive Agostinho, Tomás de Aquino, Duns Scotus, Martinho Lutero, João Calvino e John Locke, tenham endossado versões da teoria do comando divino, atualmente o apoio a essa abordagem é reduzido. Grande parte da história do declínio da sua influência se relaciona com o advento da modernidade e o desejo de separar filosofia de teologia. Para que a teoria do comando divino decole é preciso que a visão de mundo mais teísta da qual ela faz parte seja filosoficamente defensável, e obviamente não é nada claro que ela seja. Assim, não surpreende que com o Iluminismo e a influência declinante da religião, os filósofos tenham começado a olhar para outros lugares quando tratam de moralidade.

> O Iluminismo e a influência declinante da religião, os filósofos tenham começado a olhar para outros lugares quando tratam de moralidade.

Consequências

Jeremy Bentham, o jurista e filósofo inglês nascido em meados do século XVIII, era evidentemente um tipo divergente. Não só foi um renomado reformista legal e social como também projetou um sistema de aquecimento central, um plano para reduzir a dívida interna nacional, a infame pan-óptica, um sistema para detectar notas falsas, uma geladeira, um telefone rudimentar e um canal que devia ser cavado no meio da

Nicarágua. Seu corpo foi preservado e posto em exibição nos claustros do University College de Londres (onde ainda pode ser visto) e um dia teve a cabeça sequestrada por alunos do King's College, que depois a colocaram num armário da estação ferroviária de Aberdeen.

Mas apesar de toda essa energia, o que mais deu fama a Bentham foi a primeira declaração sistemática do que ficou conhecido como "utilitarismo". Esta sustenta, grosso modo, que uma ação é certa na medida em que maximiza a felicidade geral.

O pensamento utilitário de Bentham repousa no que ele diz ser um fato psicológico fundamental para os seres humanos:

> A natureza colocou a humanidade sob o governo de dois senhores soberanos, a dor e o prazer. Somente eles indicam o que devemos fazer, assim como determinam o que iremos fazer. O padrão de certo e errado, por um lado, e a cadeia de causas e efeitos, por outro, estão presos ao seu trono. Eles nos governam em tudo o que fazemos, em tudo o que dizemos, em tudo o que pensamos [...].

Disso se segue que se quisermos maximizar o bem-estar humano em geral teremos de buscar atingir um excedente do prazer sobre a dor tão grande quanto possível, reunido entre todas as pessoas. Isso resulta num princípio de utilidade, ou princípio de felicidade geral, ou seja, de caráter totalmente consequencialista.

> Pelo princípio de utilidade entende-se o princípio que aprova ou desaprova qualquer ação de acordo com a sua aparente tendência a aumentar ou diminuir a felicidade da parte cujo interesse está em questão.

A ideia de que devemos buscar maximizar a felicidade geral tem um apelo intuitivo. Que o prazer é moralmente significativo é um fato psicologicamente razoável: por certo nós tendemos a querê-lo para nós e para nossos seres amados, e é bem fácil (na maior parte do tempo) estender esse desejo para outras pessoas. Mas alguns problemas complexos surgem logo que começamos a pensar com mais atenção no princípio de Bentham.

AO LADO *Jeremy Bentham numa paisagem imaginária*, pintura (1835) de George Watts. Embora mais conhecido dos filósofos pelo seu "princípio da maior felicidade", Bentham também foi um renomado reformador legal e social.
PRÓXIMA De acordo com Bentham, a natureza colocou a humanidade sob o governo de dois senhores, o prazer e a dor. Eles estão expressos nessas máscaras turcas da comédia (esquerda) e da tragédia (direita), que datam do século XX.

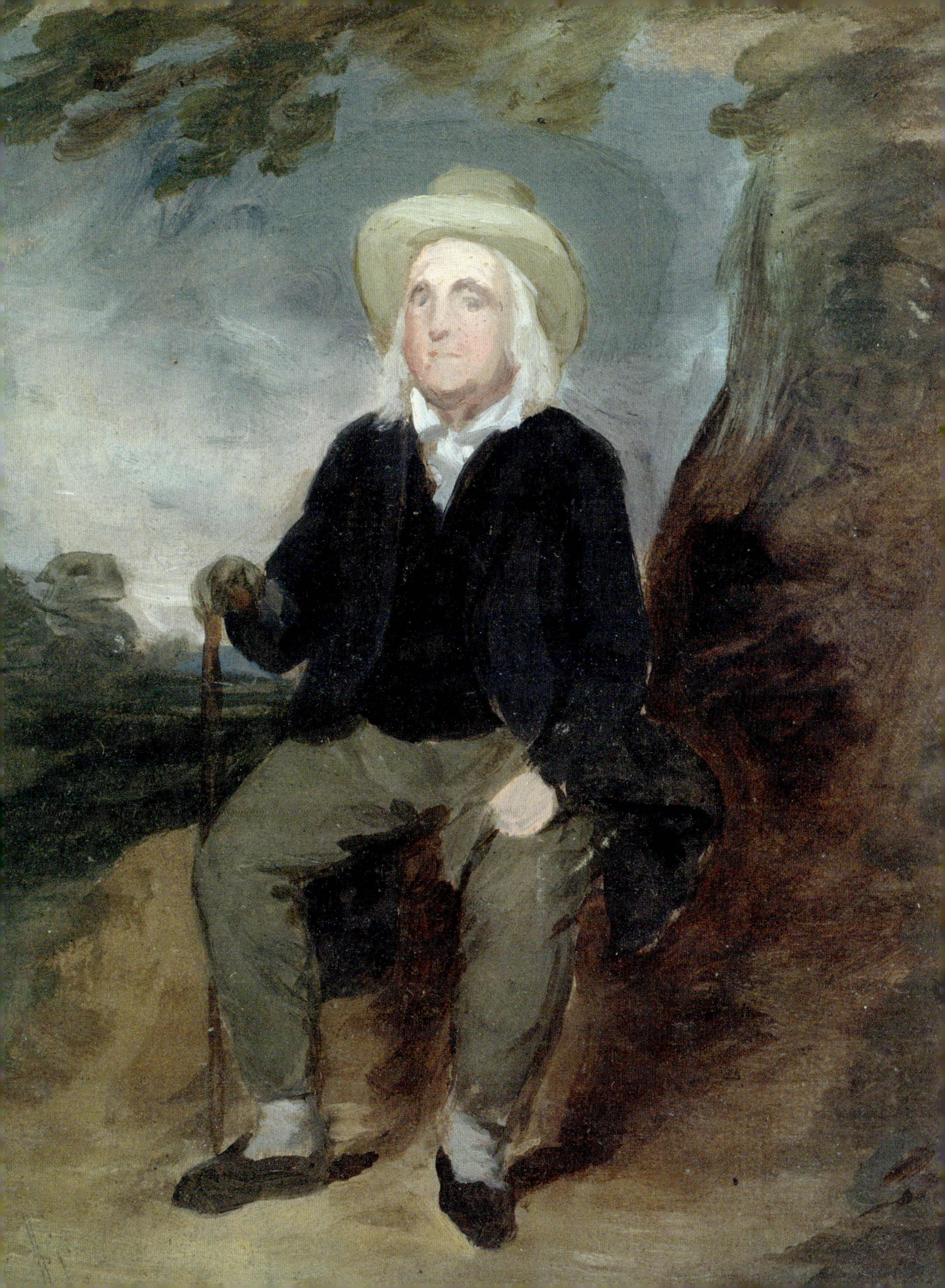

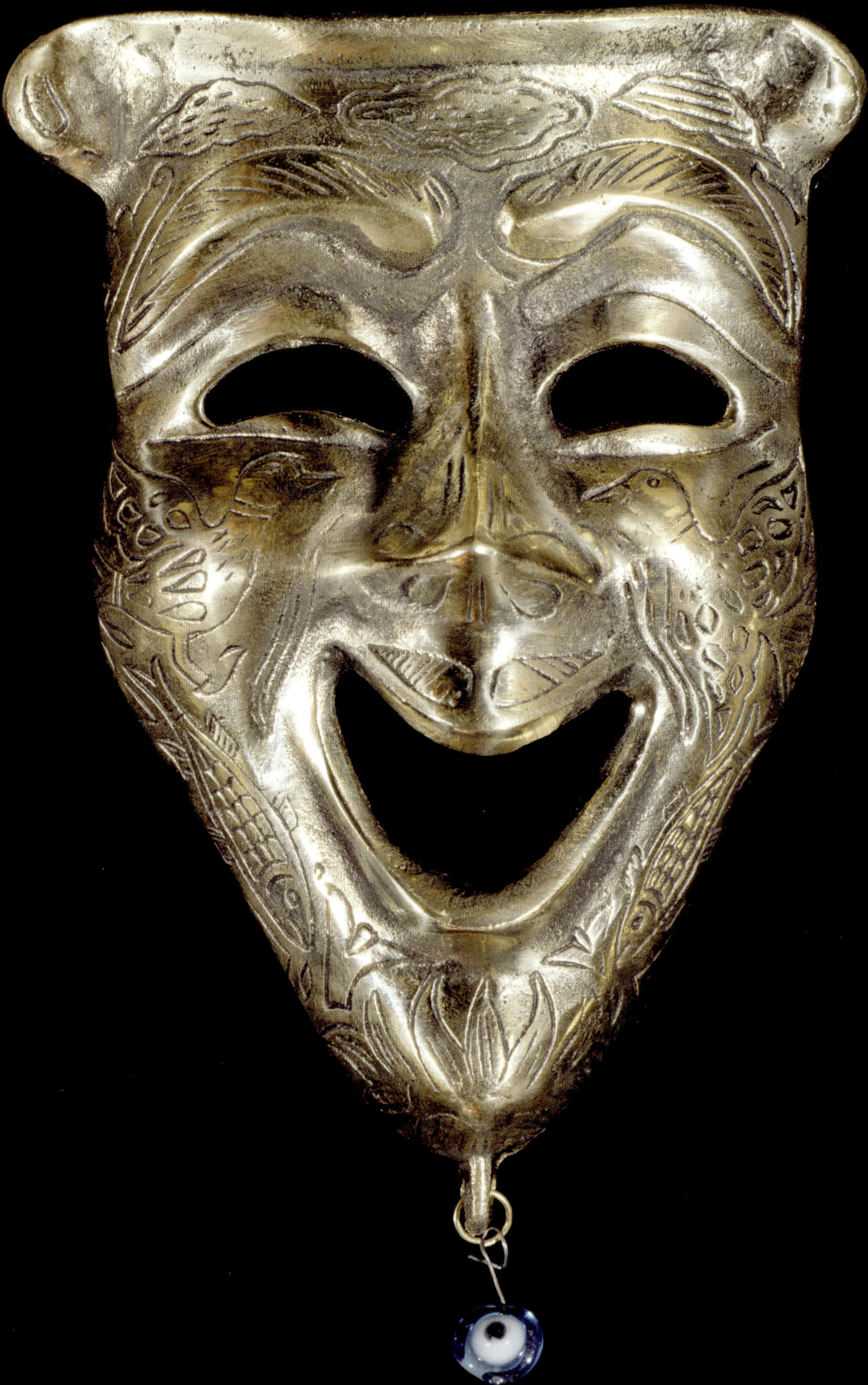

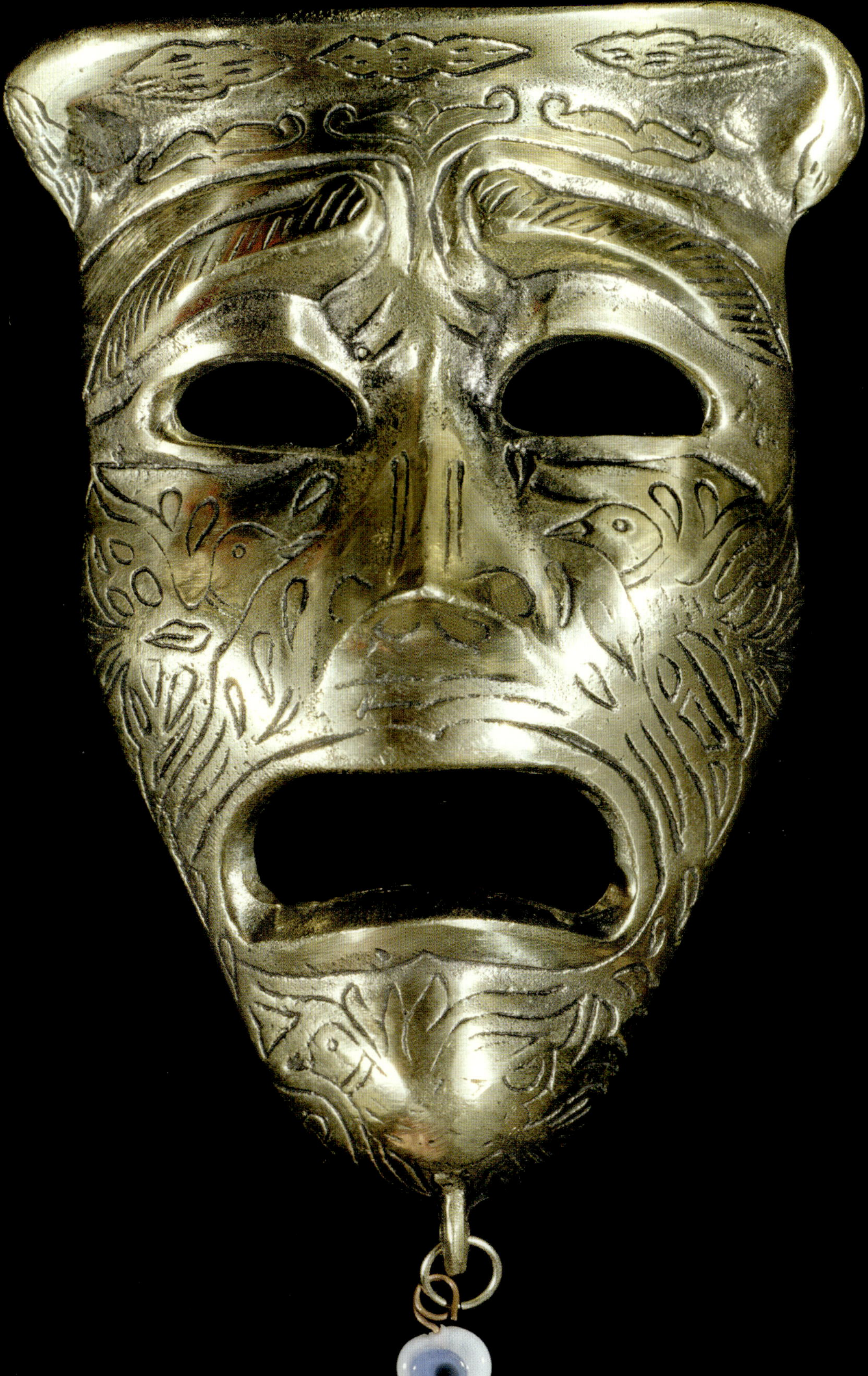

A primeira coisa a dizer é que não fica claro que o prazer e a dor são quantificáveis do modo que Bentham supõe. Pense (ou imagine!), por exemplo, no que se sente ao correr numa maratona. De certo modo é algo claramente prazeroso, do contrário as pessoas não correriam, e elas dizem gostar; mas por outro lado não pode ser bom, porque dói terrivelmente. Para aumentar a confusão, não parece absurdo dizer que pode ser prazeroso e doloroso ao mesmo tempo. Como é possível até mesmo começar a decompor tudo isso num cálculo que vise estabelecer uma medida objetiva do equilíbrio de prazer e dor? A resposta está longe de ser óbvia.

Mas Bentham insiste em que esse "cálculo hedônico" é possível. Ele identifica os tipos de fatores — inclusive a intensidade do prazer e sua duração — que precisariam fazer parte desse cálculo, e também considera os méritos e deméritos relativos de diferentes tipos de prazer e dor. Além disso ele é bom o suficiente para fornecer um artifício mnemônico para a eventualidade de acharmos difícil lembrar os vários estágios do cálculo.

Vamos admitir que o cálculo hedônico de Bentham, ou algo do tipo, é possível. Onde leva o seu tipo de utilitarismo? A resposta é que ele encara todo um conjunto de problemas cuja discussão ajudou a levar o desenvolvimento do utilitarismo como uma filosofia moral por séculos desde a morte de Bentham e que ocupa o interesse dos filósofos até hoje. Examinaremos dois desses problemas.

O primeiro está ligado às consequências de especificar a *quantidade* de prazer como o fato moralmente significativo. O problema aqui é que isso deixa aberta a possibilidade de que o hedonismo desenfreado seja o melhor modo de vida para os seres humanos. Do ponto de vista da teoria de Bentham parece que se estamos num felicíssimo êxtase induzido por soma é assim que devíamos incentivar as pessoas a viver. John Stuart Mill, que foi aluno de Bentham, reconheceu a força dessa objeção. No seu clássico ensaio *Utilitarismo*, em que apresenta a sua própria teoria consequencialista, ele distingue entre prazeres inferiores e superiores, argumentando contra Bentham que, tanto quanto a quantidade, a qualidade de um prazer precisa ser levada em conta. Numa frase famosa, ele disse que é melhor ser Sócrates insatisfeito que um tolo satisfeito.

O argumento de Mill a favor da superioridade dos prazeres mais elevados — associados às faculdades mais elevadas — é que as pessoas que têm igual familiaridade com os prazeres mais elevados e os

> **VERSOS DE BENTHAM**
>
> "Intensos, longos, velozes, frutíferos, puros, certos
> Nos prazeres e nas dores duram esses aspectos.
> Os prazeres busque se somente você os sentir:
> Se forem também para outros, que ninguém deixe de fruir.
> As dores evite, seja qual for a sua intenção:
> Se devem vir, que seja para poucos a sua extensão."

menos elevados e que são também igualmente capazes de fruí-los preferem claramente os primeiros. Mas esse argumento não é decisivo. Inclusive ele não tem garantia empírica: simplesmente não é uma verdade óbvia que as pessoas capazes de desfrutar os dois tipos de prazer e habituadas a ambos desistiriam mais prontamente dos menos elevados que dos mais elevados.

O segundo problema tem relação com o status moral da incriminação de inocentes (bodes expiatórios). Pense na seguinte trama. Numa dada cidade uma criança foi brutalmente assassinada e a motivação do crime foi sexual. Embora a polícia tenha certeza de que o ataque foi aleatório, apresentaram-se muitos voluntários para vigiar a comunidade e isso resultou em dano para muitas pessoas inocentes. Durante as investigações a polícia soube que um morador da área já havia sido preso por baixar pornografia infantil no computador. Embora sabendo que ele não é o assassino, eles sabem também que se plantarem um indício incriminador poderão garantir seu julgamento. Argumentam que o surto de voluntarismo se encerrará com a punição, e assim esta se justifica por promover o excedente da felicidade sobre a infelicidade.

A dificuldade nesse caso é que não é óbvio que esse tipo de coisa é descartado por uma explicação claramente utilitária, e ao mesmo tempo parece que punir desse modo um inocente é uma clara injustiça. Outra complicação surge do fato de que há ocasiões em que tendemos a pensar que é justificado sacrificar a vida de algumas pessoas para salvar a de muitos. Por exemplo, a maioria de nós aceitará que vez por outra pode ser necessário isolar uma área geográfica para impedir a disseminação de uma doença, mesmo se pessoas que estão saudáveis acabem adoecendo e morrendo por isso.

O imperativo categórico

Kant rejeita raciocínios do tipo meios para um fim que põem o utilitarismo em dificuldade quando se trata de questões como a incriminação de inocentes. Agir corretamente não é para ele uma questão de bom caráter ou intuição moral, ou ainda de cálculos sobre resultados, e sim de agir com base no respeito pela lei moral. A lei moral é categórica, e não condicional, na forma. Kant não tinha tempo para o raciocínio moral baseado num cálculo no sentido de que se queremos chegar a um bom resultado x nas circunstâncias y devemos fazer z. A lei moral se expressa na forma de declarações categóricas do tipo "faça isso" ou "não faça aquilo", daí a sua alegação, já mencionada, de que mentir é sempre errado.

Segundo Kant, a lei moral pode ser exposta em termos do que ele chamava de imperativo categórico: "Agir somente de acordo com a máxima por meio da qual se pode ao mesmo

O Problema do Bonde

O "Problema do Bonde", exposto pela primeira vez pela filósofa Philippa Foot, tem a seguinte forma-padrão:

> Um bonde está descendo descontrolado. No seu caminho há cinco pessoas amarradas nos trilhos. Felizmente é possível apertar um botão que o desviará para trilhos mais seguros. Infelizmente há uma pessoa amarrada nesses trilhos. Você deve apertar o botão ou não fazer nada?

A maioria das pessoas responderá que você deve apertar o botão que desviará o bonde, pois assim matará uma pessoa, e não cinco. Se você concorda com a ética consequencialista é muito provável que irá achar que o certo é desviar o bonde.

Mas as coisas ficam muito interessantes se acrescentarmos uma variação à trama. A filósofa Judith Jarvis Thomson propôs a seguinte variação do Problema do Bonde:

> Um bonde está descendo descontrolado pelos trilhos em direção a cinco pessoas. Você está numa ponte sob a qual ele passará, e pode detê-lo fazendo cair um grande peso no caminho dele. Por acaso há um homem muito gordo ao seu lado – o único jeito de parar o bonde é empurrar o homem para que ele caia nos trilhos, matando-o para salvar cinco. Você deve fazer isso?

O cálculo moral nesse caso parece ser o mesmo da versão original do problema. Você pode sacrificar a vida de uma pessoa – o gordo – para salvar a vida de outras cinco pessoas. Mas tendemos a ter intuições muito diferentes sobre a trama do gordo: a maioria das pessoas acha *errado* fazer com que ele fique sobre os trilhos.

Por que temos essas intuições diferentes? Uma possível explicação é que há uma diferença moral genuína entre as duas tramas. No problema original podemos salvar cinco pessoas nos trilhos sem *tencionar* causar um dano à única pessoa amarrada nos outros trilhos: nossa intenção é apenas fazer com que o trem seja desviado das cinco pessoas que ele irá atingir. Isso é permissível segundo a chamada doutrina do duplo resultado, segundo a qual (entre outras coisas) desde que, *mesmo como meio para um bom resultado*, não pretendamos um mau resultado, a ação se justifica se o bom resultado supera suficientemente o mau resultado. Evidentemente empurrar o homem gordo para fora da ponte não passa na prova: aqui estamos usando especificamente o homem gordo para atingir o bom resultado, ou seja, salvar as cinco pessoas.

Mas a ideia de que a diferença nas nossas intuições sobre essas duas tramas tem relação com estarmos usando alguém como meio para um fim é lançada em dúvida pela variação da curva de retorno do Problema do Bonde.

> Como antes, um bonde desce desenfreado nos trilhos em direção a cinco pessoas. Como no primeiro caso, é possível desviá-lo para um caminho separado. Nesse caminho há uma única pessoa, um gordo. Mas além dessa pessoa o caminho faz uma curva de volta para a linha principal em direção aos cinco, e se não fosse pela presença do gordo, que irá parar o bonde, apertar o botão não salvaria os cinco. Você deve apertar o botão?

Nessa variação o sucesso do nosso plano *depende* da presença do homem gordo nos trilhos. Se ele não estiver lá as cinco pessoas morrem. Somente atropelando-o podemos salvá-las. Assim, do mesmo modo como no caso do gordo na ponte, essa solução é descartada pela doutrina do duplo resultado. Mas quando apresentamos às pessoas a variação da curva de volta, e ao contrário do caso do homem gordo na ponte, elas tendem a responder que desviar o bonde é moralmente justificado.

Se você está perplexo com tudo isso pode ser reconfortante saber que na verdade não há uma resposta certa. A importância do Problema do Bonde e de suas variantes é exatamente mostrar que as razões para as nossas intuições morais não são sempre óbvias.

tempo desejar que ela se torne uma lei universal." Isso não é tão complicado quanto parece. Dito grosseiramente, significa que você deve se perguntar se a máxima, ou princípio, da sua ação poderia ser usada para estabelecer uma regra de comportamento universal que regesse não só a sua ação particular mas as ações de todos os que estivessem na mesma situação. Se você pode imaginar a universalização da máxima, então está agindo moralmente; do contrário não está. Assim, o valor moral de uma ação reside "não no propósito a ser atingido por ela, mas na máxima de acordo com a qual ela é decidida".

Para deixar isso mais claro, consideremos um dos exemplos do próprio Kant. Ele afirma que se a máxima da sua ação é inconcebível num mundo como o nosso, então você tem um "dever perfeito" de evitar agir de acordo com ela. A ilustração de Kant do que está envolvido nesse dever perfeito diz respeito a uma promessa que você não tem intenção de cumprir.

Suponha que você procura uma amiga para lhe pedir um empréstimo que o ajudará a pagar seu aluguel. Ela concorda mas diz que dentro de sete dias precisará do dinheiro. Você não poderá pagá-la dentro desse prazo mas quer pegar o dinheiro de qualquer forma, com plena consciência de que com isso a estará enganando quanto ao dia do pagamento. Kant afirma que as ações são orientadas por máximas, ou princípios, e a máxima de acordo com a qual você acha que está agindo nesse caso – como também aconteceu na trama com que começamos este capítulo – é algo com o sentido de "vou fazer promessas falsas quando isso me ajudar a ter o que eu quero".

Então qual é o problema? Bem, imagine que você tente universalizar essa máxima para que todos os agentes racionais devam mentir se isso os ajudar a ter o que eles querem. Kant afirma que essa ideia não é nem mesmo concebível. Se todos mentirem, então toda a ideia de prometer se tornaria logo impossível: ninguém acreditaria jamais numa promessa, e com isso não haveria sentido em fazer promessas. Num mundo assim não haveria a prática de dar a sua palavra de que você vai devolver um dinheiro, pois a ideia de alguém "dar sua palavra" não teria sentido. Segue-se, então, que universalizar a máxima da sua ação resulta numa contradição e, como observamos antes, se a máxima não é concebível quando universalizada, então existe um "dever perfeito" de evitar agir de acordo com ela. Segue-se, então, que você nunca deveria prometer devolver o dinheiro sabendo perfeitamente que não poderá fazer isso.

A ideia de que existem deveres morais que nós simplesmente devemos sustentar é muito atraente. Assim, por exemplo, uma segunda versão do imperativo categórico de Kant, às vezes conhecida como a formulação da humanidade, sustenta que nunca devemos tratar a humanidade apenas como um meio, mas sempre como um fim em si. Essa ideia se ajusta muito bem a uma intuição moral comum que explica pelo menos em parte por que achamos a ideia da incriminação de inocentes, que parece se justificar em termos diretamente utilitários, tão difícil de manejar. Talvez, então, fosse suficientemente fácil levar as pessoas a concordar que nas nossas relações com alguém temos sempre o dever de considerar a humanidade desse alguém e sua autonomia. O problema é que uma coisa é concordar com algo em princípio e outra é viver coerentemente com esse princípio. Kant concede sem hesitação que não achamos fácil agir moralmente, na verdade deixamos quase sempre de fazê-lo, mas afirma que a conformidade com o imperativo categórico é um pré-requisito da ação racional.

Mas as exigências do dever implicam um alto custo. Pense, por exemplo, na seguinte trama: no gueto de Varsóvia, em 1943, os nazistas estão cercando os judeus para deportá-los e você tem uma arma na sua cabeça. Seus filhos estão escondidos no porão, mas você sabe que se os soldados fizerem uma busca ali os encontrarão. Em vez de revistar todas as casas em que entram, os soldados passaram a intimidar as pessoas para que elas revelem onde estão os outros ocupantes. Assim, eles lhe fazem a pergunta: há mais pessoas na casa?

Que probabilidades tem agora o imperativo categórico de Kant?

ACIMA Garotinho se rende durante o levante do Gueto de Varsóvia em abril/maio de 1943. Que chance tem o dever kantiano em face do horror inominável?

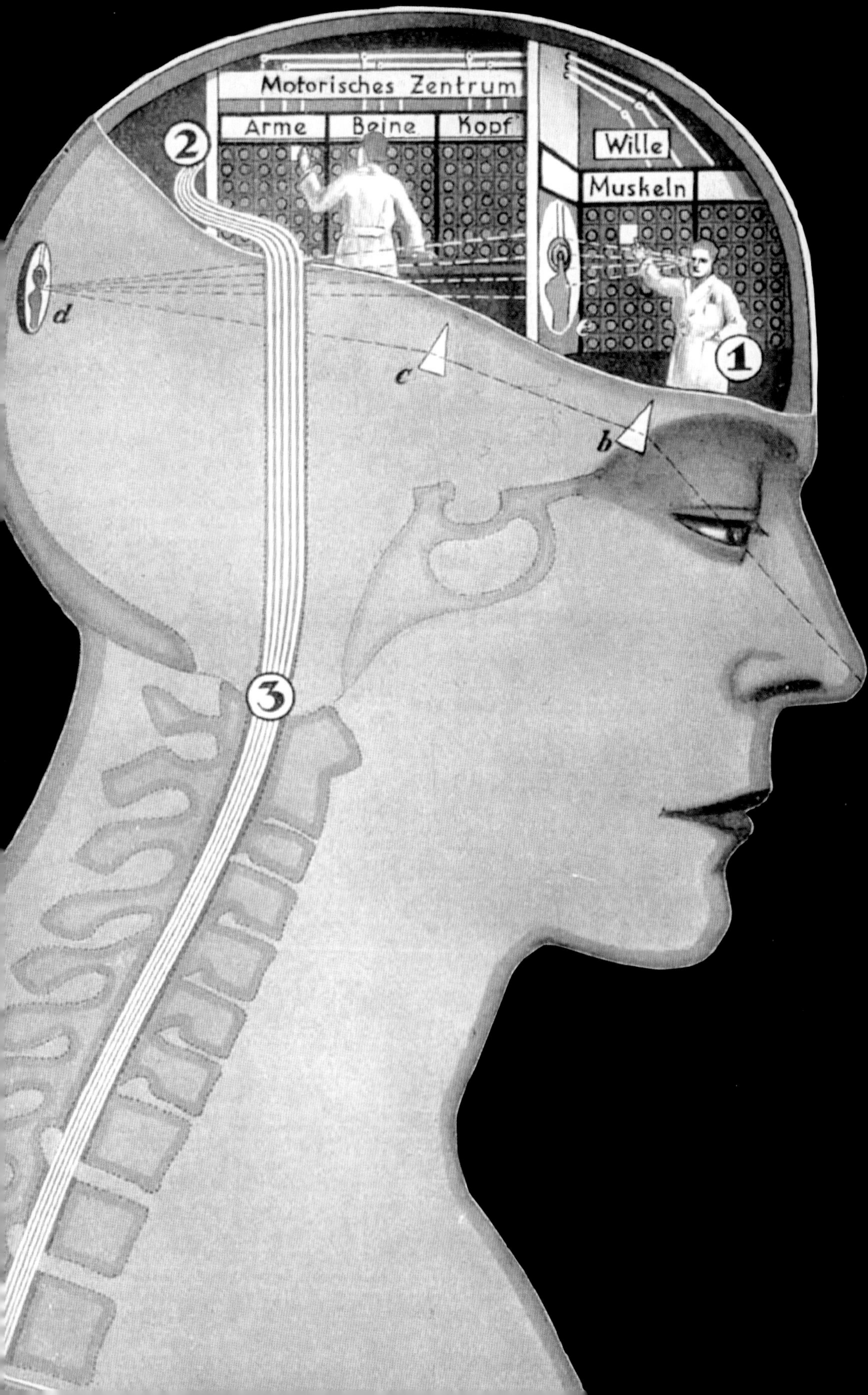
Motorisches Zentrum
Arme
Beine
Kopf
Wille
Muskeln
2
1
3
d
c
b

6 | INTERESSES ATUAIS

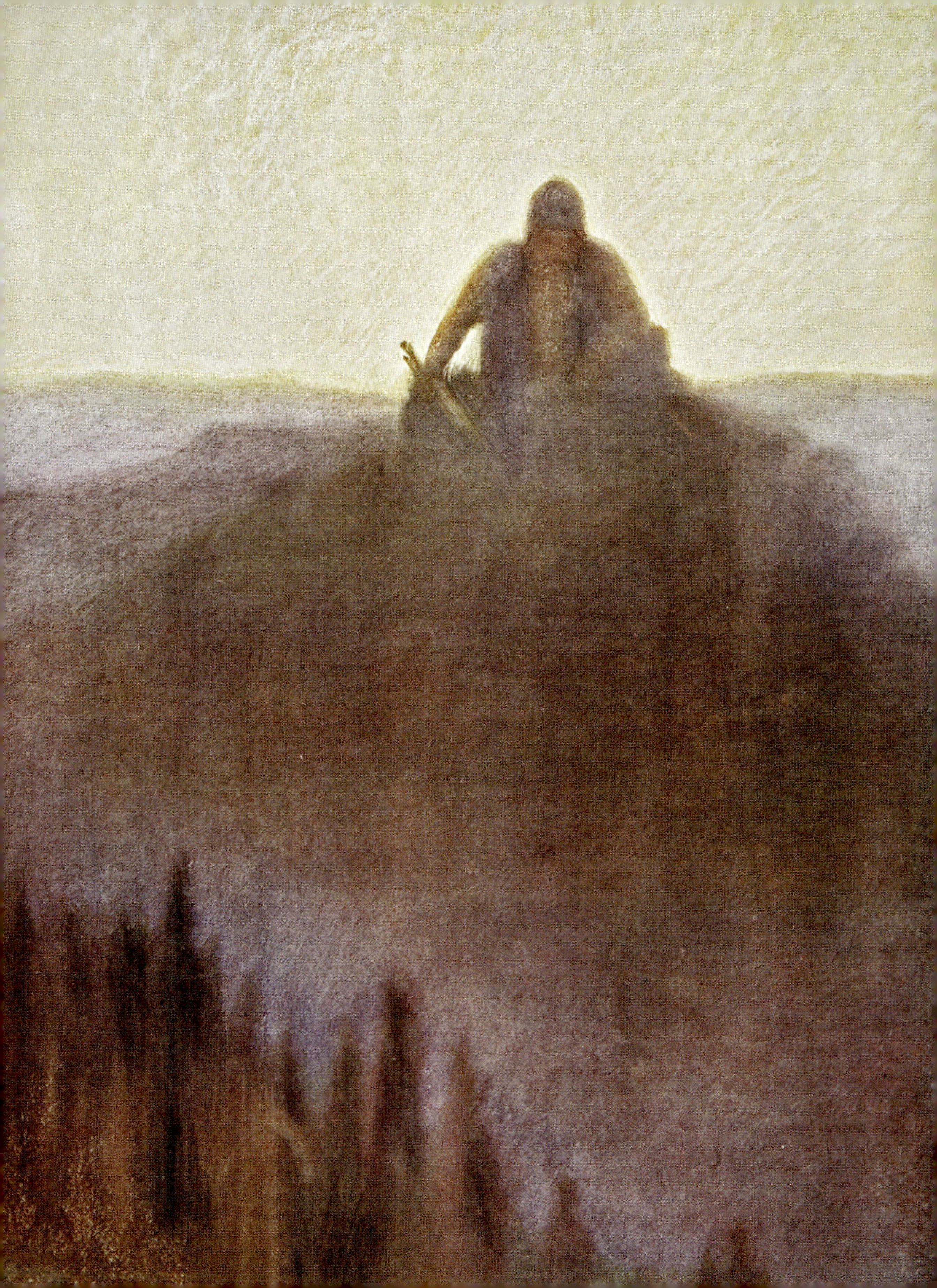

NIILISMO E EXISTENCIALISMO

Na sua famosa conferência "Existencialismo é um humanismo", publicada em 1946, Jean-Paul Sartre conta a história de um dilema enfrentado por um dos seus alunos: "O pai estava brigando com a mãe e também pensava em se tornar um "colaborador"; o irmão mais velho tinha morrido na ofensiva alemã de 1940 e esse jovem [...] deseja intensamente vingá-lo. A mãe estava morando sozinha com ele, sofrendo muito com a traição do pai e com a morte do filho mais velho, e seu único consolo era aquele jovem".

O aluno de Sartre tinha de escolher entre entrar para as Forças Francesas Livres ou ficar ao lado da mãe e ajudá-la a viver. Ele sabia que sua mãe mergulharia no desespero caso ele partisse e também que não havia garantia de que partir para lutar fosse mudar alguma coisa.

Assim, ele se vê confrontado por dois modos de ação muito diferentes: um é concreto, imediato, mas dirigido para um único indivíduo; o outro é uma ação que visa uma coletividade nacional, um fim infinitamente maior, mas exatamente por isso ambíguo — e ele pode se frustrar no meio do caminho.

A pergunta que Sartre faz é "o que pode ajudar o aluno a escolher?" A resposta dada por ele: nada. Nenhuma doutrina cristã, já que não é óbvio a quem o aluno deve mais amor fraterno: à mãe ou ao seu país; nem o imperativo kantiano de jamais considerar uma pessoa apenas como um meio para um meio, já que qualquer decisão exige que ele trate

> **FILÓSOFOS EXISTENCIALISTAS**
>
> **Søren Kierkegaard** 1813–1855
> **Friedrich Nietzsche** 1844–1900
> **Karl Jaspers** 1883–1969
> **Martin Heidegger** 1889–1976
> **Jean-Paul Sartre** 1905–1980
> **Hannah Arendt** 1906–1975
> **Maurice Merleau-Ponty** 1908–1961
> **Albert Camus** 1913–1960
> **Simone de Beauvoir** 1908–1986

alguém como um meio e não um fim; nem os sentimentos, porque, embora formados e confirmados pelas ações da pessoa, eles não são em si mesmos guias para a ação; e nem a busca de conselho, pois qualquer conselho buscado – um padre ou um professor, por exemplo – indicaria que a escolha já foi feita, já que o jovem deve ter uma ideia prévia do tipo de conselho que receberá. Sartre conclui que o que resta ao rapaz é simplesmente a liberdade de escolha, de se inventar ele próprio pela sua escolha.

Essa história exemplifica um dos temas essenciais do existencialismo, uma abordagem filosófica e cultural que esteve em destaque em meados do século XX: somos absoluta e radicalmente responsáveis por todas as nossas ações. Como diz Sartre, estamos sós no mundo, sem desculpa.

> É isso que eu quero dizer quando afirmo que o homem é condenado a ser livre. Condenado porque ele não se criou e contudo vive em liberdade, e desde o momento em que é lançado no mundo é responsável por tudo o que faz.

Não há legislador divino para emitir ordens; nenhum "cálculo hedônico" para nos dizer o que fazer; e nenhuma obrigação ou dever que nos seja exigido cumprir. Tampouco nosso comportamento é determinado pelo nosso passado, nossas paixões ou nossa natureza. Em vez disso somos atirados no mundo, abandonados por Deus e forçados a nos criar por meio das escolhas livres que fazemos, pelas quais temos responsabilidade absoluta e inevitável.

O "cavaleiro da fé"

Embora o termo "existencialismo" tenda a ser associado a pensadores do século XX como Jean-Paul Sartre, Simone de Beauvoir e Albert Camus, e embora ele evoque imagens da Rive Gauche, dos cafés parisienses e dos cigarros Gitanes, na verdade seus antecedentes estão no século XIX, particularmente em alguns dos temas explorados pelos filósofos Søren Kierkegaard e Friedrich Nietzsche.

ANTERIOR Wotan espera no Valhalla (1906), litografia de Hermann Hendrich. Os mitos nórdicos inspiraram *O anel dos Nibelungos*, de Wagner, compositor que durante sua formação foi influenciado pelas primeiras ideias de Friedrich Nietzsche.

Kierkegaard, nascido em Copenhague em 1813, foi por excelência o filósofo do indivíduo. Em vez de se permitir o tipo de teorização abstrata do agrado dos filósofos idealistas alemães que então dominavam, ele se concentrou na experiência subjetiva, destacando a importância da escolha pessoal e do compromisso. É essa ênfase nas dimensões subjetivas da experiência vivida que pode ser vista como precursora do existencialismo. Mas seria um erro pensar que Kierkegaard teria necessariamente tido muito tempo para o existencialismo do século XX. Especialmente, enquanto o existencialismo de Sartre e seus colegas era cabalmente ateísta, o de Kierkegaard era permeado pelos temas e pelo imaginário religiosos.

Isso pode ser visto com mais clareza na sua ideia do "cavaleiro da fé", que ele explora principalmente no livro *Temor e tremor*. Nessa obra Kierkegaard sustenta que em sua fé os cristãos convencionais ficam muito aquém do cristianismo autêntico. Eles tendem a nascer na religião e talvez aparecer na igreja uma vez por semana, mas é só isso. Ele também afirma que os filósofos cristãos, como Tomás de Aquino, não apreenderam a natureza da verdadeira fé ao pensar que ela é uma questão de desenvolver provas da existência de Deus ou resolver como as Escrituras são apoiadas pela razão.

Na verdade o cristianismo de um crente só é autêntico se este dá um grande salto para um domínio de compromisso religioso irrestrito — daí a ideia de Kierkegaard de um *salto para a fé*. Na medida em que esse "cavaleiro da fé" aceita a autoridade divina em toda a sua irracionalidade paradoxal, ele é capaz de viver fora da esfera da moral comum, além do bem e do mal, por assim dizer. Kierkegaard, pela voz de Johannes de Silentio, pseudônimo do autor de *Temor e tremor*, usa a figura bíblica de Abraão para ilustrar essa ideia.

> No Gênese, Deus ordena a Abraão que sacrifique seu único filho. "E Ele disse, agora toma teu filho, teu único *filho* Isaac, a quem amas, leva-o para a terra de Moriá e oferece-o ali em holocausto sobre uma das montanhas, que eu te indicarei."

Em termos morais é muito difícil ver uma boa razão para Abraão obedecer a essa ordem. Immanuel Kant achou que Abraão devia dizer a "Deus" que não faria nada disso:

> Abraão devia ter respondido a essa voz supostamente divina: "Que eu não vou matar meu bom filho, disso tenho certeza. Mas de que você, essa aparição, é Deus — disso eu não tenho certeza e nunca terei, mesmo se essa voz soar para mim vinda do (visível) céu."

> Somos atirados no mundo, abandonados por Deus e forçados a nos criar por meio das escolhas livres que fazemos.

Mas Kierkegaard discorda, afirmando que a "história de Abraão contém [...] uma suspensão teleológica do ético".

Simplificada, a sua ideia é que Deus suspendeu temporariamente a esfera da moralidade para testar a fé de Abraão. Da perspectiva deste, absolutamente só diante de Deus, não há nada a fazer exceto optar entre continuar unido à esfera ética ou dar um salto e com isso pôr a fé numa autoridade mais alta que a constituída pela ordem moral. Tendo dado o salto, esse "cavaleiro da fé" não continua na esfera religiosa. Ao descer da montanha ele volta para a esfera da ética. Mas agora ele sabe que suas obrigações e normas não são irrevogáveis. Sua lealdade é com uma autoridade mais alta, e nesse sentido ele vive com a permanente possibilidade de se deslocar novamente entre o bem e o mal.

Super-homem

Como todos sabemos, Friedrich Nietzsche não compartilha o entusiasmo de Kierkegaard pelo cristianismo, rotulando-o de uma moralidade escrava e declarando que ele é "essencial e fundamentalmente náusea da vida e repulsa a ela, com a máscara e a roupa elegante da fé em 'outra vida' ou numa 'vida melhor' para ocultar esses sentimentos". Mas de acordo com Nietzsche, o cristianismo, para o bem ou para o mal, desempenhou um papel importante ao manter acuado o espectro do niilismo. Especialmente ao construir um mundo de valor intrínseco e verdade incontestável ele funciona como uma fortaleza contra a falta de sentido com que o niilismo ameaça.

Mas na era moderna Nietzsche afirma que o cristianismo desmoronou, em parte por causa do seu impulso interno para a verdade, que demonstrou ser ele apenas um constructo humano, e em parte pela investida da ciência e da razão.

ACIMA Søren Kierkegaard num desenho (1870) de Vilhelm Niccolai Marstrand. Embora talvez não seja um filósofo existencial no sentido do século XX, Kierkegaard é por excelência o filósofo do indivíduo.

Nietzsche é niilista?

"Niilismo" não é um termo de fácil definição. Começou a ser usado na Rússia em meados do século XIX para indicar um certo tipo de sentimento revolucionário, anárquico. Bem rapidamente, contudo, passou a ser usado no sentido duplo que tem hoje: por um lado para se referir à opinião de que não há padrões morais objetivos ou racionalmente defensáveis contra os quais possamos julgar nosso comportamento; e por outro lado para designar o desespero e a angústia que supostamente fluem da nossa consciência de que a condição humana é essencialmente sem sentido.

Friedrich Nietzsche é um dos pouquíssimos filósofos que usam muito o termo "niilismo". Ele o usa particularmente para se referir à desintegração do reino dos valores (aparentemente) transcendentes que ocorre com a falência do cristianismo e a crescente consciência de que todos os nossos sistemas de valores são criações humanas. Mas o ponto em que ele se afasta de pelo menos algumas tradições do niilismo é a rejeição da ideia de que ele gera desespero. Para Nietzsche o desmoronamento do cristianismo e da moralidade escrava que o acompanha é necessário caso deva haver alguma esperança de que a humanidade será capaz de criar formas de valor novas e superiores.

Isso indica o sentido em que *não* é acurado caracterizar a filosofia de Nietzsche como niilista. Embora possa ser verdade que as sociedades ocidentais nos tempos que se seguiram à "morte de Deus" são niilistas, Nietzsche certamente não acreditava que isso era o fim da história. Pelo contrário, a sua imagem do Super-homem testemunha a crença que ele tinha de que das cinzas da destruição de formas de valor antigas a humanidade poderia renascer. O Super-homem é o futuro da humanidade, "o relâmpago na nuvem escura do homem". O destino desse homem é renunciar à atual estrutura de valores em desintegração e marcar seu próprio lugar no mundo de acordo com a sua "vontade de poder".

ESQUERDA O niilismo, em seu disfarce mais inflamável, foi apropriado para ação política revolucionária, sobretudo na Rússia czarista. Essa ilustração do *Le Petit Journal* (2 de junho de 1907) mostra a explosão de uma pretensa bomba niilista.

A consequência é que a base da crença das pessoas nos valores transcendentes deixou de existir e o niilismo tem o domínio. Nietzsche escreve:

> Uma interpretação da existência foi derrubada, mas uma vez que ela era aceita como a interpretação, é como se não houvesse absolutamente nenhum sentido na existência, como se tudo fosse em vão.

Isso é o que Nietzsche apreende no seu mais famoso aforismo:

> Deus está morto [...]. E nós o matamos. Como iremos nos confortar, os assassinos entre os assassinos? O que era mais sagrado e mais poderoso que tudo o que o mundo já teve sangrou até a morte sob nossas facas: quem retirará de nós esse sangue?

O louco de Nietzsche, em cuja boca ele põe essas palavras, nos diz que a fonte de um reino transcendente de valores objetivos em que outrora acreditávamos não existe mais. Acabamos por reconhecer que a vontade divina, as formas de Platão, os valores do Iluminismo, o imperativo kantiano, etc. não passam de construções humanas que agora o vento espalhou.

Isso levanta uma questão cujo caráter é cabalmente existencialista: como viveremos agora que desistimos da nossa crença nos absolutos? A resposta de Nietzsche está incorporada na figura do Super-homem: "O tipo nobre de homem experimenta *a si mesmo* como determinando valores [...] ele sabe que é quem primeiro concede honra às coisas: é *criador de valor*." O Super-homem de Nietzsche é a medida de todas as coisas, um criador de novos valores no vazio do niilismo. É capaz de rejeitar as funções metafísicas características da mentalidade de rebanho e de adotar sua liberdade de criar formas de ser novas e melhores. A "morte de Deus" abre portanto a possibilidade de uma ética mais elevada baseada no poder criador da humanidade.

Nesse ponto vale a pena expor uma visão geral do estilo filosófico de Kierkegaard e Nietzsche. Eles não são filósofos sistemáticos como por exemplo um Hume. Kierkegaard emprega personagens com pseudônimos para defender suas ideias, Nietzsche tem um pendor para o aforismo e ambos gostam de contar histórias. Disso resulta que o significado do que eles dizem é frequentemente obscuro e ambíguo. Assim, por exemplo, não há consenso entre os estudiosos de Nietzsche sobre como exatamente a figura do Super-homem deve ser interpretada ou sobre a função que ela desempenha na sua filosofia. Esse problema de interpretação significa que os esboços acima devem ser tratados como dando apenas uma impressão de algumas das ideias do trabalho deles que ressoam no existencialismo do século XX. Se explorarmos o pensamento deles com mais detalhe, descobriremos que os seus interesses se estendem bem além das questões de que tratamos aqui.

NIETZSCHE EM SUAS PRÓPRIAS PALAVRAS

■

"Enquanto todas as moralidades nobres se desenvolvem a partir de uma triunfal afirmação de si mesmas, a moralidade escrava diz desde o início Não para o que é "externo", o que é "diferente", o que é "não ela própria"; e o seu feito criador é esse Não."

■

"Que toda vontade deve considerar suas iguais todas as outras vontades – seria um princípio hostil à vida, um agente da dissolução e destruição do homem, uma tentativa de assassinar o futuro do homem, um sinal de apatia, um caminho secreto para o nada."

■

"Os doentes são o maior perigo para os saudáveis; não é do mais forte que vem o dano para o forte, mas do mais fraco."

■

"'Igualdade para o igual; desigualdade para o desigual' – isso seria verdadeiramente falar em justiça: e seu corolário, 'nunca torne igual o desigual'."

■

"O que é bem? Tudo o que aumenta o sentimento de poder no homem, a vontade de poder, o poder em si. O que é mal? Tudo o que é gerado pela fraqueza. O que é felicidade? O sentimento de que o poder está aumentando, de que a resistência foi superada."

■

"Sei qual é o meu destino. Um dia meu nome se associará à lembrança de algo tremendo – uma crise sem igual na terra, a mais profunda colisão de consciência, uma decisão conjurada contra tudo em que se acreditava, que se exigira e se santificara até então. Não sou homem, sou dinamite."

■

"Um homem como deve ser; isso nos parece tão insípido quanto 'uma árvore como deve ser'. É preciso uma declaração de guerra às massas por homens mais elevados!"

O Ser e o Nada

A mais famosa obra de filosofia pura de Jean-Paul Sartre, *O ser e o nada*, é um livro alentado, publicado pela primeira vez durante a Segunda Guerra Mundial. Não é absolutamente uma leitura fácil, e não foi escrito em estilo claro. A prosa de Sartre pode não ser tão alarmante quanto a de Hegel, mas às vezes vai na mesma direção, e no mínimo é capaz de provocar momentos de choque e profunda confusão. Afinal há um limite para o número de vezes que podemos ler que algo não é o que é e é o que não é sem desconfiar que talvez as regras normais de comunicação não se aplicam. Mas vale a pena perseverar, pois sob a hipérbole e a pirotecnia linguística o livro contém momentos de genuíno insight, sobretudo quando lida com as relações entre o eu e os outros.

A maioria das introduções ao existencialismo tende a passar correndo por *O ser e o nada* e a focalizar de preferência as obras mais populares de Sartre, como o artigo "O existencialismo é um humanismo", que discutimos no início deste capítulo, ou o romance *A náusea*. Essa abordagem, embora tendo a vantagem de ser um caminho fácil para alguns dos conceitos centrais ligados à filosofia existencialista, tende a prejudicar a sofisticação filosófica. Uma coisa é saber que Sartre acha que nós somos condenados a ser livres e tendemos a passar a vida fugindo da nossa liberdade; outra coisa bem diferente é conhecer as sustentações filosóficas dessas ideias, enraizadas numa visão muito particular da natureza da consciência. Se você quer sofisticação filosófica, precisa conhecer *O ser e o nada*, e é isso que vamos fazer agora.

ESQUERDA Jean-Paul Sartre e Simone de Beauvoir em Paris (1940). Eles tiveram uma relação complexa e turbulenta durante toda a vida.

O ponto de partida de Sartre é muito simples. "Não pode haver nenhuma outra verdade para ponto de partida além desta: Penso, logo existo. Nela temos a verdade absoluta da consciência tornando-se consciente de si mesma." Essa ideia de consciência como autoconsciência está refletida na terminologia que Sartre emprega: ele chama a consciência de "Ser para-si" (o Para-si); e tudo o mais – o mundo das coisas – de "Ser em-si" (o Em-si).

Essa é uma concepção bastante comum: é essencialmente Descartes atualizado para meados do século XX. Mas as coisas tomam um novo rumo logo que Sartre começa a detalhar suas ideias sobre consciência. Ele afirma que o Para-si se define pelo seu *vazio*, pela falta do que é necessário para a sua completude. Segundo ele, "A consciência é um ser cuja natureza é ser consciente do nada do seu ser". Para o não iniciado isso sem dúvida parece um jargão ininteligível. Mas é possível ter uma percepção do que Sartre está querendo dizer olhando para algumas das questões levantadas pelo que é chamado a *intencionalidade* da consciência.

"Intencionalidade" se refere ao caráter direto da consciência: a consciência é sempre consciência *de* algo. Essa ideia básica é fácil o suficiente para a entendermos. A consciência, em seus vários aspectos, é necessariamente dirigida a um objeto. Assim, por exemplo, uma pessoa pode perceber um cão; desejar um sorvete; julgar uma competição; lembrar-se de uma festa; ou contemplar um crepúsculo.

TÓPICOS PRINCIPAIS

- O "cavaleiro da fé (Kierkegaard)
- Salto de fé (Kierkegaard)
- Angústia (Kierkegaard, Sartre)
- Niilismo (Nietzsche)
- "Deus está morto" (Nietzsche)
- O Super-homem (Nietzsche)
- Ser para-si, Ser em-si (Sartre)
- Intencionalidade (Brentano, Sartre)
- O homem é "condenado a ser livre" (Sartre)
- Má-fé (Sartre)
- O espírito de seriedade (Sartre)
- Autenticidade (Sartre)

Franz Brentano, primeiro a desenvolver essa ideia no final do século XIX, coloca-a assim:

> Cada fenômeno mental se caracteriza pelo que os escolásticos da Idade Média chamavam de inexistência intencional (ou mental) de um objeto, e o que podemos chamar, não de modo totalmente inequívoco, referência a um conteúdo, direção no sentido de um objeto [...]. Todo fenômeno mental inclui algo como objeto dentro de si [...]. Na apresentação algo é apresentado, no julgamento algo é afirmado ou negado, no amor, amado, no ódio, odiado, no desejo, desejado, e assim por diante.

Sartre desenvolve essa ideia observando que a intencionalidade da consciência implica um *hiato* entre o pensamento e seus objetos – entre o desejo e o desejado, o ódio e o odiado, a contemplação e o contemplado, etc. O nada da consciência consiste na inescapável consciência de que ela *não* é o objeto em cujo sentido se dirige.

Essa ideia se liga de perto à famosa frase de Sartre, de que o homem está condenado a ser livre. A liberdade decorre da separação entre a consciência e a ordem dada das coisas. É o desprendimento, a permanente possibilidade de que as coisas possam ser de outro jeito. Talvez um modo útil de pensar nisso seja imaginar a consciência como livre e solta: na ausência de imposição, o Para-si é capaz de adotar qualquer número de atitudes em direção a seus objetos, e nesse sentido é absolutamente livre. Assim, a filósofa inglesa Mary Warnock nota que na concepção de Sartre, "no centro do Para-si, bem no começo descobrimos a liberdade e o vazio".

Portanto o Para-si não tem uma essência, daí a ideia definidora do existencialismo, de que "a existência precede a essência". Ou, para expressar essa ideia na linguagem sartriana, falta a coincidência do si com o si que o transformaria em um Em-si. É isso que está por trás da afirmação de Sartre de que o Para-si não é o que é e é o que não é. Os seres humanos estão permanentemente separados do passado que eles não são mais, e ao mesmo tempo também da totalidade das suas possibilidades não realizadas, que podem ou não acontecer. É nesse desprendimento, nessa ausência de imposição, que a liberdade absoluta do Para-si deve ser encontrada.

Angústia e má-fé

Como vimos, Sartre acha que estamos em perpétua fuga da nossa liberdade. Ele afirma que sentimos *angústia* na medida em que temos consciência de sermos fundamentalmente livres, de precisarmos sempre fazer escolhas, mas que tendo feito isso não podemos confiar na permanência nem na validade dessas escolhas. Como se sabe, ele apresenta o termo "má-fé" para designar as estratégias que empregamos na tentativa de negar a liberdade que é inelutavelmente nossa. Para termos uma ideia melhor do que está envolvido nos conceitos de angústia e má-fé, vale a pena dar uma olhada na sua análise do caráter da vertigem.

Sartre afirma que a vertigem é angústia na medida em que "tenho medo não de cair no precipício, mas de me atirar nele". Pense, por exemplo, na experiência de andar por um caminho estreito e muito inclinado num dos lados. Nessa situação você pode sentir um certo medo. Você terá consciência de que os seres humanos são objetos no mundo e portanto sujeitos a leis físicas. É possível que você escorregue, caia e morra. Consequentemente, a menos que seja um suicida ou descuidado ao extremo, você tratará de minimizar o risco, talvez andando o mais afastado possível da inclinação. Com isso você se livra do medo impondo o seu próprio futuro à situação; ou, na linguagem sartriana, você substitui a simples possibilidade objetiva – que você pode cair e morrer – pelas suas próprias possibilidades.

Mas como ser consciente você está separado do seu passado e do seu futuro por um *nada*. Assim, o fato de ter em dado momento decidido buscar o curso de ação necessário para evitar cair da borda não garante absolutamente que no momento seguinte você não vá decidir se atirar dali. Como escreve Sartre:

> Estou angustiado exatamente porque qualquer conduta da minha parte é apenas *possível*, e isso significa que embora constituindo uma totalidade de motivos *para* afastar essa situação, eu ao mesmo tempo apreendo esses motivos como não suficientemente efetivos. No mesmo momento em que apreendo o meu ser como *horror* do precipício, estou consciente desse horror como *não determinante* em relação à minha conduta possível.

A angústia, então, tem sua origem num reconhecimento de que o futuro é sempre duvidoso. Em termos gerais pode ser descrita como um tipo de incerteza perpétua; uma falta de certeza decorrente do vazio que existe no centro do ser.

Sartre afirma que a má-fé é a reação típica à angústia. É uma luta pela plenitude do ser, a qual se alcança na medida em que somos capazes de nos vermos como coisa; ou seja, na medida em que somos capazes de adotar a certeza de um Em-si, fixando desse modo

ACIMA "Viver livre ou morrer", proclama o cartaz da Revolução Francesa. Mas a exortação existencial de Sartre era para os indivíduos viverem "autenticamente" com plena consciência de serem absolutamente livres.

Simone de Beauvoir

Simone de Beauvoir, a filósofa existencialista e feminista, talvez seja hoje igualmente conhecida pela sua relação com Jean-Paul Sartre – tão importante para os dois que eles foram enterrados juntos em Paris – e pelas suas próprias ideias filosóficas. Isso é um tanto irônico, pois a tese principal do seu livro *O segundo sexo*, uma das obras feministas mais importantes já escritas, é que as mulheres frequentemente são consideradas "o Outro" dos homens.

Em termos do senso comum, a ideia do Outro usada por Beauvoir é muito fácil de entender: simplesmente ela percebe que as mulheres estão de certa forma subordinadas aos homens. Mas para entender a sua complexa concepção precisamos conhecer um pouco mais a obra de Sartre e de G. W. F. Hegel.

A ideia do Outro usada por Beauvoir tem forte influência da famosa dialética hegeliana do Senhor e Escravo (veja o capítulo sobre idealismo), segundo a qual as pessoas se veem como sujeitos autônomos pela dominação de outras pessoas (o Outro). Beauvoir liga essa ideia a alguns dos argumentos que Sartre expõe em seu *O ser e o nada* para analisar as relações entre homens e mulheres. Assim, na apresentação de *O segundo sexo* ela argumenta que a mulher "é definida e diferenciada com referência ao homem e não com referência a ela; ela é o acidental, por oposição ao essencial. Ele é o Sujeito, o Absoluto – ela é o Outro".

Beauvoir também se apropria de outros dois termos hegelianos – transcendência e imanência – para analisar as relações entre os sexos. Os homens tendem a viver a vida com uma série de projetos, normalmente realizados dentro da esfera do mundo do trabalho, que serve para constituir sua relação transcendente com o mundo. As mulheres, pelo contrário, tendem a se confinar à esfera doméstica, que se caracteriza pela imanência: em seu papel de mãe, dona de casa e recipiente do desejo sexual masculino, ao longo da vida ela apenas repete as mesmas tarefas passivas e mundanas da existência cotidiana.

Beauvoir, como boa existencialista, não quer afirmar que as mulheres não têm liberdade em um sentido fundamental, pois as pessoas são necessariamente livres. Seu argumento é que as mulheres acabam se vendo e sendo vistas pelos homens como sendo de certo modo naturalmente inferiores. Ser mulher é, em parte, ser o Outro do homem. A ideia do "eterno feminino" afirma que o status da mulher como Outro é idêntico ao significado da feminilidade. Essa naturalização da identificação da mulher com o Outro significa que as mulheres frequentemente são cúmplices no seu jugo (pois sempre tendem a se ver pelo mito do eterno feminino). Essa ideia combina muito bem com a afirmação do existencialismo sartriano de que tendemos a fugir da nossa própria liberdade. Beauvoir diz ser possível que algumas mulheres prefiram a segurança de uma vida definida em termos das suas relações com um homem.

Não é preciso dizer que a opinião de Beauvoir é de que a ideia do eterno feminino é um mito. Ela diz em *O segundo sexo*: "Não se nasce mulher, torna-se mulher." Para rejeitar seu status de Outro, as mulheres devem descartar as ilusões do sexo feminino que as confinam a vidas de interminável repetição, passividade e trabalho enfadonho.

AO LADO Em *O segundo sexo*, Beauvoir afirmou que frequentemente as mulheres são vistas como "o Outro" dos homens, condenadas ao tipo de trabalho enfadonho mostrado em *Lavadeiras* (1901), pintado por Abram Efimovich Arkhipov

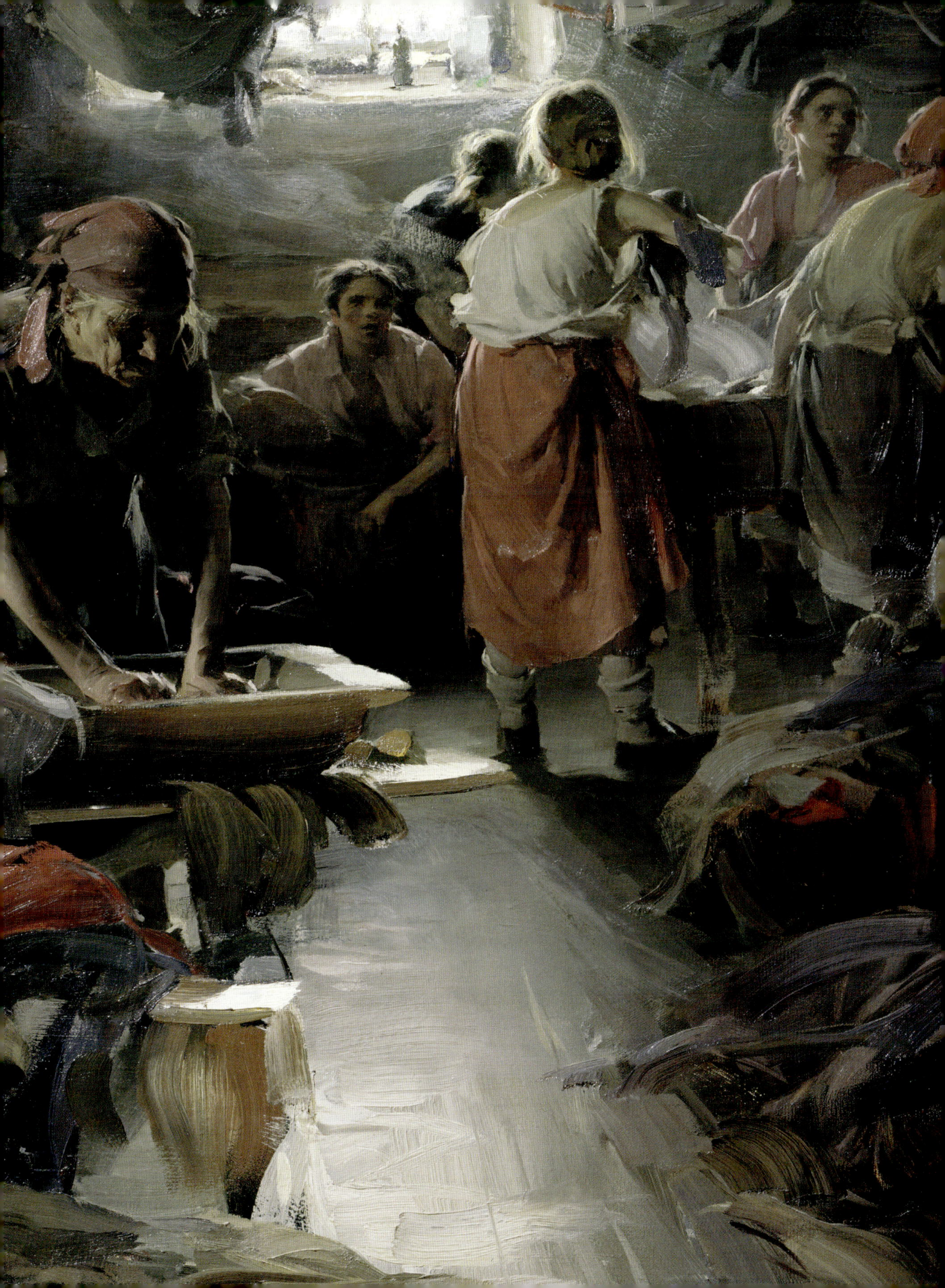

DIREITA Afogar suas mágoas – talvez o caso da moça de *A ressaca*, de Toulouse-Lautrec (1887-9) – pode ser uma das formas de lidar com o sentido existencial da "angústia" pelo nosso próprio vazio e pelo temor da responsabilidade absoluta que temos pelas nossas escolhas.

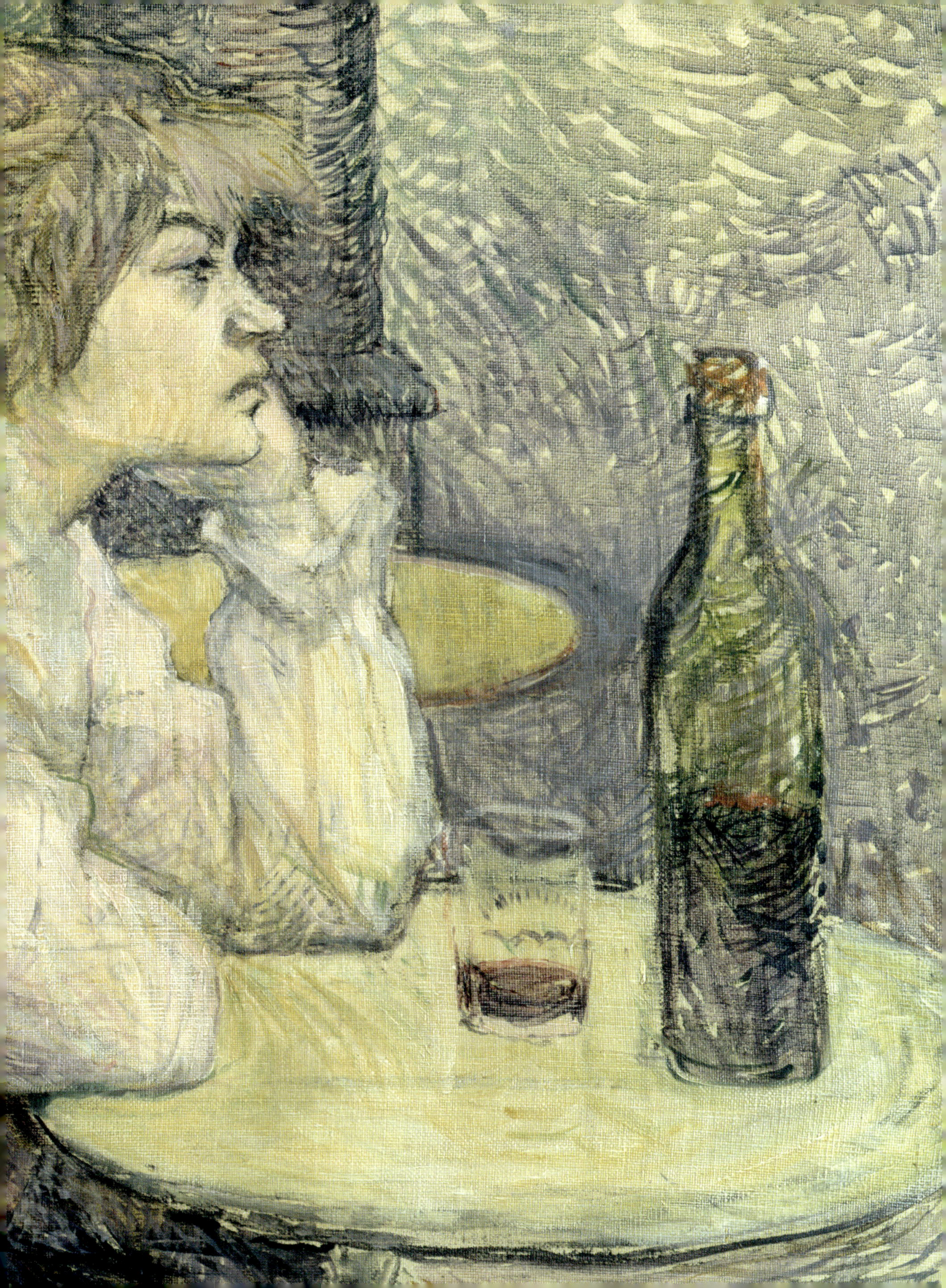

nossas possibilidades e nos liberando da incerteza da liberdade. *O ser e o nada* contém algumas impressionantes ilustrações de má-fé, inclusive um famoso exemplo de um garçom que luta para se identificar com seu papel profissional mas trai a natureza ilusória dessa identificação sendo um tanto perfeito demais nesse desempenho. Mas em vez de examinar esses exemplos vamos considerar de modo mais geral como Sartre trata um tipo particular de má-fé – que ele chama de "espírito de seriedade" – e ilustrar o que este envolve usando um exemplo de *A náusea*, seu magnífico romance existencialista.

> **PRINCIPAIS TEXTOS EXISTENCIALISTAS**
>
> **Søren Kierkegaard**, *Temor e tremor*
> **Søren Kierkegaard**, *Ou isso ou aquilo*
> **Friedrich Nietzsche**, *Assim falava Zaratustra*
> **Friedrich Nietzsche**, *Além do bem e do mal*
> **Friedrich Nietzsche**, *A vontade de poder*
> **Martin Heidegger**, *Ser e tempo*
> **Karl Jaspers**, *Filosofia*
> **Jean-Paul Sartre**, *A náusea*
> **Jean-Paul Sartre**, *O ser e o nada*
> **Albert Camus**, *O estrangeiro*
> **Albert Camus**, *A peste*
> **Maurice Merleau-Ponty**, *Fenomenologia da percepção*
> **Simone de Beauvoir**, *O segundo sexo*

De acordo com Sartre, a atitude séria "envolve começar a partir do mundo e atribuir mais realidade ao mundo que a si mesmo [...] o homem sério confere realidade a si mesmo como pertencente ao mundo". Especialmente, ele atribui uma realidade independente e objetiva às crenças e valores que aparentemente governam seu comportamento. Ele é entronizado numa rede de direitos e deveres em termos dos quais se define. A atitude séria é muito ilustrada na descrição dos Cidadãos de Bouville em *A náusea*:

> Jean Pacome, filho do Pacome do Governo da Defesa Nacional [...] tinha sempre cumprido seu dever, todo o seu dever, seu dever como filho, marido, pai, chefe. Além disso exigira seus direitos sem hesitação: como filho, o direito de ter uma boa educação, numa família unida, o direito de herdar um nome imaculado, um negócio próspero; como marido, o direito de ser cuidado, de ser cercado de terna afeição; como pai, o direito de ser venerado; como chefe, o direito de ser obedecido sem contestação.

Os Cidadãos de Sartre encontram sua realidade fora de si mesmos: na sua condição de chefe de família, nos seus êxitos profissionais, nas suas boas ações, na sua moralidade e no seu conhecimento de que o mundo é perfeitamente explicável. Eles buscam a identidade incontestável que advém do pertencimento a uma classe social privilegiada; e obscurecem as exigências da liberdade ligando-se à sua estrutura de crenças e valores.

Autenticidade

Infelizmente para os Cidadãos, e para todos nós que empregamos estratégias de má-fé tentando evitar as responsabilidades da liberdade, não podemos simplesmente jogar fora nossa consciência da liberdade absoluta porque, como vimos, ela se insere na própria estrutura da consciência. Um garçom pode fingir para si mesmo ser definido pelo seu papel, um homem pode com a alegação de estar dominado por impulsos violentos justificar para si mesmo a violência que comete contra a mulher, mas esses fingimentos são inevitavelmente tragados pelo vazio que reside no cerne do ser. Há sempre um desprendimento entre a consciência e seus objetos, sempre a possibilidade de que as coisas possam ser de outro modo, e assim não temos opção senão escolher e depois escolher novamente.

Isso nos leva de volta aos temas que exploramos no início deste capítulo. Se somos condenados a ser livres, então só nos resta fazer escolhas com plena consciência de estarmos escolhendo para nós mesmos em nome da liberdade. Isso é o que significa viver autenticamente. É entender que nossas escolhas não fluem das ordens de Deus, de um sistema de moral, da obrigação política ou de qualquer outra fonte externa. Em vez disso, quando escolhemos para nós mesmos estamos escolhendo "sem desculpa e sem ajuda", e pensar de outro modo é apenas se enredar no autoengano.

DIREITA Sartre escreveu ficção, mas Albert Camus (foto de 1944), talvez seja o maior romancista do existencialismo em obras como *O estrangeiro*.

WORKERS OF ALL LANDS
UNITE

KARL MARX

JENNY VON WESTPHALEN,
THE BELOVED WIFE OF
KARL MARX.
BORN 12TH FEBRUARY 1814.
DIED 2ND DECEMBER 1881.
AND KARL MARX.
BORN MAY 5TH 1818. DIED MARCH 14TH 1883.
AND HARRY LONGUET,
THEIR GRANDSON
BORN JULY 4TH 1878. DIED MARCH 20TH 1883.
AND HELENA DEMUTH.
BORN JANUARY 1ST 1823. DIED NOVEMBER 4TH 1890
AND ELEANOR MARX, DAUGHTER OF KARL MARX
BORN JANUARY 16TH 1856. DIED MARCH 31ST 1898

THE PHILOSOPHERS HAVE ONLY
INTERPRETED THE WORLD IN
VARIOUS WAYS — THE POINT
HOWEVER IS TO CHANGE IT

In
honoured and most loving
memory of
Hazel Mary Riches

FILOSOFIA DO CONTINENTE EUROPEU

O túmulo de Karl Marx no Highgate Cemetery de Londres tem uma inscrição famosa, retirada das suas "Teses de Feuerbach", que diz: "Os filósofos apenas interpretaram o mundo de vários modos; mas a questão é transformá-lo." A primeira parte dessa afirmação reflete uma ideia comum segundo a qual a filosofia é uma atividade que olha para dentro, erudita, com pouca coisa a dizer sobre a vida das pessoas e as circunstâncias sociais e políticas em que elas a vivem. A segunda parte indica que a filosofia é pelo menos um tanto diminuída por esse fato.

Obviamente seria insensato simplesmente aceitar essa afirmação pelo seu significado manifesto. Embora seja verdade que um certo tipo de filosofia anglo-americana não tenha um grande engajamento social, há — os leitores certamente notarão isso — muitos exemplos de filósofos preocupados com as questões sociais e políticas. O exemplo de Epicuro, que voltou toda a sua filosofia para a melhoria da qualidade de vida das pessoas, logo vem à mente. Ou, para dar um exemplo diferente, pode-se notar que os filósofos chineses contemporâneos deram uma contribuição ao desenvolvimento da política da "Uma China" com relação a Taiwan e também aconselharam sobre questões de políticas.

Mas talvez mais interessante que esses exemplos isolados seja o caso do que tende a ser chamado "filosofia do continente europeu", grosso modo a filosofia dos séculos XIX e XX originada no continente europeu, que difere em muitos aspectos da filosofia anglo-

-americana prevalecente e da tradição filosófica analítica. De acordo com o filósofo inglês Simon Critchley, a tradição do continente europeu se define em parte pelo seu objetivo de emancipação individual e social. Certamente é muito fácil identificar um programa emancipador na obra de muitas das figuras que tendem a se agrupar sob o título de filosofia do continente europeu. Por exemplo, as ideias de Karl Marx — o pensador revolucionário paradigmático — têm um papel importante na obra de filósofos e teóricos tão diversos quanto Georg Lukács, Antonio Gramsci, Max Horkheimer, Theodor Adorno, Herbert Marcuse, Jean-Paul Sartre, Maurice Merleau-Ponty, Louis Althusser e Pierre Bourdieu.

O fato de as ideias marxistas serem importantes na obra de tantos grandes filósofos da tradição do continente europeu indica que as diferenças entre a filosofia analítica e sua prima desse continente não são apenas superficiais. Além de não haver figura equivalente a Marx na tradição anglo-americana, talvez seja justo dizer que um filósofo que colocasse a ideia de revolução no centro dessa filosofia *nunca* poderia ter tido um papel comparável nessa tradição. Embora seja demasiado simplista afirmar que não há ideia de engajamento social ou político na filosofia analítica, é óbvio que esse engajamento não está no centro das coisas.

O interesse pela emancipação social e política não é o único modo pelo qual a filosofia do continente europeu se envolve nas questões de emancipação. Há também a questão da emancipação *individual*. Quanto a isso Sigmund Freud talvez seja a figura mais importante. Sua motivação original era uma preocupação em desenvolver uma técnica

ANTERIOR O túmulo de Karl Marx no Highgate Cemetery, em Londres. Entre os legados de Marx está um programa emancipador característico da filosofia do continente europeu.
ACIMA Emilie Floege, anfitriã de um salão vienense, pintada (1902) por Gustav Klimt. Viena foi a capital do novo pensamento, no qual a arte e a psicanálise foram as duas principais manifestações.

terapêutica que pudesse ser usada para aliviar o sofrimento ligado à histeria. De certo modo sua visão emancipadora era muito limitada, pois ele achava que a terapia só pode devolver as pessoas a um nível normal de sofrimento humano. Este simplesmente faz parte da condição humana. Embora essa não seja uma ideia original, o significado da obra de Freud, como veremos, está no fato de ele ter localizado a fonte desse sofrimento em tensões existentes entre diferentes aspectos da personalidade. Seria difícil superestimar a importância das ideias de Freud. Sua obra foi abraçada por outros, que lhe deram um alcance maior, e com exceção de Karl Marx ele é sem dúvida o pensador mais influente dos últimos cem anos. Por isso vamos começar dando uma olhada na sua obra.

Psicanálise

Freud nasceu numa época de confiança e otimismo. Em meados do século XIX o Universo estava rapidamente entregando seus segredos aos cientistas da época, e parecia que o governo dos mundos natural e social pela razão humana era apenas uma questão de tempo. Pela primeira vez as pessoas teriam pleno controle do seu destino. Freud, no início da vida, abraçou o espírito da época, brilhando na escola e na universidade, onde estudou ciência e medicina antes de abrir uma clínica médica em 1886. Assim, é um tanto irônico que talvez seu legado mais duradouro seja a ideia de que há razões para duvidar do poder emancipador da razão humana.

A afirmação freudiana por excelência é que nosso comportamento é muitas vezes motivado por impulsos não imediatamente disponíveis para a mente consciente, pois estão na esfera de ação de um inconsciente dinâmico sobre o qual temos pouco controle. A ampla alegação de que nosso comportamento pode ser motivado de modo inconsciente não era particularmente nova nem mesmo quando Freud estava escrevendo na virada do século XX. Mas a sua inovação foi ligar essa ideia a uma teoria da personalidade e argumentar que o terapeuta que usasse as técnicas certas — as técnicas da psicanálise — seria capaz de "tornar consciente o inconsciente" e assim ajudar os pacientes a atingir um tipo de equilíbrio psicológico.

Freud primeiro teve a ideia de que descolar as camadas da mente inconsciente podia levar a benefícios terapêuticos enquanto ele usava a hipnose com seus pacientes, no final da década de 1890. Ele viu que era possível melhorar o bem-estar mental apenas revelando as causas subjacentes do sofrimento de uma pessoa. O psicanalista tem acesso a várias ferramentas com as quais realiza esse fim, a mais famosa delas sendo provavelmente a análise dos sonhos, uma técnica por meio da qual "cada sonho se revelará como uma estrutura psicológica cheia de significado e que pode ser atribuída a um lugar específico nas atividades psíquicas do estado desperto".

A análise dos sonhos envolve o tratamento do sonho do paciente (ou do analisado) como uma representação simbólica da sua mente inconsciente. Aqui a ideia básica de Freud é que os mecanismos que mantêm afastados os desejos inconscientes no estado desperto são menos eficientes durante o sono, o que permite ao inconsciente manifestar sua presença na mente da pessoa que sonha, embora de uma forma bastante disfarçada. A tarefa do terapeuta é decodificar o sonho para descobrir o seu verdadeiro significado. Isso implica a prática de engenharia reversa sobre a "obra do sonho" que originalmente construiu o conteúdo manifesto do sonho, o que permite o acesso do analista ao seu conteúdo latente e com isso aos desejos reprimidos que o sonho representa. Nesse sentido todos os sonhos são um tipo de satisfação de desejo, uma tentativa de resolver algum conflito psíquico de um modo aceitável para as partes conscientes da mente.

O modelo tripartite de Freud

Para entender os mecanismos do conflito psíquico é necessário conhecer um pouco a teoria tripartite da psique humana. Ela sustenta que a psique é composta de três partes: o id, o ego e o superego.

O id, que compreende os impulsos básicos da psique, "é um caldeirão cheio de excitações fervilhantes [...] que lutam para produzir a satisfação das necessidades instintivas sujeitas à observância do princípio do prazer". O ego é a parte da personalidade que é organizada, racional, tomadora de decisões, regida pelo que Freud chama de "princípio da realidade", que na verdade é apenas a exigência de sobrevivência no mundo real. O superego é a parte moral, sensória, da psique.

Segundo Freud, muitos tipos de sofrimento psicológico se relacionam com tensões entre esses aspectos da mente. Assim, por exemplo, ele comenta em *Novas conferências introdutórias sobre psicanálise* que "o ego, instigado pelo id, confinado pelo superego, repelido pela realidade, luta [...] para gerar harmonia entre as forças e influências que atuam nele e sobre ele", e rotineiramente "se manifesta em ansiedade – ansiedade realista concernente ao mundo externo, ansiedade moral concernente ao superego e ansiedade neurótica concernente à intensidade das paixões do id".

Assim, o papel do analista é trazer à superfície essas tensões e com isso reduzir seu potencial de causadoras de sofrimento. Como já notamos, a ideia aqui é que chegando a uma compreensão adequada das fontes do sofrimento psíquico, o analisado é capaz de dar os primeiros passos no caminho da cura.

O QUE DIZ FREUD

▪

"A psicanálise é essencialmente cura pelo amor."

▪

"É fácil ver que o ego é a parte do id que foi modificada pela influência direta do mundo externo."

▪

"O inconsciente é a verdadeira realidade psíquica; sua natureza secreta nos é tão desconhecida quanto a realidade do mundo externo, e nos é tão imperfeitamente transmitida pelos dados da consciência quanto o mundo externo pelas indicações dos nossos órgãos sensoriais."

▪

"Pode-se comparar a relação do ego com o id à que existe entre um cavaleiro e seu cavalo."

▪

"Na verdade toda pessoa normal só é normal na média. Seu ego se aproxima do ego do psicótico em algum ponto e em maior ou menor grau."

▪

"Encontrei pouca coisa "boa" nos seres humanos, de modo geral. Na minha experiência a maioria deles é lixo, independentemente da sua adesão a essa ou aquela doutrina ética ou a nenhuma delas. Isso é algo que não se pode falar em voz alta ou talvez nem mesmo pensar."

▪

"Obviamente precisamos nos considerar responsáveis pelos impulsos maus dos nossos sonhos. De que outro modo poderemos lidar com eles? A menos que o conteúdo do sonho corretamente entendido seja inspirado por espíritos alheios, ele faz parte do nosso ser."

DIREITA *O sonho*, pintado por Franz Marc (1880-1916). A psicanálise incentivou o fascínio pela relação entre a mente inconsciente e os sonhos, que por sua vez encontrou uma vazão fértil na arte dos expressionistas (como Marc) e especialmente dos surrealistas.

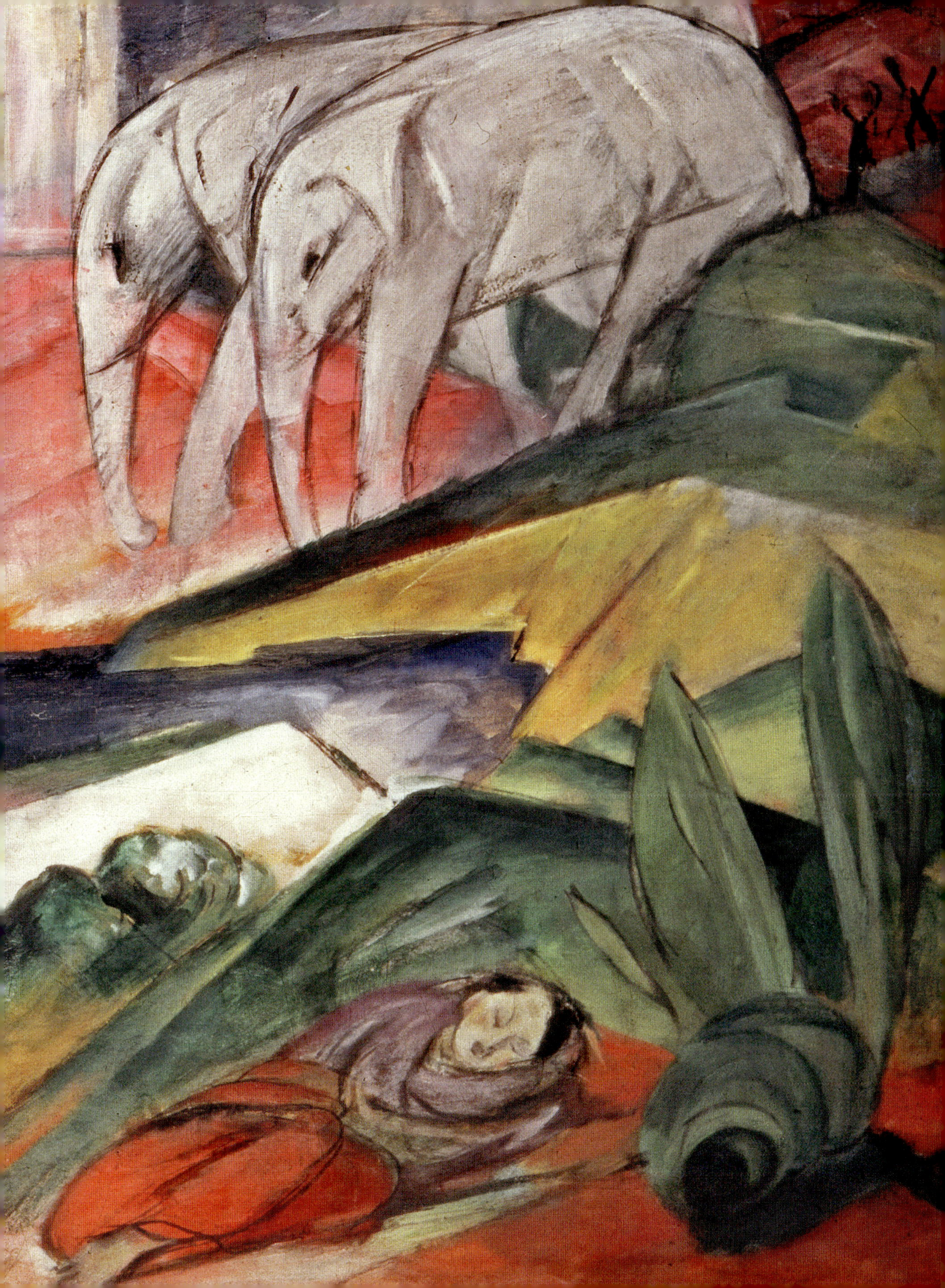

Nesse ponto é possível que você esteja imaginando o que tudo isso tem a ver com a filosofia. Se assim for, então você não está sozinho, pois muitos filósofos não acham que as ideias e os argumentos freudianos façam parte do cânone filosófico. Na verdade houve pelo menos uma luta fratricida (perdida pelos freudianos) dentro de um destacado departamento de filosofia motivada por uma proposta de criar uma cadeira de filosofia freudiana. Mas há razões para incluir Freud num levantamento da filosofia como o que fazemos: primeiro, a ideia de que o comportamento humano é muitas vezes induzido por dinâmicas das quais temos pouca ideia é um importante contrapeso para a noção de que somos agentes racionais e que, pelo menos em princípio, temos acesso às razões que motivam nossas ações. Segundo, como veremos a seguir, as ideias de Freud foram adotadas e usadas por pensadores que se enquadram muito bem na tradição da filosofia do continente europeu.

A escola de Frankfurt

Ser um marxista que vive no Ocidente no período pós-Segunda Guerra Mundial não era fácil, em muitos sentidos. Por um lado o mundo ainda estava atordoado pela descoberta do Holocausto, cujos horrores indicavam que a humanidade estava o mais distante possível da condição adequada para estabelecer uma sociedade baseada nos ideais emancipadores da teoria marxista. Por outro lado o capitalismo, longe de deteriorado, parecia irritantemente petulante, quase em pleno emprego, em rápido avanço tecnológico e com um consumismo desenfreado. A mudança social radical, comunista ou outra, parecia muito remota. O marxismo, para continuar digno de crédito, precisava de um ímpeto novo, uma direção nova que mantivesse a sua pertinência na última parte do século.

A escola de Frankfurt, um grupo de filósofos e teóricos ligados ao Instituto de Pesquisa Social da Universidade de Frankfurt, esperava fornecer essa nova direção. Especialmente teóricos como Max Horkheimer, Theodor Adorno, Herbert Marcuse e posteriormente Jürgen Habermas procuraram associar o que estava certo no marxismo a percepções adquiridas de outros pensadores, como Kant, Weber e Freud. Isso os levou a desenvolver críticas novas e influentes (como o socialismo do tipo soviético), que se concentravam particularmente nos aspectos contraditórios da razão iluminista manifestados nas condições da modernidade.

TÓPICOS PRINCIPAIS

- Um programa emancipador
- Psicanálise (Freud, Jung)
- O modelo tripartite (Freud)
- Conflito psíquico (Freud)
- A dialética do esclarecimento (Horkheimer, Adorno)
- A personalidade autoritária (Adorno)
- Mais-repressão (Marcuse)
- O homem unidimensional (Marcuse)
- Modos de objetivação (Foucault)
- Biopoder (Foucault)

Nesse período a obra dos autores da escola de Frankfurt que exerceu maior influência talvez tenha sido a *Dialética do esclarecimento*, escrita por Horkheimer e Adorno e publicada pela primeira vez em 1944. Obra complexa, é difícil resumi-la brevemente. Seu argumento essencial é que a crise da modernidade, que resultou na grande adesão da classe trabalhadora europeia ao nazismo, liga-se ao domínio de um certo tipo de razão. De acordo com Horkheimer e Adorno, o nacional-socialismo foi produto de uma racionalidade tecnocrata que resultou na total desumanização da humanidade. Esse processo foi impelido por uma racionalidade totalizante, instrumental, ligada à visão iluminista do triunfo da razão, que havia buscado incorporar tudo no seu caminho. Na verdade a razão tinha regredido a algo que lembrava as formas de superstição das quais supostamente havia surgido em nome do progresso. O resultado foi que os seres humanos tinham se tornado objetos a serem dominados em nome do controle social e político, cuja expressão mais radical foram as câmaras de gás.

ACIMA *Poço do campo de concentração de Belsen*, pintado (1945) por Aba Bayefsky. Para Horkheimer e Adorno o Holocausto refletiu uma forma de racionalidade pervertida, desqualificada, que apagou todas as considerações de humanidade.

A personalidade autoritária

Em parte o que tornou a ascensão do fascismo tão perturbadora para os pensadores inclinados para o marxismo foi o fato de ela ter demonstrado que um grande número de pessoas, talvez até a maioria num país, tolerou as atividades que para a maioria das pessoas de outras épocas teriam parecido absolutamente bárbaras. Isso levou Adorno a se perguntar se havia uma síndrome de personalidade que explicasse os padrões de obediência e cumplicidade característicos da era nazista. O resultado desses pensamentos foi a publicação em 1950 de *A personalidade autoritária*, escrito em colaboração com um grupo de pesquisadores de Berkeley.

> Parece haver uma predisposição geral para o preconceito; quem tem preconceito contra um grupo terá também contra outro.

Nessa obra, Adorno et al. (daqui em diante apenas "Adorno") afirma que as opiniões sociais, políticas e econômicas de uma pessoa formam um padrão integrado que reflete uma disposição de personalidade subjacente. Depois de analisar dados de um estudo de mais de duas mil pessoas, Adorno descobriu que quem tinha opiniões antissemitas tendia também a ter preconceito contra outros grupos minoritários – por exemplo, negros e homossexuais. Por outras palavras, parece haver uma predisposição geral para o preconceito; quem tem preconceito contra um grupo terá também contra outro.

Adorno argumenta que o preconceito se associa a uma constelação específica de atitudes e crenças característica do que ele chama "personalidade autoritária", que pode ser entendida como um certo estilo cognitivo ou modo de pensar. Os autoritários tendem a ter crenças rígidas, valores convencionais, a ser intolerantes em relação à fraqueza e à ambiguidade, a respeitar a autoridade e manifestar atitudes altamente punitivas.

Adorno tem uma explicação diretamente freudiana para a existência desse tipo de personalidade. Com base numa análise dos dados das entrevistas ele observou que os autoritários frequentemente tinham uma criação severa, com pouca afeição, muitos castigos e cheia de julgamentos. Isso os leva a manifestar uma hostilidade inconsciente, deslocada para os grupos minoritários "inferiores", que respondem pelas frustrações

AO LADO Adorno e seus colegas procuraram entender o antissemitismo, refletido nesse cartaz "O flagelo da humanidade" (1943, da Polônia ocupada), como produto de um tipo de personalidade autoritária.

Bicz ludzkości

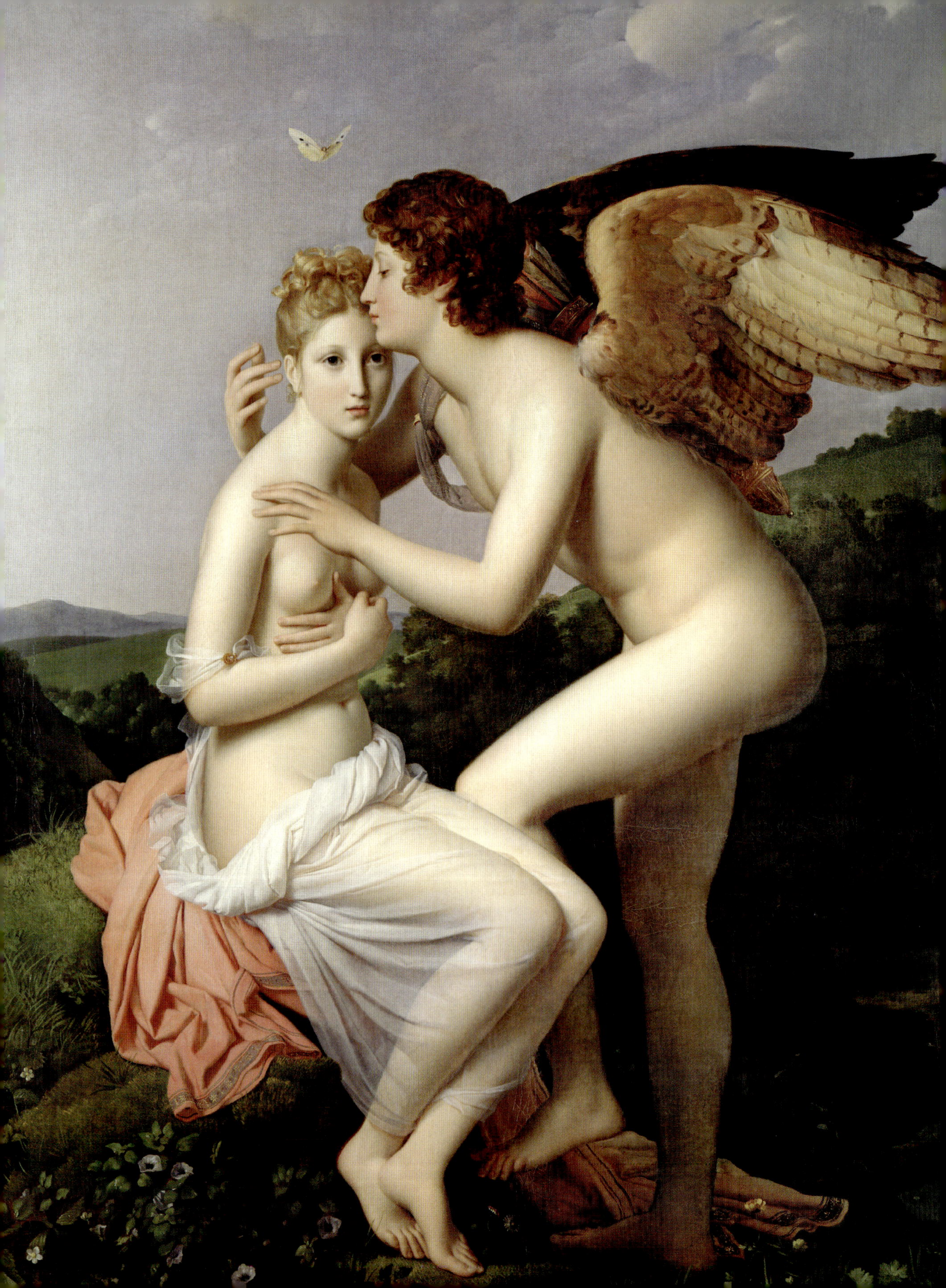

da sua infância. Os autoritários também projetam nos mesmos grupos seus impulsos sexuais e agressivos inaceitáveis. Isso serve como uma forma de defesa do ego, no sentido de que protege o autoritário de ter de enfrentar impulsos do id que seriam inaceitáveis do ponto de vista de um superego rígido, convencional.

Adorno e seus colaboradores construíram uma "escala F" para medir atitudes autoritárias implícitas, descobrindo que o autoritarismo se relaciona de perto com o antissemitismo e o etnocentrismo, o que indicou a possibilidade de as personalidades autoritárias se predisporem a aceitar ideologias antidemocráticas como o fascismo.

Eros e civilização

Se Adorno usou a teoria freudiana para explicar os horrores da Alemanha nazista, Herbert Marcuse, seu colega da escola de Frankfurt, no livro *Eros e civilização*, publicado em 1955, tentou associar marxismo e freudismo para desenvolver uma crítica radical da sociedade capitalista.

Como acabamos de ver, uma afirmação fundamental da teoria freudiana é que as energias libidinais do id estão sujeitas a um princípio de realidade, mediado pelo ego, que as reprime em nome da autopreservação. Para pôr em termos simples essa ideia: não precisamos passar todo o tempo fazendo sexo com qualquer coisa que se mexa, porque se o fizermos morreremos de fome. De acordo com Marcuse o nível de repressão das energias libidinais varia de acordo com as exigências de uma forma específica de sociedade. No capitalismo moderno, que conforme a teoria marxista se baseia na exploração de classe, o nível de repressão vai além do que é exigido apenas para a autopreservação. Por outras palavras, nos interesses da classe dominante há uma "mais-repressão" regida pela existência do que Marcuse denomina um "princípio de desempenho".

É importantíssimo o fato de ele não acreditar que tenha de ser assim. O capitalismo, em função dos progressos tecnológicos produzidos pelo princípio de desempenho, aboliu a escassez. Isso significa que já não há necessidade da mais-repressão das nossas energias libidinais, o que abre a possibilidade de uma mudança radical na sociedade. De acordo com Marcuse, se abolimos a mais-repressão o resultado é uma forma de sociedade qualitativamente diferente, "baseada numa experiência de ser fundamentalmente diferente, uma relação entre homem e natureza fundamentalmente diferente e relações existenciais fundamentalmente diferentes".

AO LADO O beijo de Cupido devolve a vida a *Psique*, na pintura (1798) de François Gerard. Na opinião de Marcuse a livre expressão das energias libidinais seria possível numa sociedade livre da escassez opressiva.

Mas mesmo sendo essencialmente otimista a mensagem de *Eros e civilização*, na época em que escreveu sua segunda obra-prima, *O homem unidimensional*, em meados dos anos 1960, Marcuse tinha se tornado muito mais pessimista quanto à possibilidade de mudança social radical. Nessa obra ele afirma que a superabundância capitalista tornou impotente a classe trabalhadora por meio da produção de uma grande quantidade de "falsas necessidades" – graças ao impacto da propaganda, por exemplo – que na verdade dominam as pessoas, privando-as de escolhas reais. Nessa situação um marxismo crítico permanece necessariamente abstrato: os movimentos políticos pelos quais a mudança social poderia ser alcançada simplesmente não existem.

Poder, conhecimento e subjetividade

Um fio comum que percorre a obra dos filósofos da escola de Frankfurt é a ambivalência quanto à ideia de que as sociedades organizadas de acordo com os ideais iluministas de progresso e razão podem produzir liberdade genuína para seus cidadãos. Na obra do filósofo francês Michel Foucault, que vem de uma tradição diferente, encontra-se uma ambivalência semelhante.

Foucault, embora menos influenciado por Marx e Freud que os filósofos da escola de Frankfurt, recorre a uma quantidade de fontes, inclusive filosofia, história, psicologia e sociologia, ao construir suas ideias filosóficas. Como muitos filósofos franceses, particularmente os que trabalham na tradição pós-moderna, sua obra não é de fácil compreensão. Não tem o mesmo nível de dificuldade de Hegel, mas se equipara a Kierkegaard e às vezes até mesmo a Kant (nos momentos mais lúcidos de Kant). Mas Foucault tem coisas interessantes a dizer sobre poder, conhecimento e subjetividade, e por isso vale a pena passar um pouco de tempo às voltas com as suas ideias mais importantes.

Se há um tema dominante na obra de Foucault, é o interesse pelo modo como o poder e o conhecimento interagem para produzir o sujeito humano, ou o eu. Para entender o que ele quer dizer é necessário ver o que afirma sobre como a subjetividade – o modo como nos vemos e como vemos as pessoas e somos vistos por elas – é criada nas relações de poder e no discurso.

De acordo com Foucault, as sociedades ocidentais modernas se caracterizam por três modos de "objetivação" que atuam para formar os seres humanos como sujeitos. Esses modos são: práticas de divisão; classificação científica; e subjetivação. Isso é realmente muito menos complicado e esotérico do que parece.

As práticas de divisão categorizam e separam as pessoas de acordo com distinções como normais e anormais, sãs e insanas, e as permitidas e as proibidas. É desse modo que as pessoas são categorizadas como loucas, prisioneiras e doentes mentais, por exemplo. Essas categorias servem para fornecer às pessoas identidades em função das quais elas se reconhecem e são reconhecidas pelos outros. Assim, em *História da loucura*, Foucault examina o processo pelo qual a loucura passou a ser estabelecida como uma categoria específica e reconhecível do comportamento humano, que justifica o aprisionamento de pessoas em sanatórios.

O modo da classificação científica serve para objetificar, ou definir, as pessoas em função dos discursos e práticas das ciências humanas e sociais. Talvez o exemplo mais conhecido desse tipo de coisa é o modo como as pessoas são definidas como sofrendo de alguma doença mental com base em critérios de diagnóstico que existem num manual como o *Manual diagnóstico e estatístico de transtornos mentais da Associação Americana de Psiquiatria*. Assim, por exemplo, é bastante fácil ver como um rótulo como esquizofrenia pode atuar de modo totalizante: aquela pessoa é esquizofrênica. Assim também Foucault mostra em *O nascimento da clínica* como o surgimento das ciências humanas no século XIX levou à visão do corpo humano como um "objeto" a ser analisado, rotulado e curado, algo que segundo ele ainda é característico da medicina moderna atual.

A subjetivação, o modo final de objetivação, difere dos modos anteriores por se referir à forma como as pessoas se constituem ativamente *elas próprias* como sujeitos. Essa ideia se encontra nos três volumes de *História da sexualidade*, de Foucault, onde ele examina como um desejo de autocompreensão leva as pessoas a confessar seus mais íntimos pensamentos, desejos e sentimentos para si mesmas e para os outros.

A consequência disso é que ficamos presos em redes de relações de poder com figuras revestidas de autoridade — médicos, psiquiatras, padres, etc., e, no século XXI, talvez até com a autoridade coletiva de um público de rede social — que alegam estar em situação de dar sentido às nossas confissões e revelar a verdade sobre nós. Foucault afirma que a expansão desse processo de confissão leva as pessoas a se tornarem objeto do conhecimento de si mesmas e do outro.

O QUE DIZEM DE FREUD

"Toda vez que vejo uma foto de Freud me pergunto como pode ter um aspecto tão soturno um homem que passou a vida inteira cara a cara com o sexo."
Raymond Loewy

"Freud é só bobagem; o segredo da neurose deve ser encontrado na luta dentro da família para ver quem consegue se recusar por mais tempo a lavar a louça."
Julian Mitchell

"As duas figuras mais originais e criativas da psiquiatria moderna, Freud e Jung, foram proscritas pelos nazistas [...] pois ambos, embora com visões bastante divergentes, sustentavam o valor da personalidade individual."
Anthony Storr

"Freud [...] não deu uma explicação para o antigo mito. O que ele fez foi propor um novo mito."
Ludwig Wittgenstein

Essa é uma parte crucial da expansão das tecnologias que permite o controle e a disciplina de corpos e populações no mundo moderno.

Nesse ponto há uma questão interessante sobre como as relações de poder no âmbito do Estado mudaram com o advento do capitalismo industrial. Antes disso o Estado usava demonstrações de poder físico – sobretudo exibições espetacularmente bárbaras de tortura – para exercer o controle sobre seus sujeitos. Mas com o surgimento do capitalismo industrial, a coerção, a repressão e a proibição cederam lugar a tecnologias de poder novas, mais eficientes, que visavam produzir sujeitos humanos e promover a vida humana. De acordo com Foucault um novo regime do que ele chama biopoder tornou-se dominante; este visa o controle e administração da espécie humana ou população e o controle ou "disciplina" do corpo humano.

Em *Vigiar e punir*, Foucault afirma que a concepção do pan-óptico de Jeremy Bentham, um tipo de prisão, é um exemplo paradigmático de tecnologia disciplinar. O pan-óptico é construído de forma a funcionar bem, independentemente de os

ACIMA *O hospício*, pintado (1812-15) por Francisco Goya. A "objetivação" da doença mental fascinou Foucault.

guardas estarem presentes. Os prisioneiros nunca sabem se estão sendo observados, e assim precisam se comportar como se a vigilância fosse constante e eterna. Isso significa, na verdade, que os prisioneiros se disciplinam; tornam-se seus próprios guardas. Os paralelos com a sociedade mais ampla são óbvios. O Estado exerce o maior controle possível sobre seus cidadãos na medida em que as pessoas se policiam. Se todos aceitam os discursos e práticas da normalidade moral, sexual e psicológica, então o comportamento se torna regulado de modos inteiramente previsíveis. Esta é a beleza do biopoder: sem recorrer ao espetáculo do poder negativo, ele permite "o domínio dos corpos e o controle das populações".

Em parte a importância da explicação de Foucault está em ele mostrar que nem todo poder é negativo, no sentido de ser proibitivo ou punitivo. Há também poder produtivo, que age, por exemplo, para constituir as subjetividades humanas e produzir corpos. Mas essa posição tem seus problemas. Sobretudo por ser assombrada pelo espectro do relativismo. O problema é este. Se o poder está em toda parte – se por exemplo o tratamento da doença mental gira em torno do controle de uma população específica, e não necessariamente visa tornar melhor a vida das pessoas –, então parece que ele exclui a possibilidade de qualquer impulso genuinamente benevolente ou emancipador.

Assim, por exemplo, nas palavras de Foucault, parece que não podemos realmente afirmar que o afastamento das formas bárbaras de punição em favor da prisão e reabilitação seja um progresso, uma vez que a última é uma manifestação do desejo de exercer o controle mais efetivo sobre uma população.

Muitos dos críticos de Foucault alegam que suas opiniões levavam diretamente ao relativismo com relação à verdade e à moralidade. Assim, Patrick West disse no *New Statesman* que:

> O tema que permeia a filosofia de Foucault é que as relações humanas são definidas pela luta pelo poder. Certo e errado, verdade e mentira, são ilusões. São criações da linguagem e vontade de dominar [...]. Assim, não há essa coisa de benevolência: os homens criaram hospitais, escolas e prisões não para curar, educar e reformar, e sim para controlar e dominar "o Outro". O racionalismo do Iluminismo foi apenas uma máscara para esse impulso malévolo.

Embora certamente essa crítica se justifique em parte, seria insensato descartar toda a obra de Foucault. Sua importância é que ele mostrou como o poder pode atuar; ou seja, criar corpos humanos, sujeitos e populações humanas que de modos diversos são supervisionados, categorizados, disciplinados e controlados.

A perspectiva europeia

A história que contamos sobre a filosofia do continente europeu poderia facilmente ter apresentado um elenco de personagens diferentes. Poderia ter sido sensível a ponto de falar da hermenêutica de Hans-Georg Gadamer; das ideias psicanalíticas de Jacques Lacan; e do desconstrucionismo de Derrida, por exemplo. Se tivéssemos feito isso teríamos uma história diferente, claro; mas alguns dos principais temas teriam sido os mesmos. A questão do alcance da razão, o potencial para a emancipação humana e a natureza e os limites do Iluminismo também teriam tido destaque nessa segunda história. É esse profundo empenho com o mundo social e político que provavelmente marca a filosofia do continente europeu como distinta quando comparada com a filosofia da tradição analítica. Não é verdade que a filosofia analítica esteja interessada apenas em interpretar o mundo, mas é verdade que as questões da emancipação humana simplesmente não fazem parte dessa tradição do modo como acontece com a filosofia do continente europeu.

> O tema que permeia a filosofia de Foucault é que as relações humanas são definidas pela luta pelo poder.

O desconstrucionismo de Jacques Derrida

O filósofo inglês Ted Honderich disse sobre a filosofia do final do século XX "que ela aspira à condição de literatura ou de arte"; que se pensa nela como "escolhendo uma ideia e correndo com ela, talvez para uma parede de tijolo nas imediações ou para uma encosta próxima, ou algo do tipo".

É muito fácil encontrar exemplos desse tipo de coisa na obra de Jacques Derrida, que muitas vezes emprega um estilo de escrita deliberadamente experimental e provocante. Por exemplo, na sua obra *Glas*, ele divide cada página em duas colunas, uma delas tratando de Hegel e a outra de Genet, mas, assustadoramente, os dois ao mesmo tempo. Derrida também adora os neologismos e novos truques literários. Eis como ele define "signo" em *Gramatologia*, provavelmente a sua obra mais famosa:

> [...] o signo é essa coisa mal nomeada, a única, que escapa à pergunta instituidora da filosofia: "o que é...?"

Não, o tachado não é um erro. A ideia é que as palavras rasuradas são inadequadas para exprimir o significado pretendido, mas outras melhores inexistem. Assim elas são escritas "com rasura". David Lehman, em *Signs of the Times*, seu livro sobre desconstrução, diz que essa técnica se torna rapidamente uma afetação aborrecida. Muitos são os que concordam com ele.

O tema central da obra de Derrida talvez seja a ideia de que a linguagem é escorregadia e complexa, e que a sua relação com a realidade não é confiável. O modo normal de abordar um texto tendo como referência o que Derrida chama de "metafísica da presença", segundo a qual as palavras se referem a coisas no mundo real de modo a garantir que elas tenham significados definidos. O objetivo da leitura desconstrutiva de um texto é lançar essa ideia na dúvida radical. A desconstrução tenta penetrar sob a superfície de um texto para descobrir suas ambiguidades e contradições ocultas.

Tudo isso parece bastante incontestável; afinal, as pessoas têm desde sempre analisado textos à procura de significados ocultos. Mas o radicalismo do método de Derrida é a sua suposição de que o significado das palavras nunca foge do texto do qual elas fazem parte, e o resultado é que a única realidade sobre a qual elas nos falam é a que é construída dentro do texto. A ameaça do relativismo é clara aqui. A suposição parece ser que a natureza indeterminada da linguagem e a natureza autorreferencial dos textos implicam que as palavras nunca se referem aos estados das coisas no mundo e portanto que a distinção entre verdade e ficção é redundante. Assim, por exemplo, em *Gramatologia*, Derrida diz que "não há nada fora do texto"; e em outra obra afirma que "a ausência do significado transcendental estende infinitamente o domínio e a interação da significação".

Os filósofos treinados na tradição analítica não têm muita paciência para esse tipo de coisa, o que mostra que a reputação de Derrida nos santificados salões da filosofia anglo-americana não é muito boa. Mas entre os filósofos do continente europeu e entre as humanidades de modo geral as coisas são diferentes. Aqui Derrida é considerado um dos pensadores mais importantes do século XX.

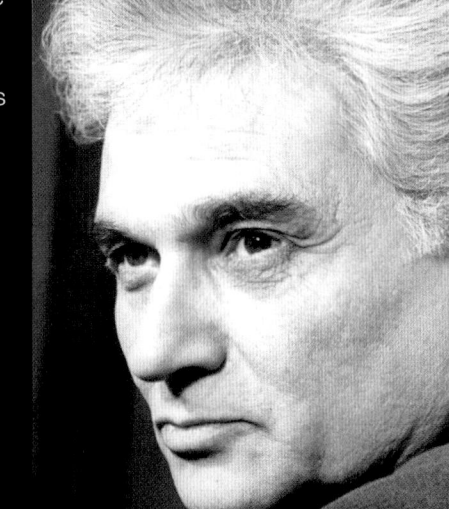

DIREITA Derrida: gênio visionário ou fraude atordoante? Ele polariza a opinião.

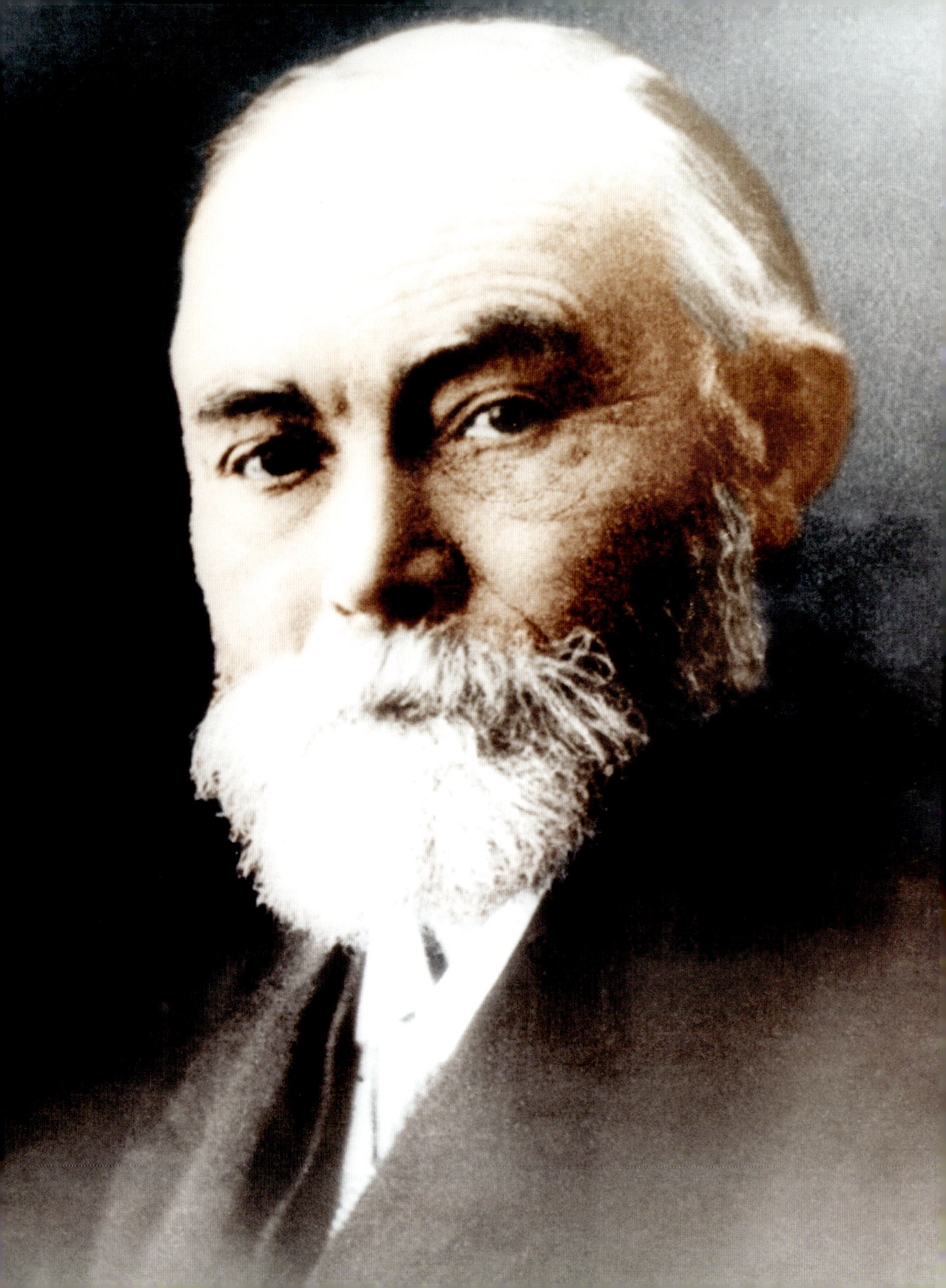

ANÁLISE

Trabalhando no departamento de matemática da Universidade de Jena nas últimas décadas do século XIX, Gottlob Frege dedicou quase trinta anos a um único problema: garantir as bases da aritmética na lógica. O projeto estava fadado ao fracasso; ele percebeu isso e acabou abandonando-o. De qualquer forma, durante a sua vida ele e os seus esforços passaram quase despercebidos pelo mundo acadêmico. Frege planejava uma obra-prima chamada *As leis básicas da aritmética*, mas teve dificuldade em encontrar uma editora disposta a publicá-la. No final ele próprio teve de cobrir o custo do segundo volume e, com a descoberta de uma falha fatal, acabou abandonando o projeto.

Seus livros foram revistos (e planejados) por poucas pessoas, que aparentemente não os entenderam. Não sabemos muita coisa sobre Frege como homem, mas parte do pouco que sabemos não agrada: seus diários têm observações chocantemente antissemitas. Tudo é um começo improvável para uma das mais recentes revoluções da filosofia, mas no mundo anglófono a maioria dos filósofos faz o que faz em grande parte por causa de Frege.

Hoje ele é considerado o fundador da lógica matemática. Talvez estejamos próximos demais dele no tempo para ver com clareza as coisas, mas muitos estudiosos consideram a sua obra a contribuição mais substancial à lógica desde que Aristóteles começou as coisas, dois mil anos atrás. Seus comentários, escritos para complementar o projeto principal, hoje são lidos como clássicos da filosofia analítica, especialmente a filosofia da linguagem. Além disso a sua influência, mediada por Bertrand Russell e

Os positivistas lógicos

Um grupo de filósofos e cientistas conhecido como o Círculo de Viena se reunia durante os anos 1920 e início dos 30 para discutir coisas como lógica, linguagem, ciência e significado. Seus integrantes variavam – Rudolph Carnap, Herbert Feigl, Otto Neurath e Morris Schlick formavam o núcleo, com A. J. Ayer lembrado como aquele que levou as opiniões do grupo para o mundo anglófono. Mas a dedicação ao positivismo lógico os mantinha unidos, independentemente de quem participava. O positivismo lógico admite diferentes interpretações, mas em geral se liga a um único princípio, o princípio da verificação. Seu significado é tema de controvérsia. Suas implicações, no entanto, eram óbvias para muita gente: se os positivistas lógicos estão certos, o discurso da ética, da religião, da metafísica e da estética é literalmente sem sentido.
Como foi dito por Ayer:

O critério que usamos para testar a legitimidade de aparentes afirmações de fato é o critério da verificabilidade. Dizemos que uma sentença é factualmente significante para um dado sujeito se, e somente se, ele sabe como verificar a proposição que ela pretende expressar – ou seja, se sabe que observações o levariam, sob determinadas condições, a aceitar a proposição como sendo certa ou a rejeitá-la como sendo errada.

Dito de outra forma, o significado de uma proposição que pretende expressar um fato (ao contrário de uma definição analítica ou tautologia) é dado pelo método usado para verificar a verdade ou a falsidade do fato em questão. Sabemos o que significa "está chovendo" porque sabemos como descobrir se isso é ou não é verdade; sabemos qual experiência provaria ou negaria isso. Mas qual possível experiência você poderia ter que o capacitaria a verificar que "o aborto é errado", "Deus o ama", "a alma não é física" e "o Absoluto evolui"? Parece que nenhuma experiência pode levar a pessoa a concluir que essas frases são verdadeiras ou falsas, portanto as frases não têm sentido. Os positivistas lógicos encontraram um critério de significado e argumentavam que vastas regiões da filosofia não passavam de bobagem. Podemos querer nos perguntar sobre o status do próprio princípio da verificação. Que experiência nos capacitaria a verificá-lo? Se não lhe ocorre nenhum, você pode ser levado, como aconteceu com muitos, à conclusão de que o princípio é tornado sem sentido nos seus próprios termos.

ACIMA A *Ópera* [de Viena] *à noite*, pintada (c.1930) por Ferdinand Michel. Viena sediou o Círculo de Viena, misto de filósofos, matemáticos e cientistas com ideias radicais sobre significado.

especialmente Ludwig Wittgenstein, faz dele o avô da filosofia analítica – junto com a filosofia do continente europeu, uma das duas principais abordagens da filosofia praticadas hoje no Ocidente.

No início do século XX, os filósofos se interessaram muito pela linguagem – a filosofia deu a chamada "virada linguística". Nos séculos que se seguiram a Descartes, os filósofos se aprofundaram na epistemologia e na metafísica. Essas preocupações, via Kant, culminaram na ascendência do idealismo no Ocidente. Na Grã-Bretanha e nos Estados Unidos os neo-hegelianos estabeleceram grande parte do programa. A revolta contra o idealismo foi liderada inicialmente por Russell e Moore, que, cada um a seu modo, usaram a análise da linguagem com um efeito devastador. Wittgenstein, assim como Rudolph Carnap e os chamados positivistas lógicos, e outros que marchavam sob a bandeira da filosofia da linguagem comum, voltaram a atenção da filosofia quase exclusivamente para a linguagem. Examinaram o discurso filosófico com técnicas analíticas e, no processo, esperaram descobrir algo sobre não somente nossos pensamentos, mas o mundo tal como o entendemos por meio da linguagem. Vamos examinar apenas algumas dessas linhas, o suficiente para transmitir uma impressão das raízes da filosofia analítica contemporânea.

Lógica e linguagem

A ideia de uma linguagem lógica remonta pelo menos a Leibniz. Numa linguagem natural, as palavras são estruturadas em frases de acordo com regras gramaticais. Leibniz imaginou uma linguagem artificial usando pictogramas para representar conceitos básicos, organizados de acordo com regras lógicas. Os usuários dessa linguagem não precisariam se basear no seu próprio julgamento imperfeito – poderiam simplesmente calcular verdades, produzindo-as como as soluções de equações algébricas. Todas as operações científicas e matemáticas – deduções e induções de todo tipo – seriam expressas de modo absolutamente claro e mantidas unidas pela lógica. Quando Frege tentou reduzir a aritmética à lógica, sua inspiração foi em parte o sonho racionalista de Leibniz, mas o que realmente o preocupava era o nosso fraco domínio da matemática.

Em particular ele se preocupava com o fato de os matemáticos não terem uma compreensão dos objetos básicos da matemática, os números. O que são números? Nós os descobrimos? Apenas os construímos na nossa imaginação? O que torna verdadeiros os axiomas da matemática? Sua missão não era nada menos que estabelecer um alicerce firme para a aritmética apenas com a lógica pura. Para isso ele adota o que se chama "logicismo" – o ponto de vista de que a matemática é realmente uma parte da lógica. Isso significa que todos os termos da aritmética podem ser definidos puramente pela lógica e todas as verdades

ANTERIOR Gottlob Frege, fotografado por volta de 1920 (colorido posterior). Frege não chegou a saber disso, mas sua obra se tornaria a base da filosofia analítica.

expressas com a aritmética podem ser derivadas dos axiomas lógicos. Se pensamos na lógica como algo psicológico, uma formalização de inferências humanas falíveis, então podemos achar que esse é um alicerce bastante instável. Mas a lógica, para Frege, é objetiva. A lógica não é como nós raciocinamos de fato, e sim como devíamos fazê-lo.

Preparando o caminho para o seu enorme projeto, Frege escreveu *Begriffsschrift* – que costuma ser traduzido como "escrita por conceito" ou "notação conceitual". A obra apresenta um sistema de operações lógicas que se tornou a base da lógica moderna. Entre seus feitos, Frege formalizou a parte da lógica que lida com a quantificação sobre variáveis. Quando dizemos: toda rosa tem um espinho, ou: a maioria dos alienígenas chega à noite, ou: alguns de vocês estão com um grande problema, ou: ninguém é uma ilha, usamos quantificadores para limitar a extensão das coisas que estão em discussão (palavras como "toda", "a maioria", "alguns" e "nenhum"). Pela primeira vez Frege tornou possível simbolizar e examinar em detalhe inferências que dependem da limitação do campo do discurso de modos como esse.

Novamente como um comentário à parte, ele escreve alguns artigos que tratam da relação entre lógica, linguagem, objetos e pensamento. Talvez o mais famoso seja "Sobre sentido e referência". Nele Frege se dedica ao meticuloso tratamento de coisas como cláusulas subordinadas que começam com "que", cláusulas adverbiais finais, cláusulas dependentes que começam com "quem", designações linguísticas de lugares definidos e cláusulas subsidiárias que começam com "embora". Você pode achar que isso é perda de tempo, mas Frege estava formulando a estrutura lógica oculta da linguagem, as conexões de pensamento que estão por trás da nossa gramática, um passo que influenciaria profundamente Russell e Wittgenstein. Ele também insistiu em que o significado de uma palavra é dado pelo modo que ela é usada numa frase – e não pela sua possível definição isolada –, uma questão que encontraria seu caminho até o centro do pensamento tardio de Wittgenstein, como veremos.

Mas o principal interesse de Frege em "Sobre sentido e referência" é a análise das afirmações de identidade – coisas como $2 + 3 = 5$, água é H_2O, um solteirão é um homem que não se casou, etc. Quando fazemos afirmações de identidade dizemos que algo é idêntico a si mesmo, mas exatamente como funcionam essas expressões? Como uma afirmação de identidade pode ser informativa se tudo o que estamos dizendo é que algum objeto é igual a si mesmo? Antes de Frege os filósofos tinham se concentrado no significado das palavras, mas ele distinguiu entre o sentido de uma palavra e a sua referência. O sentido de uma palavra é o "modo de apresentação", o que apreendemos sobre o objeto por meio da palavra. A referência é aquilo a que a palavra se refere. Essa distinção explica por que as afirmações de identidade podem às vezes ser muito informativas, nada tautológicas. Duas palavras podem se referir ao mesmo objeto, mas se diferentes significados se ligam a elas, uma afirmação de identidade pode ser muito importante. É por isso que "Super-homem é Clark Kent" é uma coisa mais interessante de saber do que "Super-homem é Super-homem", embora as duas frases digam que a mesma coisa é idêntica a si mesma.

O grande projeto de Frege, a tentativa de basear a aritmética na lógica, embora se baseie em parte nessa compreensão de identidade, depende bem mais da noção de conjuntos, coleções lógicas ou classes de coisas. Ele descobriu um modo de definir os objetos matemáticos, como o zero, em termos de objetos lógicos, como o conjunto vazio. Quando o segundo volume da sua obra-prima foi para o prelo, ele recebeu uma breve carta de um jovem Russell, que então trabalhava num projeto semelhante em Cambridge com o matemático e filósofo Alfred North Whitehead. Russell era uma das poucas pessoas que reconheciam Frege como gênio, mas na sua carta ele identificava uma contradição no centro da concepção fregiana de conjuntos. Frege tentou consertar as coisas mas era óbvio que o que passou a ser conhecido como o "paradoxo de Russell" arruinava a sua esperança de basear a aritmética na lógica.

Frege morreu incompreendido e sem glórias; não chegou a saber do seu lugar no início da filosofia analítica. Deixou seus artigos para o filho adotivo, com este bilhete:

> Querido Alfredo:
> Não zombe do meu material manuscrito. Mesmo não sendo tudo ouro, há ouro no meio. Acho que um dia uma parte dele será bem mais apreciada. Cuide para que nada se perca.
> Com amor, seu pai
>
> É uma grande parte de mim que estou legando a você.

ACIMA Bertrand Russell fotografado (1958) em sua casa no País de Gales. Ele identificou um paradoxo no centro do projeto de Frege e, junto com G. E. Moore, liderou a revolta contra o idealismo inglês.

Análise lógica

O programa logicista de Russell culminou no monumental *Principia Mathematica*, em três volumes, em que ele e Whitehead usam uma nova teoria (de tipos) para contornar o paradoxo que ele encontrou na obra de Frege. Eles tinham planejado um quarto volume de trabalho sobre as bases da geometria, mas ambos admitiram estar exaustos e nunca encararam a obra, que assim não chegou a ser escrita.

Além da sua obra de juventude sobre filosofia da matemática, Russell é lembrado por trazer para os problemas centrais da filosofia as técnicas da análise lógica. Fora do mundo acadêmico ele é conhecido pelos seus textos filosóficos populares, muito lidos até hoje, especialmente a sua *História do pensamento ocidental* e *Os problemas da filosofia*. Ele escrevia tão bem quanto pensava – ganhou o Prêmio Nobel de Literatura em 1950. Foi malvisto pelas opiniões escandalosas sobre religião e amor livre (e uma série de casamentos e casos amorosos), que atrapalharam sua carreira acadêmica. Durante toda a vida fez campanha pacifista, defendeu os direitos civis e o desarmamento nuclear, tendo participado de protestos mesmo depois dos noventa anos. Sua única concessão à velhice foi uma almofada para os protestos com ocupação.

> Durante toda a vida Russel fez campanha pacifista, defendeu os direitos civis e o desarmamento nuclear, tendo participado de protestos mesmo depois dos noventa anos.

Quando Russell e seu colega mais jovem Moore estudavam em Cambridge, o idealismo inglês era a concepção filosófica dominante – na verdade Russell e Moore namoraram o neo-hegelianismo no início de sua vida filosófica. De acordo com esse tipo de concepção a realidade não é absolutamente como se apresenta para nós, nem tampouco é como o mundo tal como descrito pela ciência. Os idealistas ingleses eram variados, mas a maioria deles achava que há uma distinção profunda entre aparência e realidade, e a razão nos mostra que o mundo aparente é cheio de contradições. Assim, a realidade deve ser totalmente outra coisa, algo comparável ao absoluto de Hegel, uma unidade cósmica, espiritual, que se elabora por meio da história e de nós. O mundo, na concepção do senso comum (e na da ciência também, aliás) – um mundo de objetos diferentes que existem independentemente da nossa mente –, é uma ilusão. Mesas e cadeiras não são matéria inerte num Universo mecanicista, e sim itens mentais regidos em certo sentido pelo propósito. Para compreender algo devemos compreender tudo em sua totalidade interligada. Russell e Moore viraram de cabeça para baixo essa parte da concepção, insistindo em que o progresso filosófico só podia ocorrer com a separação das coisas, com a análise das palavras e da estrutura da nossa linguagem. "Com uma impressão de fugir da prisão."

O paradoxo de Russell

A tentativa de Frege de basear na lógica as verdades da aritmética depende da ideia de um conjunto ou classe – um objeto lógico selecionado ou determinado por algum tipo de especificação. Frege afirma que todo conceito determina um conjunto. Por exemplo, o conceito de "cão" determina o conjunto de todos os cães, composto por todos os cães; o conjunto de todas as cidades que começam com a letra L inclui Londres, Lisboa, Lynchburg, etc. Alguns conjuntos são vazios, claro: o conjunto de quadrados redondos e o de solteirões casados, mas nas palavras de Frege qualquer condição devia fazer surgir um conjunto.

Mas Russell observou uma contradição que mostrava que nem toda condição tem um conjunto ou classe correspondente – má notícia para Frege, cujo projeto dependia de uma conexão entre conceitos e conjuntos. Russel começa notando que alguns conjuntos são membros de si mesmos e outros não.

O conjunto de todas as coisas é ele próprio uma coisa e portanto um membro de si mesmo. O conjunto de todos os hamsters não é um hamster e portanto não um membro de si mesmo. Mas e o conjunto de todos os conjuntos que não são membros de si mesmos? Esse é um conceito que deveria determinar um conjunto, mas em vez disso ele leva a um paradoxo. Esse conjunto é um membro de si mesmo? Sim caso ele não seja, e ele não é se é – uma contradição. Assim, em vez de esse conceito selecionar um conjunto, ele não seleciona nada determinante.

Para captarmos a essência do paradoxo sem essa conversa esquisita de conjuntos que são membros de si mesmos pense no barbeiro de uma cidadezinha. Suponha que lhe tenham dito que ele barbeia todos os moradores da cidade que não se barbeiam eles próprios. Mas o barbeiro se barbeia? Se sim, então não, e se não, então sim.

ESQUERDA *Vinte cães*, pintado (1865) por Reuben Bussey. O conjunto de todos os cães é composto por todos os cães tal como determina o conceito "cão".

Russell escreveu: "Nós nos permitimos achar que a grama é verde, que o sol e as estrelas existiriam se ninguém soubesse deles".

A "Refutação do idealismo" de Moore é uma análise cuidadosa da afirmação idealista, que devemos a Berkeley, de que *esse est percipi*, existir é ser percebido. Embora pontuado por recorrentes alegações de que seu assunto é "muito desinteressante", o artigo de Moore na verdade é um estudo fascinante e meticuloso. O que "*esse*" significa nesse caso? O que significa "*percipi*"? O que o "é" faz nessa frase? O "é" é de identidade? É a alegação de que existência é o mesmo que ser percebido? Isso não pode estar certo. É o "é" de predicação – é a alegação de que ser percebido é uma propriedade da existência? E como devemos

ACIMA Membros do Clube de Ciências Morais da Universidade de Cambridge, inclusive Bertrand Russell (de pé, terceiro à direita), G. E. Moore (de pé, último à esquerda) e J. M. E. McTaggart (sentado, último à direita).

entender a frase inteira? Ele trabalha com as possibilidades, descartando as que não têm sentido ou não se ajustam ao que diz o idealismo, chegando a uma análise do que os idealistas devem querer dizer, e então argumentando que se sua alegação significa algo importante, deve levar a uma contradição.

Ele chega quase a passear em outra questão ("Eu passo, então, da questão desinteressante 'É *esse percipi*?' para outra, ainda mais desinteressante e que não parece pertinente: 'O que é uma sensação ou ideia?'") e expõe ainda mais ambiguidade na doutrina idealista. Ler seu artigo é como assistir a um relojoeiro desmontar velozmente um complexo relógio antigo, mostrando-nos, enquanto o faz, exatamente por que ele quebrou. Moore conclui que a concepção da realidade como inteiramente mental repousa na incapacidade de distinguir entre o ato da consciência e o objeto da consciência. "Se meus argumentos são bons", conclui ele, "eles serão contestados pelo idealismo." A filosofia analítica se pôs em ação.

Russell bateu de frente com a doutrina idealista, mas deu sua resposta ao idealismo sobretudo de modo indireto, apenas mostrando como se podia avançar nos problemas filosóficos usando o que ele chamou de "método lógico-analítico", em vez de examinar linha por linha do que diziam os idealistas.

Os hegelianos dizem que a concepção comum de duas coisas diferentes relacionadas uma com a outra é incoerente – a misteriosa doutrina idealista das relações internas dizia que as afirmações comuns como "o gato está na esteira" não eram, estritamente falando, verdadeiras. Se as relações comuns são incoerentes, então nada está em relação com nada – nada é mais quente ou frio, maior ou menor, está à esquerda ou à direita, etc. Assim, voltamos a Parmênides e ao conceito de que tudo é Uno. Mas ao relançar o discurso das relações de uma forma lógica clarificada, Russell mostrou que o discurso das relações entre duas coisas diferentes poderia se tornar totalmente respeitável, e que o salto idealista de volta a Parmênides se devia a uma confusão sintática. "Aos poucos ficou claro", diz ele no último capítulo da sua *História do pensamento ocidental* (que aliás culmina com ele):

> que uma grande parte da filosofia é redutível a algo que podemos chamar "sintaxe" [...] alguns homens, sobretudo Carnap, apresentaram a teoria de que todos os problemas filosóficos são realmente sintáticos e que quando se evitam erros de sintaxe, isso resolve ou mostra a insolubilidade de um problema filosófico. Eu acho, e agora Carnap concorda, que isso é um exagero, mas não pode haver dúvida de que a utilidade da sintaxe filosófica em relação aos problemas tradicionais é muito grande.

Como funciona esse tipo de coisa? Pense no problema filosófico em que nos metemos ao falar sobre coisas que claramente não existem. Quando dizemos, para usar o exemplo de Russell: "O atual rei da França é careca", parece que estamos afirmando algo sobre uma coisa que não existe. Mas ao fazer isso estamos atribuindo *algum* tipo de existência ao atual rei da França. Estamos falando de algo, não é? Como podemos fazer isso se a coisa de que estamos falando não existe? Alguns filósofos supuseram que expressões significantes como essa têm mesmo de se referir a algo, e assim o rei não existente tem um tipo de existência conceitual num mundo estranho, platônico. Outros acharam que a frase deve ser absurda – mas isso tampouco parece certo, porque é bem inteligível. Na verdade parece que nós dizemos todo tipo de coisas significativas sobre pessoas que não existem – algumas até parecendo verdadeiras. Não há dúvida, por exemplo, de que Sherlock Holmes fuma cachimbo.

Russell começa identificando algumas frases, como "um homem, algum homem, qualquer homem, todo homem, todos os homens, o atual rei da Inglaterra, o atual rei da França, o centro de massa do sistema solar no primeiro instante do século, a revolução da Terra em torno do Sol, a revolução do Sol em torno da Terra". O que ele faz é reduzir as sentenças com esses tipos de frases a sentenças logicamente claras sem elas – assim não há mais uma crença na existência de coisas possivelmente não existentes. A existência, por outras palavras, só é afirmada sobre descrições completas, que descrevem algo ou não. Frases incomodativas como "o fulano", "o atual rei da França" ou "a montanha dourada" ficam totalmente de fora.

Por exemplo, a frase "Scott foi o autor de *Waverly*" se traduz como "um homem único, e só ele, escreveu *Waverly*, e esse homem foi Scott". Assim também, como diz Russell:

> "A montanha dourada não existe" significa: não há nenhuma entidade c tal que "x é dourada e montanhosa" é verdade quando x é c, mas não de outro modo.

Com essa definição desaparece o quebra-cabeça quanto ao que está implicado quando dizemos "a montanha dourada não existe".

Ótimo, mas e daí? Primeiro, Russell afirma que dizer "x existe" é má gramática. Com a análise lógica podem-se remodelar expressões mal construídas como outras

TÓPICOS PRINCIPAIS

- A virada linguística
- Logicismo (Frege)
- Sentido e referência (Frege)
- O paradoxo de Russell (Russell)
- Refutação do idealismo (Moore)
- O método lógico-analítico (Russell)
- Atomismo lógico (Russell)
- Teoria pictórica do significado (Wittgenstein)
- Significado no sentido (Wittgenstein)
- Jogos de linguagem (Wittgenstein)
- Positivismo lógico
- Princípio da verificação

logicamente claras e ver onde estão o certo e o errado. Mas o que é mais interessante é que agora podemos evitar o que parecem questões filosóficas profundas dissolvendo-as, vendo-as como nada mais que confusões lógicas. Parmênides pode ter se perguntado como "nada" podia ser objeto de reflexão. Russell tem uma resposta para ele. Mudar nossa linguagem para construções logicamente claras, diz ele, "esclarece dois milênios de confusões sobre 'existência'". A gramática de uma linguagem natural só pode nos levar a dificuldades filosóficas, e a lógica pode nos tirar delas.

Para Russell a questão é ainda mais profunda. Sua concepção foi chamada "atomismo lógico", originado em ideias que ele diz ter "aprendido de seu amigo e ex-aluno Ludwig Wittgenstein". Ele começa com o que considera dois truísmos: "o mundo contém fatos, que são o que são independentemente de pensarmos neles, e [...] há também crenças, que se referem a fatos, e por referência a fatos são verdadeiras ou falsas." Mas a partir dessas duas afirmações simples, e com o modo como Russell as interpreta, muita coisa se segue. Uma análise lógica da linguagem revela não só o significado oculto e o verdadeiro local da verdade e da mentira, mas bem mais — a lógica revela a estrutura dos fatos, ou seja, a natureza do mundo.

Jogos de linguagem

Wittgenstein nasceu numa família vienense grande e próspera. Sua infância e a adolescência foram complicadas, difíceis, à sombra de um pai dominador. Três dos seus irmãos se mataram — o próprio Wittgenstein estava sempre atormentado, às vezes profundamente perturbado, e também pensava em suicídio.

ACIMA A lógica parece reger não só nossos pensamentos mas também nosso domínio do mundo, como verificamos quando confrontamos esse "triângulo impossível" construído pelo geneticista inglês Lionel Penrose na década de 1950.

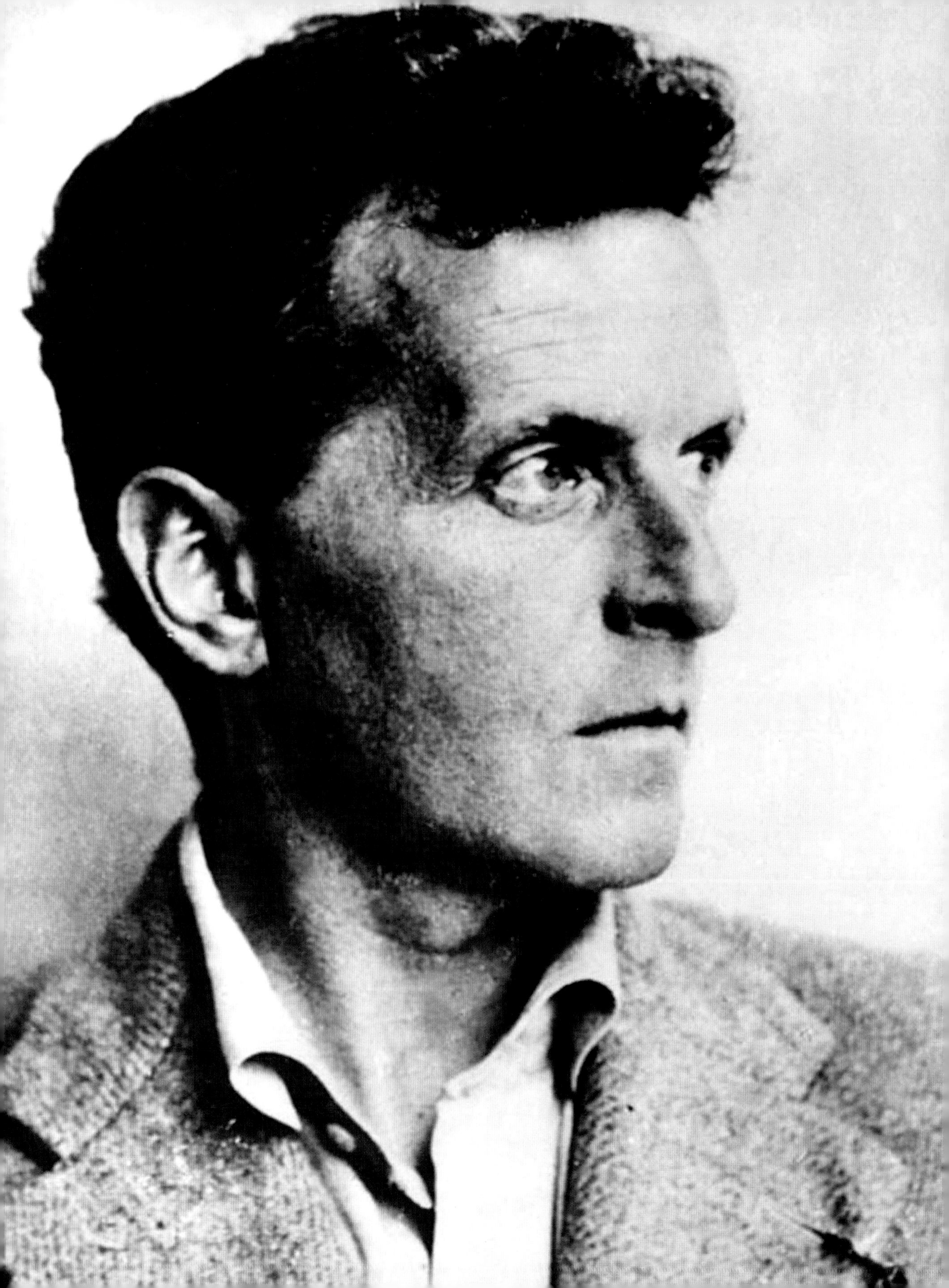

Ele estudou engenharia mecânica e daí se encaminhou para a filosofia da matemática, que o levou a ler Russell e Frege, e finalmente a visitar Frege em Jena. Segundo ele, seu anfitrião o "deixou abaixo de zero", contudo o incentivou a estudar com Russell em Cambridge. Ele herdou uma fortuna mas a distribuiu, durante a Primeira Guerra Mundial serviu com distinção no Exército austríaco e quando estava num campo de prisioneiros de guerra italiano produziu um dos livros de filosofia mais idiossincráticos e fascinantes, o *Tratactus Logico-Philosophicus*. (Afirma-se que Moore sugeriu o título, tendo em mente o *Tratado teológico-político* de Espinosa.)

O livro é organizado em apenas sete afirmações concisas, com proposições de apoio numeradas de acordo com seu lugar lógico. Assim, a primeira frase, "1 O mundo é tudo o que é o caso" é seguida por "1.1 O mundo é a totalidade dos fatos, não das coisas". O comentário 1.1 é sobre a primeira sentença. O próximo item, "1.11 O mundo é determinado pelos fatos e por eles serem *todos* os fatos" expõe 1.1 e assim por diante até chegarmos à próxima frase, "2 O que é o caso – um fato – é a existência de estados gerais das coisas". E Wittgenstein prossegue por 75 páginas esmeradas.

O livro é construído em torno da teoria pictória do significado. Veja a primeira sentença. "O mundo é tudo o que é o caso." Por ela Wittgenstein quer dizer que o mundo é composto de fatos, estados gerais das coisas. Sua afirmação central é que as proposições são figuras lógicas desses fatos – elas significam ou retratam os fatos. Por outras palavras, as proposições figuram estados gerais de coisas.

Três pontos precisam ser notados aqui. Primeiro, quando uma proposição figura os fatos, os elementos simples da proposição e do mundo estão na mesma relação lógica. Assim, quando se diz: "O maluco está na grama", as partículas atômicas dessa proposição e as partículas atômicas do mundo estão na mesma relação lógica uma com a outra – trazendo à tona a estrutura lógica da nossa linguagem apreendemos a estrutura do mundo. Segundo, as proposições figuram os fatos

FILOSOFIA ANALÍTICA

1879 Frege publica *Begriffsschrift* (Notação conceitual)
1903 Publicação de "Refutação do idealismo", de Moore
1905 Russell escreve "On Denoting" [Da denotação]
1910-13 Russell e Whitehead concluem *Principia Mathematica*
1912 Wittgenstein começa os estudos com Russell
1916-18 Wittgenstein luta no Exército austríaco
1916 Russell é demitido de Cambridge por protestos contra a guerra
1918 Russell faz conferências sobre atomismo lógico
1921 Wittgenstein publica o *Tractatus Logico-Philosophicus*
1922 Schlick começa atividades do Círculo de Viena
1925 Morre Frege
1929 Wittgenstein volta para Cambridge
1951 Morre Wittgenstein
1953 Publicação de *Investigações filosóficas*, de Wittgenstein
1970 Morre Russell

AO LADO Ludwig Wittgenstein, fotografado por volta de 1930.

mostrando-os, não os afirmando. Assim como uma figura de Napoleão nos mostra algo sobre Napoleão (não nos diz nada), assim também uma proposição mostra algo sobre o fato que ela retrata. Terceiro, a análise lógica pode revelar a estrutura lógica das proposições, disfarçada pelas nossas linguagens naturais desarrumadas. Quando pomos em ação a análise sobre as afirmações da filosofia, contudo, descobrimos algo preocupante: as proposições filosóficas são pseudoproposições. São tentativas de dizer algo onde nada pode ser dito.

Perto do final do livro, Wittgenstein faz algumas afirmações muito estranhas. Por exemplo esse grupo de frases sobre moralidade: "O sentido do mundo deve estar fora do mundo [...] *dentro* dele não existe valor [...] é impossível haver proposições na ética [...]. É claro que a ética não pode ser posta em palavras [...]. A ética é transcendental." Tudo o que podemos fazer com a linguagem é figurar os fatos, afirmar as proposições da ciência natural. Quando tentamos fazer o impossível – vagar fora do mundo com a nossa linguagem e perguntar sobre todos os fatos, ou o andaime que usamos para conversar sobre o mundo, ou o que quer que estejamos fazendo quando filosofamos –, estamos fazendo perguntas mal formuladas. Rigorosamente falando, não estamos nem mesmo fazendo perguntas. Não é de admirar que tenhamos dificuldade em encontrar respostas.

Então qual é o papel da filosofia? Como diz Wittgenstein:

> O método correto de filosofia seria na verdade o seguinte: não dizer nada além do que pode ser dito, ou seja, proposições da ciência natural – ou seja, algo que não tem nada a ver com a filosofia –, e depois, sempre que outra pessoa quisesse dizer algo metafísico, demonstrar para ela que nas suas proposições ela deixou de dar um sentido a determinados signos.

De fato, ele afirma que o *Tractatus*, um livro de filosofia, deve ser sem sentido. "Minhas proposições servem como elucidações do seguinte modo: quem me compreende acaba reconhecendo-as como sem sentido, quando as usou – como degraus – para subir atrás delas. (Ele deve, por assim dizer, lançar longe a escada depois de ter subido por ela.)" A frase final do *Tractatus* é a única que não tem comentário de apoio: "7 Aquilo sobre o que não podemos falar devemos ignorar em silêncio."

No *Tractatus*, Wittgenstein acreditou que havia resolvido, ou de qualquer forma dissolvido, todos os problemas filosóficos, e então, sem mais nada para realizar na filosofia, deixou Cambridge para lecionar em aldeias austríacas. Quando os alunos menos inteligentes não o acompanhavam, dizem que ele lhes passava descomposturas, graves em um ou dois casos, e é possível que tenha voltado para Cambridge fugindo de um escândalo de cidadezinha. Por essa época suas opiniões já tinham começado a mudar, e é útil distinguir entre o jovem Wittgenstein do *Tractatus* e o Wittgenstein tardio, cujas concepções estão principalmente no seu *Investigações filosóficas*, publicado postumamente.

O Wittgenstein tardio rejeitou a ideia de que as palavras têm um sentido ao significar ou nomear algo no mundo. A linguagem não é tão fixa, tão determinada assim. Em vez disso, "Para uma ampla classe de casos – embora não para todos – em que empregamos a palavra 'sentido', ela pode ser assim definida: o sentido de uma palavra é seu uso na linguagem". As palavras podem ser usadas de incontáveis modos, em vários "jogos de linguagem": para persuadir com lisonjas, para convencer, para transmitir uma questão sutil, etc. E embora esse insight tenha aberto todos os tipos de frutíferas avenidas de investigação, uma coisa continuou igual na perspectiva de Wittgenstein: os problemas filosóficos são confusões linguísticas a serem dissolvidas, e não questões profundas que pedem respostas profundas.

Enquanto no *Tractatus* as proposições filosóficas são pseudoproposições, agora Wittgenstein argumenta que a perplexidade filosófica surge quando "a linguagem sai de férias". Quando tiramos as palavras dos seus jogos de linguagem familiares, nos quais sabemos como usá-las, e as pomos em contextos estranhos, acabamos confusos. Podemos falar para nós mesmos até acharmos que há algo extremamente profundo na pergunta "o que é um objeto?", mas quando vemos que estamos usando um conjunto de palavras perfeitamente razoável de um modo desconhecido, vemos que fomos apenas "enfeitiçados pela linguagem".

> Os problemas filosóficos são confusões linguísticas a serem dissolvidas, e não questões profundas que pedem respostas profundas.

Os que estão num estado de perplexidade filosófica precisam de algo como uma cura pelo discurso, uma conversa terapêutica, e as *Investigações filosóficas* às vezes são lidas como uma pessoa falando calmamente para tirar o leitor de um engano. É preciso lembrar ao confuso o domínio que ele tem sobre as palavras quando elas são usadas em jogos de linguagem conhecidos, e também mostrar-lhe que não há nada mais a dizer quando as palavras são usadas de modos engraçados. Nas palavras de Wittgenstein, "um problema filosófico tem a forma: 'Eu não sei onde estou'." A tarefa do filósofo é ajudar o perplexo a encontrar seu caminho de volta para o território conhecido e perceber no processo que não se ganha nada ficando perdido na linguagem, fazendo, antes de mais nada, filosofia.

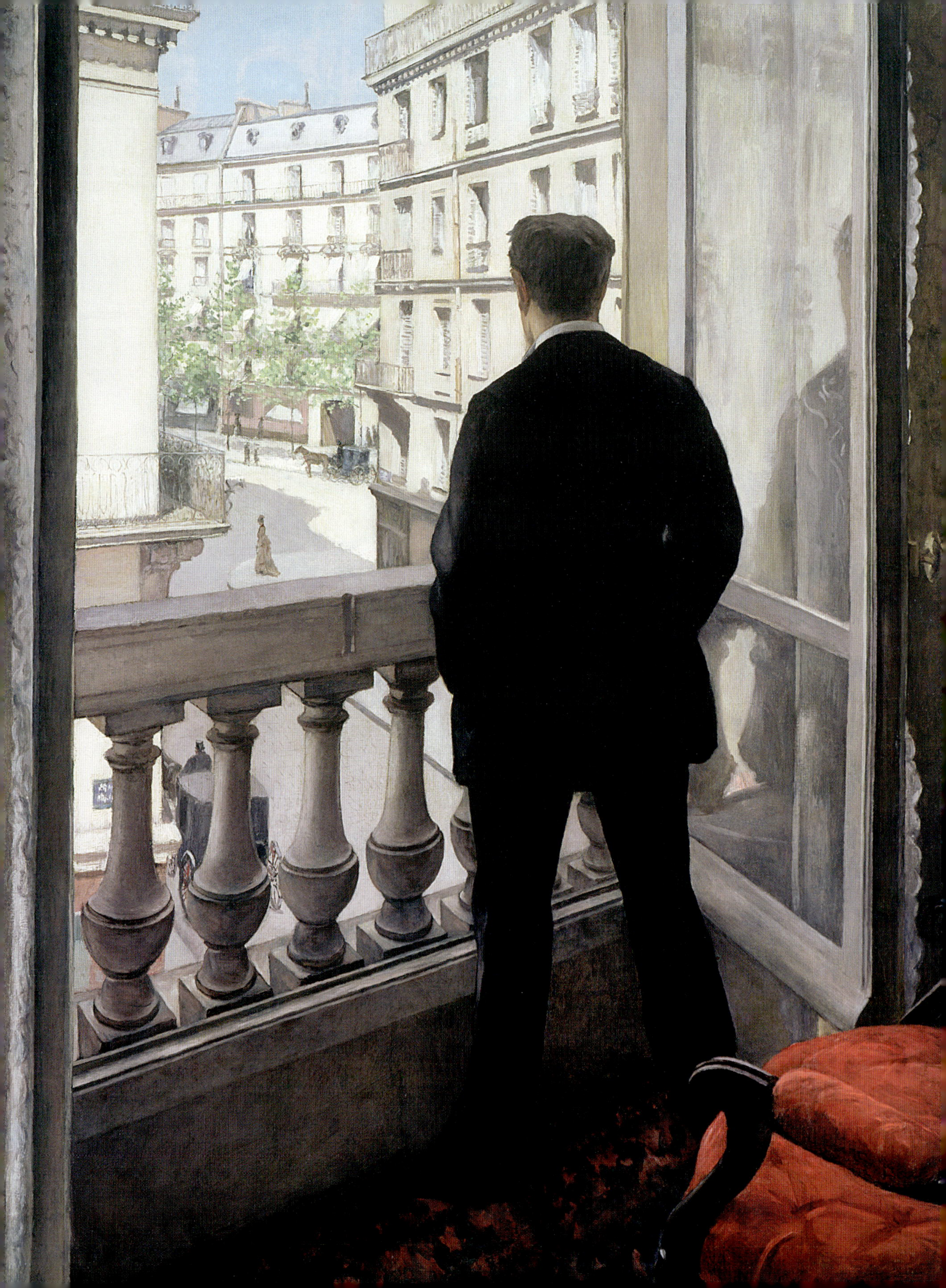

MENTE E MATÉRIA

Olhe para dentro, por um momento, e pense nos conteúdos da sua mente. Durante um dia comum você tem um enorme número de pensamentos diferentes. Pode achar que é quinta-feira de manhã, negar que seja tarde demais para pegar o trem, esperar que o café abra, querer que a fila seja menor, desejar que o sujeito na sua frente se apresse, esperar que não seja tarde demais para pegar o trem, desconfiar que o sujeito na sua frente é um idiota, imaginar por que você achou que tinha tempo para um café quando era óbvio que só um tolo arriscaria perder o trem e agora você não vai conseguir, o que as pessoas vão pensar ao verem-no chegando tarde, etc. durante os muitos momentos apressados da sua vida consciente.

Talvez o que o faz de saída pensar no café seja outra coisa na sua cabeça, uma sensação de cansaço que chama a sua atenção acima das outras sensações corporais que você experimenta, todas as dores, ferroadas, cócegas e coceiras, o que quer que você possa sentir. Colorindo tudo isso há outras coisas, não exatamente pensamentos ou sensações corporais, mas emoções como amor, raiva, mágoa e felicidade. Claro que há também o espetáculo que passa, as experiências de percepção que você tem quando seus órgãos dos sentidos topam com o mundo — todas as imagens, sons, sabores, texturas e cheiros que chegam juntos para imergi-lo numa figura tridimensional de tudo o que o rodeia. Durante todo o tempo você se lembra de algumas coisas, imagina outras, devaneia, pergunta-se, planeja e geralmente prossegue na sua vida íntima. Ao fazer tudo isso você pode notar outro algo no centro de tudo: você, ou pelo menos a impressão de que você está realizando todo o pensar e sentir e ver, e tudo mais.

Mas o que é toda essa realidade mental? Não é apenas você, mas uma porção de mundo – cada pessoa e cada criatura com um ponto de vista. Um pensamento é outra coisa como um livro ou um barco, ou é uma espécie totalmente diferente de coisa? Como os pensamentos se enquadram no mundo físico? É certo pensar nas coisas mentais como realmente reais ou tudo é de algum modo redutível ao mundo físico de partículas e forças? Os filósofos focam tudo isso com duas perguntas. O que é uma mente? E qual é a relação entre mente e corpo?

Pensadores tão antigos quanto os gregos clássicos tiveram algo a dizer sobre a nossa vida mental, mas a reflexão contemporânea sobre a mente tem sua origem em Descartes. De fato, como veremos, é difícil pensar na filosofia da mente no último meio século como outra coisa senão uma tentativa de pensar em nós mesmos sem o dualismo de Descartes. Assim, vamos começar com Descartes e progredir por várias teorias da mente, acabando, mais ou menos, no ponto em que estamos agora.

O problema da mente-corpo

> Descartes descobre que pode duvidar que ele seja um corpo, mas não há dúvida de que ele existe.

Lembre que o objetivo de Descartes nas *Meditações* é encontrar uma crença indubitável que sirva como base do conhecimento. Ao examinar as suas crenças, descartando tudo o que desperta a mínima dúvida, ele acaba com apenas uma proposição indiscutível: "Eu existo". Talvez haja um diabo mau usando todo o seu enorme poder para confundi-lo, talvez não haja mundo de objetos, talvez ele não tenha corpo, talvez cometa um erro toda vez que conta os lados do triângulo, mas mesmo assim ele não pode duvidar que há um eu, porque mesmo errando de todos esses modos, é preciso que haja um ego, um eu, errando.

Essa linha de pensamento, quase como um aparte, resulta no dualismo cartesiano ou de substância, a concepção de que há no Universo dois tipos fundamentalmente diferentes de coisas: os objetos físicos e as mentes imateriais. Pensando no que ele é, Descartes descobre que pode duvidar que ele seja um corpo, mas não há dúvida de que ele existe. As duas coisas se separaram para ele – assim, o corpo e a mente devem ser tipos diferentes de coisas.

ANTERIOR *Homem à janela*, pintado (1875) por Gustave Caillebotte. Percebe-se o mundo via experiências dos sentidos, que abarcam pensamentos, esperanças, sentimentos e memórias; mas o que são essas coisas mentais?
AO LADO Para cartunistas como James Gillray a natureza do pensamento é facilmente transmissível: uma bolha que sai do cérebro.

"My little friend Grildrig you have made a most admirable "panegyric upon yourself and Country but from what I can "gather from your own relation & the answers I have with "much pains wrung'd & extorted from you, I cannot but conclude you to be one of the most pernicious little odious reptiles that nature ever suffer'd to crawl upon the surface of the Earth —

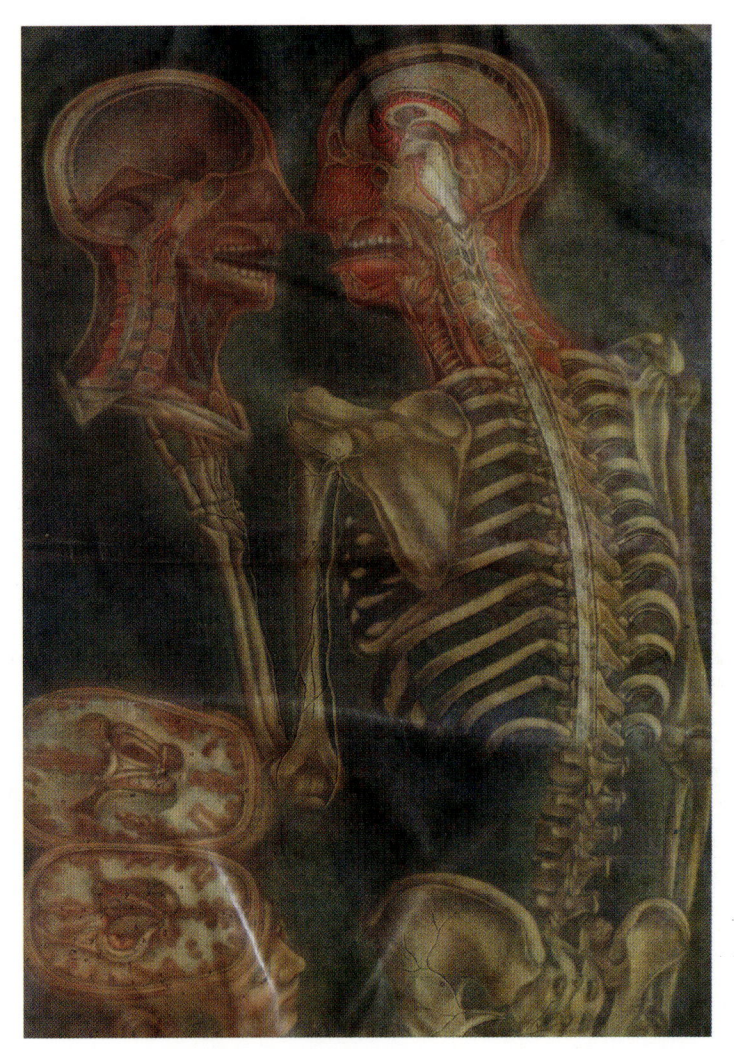

Qual é a sua concepção de corpo físico? "Por corpo eu entendo tudo o que pode ser limitado por alguma figura; que pode ser contido em algum lugar e preencher um espaço de um modo que nenhum outro corpo é excluído dele."

Será que ele, Descartes, o "eu" de quem ele não pode duvidar, tem alguma dessas propriedades? "Não encontro sequer uma sobre a qual eu possa dizer que está em mim." Nenhuma dessas propriedades corporais, por outras palavras, é propriedade do eu indubitável que ele descobriu. Existe apenas um atributo "que realmente pertence a mim; somente esse não pode ser separado de mim", e esse é: pensar. Como conclui ele, "assim, eu sou, rigorosamente falando, apenas uma coisa que pensa".

Isso é hoje chamado o "argumento da 'concebilidade'" para o dualismo. É concebível que a mente e o corpo existam separadamente, e o que é concebível é possível. Se é possível que mente e corpo possam existir separados, então eles não podem ser idênticos. Assim, mente e corpo devem ser duas coisas diferentes. Pense em outras "coisas" idênticas. Onde quer que Samuel Clemens esteja, você necessariamente encontrará Mark Twain. Não é possível imaginá-los separados, porque eles são exatamente a mesma coisa, mas é fácil pensar em mente e corpo existindo separadamente. De fato, Descartes faz exatamente isso nesse livro.

Mas se mente e corpo são duas coisas diferentes, logo surge a questão de como elas se relacionam uma com a outra — e isso é o próprio núcleo do chamado problema da mente-corpo. Descartes é um tanto matreiro nesse ponto: diz que a mente e o corpo estão

ACIMA Uma *mezzotinta* da *Exposition anatomique de la structure du corps humain* (1759), de Jacques-Fabien Gautier d'Agoty. Mente e cérebro são entidades diferentes, e se forem, como elas interagem?

intimamente mesclados ou que formam uma união, mas nega explicitamente a figura de uma alma que de algum modo está dentro do corpo, como um capitão que dirige um navio. Almas ou mentes não estão, estritamente falando, em um lugar, porque na visão de Descartes elas são não físicas, o que significa que não se localizam no espaço. Mas então como a mente e o corpo podem interagir? Como pode uma mente, que não está em um lugar, ficar em relação causal com um corpo, que definitivamente está em algum lugar? Se uma coisa está fora do espaço e a outra está nele, como a causalidade pode fluir entre elas? No entanto parece que a mente e o corpo interagem todo o tempo – pense em levantar o braço, e seu braço se levanta; bata o joelho numa mesa e você sentirá dor –, e como isso pode acontecer, se Descartes está certo e a mente e o corpo são coisas tão diferentes?

No século passado os filósofos chegaram à conclusão de que Descartes devia estar errado, e a fuga ao dualismo foi quase um estouro de boiada. Embora a situação esteja um pouco tranquila agora, como veremos, durante décadas e décadas chamar alguém de "dualista" era provocação, e em muitos lugares ainda é. A filosofia se voltou para o fisicalismo, para o qual só há um tipo de coisa no Universo, a coisa física. O que quer que sejam as mentes, temos de descobrir um modo de compreendê-las em termos do mobiliário físico do mundo.

QUEM INVENTOU A MENTE?

Por volta de 1300, William of Shoreham escreveu poemas religiosos que continham a palavra "*mende*", precursora da palavra "*mind*" [mente]. Pode ter sido o primeiro uso da palavra com o seu significado moderno, cognitivo.

Objeções ligadas à interação foram feitas na época de Descartes, mas com o surgimento da filosofia analítica, as novas descobertas na neurociência, os progressos na computação e o aparecimento da ciência cognitiva, as preocupações realmente se acumularam. Alguns apelam para a Navalha de Ockham e argumentam que a vida pode ser explicada sem que se postulem mentes imateriais – e, de qualquer forma, na verdade que trabalho explanatório pode ser feito por algo que não está no espaço? O discurso de mentes ou almas imateriais também não engrena com a compreensão contemporânea dos seres humanos como organismos evoluídos como quaisquer outros ou com o mundo como consistindo de apenas matéria em movimento no espaço. As almas parecem epiciclos, presos a uma concepção do animal humano que poderia se virar perfeitamente bem sem elas.

E à medida que temos uma ideia melhor sobre o funcionamento do cérebro, parece que preenchemos mais lacunas sobre a nossa vida mental. Certamente um neurocientista tem coisas mais interessantes para dizer sobre a mente que um dualista da substância. Tampouco o surgimento dos computadores foi de grande ajuda para Descartes. Estes são objetos físicos, construídos por nós, que parecem perfeitamente capazes de fazer todo tipo de coisas antes reservadas à mente humana, como calcular, armazenar

A sala chinesa

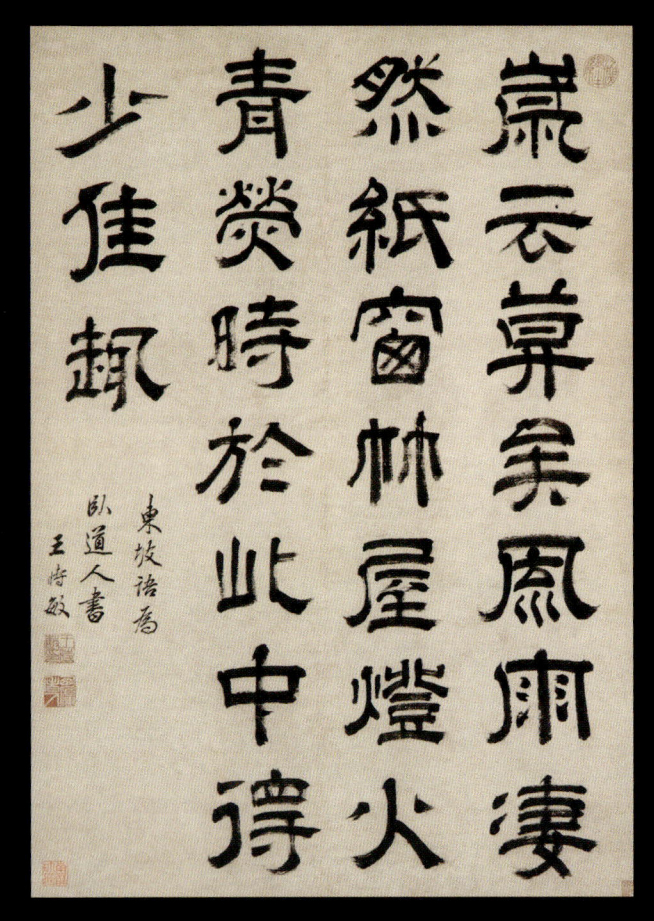

Os computadores pensam? John Searle afirma que eles não podem pensar e nunca o farão. A ideia é que os computadores manipulam símbolos mecanicamente, de acordo com um conjunto de regras programadas, e isso não é suficiente para os símbolos em questão significarem alguma coisa para um computador. Segundo ele "a sintaxe não é suficiente para a semântica". Seguir normas cegamente nunca será suficiente para o significado.

Para entender isso imagine que você está trancado numa sala e só entende inglês. Algumas tiras de papel com rabiscos são passadas por uma fenda na porta. Na sala há um manual com instruções em inglês para a correspondência dos símbolos de entrada com outros de saída. Você o consulta, encontra os correspondentes dos rabiscos que recebeu e manda para fora esses correspondentes. Ocorre que os símbolos que entram são perguntas em chinês, os que saem são respostas e o manual é tão bom que lá fora todos acham que alguém lá dentro deve saber chinês. Mas não é o caso, claro. Você está apenas seguindo regras para manipular símbolos que não têm significado para você.

Searle argumenta que isso é tudo o que um computador faz: ele manipula símbolos sem entender o significado dos símbolos. Mas quando pessoas que falam chinês olham para esses símbolos acontece algo mais. Os símbolos são palavras que significam algo para elas. Curiosamente, os estados mentais e os símbolos conseguem apontar para além de si mesmos. Tratam de algo mais. Meus pensamentos sobre Munique são sobre Munique, exatamente como a palavra "Munique" é sobre Munique. Os filósofos chamam isso de "intencionalidade", da palavra escolástica *intentio*, que significa algo como representação mental. Para o computador, os símbolos que ele manipula não são sobre nada, mas para nós são. Como isso pode acontecer – como algumas coisas no mundo podem ser sobre outras coisas – é o problema da intencionalidade na atual filosofia da mente e um tema de debate contínuo.

ACIMA Citação de Su Shi em texto religioso. Dinastia Qing, desenhado por Wang Shimin (1592-1680)

informações e até jogar uma boa partida de xadrez. Por que não pensar que as mentes são também coisas físicas, como computadores sofisticados? Essas e outras reflexões levaram a algumas teorias fisicalistas da mente, para as quais nos voltamos agora.

Teorias fisicalistas da mente

Nos anos do pós-Segunda Guerra Mundial, a reação contra o dualismo deveu-se bastante às cambiantes modas filosóficas. Os positivistas lógicos, como vimos no capítulo anterior, argumentavam que o significado de uma proposição estava dado no seu método de verificação – para entender o que significa uma sentença a pessoa precisa saber como descobrir se ela é o não verdadeira. Essa concepção de significado torna gravemente suspeita a ideia cartesiana de um domínio mental privado, íntimo, oculto, não espacial, e o discurso sobre ela quase certamente fica sem sentido. Mas então como iremos entender nossa conversa mental sobre dores, prazeres, crenças, desejos e tudo mais?

Gilbert Ryle, sob a influência de Wittgenstein, achava que a figura dualista – o "fantasma na máquina", conforme ele disse – repousava num erro lógico. Pensar na mente e no corpo como estando no mesmo nível, sendo apenas dois tipos diferentes de coisa, é cometer um "erro de categoria". Esses erros são confusões ligadas à colocação de coisas em categorias lógicas inadequadas – ideias verdes, perguntas verdadeiras, pedras cansadas, etc. Tomando emprestado o exemplo de Ryle, suponha que alguém caminha pelo campus e visita a biblioteca, o diretório acadêmico e todos os outros prédios da universidade e então diz: "Tudo muito legal, mas agora eu posso ver a universidade?". O erro é pôr a universidade na mesma categoria dos prédios da universidade – esta não é apenas mais um prédio para ver. Assim também, conforme os argumentos de Ryle, é um erro pensar na mente como apenas outra coisa, como um corpo apenas um tanto fantasmagórico.

> **POSSIBILIDADES DUALISTAS**
>
> **Epifenomenalismo:** os eventos mentais não têm efeitos físicos
> **Ocasionalismo:** Deus se faz presente em todas as ocasiões de interação de mente-corpo
> **Panpsiquismo:** tudo tem um aspecto mental
> **Paralelismo:** a mente e o corpo correm em paralelo e não interagem
> **Dualismo de propriedade:** existem dois tipos diferentes de propriedade

Tanto a reflexão lógico-positivista sobre o significado quanto as críticas de Ryle predispuseram alguns filósofos para o behaviorismo lógico ou filosófico, a opinião de que referências dúbias a um domínio mental oculto, inobservável, poderiam se transformar num discurso apresentável sobre o comportamento observável e disposições de comportamento. Assim, quando uma pessoa diz que está com dor não precisamos achar que ela vai passar por algo fantasmagórico, algum estado de uma entidade não física. A fala da dor pode se tornar significativa pela sua compreensão em termos de comportamento observável (como gritar "Ai!") e pela disposição de se comportar de determinados modos (como estar disposto a aceitar a oferta de sedativos).

Um dos problemas desse tipo de behaviorismo é a tentativa de calcular exatamente como seria uma tradução adequada da fala mental para a fala do comportamento observável. Suponha que Phil quer um pouco mais de molho de salada. A particularização da vontade de Phil exige numerosas, quase infinitas, especificações adicionais relacionadas com as suas inclinações para se comportar. Por exemplo, ele estaria inclinado a aceitar mais molho na salada, mas só se não achar que o molho está envenenado ou que ele privaria Phyllis de sua parte se ela quisesse um pouco mais, ou se ele já não comeu metade da sua salada e não pode mais ser incomodado, etc. Note também que para traduzir a vida mental de Phil em expressões sobre comportamento foi preciso fazer uso de termos que também são mentais, como "inclinado", "achar", assim como mencionar a vida mental de Phyllis. O behaviorismo parece ser fadado ao fracasso.

> **POSSIBILIDADES FISICALISTAS**
>
> **Monismo anômalo:** eventos mentais são eventos físicos, mas nenhuma lei os conecta
> **Materialismo eliminador:** Não há estados mentais
> **Funcionalismo:** estados mentais são estados funcionais
> **Teoria da identidade:** estados mentais são estados físicos
> **Behaviorismo filosófico:** conversa mental pode ser remodelada em termos de comportamento
> **Superveniência:** mundos com as mesmas propriedades físicas têm as mesmas propriedades mentais

Assim, nos anos 1950 e 60 muitos filósofos pensaram na possibilidade de uma vigorosa alternativa metafísica para o dualismo, uma concepção que não apenas se afastasse do discurso mental mas reduzisse o plano mental a físico. A teoria da identidade é a concepção de que os estados mentais são idênticos aos físicos. Assim como aprendemos que luz é radiação eletromagnética e água é H_2O, ao descobrirmos muito mais coisas sobre o cérebro passaremos a identificar estados e processos mentais com estados e processos do sistema nervoso central, sobretudo o cérebro. As mentes, por outras palavras, são cérebros.

Essa visão tem muita coisa a seu favor. De saída não há mais um problema de interação, não se pergunta como é possível os estados mentais ficarem em relação causal com os estados físicos – porque os estados mentais são apenas estados físicos do cérebro, que está convenientemente ligado causalmente com o resto do corpo. A teoria da identidade dá também um certo sentido às muitas correlações que descobrimos entre os eventos cerebrais e os mentais. Com a ressonância magnética, por exemplo, descobrimos correlações detalhadas entre atividades em partes específicas do cérebro e a nossa vida mental. Por que não pensar que a parte ativa *simplesmente é* uma dor, uma lembrança ou um sentimento de medo? Mas ao propormos a identificação da mente e do cérebro de forma tão incisiva podemos começar a ver um problema. Suponha que uma parte do seu córtex insular é estimulada toda vez que você tem dor de dente. De acordo com a teoria da identidade esse pedacinho estimulado é a sua dor de dente e na verdade as "duas coisas"

AO LADO A ciência neurológica pode ser um fenômeno moderno, mas a curiosidade neurológica é bem mais antiga, como mostra esse esboço anatômico (c.1506) de Leonardo da Vinci.

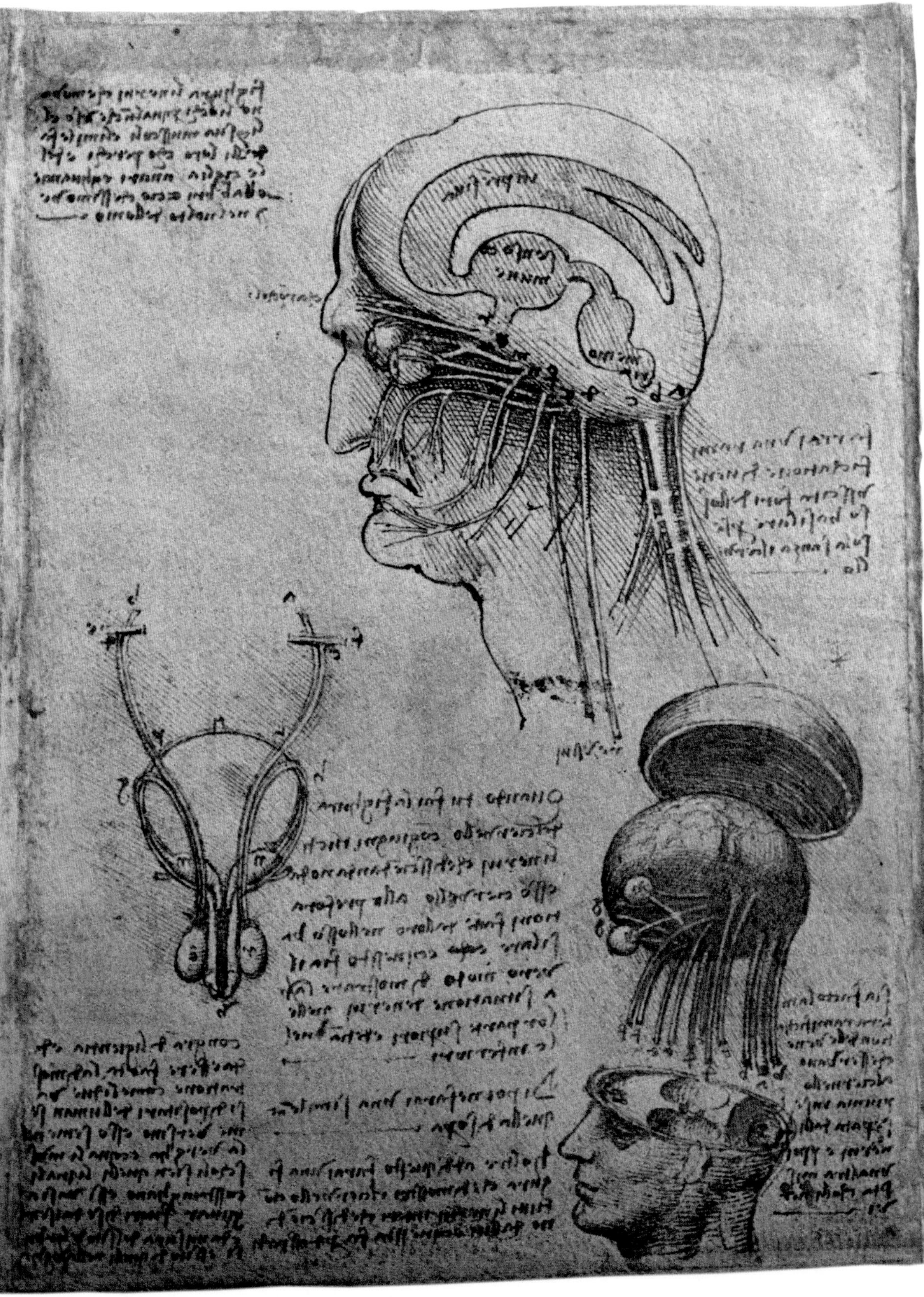

DIREITA Fac-símile do Códice (1476) de Cristóforo de Predis que retrata os castigos do Inferno. Se a dor se relaciona a um estado físico do cérebro humano, então como criaturas com cérebro estruturado de modo diferente podem experimentar "dor"?

...EDA

Materialismo eliminador

A mais radical teoria fisicalista da mente é o materialismo eliminador, a concepção de que a compreensão comum da vida mental está fundamentalmente errada. Na verdade essa conversa sobre mentes não se refere a nada – um dia ela será substituída pela linguagem da neurociência.

Na nossa vida cotidiana fazemos uso do que os filósofos chamam de "psicologia popular", um tipo de teoria implícita, do senso comum, que as pessoas comuns usam para explicar, prever e de modo geral entender os outros em termos de estados mentais interiores como crenças e desejos. Se alguém diz que está com fome e você lhe diz que na cozinha tem comida, você imagina que a pessoa irá para a cozinha. Você faz isso com base numa "teoria" sobre como as crenças e desejos relacionados à comida resultam nas escolhas que as pessoas em situação semelhante provavelmente farão. Mas qual é a relação entre essa teoria popular sobre o comportamento humano e a teoria da neurociência sobre o que realmente acontece no cérebro e no corpo humanos? O problema é que em outros campos temos um histórico muito ruim das teorias populares. Como afirma Paul Churchland:

> Nossas antigas teorias populares do movimento eram confusas ao extremo e acabaram sendo substituídas por teorias mais sofisticadas. Nossas primeiras teorias populares sobre a estrutura e a atividade do céu eram totalmente fora de propósito [...], a grande maioria das nossas concepções populares foi desacreditada. Fora a psicologia popular [...]. Mas o fenômeno da inteligência consciente é certamente mais complexo e difícil que esses mencionados. No tocante à compreensão acurada seria um *milagre* se da primeira vez tivéssemos acertado *essa*, tendo nos saído tão mal nas demais.

As ideias populares sobre objetos que se movem porque "buscam seu lugar natural" foram descartadas quando Newton descobriu as leis do movimento. As ideias populares sobre o Sol que se levantava sobre uma Terra estacionária foram derrubadas quando elaboramos o modelo heliocêntrico do sistema solar. E do mesmo modo como descartamos os objetos teóricos propostos pelas teorias quando vemos que eles são incorretos – já não nos ocupamos do flogístico, por exemplo –, assim também teremos de eliminar o discurso sobre crenças, desejos, esperanças, temores e tudo o mais, substituindo isso pelos termos de uma teoria melhor, a neurociência.

Essa concepção tem uma consequência paradoxal, mostrada por seus muitos detratores: se é verdadeira, ninguém pode acreditar nela, porque na verdade não poderia haver essa coisa chamada crença.

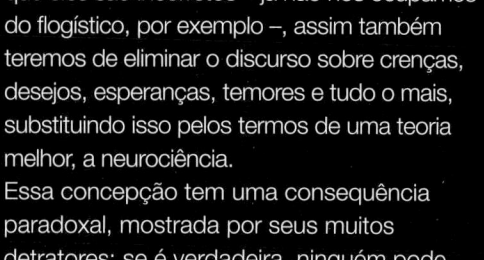

ACIMA O cérebro como centro de controle elétrico. Ilustração XIII, volume II da *Das Leben des Menschen* (A vida do homem; 1924), de Fritz Kahn. Uma neurociência completamente mapeada acabará com categorias do senso comum tais como "esperança" ou "crença" para adotar toda uma linguagem nova?

são apenas uma. Mas lembre-se da conversa de Leibniz sobre identidade dos indiscerníveis – se duas coisas têm as mesmas propriedades, elas são na verdade uma única coisa. No caso do seu cérebro e da sua dor, contudo, parece que há uma série de propriedades diferentes. Sua dor de dente tem as propriedades de ser cinza, esponjosa e pesar poucos gramas, como é, digamos, a parte estimulada do seu cérebro? Inversamente, essa parte do seu cérebro tem a propriedade de ser torturante, aguda, latejante, enfim: doída? A resposta terá de ser sim para ambas as perguntas, se a teoria da identidade for correta, mas isso parece errado. Como uma dor pode ser cinza? Como uma dor pode pesar alguns gramas? Simplesmente parece errado.

Outra dificuldade da teoria da identidade é a acusação de chauvinismo – a objeção de que essa visão restringe automaticamente aos seres humanos a categoria de coisas com vida mental, e isso não pode estar certo. Se a dor é a estimulação de um pedacinho do córtex insular, por exemplo, isso significa que as criaturas sem essa estrutura não podem sentir dor. Chute o tentáculo de um polvo e, independentemente de ele se contorcer em aparente sofrimento, se ele não tem córtex insular não se trata de dor, de acordo com a teoria da identidade. A possibilidade de alienígenas terem vida mental também é descartada, caso eles tenham cérebro diferente do nosso. E por melhores que formos no projeto de computadores, eles só poderão pensar se forem feitos com tecido cerebral.

TÓPICOS PRINCIPAIS

- Dualismo da substância
- O problema da mente-corpo
- Fisicalismo
- Erros de categoria
- Behaviorismo filosófico
- Teoria da identidade
- Funcionalismo
- Como é
- O problema difícil
- Epifenomenalismo
- O argumento da sala chinesa
- Materialismo eliminador

Assim, alguns filósofos defendem o funcionalismo, o ponto de vista de que o que importa não é a matéria que compõe o estado mental, e sim o papel funcional que ele desempenha na vida mental da criatura que o manifesta. Assim como a função de presidente dos Estados Unidos é ocupada por muitas pessoas diferentes ao longo do tempo – o que importa é o que ele faz, não quem ele é –, o papel funcional de um tipo de estado mental como a crença ou o desejo também pode ser exercido por diferentes estruturas físicas.

Nos seres humanos os estados mentais são realizados fisicamente por partes do nosso cérebro, mas pode ser diferente para o cérebro dos polvos, a substância verde viscosa do cérebro dos alienígenas e até os chips de silício de um androide. Os estados mentais são entendidos em termos de função – o que o estado faz efetivamente na vida mental da criatura em que ele existe. E a função é explicada em termos de estímulo sensorial, mudanças resultantes em outros estados mentais e produto comportamental. A coceira, por exemplo, é o estado causado por um roçar da pele, que põe em movimento outros estados mentais como a crença de que seu braço está coçando e produtos como o ato de coçar o braço.

Mas embora o funcionalismo contorne a acusação de chauvinismo, ele traz à tona um problema pertinente a toda teoria fisicalista que consideramos até agora: aparentemente essas opiniões deixam de fora o aspecto qualitativo dos estados mentais. Os filósofos usam o termo "qualia" para selecionar as impressões rudimentares ligadas à nossa vida mental: coisas como um espasmo de fome, o sabor agridoce do café com açúcar, o desconforto da dor física, a vermelhidão do vermelho, as pontadas do ciúme, etc. As explicações da mente feitas pelos fisicalistas parecem ignorar algo crucial para a natureza dos estados mentais: que impressão tem deles a pessoa que os experimenta, como ela os sente.

No caso do funcionalismo o problema é particularmente gritante. Pode-se vê-lo com uma experiência de pensamento ligeiramente artificial. Imagine dois mundos idênticos. Num deles está Boris e no outro está seu gêmeo Norris. Eles são exatamente iguais, a não ser por um detalhe singular: por razões curiosas ligadas a uma pesquisa que fazia, um neurocirurgião cruzou em segredo os fios da retina de Norris quando do seu nascimento. Por isso os gêmeos têm a qualia de cor totalmente diferente um do outro.

Se olham para a grama, Boris vê verde enquanto Norris vê vermelho. Mas eles foram criados exatamente do mesmo modo nos seus mundos idênticos, e assim ambos dizem que a grama é "verde" e reagem às coisas verdes do mesmo modo. Quando andam nos seus parques idênticos – organizados em redes causais idênticas, levando cestas de piquenique idênticas – sua vida mental é funcionalmente idêntica. Dizem as mesmas coisas, fazem as mesmas coisas e a mente de ambos tem exatamente as mesmas descrições funcionais, mas a partir de dentro eles veem mundos totalmente diferentes. Suas experiências de cor são invertidas uma em relação à outra. Um vê a grama vermelha e um céu alaranjado e o outro vê a grama verde e um céu azul. Se duas pessoas pudessem ter descrições funcionais idênticas mas experiências visuais radicalmente diferentes, isso significaria que os estados mentais têm de ser mais que apenas estados funcionais. O funcionalismo parece ignorar o aspecto qualitativo da experiência; ele ignora como o mundo parece para as pessoas que o vivenciam. Ignora uma grande porção da mente.

Isso é um problema também para as outras concepções que examinamos. Nas traduções behavioristas da fala mental para fala corporal toda a vida interior da pessoa é deixada de lado. Mas a fala da dor envolve claramente muito mais que apenas movimentos corporais. Sabemos que o behaviorismo não está certo exatamente por sabermos que as dores doem e que o aspecto crucial da dor é deixado de fora nas descrições do comportamento. Mesmo se admitimos a afirmação do teórico da identidade de que o cérebro se relaciona com a mente, ficamos imaginando como um pedacinho de um cérebro pode realmente ser idêntico a algo que não tem, a partir de dentro, nenhuma das características da matéria

AO LADO O ciúme intenso, que a tragédia grega representou na figura de Medeia (retratada nessa pintura do século XIX de Frederick Sandys), constitui um dos sentimentos brutos, ou qualia, dos nossos estados mentais.

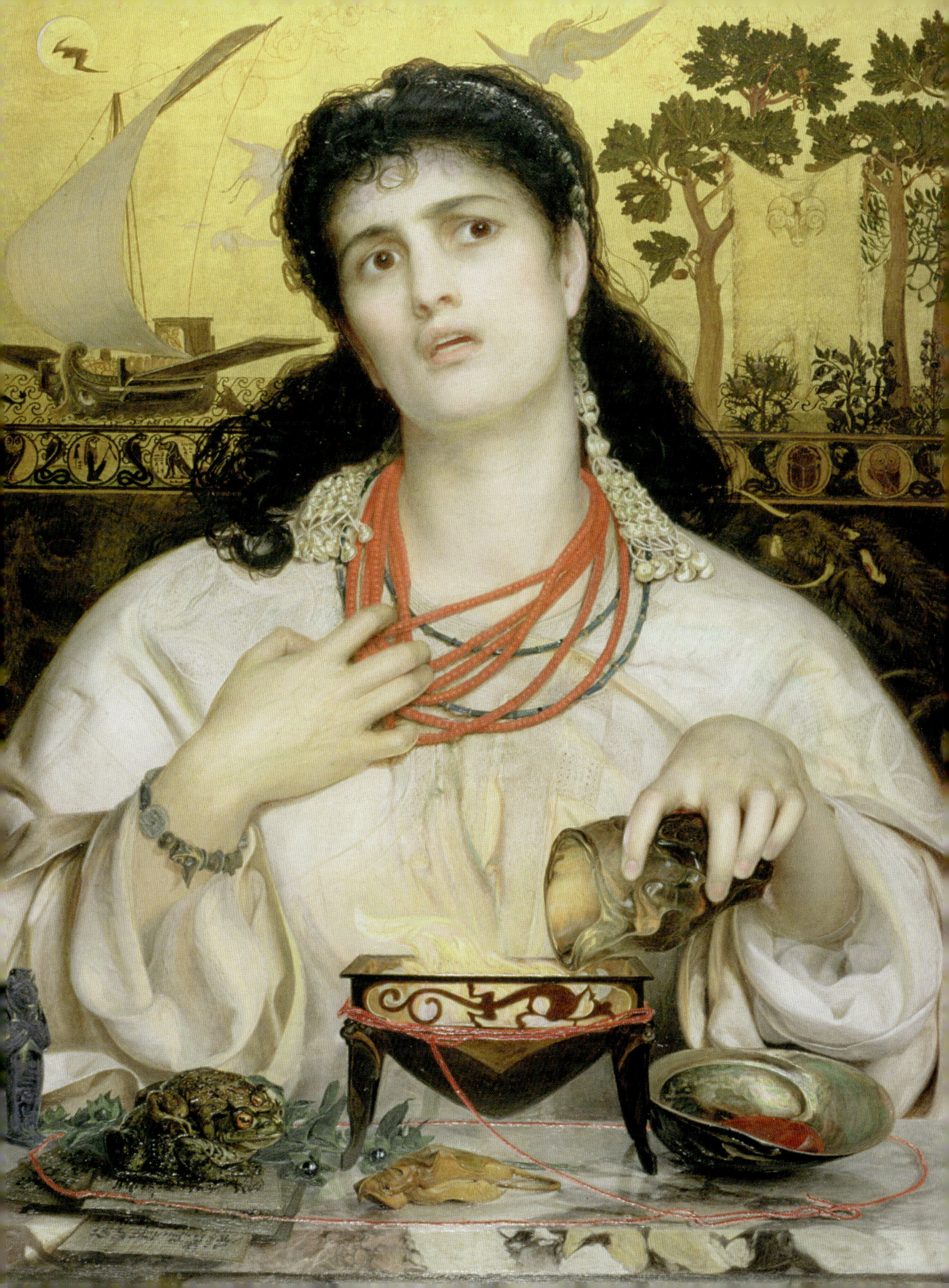

cinzenta e porosa e todas as características da doçura ou do sofrimento, ou da sensação de fome. O funcionalismo traz para primeiro plano esse problema porque as descrições funcionais de dois estados mentais podem ser idênticas mas o modo como os estados parecem a partir de dentro pode ser qualitativamente diferente. Recentemente esses problemas do fisicalismo tornam novamente respeitável a discussão sobre a vida interior. Num esforço para fugir de Descartes a filosofia parece ter se afastado demais dele. Mas filósofos recentes recomeçam a levar a sério a consciência.

Consciência

Em 1974, Thomas Nagel publicou um artigo com um título intrigante: "Como é ser um morcego?". Nesse famoso artigo ele argumenta que as tentativas fisicalistas de resolver o problema da mente-corpo reduzindo o mental ao físico estão fadadas ao fracasso em razão de um traço fundamental da vida mental: seu caráter subjetivo. Por quê? Nagel argumenta que "todo fenômeno subjetivo é essencialmente ligado a um único ponto de vista, e parece inevitável que uma teoria física objetiva abandone esse ponto de vista".

ACIMA Um morcego, desenho (1522) de Albrecht Dürer. Inegavelmente um morcego deve ter uma vida consciente, mas, como imaginou Thomas Nagel, a informação física nos ajuda a compreender essa consciência subjetiva?

A ciência trabalha aproximando-se cada vez mais da objetividade, afastando-se cada vez mais da simples aparência e dos fatos ligados a um determinado ponto de vista. Um cientista forasteiro sem papilas gustativas não entenderá uma explicação subjetiva do sabor da cerveja, mas talvez ele pudesse entender uma explicação mais objetiva, científica, química ou física dessa bebida. A ciência avança passando da aparência para a realidade, da subjetividade para a objetividade, mas se o que estamos tentando fazer é entender a própria subjetividade, esse é um movimento na direção errada.

Nagel define assim a consciência: "Um organismo tem estados mentais conscientes se, e apenas se, existe algo que é como ser esse organismo — algo que é como ser para o organismo." Ele ilustra a questão considerando morcegos, criaturas que usam a percepção da localização pelo eco para construir uma imagem complexa do que têm à sua volta. Como é experimentar o mundo desse modo? Como é ser um morcego? A ideia de Nagel é que deve haver algo que é como ser um morcego — os morcegos são conscientes, têm subjetividade —, mas não está claro que qualquer quantidade de informação física possa nos dar a menor compreensão desse aspecto da vida de um morcego. Adquira tantas informações objetivas quanto possível sobre os fatos físicos do cérebro do morcego, observe morcegos pelo máximo de tempo que puder, e isso não o deixará minimamente próximo de uma compreensão de como é ser um morcego. Amontoar uma porção de fatos objetivos com terceiros não ajudará se o que você quer entender são os fatos da experiência na primeira pessoa.

Isso não significa que o fisicalismo seja incorreto; apenas não entendemos realmente o que ele significa, diz Nagel. E conclui: "Neste momento o status do fisicalismo é semelhante ao que teria tido a hipótese de que matéria é energia se ela tivesse sido formulada por um filósofo pré-socrático. Não temos o começo de uma concepção de como ele poderia ser verdadeiro."

A preocupação de que a consciência pudesse ser um tipo de mistério repercutiu em alguns cantos da filosofia da mente na época. O mistério se aprofundou alguns anos depois, quando David Chalmers distinguiu entre problemas fáceis e o difícil problema da consciência. Podemos ser capazes de explicar, em termos cognitivos ou funcionalistas, como a visão funciona, como o cérebro processa a informação visual e que papel a visão tem no comportamento da criatura. Esse tipo de coisa é comparativamente fácil. O difícil é explicar por que há de saída um aspecto subjetivo, qualitativo, ligado à experiência visual. A reflexão sobre o problema difícil levou Chalmers de volta a um tipo de dualismo.
Uma possibilidade à mão é o epifenomenalismo, a concepção de que o mundo físico se move ruidosamente, às vezes fazendo ocorrerem eventos mentais, talvez, mas que o que

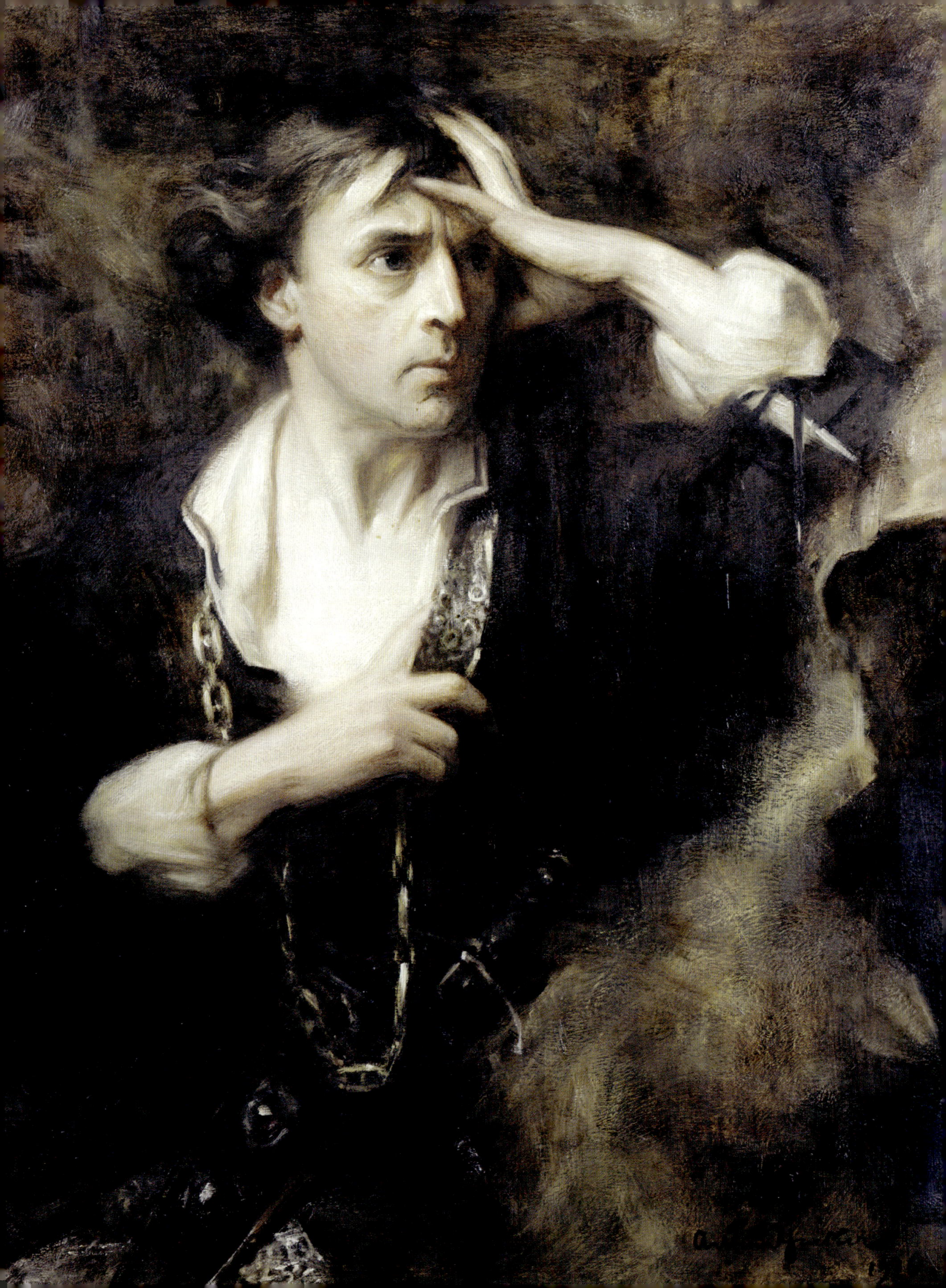

acontece no plano mental não tem efeitos no mundo físico. O fisicalismo deixa de fora o que acontece no plano mental, mas isso ocorre porque este é parcialmente desconectado, flutua livre sobre a desordem causal. De certo modo a experiência consciente não participa muito, é um subproduto do cérebro físico, sendo que este faz todo o trabalho causal real. Embora tenha hoje abandonado o epifenomenalismo, Frank Jackson defendeu uma versão dele com uma interessante experiência sobre pensamento que parece ir contra o fisicalismo.

Suponha que nós entendemos o fisicalismo como a concepção de que todos os fatos são fatos sobre coisas físicas – não há nada além da coisa física, e uma descrição completa do Universo consistiria em nada além de fatos físicos. Agora imagine Mary, uma brilhante neurocientista, criada num quarto todo preto e branco, num futuro distante. A neurociência está completa e ela aprende todos os fatos físicos existentes sobre como o cérebro processa as imagens visuais. De acordo com o fisicalismo, se ela sabe todos os fatos físicos, não há nada mais para saber – assim, ela precisa saber tudo sobre visão.

Agora imagine que ela pode sair do seu quarto preto e branco e é presenteada com uma rosa vermelha. É a primeira vez que ela vê a cor vermelha. A questão é: como você acha que ela reage? Ficará surpresa? Dirá: "Ah! É *assim* que é ver vermelho!", ou ela pega a flor enquanto anda, tendo sabido com seus estudos em preto e branco tudo o que há para saber sobre o vermelho? Se você acha que ela ficaria surpresa, talvez você ache que o fisicalismo é incorreto, porque embora ela soubesse todos os fatos físicos sobre a visão, você acha que ela ainda aprendeu algo quando viu o vermelho pela primeira vez. Não resta nada físico para ela aprender, assim parece que os fatos físicos deixam algo de fora, a saber, o aspecto qualitativo da experiência, nesse caso como é ver vermelho. A alternativa – que ela bocejaria e de algum modo já soubesse como é ver vermelho apenas pelo estudo de textos sobre o cérebro – parece improvável.

Embora esse sentimento de mistério exista hoje em partes da filosofia da mente, outros filósofos estão tentando progredir no trabalho – explicando o mistério, dissolvendo o problema difícil como uma confusão de linguagem, identificando os tipos diversos de consciência e propondo análises sobre eles, até formulando teorias da consciência totalmente novas. A filosofia da mente está bem em aberto. Não há muito consenso sobre consciência, a mente ou o problema da mente-corpo. No momento estamos imobilizados com a opinião de que dualismo e fisicalismo são as alternativas disponíveis, e de alguma forma ambos parecem profundamente problemáticos. Já se disse que a filosofia da mente espera um Newton, um novo filósofo com uma grande ideia que possa nos tirar do impasse atual. E isso nos leva, convenientemente, para o futuro da filosofia.

AO LADO O angustiado Hamlet, de Shakespeare (aqui vivido por Sir John Martin-Harvey, 1863-1944), viu seu pai assassinado no seu "olho da mente". Essa continua sendo uma descrição tão eloquente quanto qualquer uma que se refira ao renitente mistério ligado ao funcionamento do domínio mental.

METROPOLIS

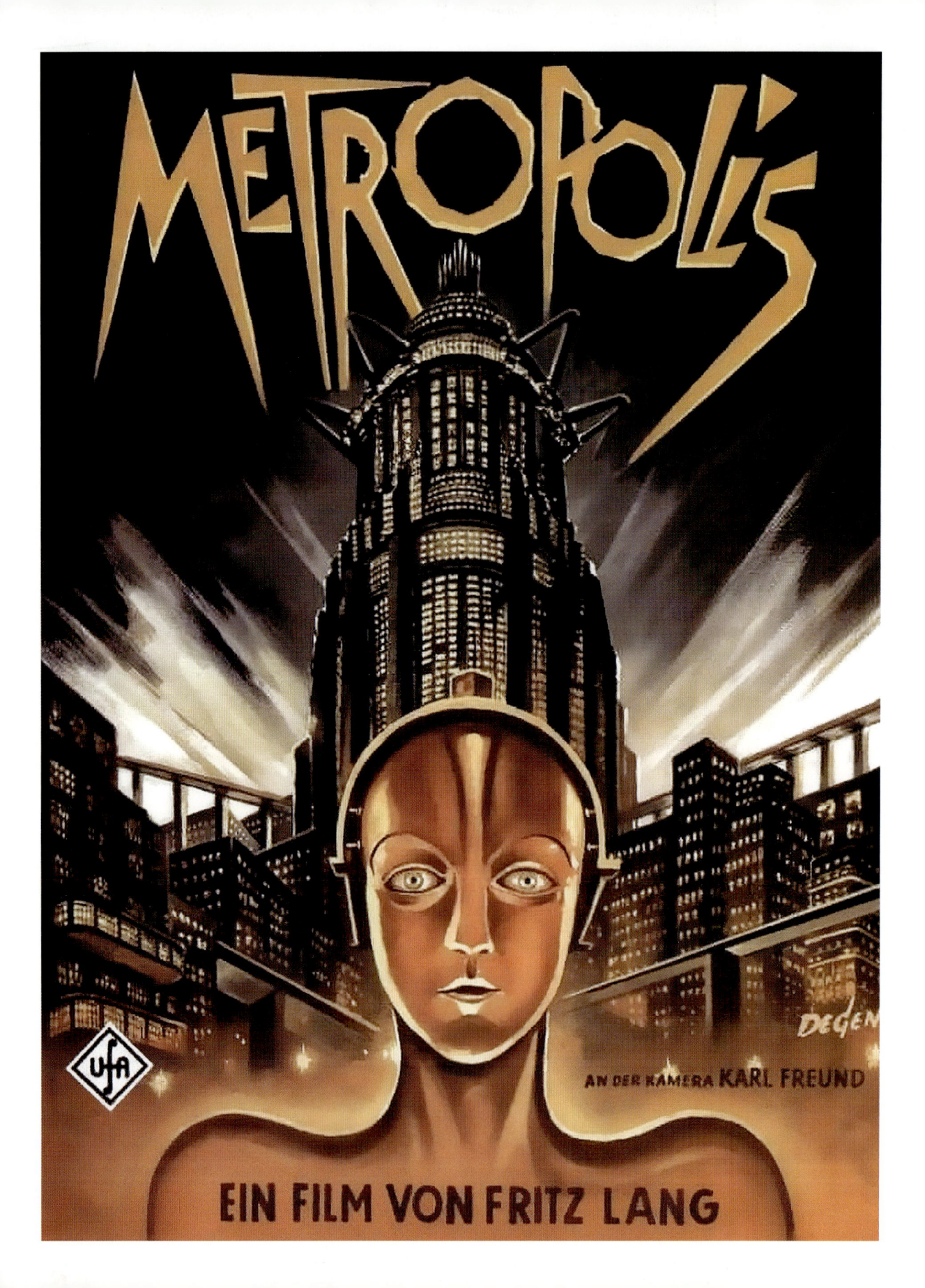

AN DER KAMERA KARL FREUND

EIN FILM VON FRITZ LANG

PÓS-ESCRITO: O FUTURO

É possível dizer algo sério sobre o futuro da filosofia? Para ter uma ideia de como esse tipo de profecia é ridículo, ponha-se na cabeça de um filósofo pré-socrático. Talvez você ache que os ímãs estão vivos ou que "subida e descida é a mesma coisa". Você teria visto o estoicismo se aproximando? E quanto ao idealismo transcendental? Monismo anômalo? Imagine que você é um escolástico arrastando-se a custo pelas Sentenças de Pedro Lombardo. O Super-homem de Nietzsche faria o mínimo de sentido para você? Seria algo que você preveria confiantemente como uma possibilidade no seu horizonte intelectual? Nestes parágrafos finais vamos refletir sobre o futuro da filosofia, mesmo sabendo que isso é insensato. Considere-os um tiro no escuro, pois eles não passam disso.

Certamente há tendências em andamento, mas é difícil dizer para onde elas apontam. É fácil localizar alguns padrões na demografia da filosofia, por exemplo. Depois de uma história quase inteira de domínio dos brancos do sexo masculino, as filósofas estão ficando cada vez mais frequentes, mas os números ainda não são representativos entre os acadêmicos dos departamentos de filosofia. Os integrantes das minorias étnicas do Ocidente também estão encontrando seu caminho na filosofia, mas novamente isso não reflete os números do mundo mais amplo e nem mesmo de muitas outras disciplinas acadêmicas. As explicações para isso são várias, mas qualquer que seja a razão, o conjunto de pessoas que fazem filosofia parece estar mudando.

E quanto às principais subdivisões da filosofia: teoria do valor, metafísica, epistemologia e lógica? Podemos falar um pouco sobre elas. Como as disparidades entre ricos e pobres continuam aumentando, os filósofos voltaram sua atenção para a justiça, com novas ideias sobre o que seria exigido agora no nosso mundo abarrotado. Afirma-se que a esfera moral vem se expandindo há séculos, e talvez esse movimento continue moldando a filosofia moral. Se antes os homens brancos eram considerados os únicos merecedores de interesse moral, gradualmente homens de outros grupos, mulheres, crianças, pessoas com deficiências e animais encontraram um lugar no mundo moral. Como ficamos sabendo mais sobre mudança climática antropogênica, os filósofos estão começando a colocar um novo tipo de valor no ambiente, e a esfera moral pode se expandir para incluir até florestas, ecossistemas e a biosfera como um todo. A metafísica levou uma pequena cutucada com os avanços na mecânica quântica, mas não espere que o problema dos universais vá sucumbir com um acelerador de partículas. A filosofia da mente foi recentemente renovada por progressos na computação e na neurociência. A epistemologia vem sendo ultimamente sacudida para pensar novamente sobre a definição de conhecimento, e é provável que o trabalho sobre esse problema vá continuar. E como vimos no capítulo sobre filosofia analítica, há não muito tempo, graças a Frege, a lógica passou por uma renovação, e talvez prossiga por algum tempo nesse sentido. Para além dessa hesitante especulação, as coisas ficam rapidamente nebulosas.

Se olhar para a frente não é fácil, podemos pelo menos tentar conhecer o passado e tirar algumas conclusões. As mudanças filosóficas têm todo tipo de diferentes causas, mas quatro coisas se destacam: influências sociais e políticas, descobertas científicas, o recente passado filosófico e a intervenção de uns pouquíssimos gênios.

Pense na interação entre política e a filosofia antiga. A filosofia grega acompanhou a jornada de Alexandre Magno. Quando seu império desmoronou, e enquanto o Império Romano se aglutinava, a filosofia tornou-se um tipo de consolo em tempos difíceis. Podem-se ver todos os tipos de mudanças na filosofia que refletem os tempos, da filosofia escolástica refletindo a consolidação do cristianismo, através dos pensamentos de Locke repercutindo as mudanças políticas da Revolução Gloriosa, até a escola de Frankfurt reagindo às realidades de um mundo que sobreviveu à Segunda Guerra Mundial. A filosofia acompanha a sua época, e às vezes a influência é em ambas as direções. O estoicismo teve efeitos no Estado romano. Talvez Marx realmente tenha mudado o mundo. Assim, se você quer ter uma ideia de para onde a filosofia aponta, pense um pouco nos tempos em que vivemos. Pense mais no provável futuro da política e nas mudanças sociais que temos pela frente. Que mudanças você prevê e o que a filosofia pode fazer em reação a elas?

ANTERIOR O clássico filme *Metropolis,* de Fritz Lang (1927), ajudou a popularizar uma visão do futuro voltado para a tecnologia.
AO LADO Muçulmanos paquistaneses protestando em 2011, um sinal do ressurgimento da religião como pedra angular do pensamento e da identidade.

یا رسول ﷺ کے چاہنے والوں کی خیر
تحفظ ناموسِ رسالت ﷺ محاذ
ہمارا مطالبہ
غازی اسلام
شیر اسلام
ملک ممتاز حسین قادری
کو فوراً رہا کیا جائے۔

DIREITA Guardas na fronteira da Alemanha Oriental olham através do Muro de Berlim recém-derrubado (em 11 de novembro de 1989), enquanto o bloco soviético já começa a desmoronar e a Guerra Fria vai se acalmando. Quando uma filosofia política chega ao fim, há um momento de reflexão embaraçada. Agora estamos num mundo incerto, multipolar. Como a filosofia irá reagir?

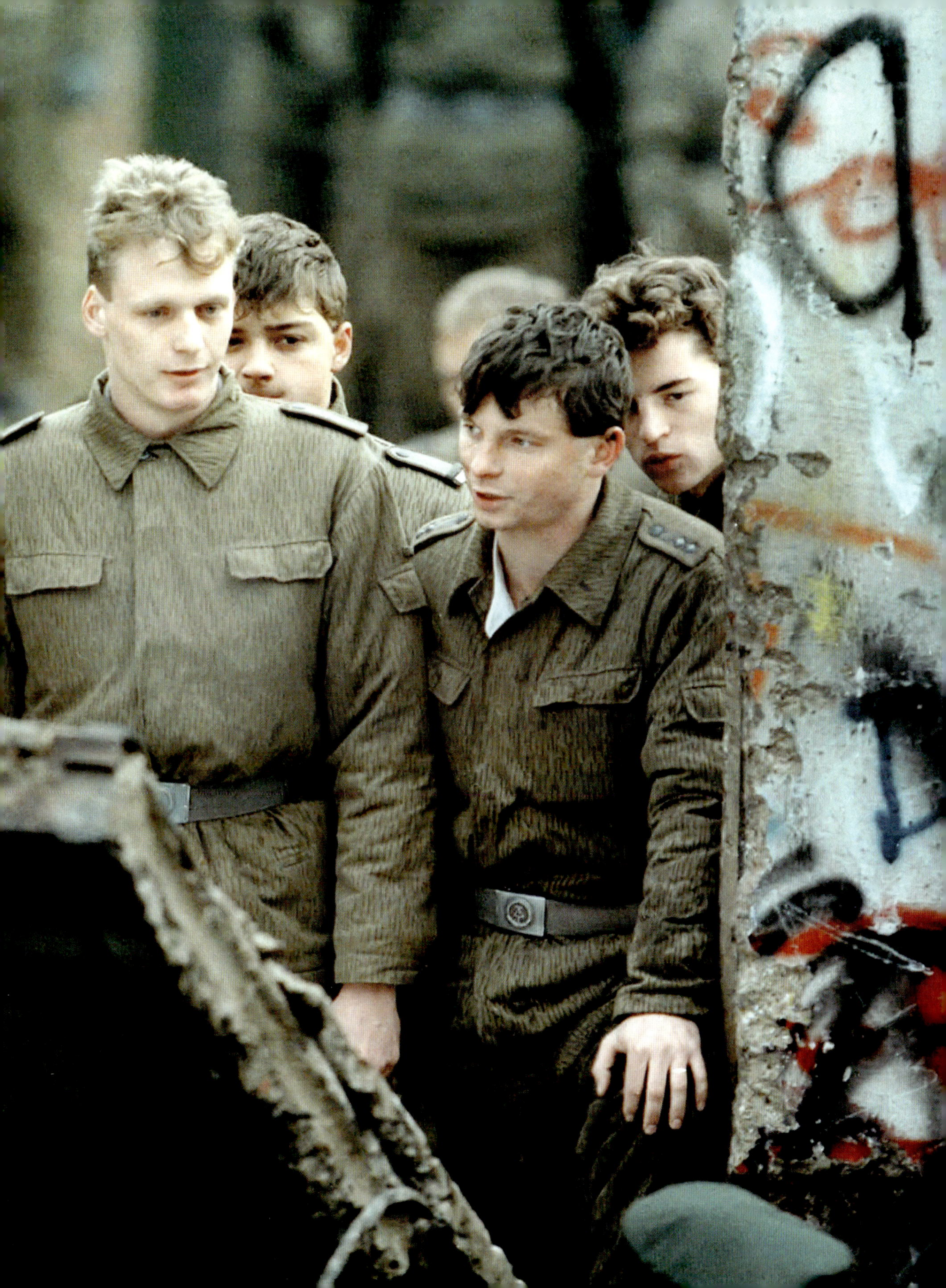

O argumento do Dia do Juízo Final

Na reflexão sobre o futuro da filosofia vale a pena gastar um tempinho com o argumento do Dia do Juízo Final. Ele foi descoberto de forma independente nos últimos trinta anos, mais ou menos, em primeiro lugar talvez pelo físico Brandon Carter. O argumento é conhecido nos círculos filosóficos graças sobretudo à obra de John Leslie. Pode ser formulado nos termos extremamente complicados da teoria da probabilidade, mas vamos seguir uma versão simplificada atribuída a Leslie.

Pode-se pensar que a espécie humana irá prosseguir por muito tempo. Podemos nos apoderar do nosso genoma e evoluir no sentido do que quer que o Universo nos apresente, por milhões, talvez até bilhões de anos no futuro. Por que não? O Sol pode esfriar, mas talvez nossos descendentes se mudem para outras estrelas, colonizando outros mundos. Se achamos que a humanidade tem um longo futuro pela frente, argumenta Leslie, "nesse caso eu devo me ver como um ser humano incomumente primitivo. Posso perfeitamente estar entre o primeiro 0,00001 por cento a viver sua vida". Mas e se formos morrer muito rapidamente? "Nesse caso sou um ser humano muito típico. O recente crescimento da população foi tão rápido que, de todas as vidas humanas vividas até agora, cerca de trinta por cento [...] estão sendo vividas neste momento."

Então, em qual dos dois você apostaria o seu dinheiro? Nosso lugar na história humana é o lugar soberbo entre os primeiros 0,00001 por cento de todos os seres humanos ou nossa situação é muito mais provável, na verdade bem típica? Se somos pessoas típicas, então estamos perto do fim da história da humanidade. Nas palavras de Leslie: "Sempre que inexistam indícios do contrário devemos preferir pensar na nossa situação como bastante típica, e não altamente atípica. Para promover o objetivo bastante razoável de tornar bastante normal que eu existo onde existo na história humana, vou portanto supor que a espécie humana irá desaparecer rapidamente." Se adotamos a suposição razoável de que somos pessoas típicas, então estamos próximos do fim da história da humanidade, não no começo.

Existem muitas objeções a esse argumento, mas refletindo sobre sua força pode-se chegar a pensar que a conclusão não é que nós podemos perfeitamente jogar a toalha, mas que não devemos ser complacentes quanto ao nosso futuro. Devemos pular fora da ideia fácil de que este mundo ensolarado continuará para sempre e talvez fazer algo quanto às guerras nucleares, construir um sistema de alarme de asteroides, fazer planos para nos adaptarmos à mudança climática, precavermo-nos contra pandemias e de modo geral pensar com mais cuidado nas nossas perspectivas como uma espécie. Se algo pode melhorar as probabilidades da nossa sobrevivência, esse algo somos nós. .

ACIMA *Apocalipse,* pintado por Francis Danby (1793-1861). Se o chamado argumento do Dia do Juízo Final estiver

A filosofia sempre se ligou à ciência da sua época. Novamente isso vale para os dois lados, e muito do que hoje reconhecemos como ciência começou como parte da filosofia. Mas os filósofos tendem a encontrar inspiração nas descobertas científicas. Platão usou a matemática mais desenvolvida da sua época — uma compreensão das razões — para expor uma questão sobre epistemologia e metafísica dividindo uma linha. Existem exemplos disso em toda a história da filosofia — talvez o mais gritante seja o dos filósofos modernos que deliberadamente aplicaram o "método experimental" e o "método da matemática" à investigação empírica. Agora estamos empolgados com os computadores, a neurociência e a teoria evolucionária. Se você tem uma impressão sobre o rumo que tomarão a ciência e a tecnologia, pode igualmente ter uma ideia de para onde está indo também pelo menos uma parte da filosofia.

Mas às vezes a filosofia faz o que faz exatamente por causa dela própria. Os movimentos filosóficos prosperam e minguam, o pêndulo oscila e frequentemente a razão pode ser encontrada no passado recente da filosofia. Aristóteles reage aos pré-socráticos e a Platão; os fundadores da Igreja rebatem Platão e Aristóteles; os modernos repudiam os escolásticos; e assim por diante. É importante não dar grande importância a isso — parte do que fazemos quando pensamos desse modo em filosofia é aplicar um insignificante método artificial como recurso para entender. Mas, por exemplo, é difícil não pensar na atual filosofia da mente como reação a Descartes. É difícil não pensar na filosofia analítica como uma resposta ao idealismo. Se você quer saber para onde ruma a filosofia, comece a pensar em pêndulos. Alguma coisa está pronta para um balanço a partir de onde ela está agora?

O último dos catalizadores da filosofia é o mais difícil de entender, quanto menos de prever. Às vezes aparece no cenário uma nova mente e muda tudo. Houve talvez dez ou quinze dessas criaturas — alguém fez algo em Mileto, na Antiguidade houve outros três em Atenas, uns poucos labutaram na Idade Média, um bom número surgiu no período moderno, e tivemos sorte no século XVIII. Por que, como, quando e onde eles aparecem é o que todos perguntam, mas eles efetivamente continuam aparecendo. Talvez esteja para surgir algum em breve. Essas pessoas são o que há de mais próximo da certeza sobre o futuro da filosofia.

A menos que o mundo acabe, sempre iremos ler Platão, Aristóteles, Descartes, Hume, Kant e os outros gigantes da filosofia. Estamos lendo Platão dois mil anos depois da sua morte — você pode imaginar um autor vivo hoje que será lido daqui a dois mil anos? Se houver pessoas e algo equivalente a livros no ano 4.000 e se ainda tivermos Platão, você pode ter uma razoável certeza de que o leremos. A filosofia, vimos desde o início, começa com a curiosidade e o perguntar-se. É tentador pensar que a curiosidade não irá acabar tão cedo. A filosofia, como quer que seja ela, também subsistirá.

LEITURAS COMPLEMENTARES

Afirma-se que Wittgenstein chamava o ato de ler filosofia "um tipo de sofrimento atroz". Você pode achar esse comentário desanimador; ou talvez ganhe confiança ao ver que até os gênios às vezes têm dificuldade com a filosofia.

Provavelmente o melhor modo de evitar a filosofia mais torturante seja começar com o que o interessa e depois derivar. Tendo encontrado o seu caminho por este livro, pode ser que a metafísica tenha despertado a sua curiosidade, que você queira saber um pouco mais de epistemologia ou talvez que as questões éticas e políticas o tenham atraído. Talvez você ainda esteja inseguro?

Eis algumas sugestões idiossincráticas, dispostas de modo a ajudá-lo a seguir os seus interesses.

Interessados em tudo

Se você não sabe ao certo o que o interessa mais ou quer dar uma olhada mais acurada nas várias subdivisões da filosofia, pense nesses livros introdutórios, que visam abranger grande parte do território filosófico.

A. J. Ayer, As questões centrais da filosofia
Simon Blackburn, *Pense: uma introdução à filosofia*
A.C. Grayling, *Philosophy 1: A Guide Through the Subject*
Thomas Nagel, *Uma breve introdução à filosofia*
Bertrand Russell, *Os problemas da filosofia*
Nigel Warburton, *O básico da filosofia*

Há também livros que abordam diferentes aspectos da filosofia por meio de quebra-cabeças, perguntas e problemas, alguns com ênfase na lógica informal. Um desses pode ajudá-lo a resolver o que realmente o arrebata. Dentre eles:
Julian Baggini, *Você pensa o que acha que pensa?*
Peter Cave, *Can a Robot Be Human?*
e *Do Llamas Fall in Love?*
Stephen Law, *The Philosophy Gym*

As consolações da filosofia, de Alain de Botton, apresenta os insights de filósofos importantes sobre aspectos da vida cotidiana.

E há algumas introduções populares à filosofia voltadas para os leitores jovens, como *O mundo de Sofia*, de Jostein Gaarder, e *Os arquivos filosóficos*, de Stephen Law.

Sobre valores

Alguns bons livros sobre ética e política incluem:
Simon Blackburn, *Being Good: A Short Introduction to Ethics*
Jonathan Glover, *Causing Death and Saving Lives*
Peter Singer, *A vida que podemos salvar* and *Practical Ethics*
Michael Sandel, *Justiça — O que é fazer a coisa certa?*
Bernard Williams, *Moral*
Jonathan Wolff, *An Introduction to Political Philosophy*

Alguns desses livros são mais introdutórios que outros.

Sobre a história da filosofia

Se você quer conhecer em detalhe a história da filosofia, a *História do pensamento ocidental* é há muito tempo a obra clássica. Se prefere mergulhar numa época específica, dê uma olhada na história da filosofia em onze volumes de Frederick Copleston e escolha o que lhe interessa. Recentemente ganhou destaque o livro de Anthony Kenny, *Uma nova história da filosofia ocidental*, confiável e de leitura agradável. *Um bom tratamento da filosofia moderna* é o dado por Roger Scruton em *Uma breve história da filosofia moderna*. Também está na lista *O sonho da razão – Uma história da filosofia*, de Anthony Gottlieb, não só porque vez por outra é genuinamente divertido.

Introduções muito breves

A Oxford University Press tem em andamento uma série de "Very Short Introductions", e grande parte desses livros é de natureza filosófica, frequentemente escritos por excelentes filósofos. Há "brevíssimas introduções" a partes da história da filosofia, filósofos específicos, subdivisões da filosofia, teorias, conceitos e outras coisas.

Fontes originais

Nada é melhor que ir direto à fonte e ler o que um filósofo realmente escreveu. O problema é que até mãos mais idosas podem achar alguns filósofos muito difíceis. Mas alguns dos grandes nomes escreviam bem, dentre eles Platão, Hume, Berkeley, Descartes e Nietzsche. Se lhe parece que vale a pena se aprofundar num determinado filósofo, você provavelmente pode encontrar uma versão "clássica" muito barata das suas principais obras. Hoje muitos livros estão disponíveis gratuitamente na Internet. Eis algumas sugestões de textos originais.

A obra-prima de Platão é *A República* (embora você possa achar partes dela difíceis). *Meno, Eutifro, Apologia, Críton e Fédon* tratam do julgamento e morte de Sócrates, e frequentemente são lidos juntos. *Simpósio* também é maravilhoso.

A natureza das coisas, de Lucrécio, é um poema romano antigo, muito bom, sobre a filosofia de Epicuro. Enquanto está nessa época você pode dar uma olhada nas *Meditações* de Marco Aurélio, a reflexão de um imperador sobre a filosofia estoica.

O príncipe, de Maquiavel, certamente merece o seu tempo, mesmo não apresentando um nível filosófico elevadíssimo. Se a filosofia política lhe interessa, leia também *O manifesto comunista*, de Karl Marx e Friedrich Engels.

Você não vai conseguir parar de ler *Meditações sobre filosofia primeira*, de René Descartes; é possivelmente o livro de leitura mais fácil e filosoficamente interessante jamais escrito. *Tratado sobre os princípios do conhecimento humano*, de George Berkeley, defende a espantosa concepção de que existem apenas as mentes e as ideias dentro delas. É filosofia compreensível, notável e às vezes irritante.

David Hume é outro grande de leitura fácil, embora chegar ao fundo do que ele diz exija às vezes um grande esforço. O seu *Diálogos sobre a religião natural* é fascinante, acessível e totalmente devastador. Nietzsche é outro filósofo com o dom da escrita. Seus aforismos são divertidíssimos, mas dê uma olhada em *Assim falava Zaratustra* e também em *Além do bem e do mal*.

Alguns iniciantes na filosofia acham *Investigações filosóficas*, de Ludwig Wittgenstein, particularmente interessante, e grande parte do seu conteúdo é bastante acessível.

Qualquer dos livros mencionados aqui certamente o ajudará no seu estudo de filosofia.

ÍNDICE REMISSIVO

Os números de página em *itálicos* indicam uma ilustração.

a priori/a posteriori 258
Abelardo e Heloísa 164, *165*
Abelardo, Pedro 139
Abraão 297-8
absolutismo 239
Academia, a (Atenas) 82, 103, 114
Áccio, batalha de 102
Adão e Eva 140
Adorno, Theodor 265, 320, 321, 322, 325
afetos 206-7
Agostinho de Hipona *138*, 139-45
   A cidade de Deus 144-5, 146, 147, *148*
   aspectos filosóficos da obra 146-7
   Confissões 140, 141, 144, 150
   e alma 146
   e maldade 140, 144
   e pecado original 140
   influência de Plotino em 149, 150
   moralidade ascética de 139
   vida de 140
Agripa 116
água como origem de tudo 45-6, *52*
Aivazovsky, Konstantinovich
   Caos (A criação) 8
Alberto, o Grande 172
Alcibíades 71, 77
Alcorão 153, 154
alegoria da caverna (Platão) 72-3, *74-5*
Alexande Magno 82, 86, 101, 107, 115
al-Farabi 153
al-Ghazali 153, 154, 157
   A incoerência dos filósofos 153
alienação 250, 252
alma
   e Agostinho 146
   e Aristóteles 96
   e Demócrito 127
   e Epicuro 123, 127
   e Platão 122-3
alquimia 180
análise
   de sonhos 315-16
   lógica 338-43
Anaxágoras 43
Anaximandro 43, 47, 50
   Sobre a natureza 47
Anaxímenes 43, 50, 51, 54
angústia 304-5, 310
Anscombe, Elizabeth 276
Anselmo 166-7, 170, 172
antissemitismo 322, 323, 325

Apeiron 47, 50
Aquiles e a tartaruga *56*
Aquino, Tomás de 14, 162, 172-5, *172*, 297
   Cinco Vias 173, 175
   Suma teológica 173, 179
ar como matéria fundamental 51, 54
Arcesilau 103, 114
argumento
   da concebibilidade 361
   do Dia do Juízo Final 374
   do terceiro homem 76
   ontológico 167, 170, 172
Aristóteles *13*, 45, 55, 81-97, *83*, 88, *97*, 123, 174
   antecedentes 82
   concepção da alma 96
   e excelência racional 96-7
   e felicidade 96
   e lógica 94
   e Tomás de Aquino 173, 175
   e virtude 96, 97
   erros de 173
   escritos 86, 88, 90
   Ética a Nicômaco 203
   ética e moralidade 95-6, 97
   lei da não contradição 197
   Metafísica 90
   número de ouro 97
   quatro causas 90-2
   redescoberta de 151, 163, 166, 180
   retratado em Escola de Atenas *80*, 81-2
   sobre matéria, forma e mudança 92-3, 95
Arkhipov, Abram Efimovich
   Lavadeiras 307
Arnauld, Antoine 202
Aton (deus) *34*
atomismo lógico 343
atomistas 106, 123-7
atualidade e potencialidade 95
autenticidade 311
autocerteza 269-70
autoconciência 269-70
Averróis *ver* Ibn Rushd
Avicena *ver* Ibn Sina
Ayer, A. J. 334

babilônios 36-7
Bacon, Francis 187-91, *190*
   Novum Organum 188

Bandinelli, Baccio
   Três homens nus 76
Barnes, Jonathan 57-8
Bayefsky, Aba
   Poço do campo de concentração de Belsen 321
Beauvoir, Simone de 302, 306
   O segundo sexo 306
Becker, Ernest
   A negação da morte 119
behaviorismo filosófico 355-6
Bellini, Gentile 151
bem, prazer como 128-30, 135
Bentham, Jeremy 280, 281-2, *282*, 286, 328
Berkeley, George 199, 222-3, 226, 230, 263, 340
Bíblia 155, 205
Bijlert, Jan van
   Heráclito e Demócrito 42
biopoder 328-9
Blaikley, Alexander
   A primeira escola esfarrapada 274-5
Blake, William 216
Bodin, Jean 236
Borgia, Cesare 184
Boswell, James 222
Bradley, F. H. 257
Brentano, Franz 303-4
Burne-Jones, Edward
   Crudelitas and Saevitia 206-7
Bussey, Reuben
   Vinte cães 339

Caillebotte, Gustave
   Homem à janela 348
cálculo hedônico 286
Camus, Albert 296, *311*
Canova 46
   A musa Urânia e Tales, 46
Caos 8, 33, 35
capitalismo 250, 252, 320, 325
Carnap, Rudolph 335, 341
Carnéades 115
Carter, Brandon 374
catolicismo 175, *194*
causa
   e efeito 192, 227-8
   causa eficiente 91
   causa final 91-2
   causa formal 91
   material 90-1

Índice

Causa Não-causada 175, 204
cavaleiro da fé 297
céticos/ceticismo 78, 111, 114–17, 226–30
Chalmers, David 365
Churchland, Paul 360
Cícero 63, 86, 103, 130, 134, 135
    Dos deveres 184
ciência 180, 187–92, 375
    política 183–4
cinco sentidos, Os 17
Cinco Vias (Tomás de Aquino) 173, 175
cínicos 78, 106–10
Círculo de Viena 334
Ciro, o Grande 54
classificação científica 327
Cleanto 111
Clube de Ciências Morais (Universidade de Cambridge) 340
Códice de Cristóforo de Predis *358–9*
computadores 354
comunismo 246, 252
concepção heliocêntrica 194, 199
conhecimento
    como poder 188
    definição 215
    e Platão 70
    e virtude 67
    limites do 216–21
consciência 364–7
    intencionalidade da 303–4
consequencialismo 275, 277, 281–2
contadora escalonada de Leibniz 208, 210
continente europeu, filosofia do 313–31
contrato social 238, 239, 240, 242, 253
Cooper, Anthony Ashley 216
Copleston, Frederick 146
coragem 66, 67
corpo
    e mente 204, 350–3, 355, 364
costumes 229–30
Crates de Tebas *108*, 109
Crísipo 111
cristianismo 297
    ascensão do 135
    e platônicos 147
    opinião de Nietzsche sobre 298, 299
Critchley, Simon 314
Cudworth, Ralph 280

d'Agoty, Jacques-Fabien Gautier
    Exposition anatomique 352
D'Israeli, Isaac 179
da Vinci, Leonardo *357*

Darwin, Charles 86, 97
Degas, Edgar
    Mme. Jeantaud ao espelho 266–7
Delaroche, Paul
    Os conquistadores da Bastilha 239
Demócrito 42, 43, *118*, 120, 123–4, 127, 180
demônio do mal 203
Derrida, Jacques *331*, 331
    Glas 331
    Gramatologia 331
Descartes, René 15, 167, 198–204, 202, 350, 352–3
    antecedentes 199
    Discurso do método 199–200, 201
    e a existência de Deus 202, 204
    e o demônio do mal 203
    e sensação 201
    Meditações sobre a filosofia primeira 200–1, 202, 350
    O mundo ou tratado da luz 199
    "Penso, logo existo" 202, 203–4
    regras para orientação do pensamento 200
desconstrucionismo 331
determinismo 127
Deus 69, 155
    Agostinho sobre 150
    como a única substância 205–6
    como morto 300
    e a teoria do comando divino 69, 277, 278–81
    e o problema do mal 126
    existência de 147, 152–3, 154, 157, 167, 170, 172, 173, 175, 202, 204, 256
deuses
    explicação naturalista de Epicuro sobre os deuses 128
    gregos 28, 29, 32, 36
DeWitt, Norman 134
Dez Modos 117
dialética do esclarecimento 321
dialética do Senhor e Escravo 268, 268, 270, 306
Diderot, Denis 208, *219*
dilema de Eutifro 69, 278–9, 281
Diógenes de Sinope 106–9, *108*, 110
Diógenes Laércio 45, 54, 81, 86, 88, 111, 114, 123, 128–9
    Vida e opiniões de eminentes filósofos 42–3
direito divino dos reis 235–6
direitos de propriedade 245–6
du Fresnoy, Charles Alphonse
    Morte de Sócrates 79
dualismo 204, 350, 352, 355

Dunouy, Alexandre-Hyacinthe
    Rousseau meditando no parque 244
Duns Scotus, John 171, *171*
duplo resultado, doutrina do 288
Durkheim, Emile 236

Edimburgo 228–9
educação, concepção de Platão sobre 77
egípcios, antigos 36–7
ego 316, 317, 325
Einstein, Albert 166, 174
El Greco
    Crucifixão 110
eleáticos 61, 124
elementos 47, 180
Empédocles 43
empirismo/empiristas 29, 198, 213–31, 256 *ver também* Berkeley, George; Hume, David; Locke, John
Engels, Friedrich 246
Enesidemo 114, 117
Epícteto 113, 128
Epicuro/epicuristas 106, 117, 120–3, *126*, 313
    calúnias contra 128–9
    como filosofia missionária 134
    criação do Jardim 134
    declínio 135
    principais doutrinas 131
    e a alma 123, 127
    e amizade 130
    e medo da morte 121–3, 127
    e o problema do mal 126
    explicação naturalista dos deuses 128
    prazer como bem 128–30, 135
epifenomenalismo 365, 367
epistemologia 11–12, 370
Erasmo, Desidério *181*
erros de categoria 355, 361
escola de Frankfurt 320–1, 326
escolas de catedrais 163
escolástica 159–75, 179, 180, 204, 213, *ver também* Anselmo; Aquino, Tomás de
espartanos 77
Espinosa, Bento de 15, 199, 204–7, *205*
    Ética 205
    Tratado teológico-político 205
estética 11
estoicos/estoicismo 78, 106, 109, 111–14, 117
eterno feminino 306
ética 11, 273–8
    da virtude 276, 277
    deontológica 277

e Aristóteles 95–6
e estoicos 112
normativa 11, 275, 276
eu 220
excelência racional 96–7
existencialismo 295–311
experiência 198, 213–31, 259 *ver também* empirismo/empiristas

falsos ídolos 188–9, 191
fantasma na máquina 355
fascismo 322
felicidade 96, 128
Fichte, Johann 264–5, *264*
filosofia
    analítica 333–47, 370
    helenista 102–3 *ver também* Epicuro/epicuristas; céticos; estoicos
    islâmica 151–7, 160, 166 *ver também* al-Ghazali; Ibn Rushd; Ibn Sina
    medieval 159–63 *ver também* escolástica
filósofo-rei 82
filósofos
    chineses 313
    muçulmanos *ver* filósofos islâmicos
fisicalismo 353, 355–64, 365, 367
Florença *182–3*
fluxo 55
Foot, Philippa 288
forma e matéria 92–3
formas, teoria de Platão sobre 61, 68, 70–2, 76, 77, 92, 213
formulação da humanidade 290–1
Foucault, Michel 326–30
    O nascimento da clínica 327
    História da Loucura 327
    História da sexualidade 327
    Vigiar e punir 328–9
fraqueza da vontade, como impossível 67
Frege, Gottlob 94, *332*, 333, 335–7, 339, 345, 370
    Begriffsschrift 336
    "Sobre sentido e referência" 336
Freud, Sigmund 314–17, 325
Friedrich, Caspar David
    O viandante sobre o mar de bruma 254
funcionalismo 361–2, 364

Gadamer, Hans-Georg 330
Galileu 199
    Diálogo sobre os dois máximos sistemas do mundo 194, 195
    julgamento de 194
Gassendi, Pierre 135
Gauguin, Paul
    Três mulheres taitianas 241

Gaunilo
    Em nome do insensato 170, 172
Gênese 35, 297
geometria 36–7
Gerard, François
    Psique 324
Gerra de Troia 29, *30–1*
Gettier, Edmund 215
Gilbert, William
    De Magnete 231
Gil de Roma
    Comentários sobre a física de Aristóteles e sobre a alma 87
Gillray, James 351
Gödel, Kurt 167
Goya, Francisco
    O hospício 328–9
Grant, Jacques le
    Livro da boa moral 108
Green, T. H. 271
gregos antigos 23–39, 180
    atitude em face da morte e da mortalidade 119–20, 122
    e deuses 28, 29, 32, 36
    e racionalidade 37–8, 44
    ordem de Hesíodo 33–6
    história da criação 33, 35
    influência sobre os romanos 102
    mundo de Homero 28–32
    primeiros filósofos *ver* pré-socráticos
    redescoberta de textos pelos humanistas da Renascença 181
    visão da Terra 28–9
Gueto de Varsóvia, levante 291, *291*
Guevara, Che *252*

Habermas, Jürgen 320
Hegel, G. W. F. 58, 167, 250, *265*, 265, 268–71
    Fenomenologia do espírito 265, 269
Heidegger, Martin 271
Helena de Troia 30, *31*
heliocentrismo 194, 199
Hendrich, Hermann 294
Heráclito 42, 43, 49, 52, 54–8, 70, 72
Heródoto 41
Hesíodo 33–6
    Os trabalhos e os dias 33
    Teogonia 33
Hipárquia de Maroneia 109
Hipólito 51
histórias sobre a criação *10*, 33, 35, 36
Hobbes, Thomas 236–8, *237*, 244, 253
    Leviatã 237–9
Holocausto 320, *321*

Homero 23–8, *26–7*, 33
    Ilíada 23–4, 30
    Odisseia 23, 24, 25, 122
Honderich, Ted 331
Hooke, Robert, microscópio de *218*
Horkheimer, Max 320, 321
Huber, Jean
    Voltaire se levanta em Ferney 196
humanismo na Renascença 181–2
Hume, David 167, 199, 220, 226–9
    Investigações sobre o entendimento humano 227
    Tratado da natureza humana 226–7
Husserl, Edmund 271

Ibn Bakhtishu
    Animais e seus usos 83
Ibn Rushd (Averróis) 151, 154, *156*, 157
    A incoerência da incoerência 154
    Tratado decisivo 154
Ibn Sina (Avicena) 90, 151, 152–3
    Cânone da medicina 152
id 316, 317, 325
Idade Média 159
idealismo 255–71, 335, 338, 340–1
    absoluto 263, 265, 269
    epistemológico 263–4
    ontológico 263
    subjetivo 263
    transcendental 263, 264
ideia do universo geocêntrico 194
identidade
    de opostos 57
    pessoal 220
Iluminismo 281
    homens eminentes do 236
imperativo categórico 287, 290–1
incriminação de inocentes 287
indiferentes preferíveis 112–13
individualismo, ascensão do 236
indução 228–9
    por eliminação 191–2
Ingres
    A apoteose de Homero 26–7
Insensato dos Salmos 170
intencionalidade da consciência 303–4
islã, helenização do 153, 154

Jackson, Frank 367
James, William 15
Jardim, o 134
Jesus e os cínicos 110
João, o Scot (século IX) 171
João, o Scot (século XIV) *ver* Duns Scotus, John
jogos de linguagem 347

Jônia 28, 54
justificação, impossibilidade da 116

Kant, Immanuel 167, 256–9, *256*, 262–4, 277, 297
    citações 259
    Crítica da razão pura 256, 257–8
    imperativo categórico 287, 290–1
Kenny, Anthony 259
    Uma nova história da filosofia ocidental 161, 163, 377
    revolução copernicana 258–9, 262–3
Kierkegaard, Søren 296–8, *298*, 300
    Temor e tremor 297
Klimt, Gustav *314*
kosmos 47, 50

Lacan, Jacques 330
Lactâncio 126
Laocoonte *39*
Leão XIII, papa 173, 175
Leibniz, Gottfried Wilhelm 167, 199, 208–11, *209*, 335, 356
Leslie, George Dunlop
    Fé 276
Leucipo de Mileto 43, 123
Lewis, C. S. 281
liberdade, fuga da nossa 304, 306
Liceu (Atenas) 86, 103
linguagem
    e lógica 335-7
livre-arbítrio 255–6
Locke, John 94, 199, 216–21, 226, 230, 239, 242–5, 253
    e contrato social 239, 242
    e direitos de propriedade 245–6
    e estado de natureza 242
    e identidade pessoal 220
    e separação de poderes 243, 245
    Ensaio sobre o entendimento humano 216–17
    Segundo tratado sobre o governo 239
    teoria do conhecimento 216–21, 223
lógica 12, 60, 333–5, 370
    e Aristóteles 94
    e estoicos 111
    e linguagem 335–7
    e matemática 335–6, 337, 338
logicismo 336
Lombardo, Pedro
    Quatro livros de sentenças 166, 174
Long, A. A. 103
loucura 327
Lucrécio
    A natureza das coisas 134

Luís XIV, rei *234*
Luminais, Evariste Vital
    Os bárbaros diante de Roma *132–3*
luta corporal 93

má-fé 304–5, 310–11
Maimônides, Moisés 155
    O guia dos perplexos 155
maior ser concebível 170
mais-repressão 325
mal, problema do 126
Maquiavel, Nicolau 182–7, *184*
    O príncipe 184, 186–7
Marc, Franz
    O sonho *318–19*
Marco Aurélio 112
    Meditações 114
Marcuse, Herbert 320, 325–6
    Eros e civilização 325–6
    O homem unidimensional 326
Marx, Karl 246–7, 250–3, 268, 314
    crítica do capitalismo 250, 253
    e alienação 250, 252
    influência de Hegel 271
    Manifesto comunista 246
    sobre a natureza humana 246-7
    túmulo de *312*, 313
marxismo/marxistas 252–3, 320
Máscara de Agamenon *30*
matemática 256
    e lógica 335–6, 337, 338
    babilônia 36, 37
matéria
    e forma 92–3
materialismo 127, 263
    eliminador 360
melhor de todos os mundos possíveis 211
Melisso *56*, 61
mente
    e corpo 204, 350–3, 355, 364
    consciência 364–7
    e matéria 349–67
    e realidade 263–5
    teorias fisicalistas da 355–64
Merleau-Ponty, Maurice 271
metaética 11, 274
metafísica 11, 90, 255, 257, 262–3, 370
    da presença 331
metempsicose 122
método socrático 66, 77
Metropolis 368
Michel, Ferdinand
    A ópera à noite *334*
milesianos 28, 36, 50
Mileto 28, 38, 54
Mill, John Stuart 280
    Utilitarismo 286, 7

Mitra (deus) 24
modelo tripartite (Freud) 316
Modena, Tommaso da 158
mônadas 210–11
Mocetto, Girolamo *13*
Moore, G. E. 335, 338, 340–1, *340*
    Principia Ethica 274
    "Refutação do idealismo" 340–1
moralidade
    e teoria do comando divino 69, 278–9
    ver também ética
morcegos 364–5
morte 119–20, 121–3, 237
mosaico de Alexandre *100*
movedor imóvel 175
Mulheres
    direitos das 251
    filósofas 369
    status como Outro 306
    mundo
    de Homero 28–32
    do ser 72, 77, 92
    ordenado 43–4

Nagel, Thomas
    "Como é ser um morcego?" 364–5
não contradição, lei da 197–8
não existência da 122–3
natureza
    fundamental 44
    estado de 237–8, 240, 242, 245
Navalha de Ockham 174, 353
nazistas 321, 322
neo-hegelianismo 338
neoplatonismo 149–50, 152, 160
neurociência 360
New College (Oxford) 168–9
Newton, Isaac 97, 214, *216*
Nicolau de Cusa 160
Nietzsche, Friedrich 15, 271, 298–301
niilismo 298–300
nobre selvagem 240, 244
nominalismo 164
número de ouro 97
o que não é 59–61

objetivação, modos de 326–7
objetos, qualidades dos 218–19
Ockham, Guilherme de 174
Outro, ideia de Beauvoir sobre o 306
pan-óptico 281, 328–9
paradoxo de Russell 337, 339
paradoxos socráticos 67
Parmênides 15, 43, 58–61, *61*, 68, 70, 72, 149
    Sobre a natureza 59

pecado original 140
Penrose, Lionel *343*
"Penso, logo existo" 202, 203–4
persas 54
personalidade autoritária 322, 325
pertencimento, noção de 269
Piazzetta, Giambattista
   Rapto de Helena 31
Pinker, Steven 244
Pirro 114, 117
Plantinga, Alvin 167
Platão 15, 55, 60, 61, 62, 68–77, 82, 107, 109, *375*
   Agostinho 147
   concepção de educação 77
   diálogos 64, 66, 68, 268
   Leis 76
   Parmênides 61, 76, 149
   Fedo 122
   concepção de filósofo-rei 82
   A república 68, 72, *73*, 82, 149

   ser do mundo 72, 77, 92
   teoria das formas 61, 68, 70–2, 76, 77, 92, 213
   Timeu 76
   e a alma 122–3
   alegoria da caverna 72–3, *74–5*
   retratado na *Escola de Atenas* 80, 81–2
platônicos 147
Platzer, Johann Georg
   Antônio e Cleópatra na Batalha de Áccio 103
Plotino 149–50
poder
   conhecimento como 188
   Foucault sobre 326–30
polideísmo 128
política 235–53
Pomponazzi 182
positivistas lógicos 334, 335, 355
potencialidade e atualidade 95
Poussin
   No triunfo de Pã 129
práticas de divisão 326–7
prazer, como bem 128–30, 135
pré-socráticos 42–61, 63, 90 *ver também*
   Anaximandro; Anaxímenes; Heráclito; Parmênides; Tales
princípio
   da verificação 334, 355
   da parcimônia 174
   de realidade 316, 325
   de desempenho 325
Problema do Bonde 288–9

proletariado 250, 252–3
proposições
   analíticas 257–8
   sintéticas a priori 258, 262
propósito 81–97, 175
propriedade privada 240
psicanálise 315–16, 317
psicologia popular 360

qualia 362
quatro causas 90–2
questões de fato 227, 229
Quimera 22, 29

racionalismo/racionalistas 60, 198–211, 213, 256
   e gregos antigos 37–8, 44
   plano de Aristóteles para o 94
   ver também Descartes, René; Leibniz, Gottfried Wilhelm; Espinosa, Bento de
Rafael
   A Escola de Atenas 48–9, *80*, *81*, *84–5*
razão 197–211
   crítica de Kant para a razão pura 256, 257–8
   e fé 139–57
realidade
   diferença entre aparência e 47
   e mente 263–5
Redon, Odilon
   Olho 18
relações de ideias 227, 229
Renascença 175
revolução
   científica 188
   copernicana de Kant 258–9, 262–3
romanos 101–2, 135
Rosetti, Cesare
   A batalha dos deuses contra os gigantes 40
Rousseau, Jean-Jacques 240, 244
   O contrato social 240
Royce, Josiah 271
Rubens 220
   A morte de Adonis 121
Ruisdael, Jacob Isaackszoon van
   Raio de sol 52–3
Russell, Bertrand 139, 149, 161, 180, 259, 262, 335, 337, *337*, 338–43
   História do pensamento ocidental 102, 341
   Principia Mathematica 338
Ryle, Gilbert 355

sala chinesa *354*

salto de fé 297
São Paulo e a serpente (mural) *167*
Sartre, Jean-Paul 139, 271, 302–5, 302, 310–11, 311
   A náusea 310–11
   "O existencialismo como um humanismo' 295–6, 302
   O ser e o nada 302–3, 306, 310
Searle, John 354
Sedley, D.N. 103
Seiwert, Franz Wilhelm
   Os trabalhadores 248–9
Sêneca 134
sensação 201
sentido e referência 336
sentidos, mundo dos 72, 73
separação de poderes 243, 245
ser é ser percebido 222–3, 226
Ser em si mesmo 303
Ser para si mesmo 303, 304
Seurat, Georges
   Modelo de perfil 125
Sexto Empírico 114
Shakespeare, William
   Hamlet 366
   Ricardo II 235
silogismo 94
Simplício 58
Sócrates 54–5, 63–8, 65, 69, *69*, 71, 72–3, 101, 120, 204
   morte de 77–8, *79*, 119
Sourvinou-Inwood, Christine 119–20
Sprigge, Timothy 263
Stobaeus, Joannes 112–13
Lampsaco, Strato de 103
Strohmayer, Antal
   O jardim do filósofo 104–5
subjetivação 327
subjetividade e poder 326–7
substância 219
Super-homem 299, 300
superego 316

Tales de Mileto 37, 41–2, 43, 45–6, 52-3
Taylor, Charles 269
telos (propósito) 91–2
tendência à confirmação 188
teodiceia 126
Teofrasto 50, 88
teoria
   da identidade 356, 361
   do comando divino 69, 277, 278–81
   do valor 11, *370*
   pictórica do significado 345–6
Tertuliano 135
Thomson, Judith Jarvis 288
Timão 114

Torá mishná 155
torre de Babel *145*
Toulouse-Lautrec
 A ressaca 308–9
triângulo impossível *343*
Twain, Mark 122

Uno, o 149–50
universais 68, 70, 77, 92, 174
universidades, primeiras 163, *168–9*
universo copernicano *189*, 194
Urbano VIII, papa 194
utilidade, princípio da 282
utilitarismo 276, 280, 282, 286–7

van der Burgh, Hendrik
 Uma família num interior 243

Van Gogh, Vincent
 Noite estrelada 260-1
Vermeer, Jan
 O astrônomo 193
vertigem 304–5
vida após a morte 122
violência 244
virada
 científica 187–91
 linguística 335
virtude 67, 96, 112
Voltaire 211, 213
 Cândido ou o otimismo 211
vontade geral 240

Warnock, Mary 304
West, Patrick 330
Whitehead, Alfred North 337, 338

William of Shoreham 353
Wittgenstein, Ludwig 335, 336, 343–7, 344
 Investigações filosóficas 346–7
 Tractatus Logico-Philosophicus 345–6
Wollstonecraft, Mary 251, *251*
 Uma defesa dos direitos da mulher 251

Wolpert, Lewis 255
Wyck, Thomas
 O alquimista 178

Xenófanes 43, 58

Zenão de Cítio 109, 111
Zenão de Eleia 43, 56, 61

Créditos das ilustrações

a = acima, c = centro, eb = embaixo, e = esquerda, d = direita

akg-images: 1 Natural History Museum; 2; 5c Erich Lessing; 5d; 22 Erich Lessing; 34 De Agostini Picture Library; 52-3, 65 Erich Lessing; 71; 94 Natural History Museum; 110, 125 Erich Lessinng; 215 Interfoto; 248-9 Erich Lessing; 291; 292; 298; 305; 314 Erich Lessing; 317; 332; 334 Erich Lessing; 340 Album/Oronoz; 357; 360; 372-3 ullstein bild.
Alamy: 116 Wolfgang Kaehler; 155 Ancient Art & Architecture Collection Ltd.
The Art Archive: 56 Museu Arqueológico, Florença/Dagli Orti; 69 Museu de Éfeso, Turquia/Dagli Orti; 87 Bibliothèque de la Sorbonne, Paris/Kharbine-Tapabor/Coll. Jean Vigne; 216 Tate Gallery, Londres/Eileen Tweedy; 266-7 Musée d'Orsay, Paris/Superstock; 366 Museu de Londres London.
The Bridgeman Art Library: 4c Ancient Art and Architecture Collection LTD; 4d catedral de Canterbury, Kent; 8 Museo Armeno, Veneza, Itália; 17 Bonhams, Londres, Inglaterra; 24 Cincinnati Art Museum, Ohio, EUA/Doação de sr. e sra. Fletcher E. Nyce; 31 Cameraphoto Arte Venezia; 40 Lawrence Steigrad Fine Arts, Nova York; 62 Giraudon/Museo Archeologico Nazionale, Nápoles, Itália. 74- Giraudon/Musée de la Chartreuse, Douai, França; 76 Walker Art Gallery, National Museums Liverpool; 80 Vatican Museums and Galleries, Cidade do Vaticano, Roma, Itália; 83 British Library, Londres, Inglaterra/© British Library Board. Todos os direitos reservados; 88 coleção particular; 89 Museo Archeologico Nazionale, Nápoles, Itália; 93 British Museum, Londres, Inglaterra; 97 coleção particular; 98–9 Ancient Art and Architecture Collection Ltd; 100 Giraudon/Museo Archeologico Nazionale, Nápoles, Itália; 102–3 English Heritage Photo Library/ Apsley House, The Wellington Museum, Londres, Inglaterra; 104–5 Archives Charmet/coleção particular; 107 Ancient Art and Architecture Collection Ltd; 108 Giraudon/Musée Conde, Chantilly, França; 115 Giraudon/Musée des Beaux-Arts, Lille, França; 121 The Israel Museum, Jerusalém, Israel/Doação de Saul P. e Gayfryd Steinberg, Nova York; 129 Giraudon/Louvre, Paris, França; 132–3 Giraudon/Musée des Beaux-Arts, Dunkirk, França; 134 Gallery Oldham, Inglaterra; 136–7 catedral de Canterbury, Kent, Inglaterra; 138 Prado, Madri, Espanha; 141 Giraudon/ Louvre, Paris, França; 148 Giraudon/ Bibliothèque Municipales, Boulogne-sur-Mer, França; 151 Isabella Stewart Gardner Museum, Boston, Massachusetts, EUA; 156 Santa Maria Novella, Florença, Itália; 158 San Nicolo, Treviso, Itália; 161 coleção particular/Ken Walsh; 162 Fitzwilliam Museum, Universidade de Cambridge, Inglaterra; 165 Biblioteca da Universidade de Glasgow, Escócia; 167 catedral de Canterbury, Kent, Inglaterra; 168–9 cortesia de Warden and Scholars of New College, Oxford, Inglaterra; 174 Bibliothèque Nationale, Paris, França; 178 Johnny van Haeften Gallery, Londres, Inglaterra; 190 coleção particular; 193 Giraudon/Louvre, Paris, França; 201 Archives Charmet/ Bibliothèque de l'Académie de médecine, Paris, França; 206–7 The Maas Gallery, Londres, Inglaterra; 209 Flammarion/ Niedersächsisches Landesmuseum, Hanover, Alemanha; 212 biblioteca da Universidade de Edimburgo, Escócia/com gentil permissão da Universidade de Edimburgo; 220 Museum Boijmans van Beuningen, Rotterdam, Holanda; 224–5 Giraudon/Musée de l'Oeuvre de Notre-Dame, Strasbourg, França; 228–9 City of Edinburgh Museums and Art Galleries, Escócia; 232 Nationalgalerie, Berlim, Alemanha; 234 Giraudon/Musée des Beaux-Arts, Blois, França; 237 Coleção da Burghley House, Lincolnshire, Inglaterra; 243 Johnny van Haeften Gallery, Londres, Inglaterra; 251 Coleção particular; 254 Hamburger Kunsthalle, Hamburgo, Alemanha; 256 Coleção particular; 260-1 Museum of Modern Art, Nova York, EUA; 265 Nationalgalerie, Berlim, Alemanha; 268 Peter Newark American Pictures; 274-5 Birmingham Museums and Art Gallery; 276 Ferens Art Gallery, Hull Museums, Inglaterra; 279 Lambeth Palace Library, Londres, Inglaterra; 283 UCL Art Museum, University College, Londres, Inglaterra; 284-5 Coleção particular; 294 Stapleton Collection/Coleção particular; 307 Museu Estatal da Rússia, São Petersburgo, Rússia; 308-9 Fogg Art

Museum, Harvard University Art Museums, EUA/Legado da Coleção de Maurice Wertheim, Classe 1906; 312 Dennis Gilbert; 318-9 Kunstmuseum, Berna, Suíça; 321 Canadian War Museum, Ottawa, Canadá; 323 Peter Newark Military Pictures/Coleção particular; 324 Louvre, Paris, França; 328-9 Real Academia de Bellas Artes de San Fernando, Madri, Espanha; 339 Bonhams, Londres, Inglaterra; 348 Coleção particular; 352 Arquivos Charmet/Bibliothèque de La Faculté de Médicine, Paris, França; 354 Freer Gallery of Art, Smithsonian Institution, EUA; 363 Birmimgham Museums and Art Gallery; 364 Giraudon/ Musée des Beaux-Arts et d´Archéologie, Besançon, França; 374 Coleção particular.

Corbis: 19 Christie´s Images; 20-21, 30 JAI/Michele Falzone; 39 Araldo de Luca; 112 Eye Ubiquitous/Paul Seheult; 222 Francis G. Mayer; 264 Michael Nicholson.

Mary Evans Picture Library: 46 AISA Media.

Getty Images: 171 DEA/Veneranda Biblioteca Ambrosiana; 210, 218, 231 Science & Society Picture Library; 289 Hulton Archive; 299 Apic; 337 Hulton Archive; 343 Science & Society Picture Library; 344 Hulton Archive; 368 Universal Images Group; 371 AFP/Arif Ali.

Rex Features: 302, 311, 331 Sipa Press.

Sackler Library, Oxford/Egypt Exploration Society: 73 Cortesia da Egypt Exploration Society. **Scala, Florença**: 5e © 2011. Foto Ann Ronan/ Heritage Images; 6 © 2011. Foto; 13 © 2011. White Images; 25 Foto: Johannes Laurentius © 2011. Photo BPK, Bildagentur für Kunst, Kultur und Geschichte, Berlim; 26-7 © 2001. Foto; 42 © 2011. White Images; 48-9 © Foto; 61 ©;Photo Fotografica Foglia; 79 © 2011. Photo – cortesia do Ministero Beni e Att. Culturali; 84-5 © Foto; 118 © 2011. Foto; 126 © Photo Fotografica Foglia; 142-3 © 2011. Foto; 145 © 2011. Foto; 152 © 2001. White Images; 172 © 2011. Copyright The National Gallery, Londres; 176 © 2011. Foto Ann Ronan/ Heritage Images; 181 © 2011. Foto – cortesia do Ministero Beni e Att. Culturali; 182-3 © 2011. Foto – cortesia de Musei Civici Fiorentini; 184 © 2011. Foto; 189 © 2011. Foto Ann Ronan/Heritage Images; 196 © 2011. White Images; 202 © 2011. White Images; 205 © 2011. Foto Austrian Archives/Scala Florence; 219 © 2011. White Images; 239 © 2011. White Images; 241 © 2011. Copyright da imagem The Metropolitan Museum of Art/Art Resource; 244 © 2011. White Images; 272 © 2011. Foto – Cortesia do Ministero Beni e Att. Culturali; 301 © 2011. Foto BPK Bildagentur für Kunst, Kultur und Geschichte, Berlim.

Topfoto:4e, 20-1, 30 World History Archive; 195, 247 The Granger Collection, Nova York; 252 Roger-Viollet; 351 HIP/Ann Ronan Picture Library; 358-9 Alinari.

Agradecimentos
Nossos agradecimentos a Judy Garvey, Kerrie Grain, Viola Metzger e Cheryl O´Donoghue.

O direito moral de James Garvey e Jeremy Stangroom a serem identificados como os autores da sua obra foi afirmado em conformidade com a Copyright, Design and Patents Act, 1988.

Todos os direitos reservados. Nenhuma parte desta publicação pode ser reproduzida, armazenada em sistema de recuperação ou transmitida de qualquer forma ou por qualquer meio, eletrônico, mecânico, de fotocópia, gravação ou qualquer outro, sem a permissão prévia por escrito do detentor do copyright e editor.

Os créditos das ilustrações constituem uma extensão desse aviso de copyright.

Foram empreendidos todos os esforços para contatar os detentores de copyright. Contudo os editores terão prazer em retificar nas futuras edições qualquer omissão involuntária que lhes seja apresentada.

A História da Filosofia
Copyright © 2012 James Garvey e Jeremy Stangroom
Edição brasileira publicada mediante acordo com Quercus Editions Ltd (UK)

Título original: The Story of Philosophy
Preparação: Rosana de Angelo
Revisão: Patricia Weiss
Capa: Casa de Ideias
Composição: Casa de Ideias
Grafia atualizada conforme o Novo Acordo Ortográfico da Língua Portuguesa.

Dados Internacionais de Catalogação na Publicação (CIP)
(Câmara Brasileira do Livro, SP, Brasil)

Garvey, James
   A história da filosofia / James Garvey e Jeremy Stangroom ; [tradução Cristina Cupertino]. --
São Paulo : Octavo, 2013.

   Título original: The history of philosophy
   ISBN 978-85-63739-47-6

   1. História - Filosofia I. Stangroom, Jeremy. II. Título.

12-14045   CDD-901

Índices para catálogo sistemático:
1. História : Filosofia 901

[2013]
EDITORA OCTAVO LTDA.
Rua dos Franceses, 117 - 01329-010 São Paulo SP
Telefone (11) 3262 3996 - www.octavo.com.br
Impresso na China